グローバル化と社会国家原則

グローバル化と 社会国家原則

——日独シンポジウム——

高田昌宏
野田昌吾 編
守矢健一

総合叢書17

信山社

GLOBALISIERUNG UND SOZIALSTAATSPRINZIP

Japanisch - deutsches Symposion Osaka 2012

Herausgegeben

von

Masahiro TAKADA

Shogo NODA

Kenichi MORIYA

SHINZANSHA VERLAGSBUCHHANDLUNG

TOKYO 2015

はしがき

　フライブルク大学法学部と大阪市立大学大学院法学研究科の，それぞれのスタッフを中心としたメンバーで，2，3年ごとに開催してきた日独法学シンポジウムの第8回目が，『社会国家要請とグローバル化する法実務の緊張関係（Globalisierung und Sozialstaatsprinzip）』という全体テーマのもと，2012年3月23日から25日にかけて開催された。大阪国際交流センターにおいて初日の基調講演が行われたあと，2日目以降は大阪市立大学構内の学術情報総合センターに場所を移し，実質的な討論が熱心に交わされた。ここに収められるのは，そこで行われた講演に，講演後の討論の成果を織り込み，洗練された原稿である。この邦語版より一足早く，ドイツ語版の論文集がロルフ・シュテュルナー（Rolf Stürner）教授およびアレクサンダー・ブルンス（Alexander Bruns）教授の編集により，フライブルク大学法学叢書（Freiburger Rechtswissenschaftliche Abhandlungen）の第14巻としてMohr Siebeck 社より刊行されている（Globalisierung und Sozialstaatsprinzip, hg. v. R. Stürner und A. Bruns, 2014）。

　その内容の意義については，読者の判断に委ねたい。ただ，全体テーマの下に参加者がどのようなイメージを持ったかを，シンポジウム開催にあたってプログラムに掲載された「挨拶」からその一部を以下に抜粋することによって紹介することをお許しいただきたいと思う。

　「経済において，グローバルな競争はもはや日常のものです。経済を統御する法もまた，この状況に見合ったものに構造転換せねばなりません。しかし他方で，社会権を含む人権の保護義務は，現在もなお国家に課された不可欠の任務です。グローバルな競争と，国家の，とりわけ社会問題に適切に応ずる任務とのあいだに，排他的ではない関係を模索する必要があるゆえんです。こうした問題群は，2008年の，いわゆるリーマン・ショックのあと，顕在化しました。昨年来の，ヨーロッパにおける金融危機もまた，国家における財政統制能力を根本的に問う現象となりました。グローバルな経済的破綻が，国家財政を通じて，生活保障の次元にまで直撃する時代です。国家の任務はどこにあるか。経済的主体に《社会的》

はしがき

責任をどこまで帰せしめることができるか。また，国家と経済的主体とのはざまで見えにくくなった個人は，こんにち法的にどのように理解されるべきか。」

　本シンポジウムを開催するに当たり，ドイツ側の代表者として計画段階から実施まで種々ご協力を賜ったシュテュルナー教授とブルンス教授（ともにフライブルク大学），報告者のみなさま，当日シンポジウムの討論に参加された方々に感謝申し上げる。また，厳しい人員削減に遭い，事務方のサポートが手薄になるなか，シンポジウムの雑務について文字通り粉骨砕身のサポートをして下さった法学研究科担当の事務職員の方々に，われわれ編者は厚くお礼を申し上げたい。

　こうした論文集の公刊にあたっては，翻訳の透明性が極めて重要と編者は考えている。それぞれの翻訳が成功しているかどうかは読者の判断に委ねるべきであるが，編者と翻訳者とのあいだで，厳しい討議を重ねたうえで，翻訳の一つ一つが完成されていったことは記しておく。

　公立大学法人大阪市立大学，財団法人民事紛争処理基金，財団法人有恒会からは，シンポジウム開催にあたって寛大な援助を受けた。記して謝意に代える。

　出版にあたって，信山社出版の今井守さんに大変お世話になった。心からお礼を申し上げる。

　2015年3月

髙田昌宏
野田昌吾
守矢健一

〈目　次〉

はしがき

◆第Ⅰ部◆　国家の役割の変化と公法学

国家の役割の変化に直面した公法学
……………トーマス・ヴュルテンベルガー〔松戸浩訳〕…3
　Ⅰ　公法学の課題（4）
　Ⅱ　公法学と国家の役割の絶えざる変化に就いて（6）
　　1　歴史的観点（6）
　　2　公法学と国家の役割の諸変化に於ける相互関連性に就いて（8）
　Ⅲ　国家の役割の諸変化の公法学による処理（8）
　　1　国家の役割の変化に関する諸基準の把握（8）
　　2　先行追随主義の問題（10）
　　3　（憲法―）裁判実証主義の問題（11）
　　4　国家の役割に於ける政治的にもたらされたパラダイム変換に接しての公法学の役割（14）
　　5　公法学が隣接諸科学に対し開かれていること（15）
　　6　ヨーロッパ公法，或いはグローバル化された公法に対し国内公法学が開かれていること（16）
　Ⅳ　結び　国家の役割に於ける永続的な変化に直面した公法学の能力に就いて（17）

国家の役割の変化と公法学
………………………………松戸　浩…19
　Ⅰ　はじめに（19）
　Ⅱ　国家の役割の再定位　―　保障国家（20）
　Ⅲ　国家に専属する作用に関する議論（23）

目　次

◆ 第Ⅱ部 ◆　　国際法による枠条件が社会国家構造の展開へ及ぼす影響

社会国家はいまどこにいるのか……………………………… 野田　昌吾 …33
　Ⅰ　は じ め に（33）
　Ⅱ　社会国家とは何だったか（34）
　　1　古典的近代とその危機（34）
　　2　「再建された古典的近代」としての社会国家（39）
　　3　社会国家は誰と向き合ったのか（41）
　Ⅲ　社会の変容と社会国家の危機（42）
　Ⅳ　「新しい福祉政治」の「新しさ」（47）
　Ⅴ　何をなすべきか――いくつかの手がかり（49）

国際法による枠条件が社会国家の構造に及ぼす影響
　　　　　　　　　………………… シリャ・フェネキィ〔守矢健一訳〕…57
　Ⅰ　は じ め に（57）
　Ⅱ　国際法と社会国家原則（59）
　　1　ドイツにおける社会国家原則の憲法上の基礎づけ（60）
　　2　社会権の国際法的基礎づけと社会権の効力（62）
　Ⅲ　グローバル化，多国籍企業，社会的人権（66）
　　1　企業による人権侵害を防ぐための国家の義務（66）
　　2　人権尊重に向けた企業の責任（73）
　Ⅳ　結　　語（75）

◆ 第Ⅲ部 ◆　　介入国家時代の私法

イデオロギーの時代の市民法
　　―― 来栖三郎の市民法研究の史的分析（1）………………… 守矢　健一 …81
　Ⅰ　課 題 設 定（81）
　Ⅱ　分　　析（83）

1　来栖の略歴と本稿の対象 (83)
　　　2　時代精神への賛否を超えて (85)
　　　3　支配的理論に対する理論的抵抗 (91)
　　　4　財産法と親族法との市民法上の関係 (99)
　Ⅲ　要　約 (108)

規制と競争 ……………………… ウーヴェ・ブラウロク〔守矢健一訳〕…111
　Ⅰ　導　入 (111)
　Ⅱ　市場経済の秩序原理としての競争 (112)
　Ⅲ　規制の諸目的 (114)
　　　1　競争の確保 (114)
　　　2　競争の創出のための規制 (115)
　　　3　保障国家における，公共の任務の実現のための規制 (118)
　Ⅳ　個々の規制領域 (118)
　　　1　ネット経済 (119)
　　　2　金融市場 (122)
　Ⅴ　展　望 (126)

◆ 第Ⅳ部 ◆　会社法と労働者保護

日本における会社法と労働者保護
── 財産権保障と社会国家原則との調和を目指して ……… 高橋　英治…131
　Ⅰ　はじめに (131)
　Ⅱ　労働者利益を会社法・会社法学はどのように取り扱ってきたのか (132)
　　　1　伝統的商法学の思考方法の確立 ── 商法＝抽象的経済人の法 (132)
　　　2　企業自体の思想の日本の会社法学に対する影響 (133)
　　　3　会社立法と従業員 ── 会社立法の発展過程と現状 (135)
　Ⅲ　労働者利益に会社法はどのように向き合っていくべきか (137)
　　　1　「企業の利益」の概念 (137)
　　　2　企業買収法と労働者利益 (141)
　　　3　企業再編と労働者利益 (143)

4　企業結合法と労働者利益（149）
　　5　会社の解散と労働者利益（151）
Ⅳ　お わ り に（154）

外国会社のための企業共同決定？
　　　　　　　　　　　　　　……………………ハンノ・メルクト〔高橋英治訳〕…157
Ⅰ　は じ め に（157）
　　1　現在の政治的議論（158）
　　2　ドイツ共同決定の拡張と回避の問題に関する数字（159）
Ⅱ　個別の疑問について（160）
　　1　ドイツの企業共同決定を，ドイツ法の強制法規によって，他のEU加盟国の法によって設立されているが，その事業所在地及び経済的な重点が国内のみに存在するEUの会社に拡張することが法的に可能なのだろうか（160）
　　2　ドイツに支店のあるEUの会社についてはどうなるのか（170）
　　3　EU域内の外国に所在する無限責任社員を有する合資会社についてはどうなるのか（170）
　　4　問題1から3の場合はどうなるのか。会社がアメリカ法によって設立された場合（問題1），もしくは，アメリカ法によって設立された会社の支店がドイツに存在した場合（問題2），もしくは，無限責任社員がアメリカの会社であった場合（問題3）（171）
　　5　中央的な企業的決定のために，共同決定が必要な業務の法的な最小限目録を導入することは憲法上許されるのか（172）
　　6　共同決定法の限界を従業員1000人，三分の一参加法の限界を従業員250人に引き下げることが憲法上許されるか，もし許されるとしても意義があるのか（172）
　　7　1976年共同決定法による，ある程度の同権的共同決定を，監査役会に中立的人物を置き，同時に主席監査役の二重議決権を廃止することによって，「真の」同権的共同決定に置き換えることが憲法上許されるのか（174）
Ⅲ　結　　論（175）

◆ 第Ⅴ部 ◆ 債権譲渡人によるリファイナンスと債務者の保護

動産と債権の包括的な担保化による資金調達と，その法的課題
………………………………………… 藤井 徳展…179

- Ⅰ 序　論（179）
    - 1　金融，担保の手法に関する変化，資金調達方法に関する多様化と，動産，債権の包括的な担保化による資金調達（179）
    - 2　動産，債権の包括的な担保化による資金調達の具体化（180）
    - 3　本稿の目的（183）
- Ⅱ 継続的な事業から生じる継続的な収益に着目した資金調達（184）
    - 1　交換価値から収益価値へという動き（184）
    - 2　終わらせる担保から生かす担保へという動き（192）
- Ⅲ 動産，債権の包括的な担保化による資金調達の具体化（196）
    - 1　動産，債権の包括的な担保化の法律関係（196）
    - 2　政策的な取組み（207）
    - 3　解釈論，立法論の課題 ── 発展と安定（210）

債権譲渡によるリファイナンスと債務者の保護
………………… ロルフ・シュテュルナー〔藤井徳展訳〕…213

- Ⅰ 序　論（213）
- Ⅱ 債権譲渡の経済的意義（213）
- Ⅲ 大量取引としての流動化にむけた発展の，経済社会全体からみた評価（214）
    - 1　裏づけのある古典的な証券（Klassische gedeckte Wertpapier）（214）
    - 2　真正売買モデル（True Sale-Modelle）（214）
    - 3　ストラクチャード・カバード・ボンド（Structured Covered Bonds）（216）
    - 4　倒産前段階における再生のための措置（216）
    - 5　履行期到来時における清算のための債権譲渡（217）
- Ⅳ 受信者の視点からみた評価（217）
- Ⅴ 国際化の評価（219）
- Ⅵ ドイツの債権譲渡法制に対する帰結（219）

目　次

　　　1　貸金債権の譲渡性の原則（219）
　　　2　国際的な法発展の基礎となる事情（221）
　　　3　情報提供義務（222）
　　　4　被担保債権を伴わない不動産担保権の善意取得に関する新規定（222）
　　　5　土地債務における強行規定としての告知期間（223）
　　　6　銀行における担保パッケージ（224）
　　　7　KWG 22 a 条以下に基づく簡易の債権譲渡（225）
　　　8　不動産担保権で担保される債権と所在地法（lex rei sitae）（226）
　　　9　譲渡禁止特約のある貸金返還債権の申告について銀行は監査法上の義務を負うか？（226）
　Ⅶ　結　語（227）

◆ 第Ⅵ部 ◆　《自由主義的》な古典的民事訴訟か，それとも《社会的》民事訴訟か？

わが国における「社会的民事訴訟」理論の意義

　　　　　　　　　　　　　　　　　　　　　　　　　　　　　髙田　昌宏 …233

　Ⅰ　はじめに（233）
　Ⅱ　ドイツにおける「社会的民事訴訟」理論について（235）
　　　1　1877年のライヒ民事訴訟法典の制定（235）
　　　2　オーストリアにおける「社会的訴訟観」の形成（236）
　　　3　20世紀のドイツ民事訴訟法の展開（237）
　　　4　ヴァッサーマンによる「社会的民事訴訟」理論の提唱（238）
　　　5　ヴァッサーマンの「社会的民事訴訟」理論に対する反応（239）
　Ⅲ　わが国の民事訴訟法の歴史的展開 ── 弁論主義との関連で（241）
　　　1　わが国の民事訴訟法の沿革（241）
　　　2　弁論主義をめぐる状況（243）
　Ⅳ　「社会的民事訴訟」理論とわが国の民事訴訟法（250）
　　　1　わが国の民事訴訟理論へのドイツ「社会的民事訴訟」理論の影響（250）
　　　2　わが国の民事訴訟における「社会的民事訴訟」理論の意義（257）
　Ⅴ　おわりに（262）

目 次

21世紀における社会的民事訴訟，訴訟の諸原則および訴訟基本権 …………………………ディーター・ライポルド〔松本博之訳〕…263

- Ⅰ　テーマについて（263）
- Ⅱ　19世紀末の原則志向的当事者訴訟（263）
  - 1　当事者運営（der Prteibetrieb）（264）
  - 2　口頭主義（der Grundsatz der Mündlichkeit）（264）
  - 3　弁論主義と処分権主義（die Verhandlungsmaxime und die Dispositionsmaxime）（265）
  - 4　当事者宣誓（der Parteieid）（266）
- Ⅲ　理想的観念としての社会的民事訴訟（267）
  - 1　正面攻撃：Anton Menger（アントン・メンガー）（267）
  - 2　Franz Klein（フランツ・クライン）：福祉制度としての訴訟（268）
  - 3　前世紀の70年代の社会的民事訴訟（der soziale Zivillprozess）（268）
- Ⅳ　現在の，原則のない裁判官中心的民事訴訟（der maximenfreie richterzentrierte Zivilprozess）への道（270）
  - 1　当事者運営の廃止と裁判官による口頭弁論の準備（270）
  - 2　当事者尋問による当事者宣誓の代置と当事者聴聞（Parteianhörung）（271）
  - 3　裁判所による実体的訴訟指揮（die materielle Prozessleitung）の強化（271）
  - 4　職権証拠調べの拡張（die erweiterte Beweiserhebung von Amts wegen）（272）
  - 5　当事者義務の強化（273）
  - 6　最上級の訴訟目標としての和解（die gütliche Einigung）（273）
  - 7　結　論（277）
- Ⅴ　当事者の防壁としての訴訟基本権（die Prozessgrundrechte als Schutzwehr der Parteien）（278）
  - 1　聴聞異議（Anhörungsrüge）の導入（279）
  - 2　決定による控訴却下の改革（279）
  - 3　手続期間が長すぎる場合の権利保護（281）
- Ⅵ　要　約（282）

目　次

市場社会における社会的民事訴訟の発現形式としてのグループ訴訟？ …………………アレクサンダー・ブルンス〔髙田昌宏訳〕…283

 Ⅰ　課題の設定（283）
 Ⅱ　集団的権利保護の概念および意義（285）
 Ⅲ　経済的権力と社会的拘束の関係の理念史（286）
  1　アメリカ合衆国の経済・社会モデル（286）
  2　ドイツの経済・社会モデル（287）
  3　ヨーロッパの経済・社会モデル（289）
 Ⅳ　グループ訴訟と社会的民事訴訟（290）
  1　アメリカ合衆国の民事訴訟（290）
  2　ヨーロッパにおける競合する解決モデル（295）
 Ⅴ　市場社会における制御手段としてのグループ訴訟（302）

◆第Ⅶ部◆　　グローバルな影響下に立つ労働市場と労働法規制

社会法的規制と労働市場の弾力化……………………………根本　到…307

 Ⅰ　序　論（307）
 Ⅱ　1990年代以降の展開（308）
  1　労働法の規制緩和の動向（308）
  2　民営（有料）職業紹介の規制緩和（309）
  3　労働者派遣の規制緩和（309）
  4　有期契約に関する規制の緩和（313）
  5　労働法規制の強化（314）
  6　規制緩和の帰結（317）
 Ⅲ　社会法的規制の再構築（318）
  1　規制緩和による貧困の増大（318）
  2　規制の再構築（319）
  3　労働法と社会保障法の協働（322）

自由化された世界取引における労働者保護 ── 多層的規制の
問題として……………………………ゼバスティアーン・クレバー〔守矢健一訳〕…325
 Ⅰ 問 題 設 定（325）
 Ⅱ 労働法規制の次元における適応：国際法における労働者保護（328）
  1 国際法による労働者保護の理論モデル（328）
  2 具体的実現に際しての限界（330）
 Ⅲ 多様な規制次元の嚙み合せ：自由化された世界貿易への参画の前提
  としての労働者保護最低限度規律（334）
  1 理論モデル（334）
  2 実際の実施に際しての限界（335）
 Ⅳ 労働法が国家法であることと国家領域を超える交易を巡る超国家的
  法規制（337）
  1 階層関係システム（Hierarchiesystem）としての多層的システム（337）
  2 労働法からみた齟齬の特定：EU域内市場の経験に即して（338）
  3 国境を超える交易に係る超国家的法規範に制限を加えることによる階層的
   システムの調和：域内市場法からの教訓（341）
 Ⅴ 結 語（344）

◆ 第Ⅷ部 ◆ 刑罰観の《社会的》・《国境横断的》変容？

日本の行刑改革と社会復帰理念……………………………金澤 真理…349
 Ⅰ は じ め に（349）
 Ⅱ 日本における行刑の動向と分析（352）
 Ⅲ 行刑改革の推移（355）
 Ⅳ 行刑と社会復帰，再社会化理念（358）
 Ⅴ むすびにかえて（363）

国際的法規範によって吟味を受ける保安監置
   …………ヴォルフガング・フリッシュ〔金澤真理訳〕…365
 Ⅰ 批判の背景：効率的な犯罪対策の一環としての保安監置の強化（366）
 Ⅱ 裁判所における吟味の対象としての保安監置およびその強化（368）

目　次

　　　1　2004年2月5日連邦憲法裁判所判決：法改正の憲法適合性（368）
　　　2　欧州人権裁判所判決：保安監置の事後的延長及び事後的命令の条約違反性（371）
　　　3　2011年5月4日連邦憲法裁判所判決：保安監置の正当化可能性を厳しく限定した場合における二元的制度の確認（373）
　Ⅲ　いくつかの判決，就中2011年5月4日連邦憲法裁判所判決の評価（376）
　　　1　二元的制度の確認について：この制度の利点（376）
　　　2　執行を正当化の問題へ関連づけることの適切性と，いわゆる懸隔（分離）要請（Abstandsgebot）（378）
　　　3　遡及効の問題における司法判断の収斂，および遡及効の禁止の適切な基礎づけと限定（380）
　Ⅳ　相反する判断のいくつかの背景 ── 審査基準の性質の相違（383）

執筆者・翻訳者紹介（巻末）

グローバル化と社会国家原則

◇第Ⅰ部◇
国家の役割の変化と公法学

国家の役割の変化に直面した公法学

トーマス・ヴュルテンベルガー＊
松 戸　浩（訳）

　国家は公法学と同様，絶えざる変化の中にある。尤も，かかる変化を捉えることは困難である。如何なる基準を手掛かりとしてこの変化は量られるべきか？ 何がこれを駆り立てる力なのか？　誰がこの変化を概念に導き，場合によっては法的形態に流し込むことに任ぜられているのか？　そして特に，抑々変化が存在するか否かを判断する為の基準点，比較の基準とは何か？　何処に緩慢に進行する変化とパラダイム転換との間の境界は引かれるのか[1]？　ヘーゲルの著名な語に拠れば，ミネルバの梟は夕暮れに初めて飛び始めることにより，これらの問題の解明はますます困難となる[2]。変化のプロセスが生じたときに初めて，政治的法的領域に於ける変化に就いての問いに対する（さしあたりの）最終的な回答が与えられる。

　国家の役割の変化を量る際のかかる困難の為に，私たちのテーマの検討の為には寧ろ理論的な追究が選ばれる。その際には，どのように公法学が国家の役割の変化或いは対応したテーゼを扱うことができまた扱わなければならないかに関心がもたれる。一見すると，公法学は国家の変化のプロセスに於いて静止した極である。何を公法学が果たすべきかは，第1章で必要な限り手短に略述される。第2章での歴史的な追究は，国家の役割の変化と共に，公法学もまた絶えざる変化

＊　原稿に対する先導的指摘と批判的校閲につき，ステファン・タンネベルガーに感謝する。
（1）　パラダイム転換に就いては *Thomas S. Kuhn*, Die Struktur wissenschaftlicher Revolutionen, 19. Aufl. 2002の諸テーゼを参照。そこでは指針となる模範（Orientierungsmustern）から認識発達への変換のみを扱っている。
（2）　*G. F. W. Hegel*, Grundlinien der Philosophie des Rechts oder Naturrecht und Staatswissenschaft im Grundrisse, in: *Ders.*, Sämtliche Werke, 3. Aufl. 1952, Bd. 7, Einleitung, S. 36 f.

の中で把握されることを示す。かかる歴史的な経験の背景を前にして，第3章では，国家の役割の変化の公法学による克服が問題とされる。ここでは，目下の変化のプロセスを例にとって，如何なる形でそれが公法学の議論に於て取り上げられ，規範的に加工され，批判的に接せられたかを解明することが重要である。これは，国家の役割の絶えざる変化に直面した公法学の能力に就いての最終的な考察に導くものである。

Ⅰ 公法学の課題

　実際的応用的学問としての公法学(3)は具体的な公法学上の問題提起の解明をめざしている(4)。その学問的な課題は，法解釈学によって公法の規範性そしてそれと共に妥当性を明らかにすることである。公法学は，公法がその基礎としている諸評価，法的諸原則そして諸推論関係（Ableitungszusammenhänge）を定める。かかる価値論的機能と並んで，第2の重要な機能として，公法の体系化が歩み出る。個々の法的規律は統一性のある体系に移される。このようにして，法の妥当性と実効性にとり重要な要素である方向づけの確実さと法的安定性がもたらされる。

　公法解釈学に於て承認されている法的な公正と正義は繰り返しはじめから解明されなければならない訳ではない。これはかなりの軽減機能を持つ。即ち，審議と判決という日々の仕事にある法律家にとって，法解釈学が確定していることに対応した法律と法の妥当性は，前提を探ることのできぬ職業的日常の基礎である。実定法に対応した「日々の解釈学」は根本的な評価の問題に対し広範に閉ざされたものとなっている。即ち，国家や社会の領域に於ける諸変化は同様に広範にぼんやりしたままに留まっている(5)。

（3）典型的なドイツの国法学と行政法学との緊密的結合につき参照，*Matthias Jestaedt*, Die deutsche Staatsrechtslehre im europäischen Rechtswissenschaftsdiskurs, JZ 2012, 1, 3 f.

（4）これに就いては一般的には *Thomas Würtenberger*, Grundlagenforschung und Dogmatik aus deutscher Sicht, in: Stürner (Hg.), Die Bedeutung der Rechtsdogmatik für die Rechtsentwicklung, 2010, S. 3, 5 ff.

（5）*Matthias Jestaedt*, Phänomen Bundesverfassungsgericht. Was das Gericht zu dem macht, was es ist, in: ders. u.a., Das entgrenzte Gericht, 2011, S. 77, 131:「法学の習慣分野（Gebrauchsdisziplin）」，「法律学の適用の助け」としての解釈学。

これに対し，将来を見据えた学問的公法解釈学は，その価値論的前提に於ける変化や新たな解釈論上の解決の端緒を問うている(6)。この解釈学は，目の前に見出される「法的題材」につき解釈を立てることには満足しない。その焦点には例えば，国家の変化を法的形態に導くことを可能とする諸構想がある。この解釈学にとっては，公法を時代の高みで支えることが問題なのである。この目的の為に公法の学問的解釈学は，伝来の解釈学上の座標系（Koodinatensystem）を新たに調整する為に，法学の基礎研究に就いての知見や隣接学問の理論，例えば社会的国家的変化に関する理論を考慮に入れる(7)。公法の体系化は新たな指導原理に対応し，従来承認されていた沄原理は修正され，新たな国家の活動形態には新たな解釈学上の基礎が与えられる等々。ここでは公法学は，伝来の法的題材を処理するのみではない，批判的な学問となっている。「革新解釈学」により，公法学は寧ろ，法的形成の新たな岸辺への道を指し示す。解釈学に於ける諸変化，つまり「革新解釈学」が，あらゆる方面でまたは多数の承認を得られたときに，法律の解釈に影響を及ぼすことを可能とするのは，自明のことである。ひとが古きものを新たに纏めるときに新たなるものが生じることは，周知の命題である。即ち，法解釈学が伝来の諸端緒（Ansätze）を新たに整序したとき，現行法は変更される。その際，大抵，法は通航概念（Schleusenbegriffe）により新たな指導理念に向けられ(8)発展せしめられる。

　この種の新たな指導理念を具体化する通航概念には例えば，欧州連合の領域に於ける新たな連邦カテゴリーとしての「国家結合」(9)，「生存配慮」(10)の領域に於ける「インフラストラクチャー責任・保障責任」(11)が属し，同様に，欧州連合の進展の際の「統合責任」(12)や「段階づけられた国家像」と関係した「多平面シス

---

(6) 解釈学の記述的経験的次元と規範的実践的次元の区別につき *Robert Alexy*, Theorie der juristischen Argumentation, 2. Aufl. 1991, S. 307 ff.
(7) その際には法政策や公法理論の限界づけが顧慮されるべきであるが，それはここでは更には追究しない。
(8) *Andreas Voßkuhle*, Neue Verwaltungsrechtswissenschaft, in: Hoffmann-Riem/Schmidt-Aßmann/Voßkuhle（Hg.), Grundlagen des Verwaltungsrechts, Bd. 1, 2006, § 1 Rn. 40 f.
(9) BVerfGE 123, 267, 348; *Paul Kirchhof*, Der europäische Staatenverbund, in: von Bogdandy/Bast（Hg.), Europäisches Verfassungsrecht, 2. Aufl. 2009, S. 1009, 1019 f.
(10) *Ernst Forsthoff*, Die Verwaltung als Leistungsträger, Stuttgart, 1938.

テム」[13]は通航概念の一つである。全てのこれらの諸概念は法秩序の極めて一般的な新しい指導原理の輪郭を描くものであり，解釈学に新たな道を示し，法の解釈の際の新たな事前了解に導く。これらの諸概念はあらゆる場合に立法者によってではなく公法学によって定式化され，時折連邦憲法裁判所の判決によっても作り上げられ解釈学に導入される。この種の鍵概念が屡々国家の役割の変化に対応しているのは明らかである。

発展に開かれた公法解釈学は，公法の指導理念や枠設定を，国家の変化を見渡しつつも，繰り返し新たに定めなければならない。しかし，変化のプロセスが可能な限り早く法的に整理されるなら，それと共に公法は時代の高みで支えられうる。かかる目的設定はドイツでは伝統を持つ。前々からひとは，立法者が単独で，或いは立法者と共に司法が，法秩序を適切に持続的発展させる立場にあるということにはどちらかといえば懐疑的である。学問には寧ろ，解釈論上の体系を落ち着いて研究することにより，時代そして事情に適した法の持続的発展に力を貸すことが課せられているというのである。その為，立法者は法解釈学を無視しえないというテーゼが立てられている。

II 公法学と国家の役割の絶えざる変化に就いて

公法学は国家の役割と同様，絶えざる変化の中に包含されている。その際，国家の時々の役割と分かちがたく結び付けられることは，公法学の特質に属することである。

1 歴史的観点

歴史的観点に於ては，公法学が国家の役割に於けるパラダイム転換に直面して寸断された過渡期が存在した。そのような過渡期の一つは18世紀の後半であった[14]。そのとき迄ドイツでは，神聖ローマ帝国の国法学は，連邦的等族的に編

---

(11) *C. Franzius*, Der „Gewährleistungsstaat"—ein neues Leitbild für den sich wandelnden Staat, Der Staat 42 (2003), S. 493 ff.; *G. Hermes*, Staatliche Infrastrukturverantwortung, 1998.

(12) BVerfGE 123, 267, LS 2 ; 126, 286 (307).

(13) *Zippelius/Würtenberger*, Deutsches Staatsrecht, 32. Aufl. 2008, § 1 Rn. 54 ff.

成され契約と慣習に基づいた政治的秩序の国法上の基礎を大部な著作に纏めていた。この帝国国法学は，ドイツとドイツ帝国の諸国家でそれに従って統治が行なわれていた法的な諸規律を体系化していた。

　18世紀の半ば以降，古い等族秩序は壊れ始めた。社会史的観点に於ては，自由と平等を要求する市民社会が伝統的な等族秩序を交代させ始めた(15)。新たな，啓蒙思想に対応した ── 政治情勢の為に，最初は認められなかった ── 一般国法学が生じた。従来実定法的志向のあった公法学に，理性法的に市民的政治・法秩序の基礎を発展させる新しい学問的端緒が対立した。

　かかる当時の公法学の自己理解の中心的な問題に就いて，かの時代の帝国公法学の指導的な長であったJ・J・モーサーに語らせよう。彼によれば，「新たに案出されたドイツ帝国の理性的国法」は断固として克服される(16)。しかしながら，伝来の国法は自己の側で歴史的な発展をしている。皇帝と等族との契約の法的拘束性は理性法的思考によっては不安定になりえず或いは完全に廃棄されえない，と。それと彼は「理性は全ての帝国法律や我々の帝国憲法に優先するのか，そして誰の或いはどの理性が優先するのか」という批判的問いを結び付ける。この問いを先鋭的な言い方で定式化すると ── どの理性が「より理性的なのか」？ 歴史的な経験から多くの世代の連鎖を通じて発展してきた政治的理性或いは批判的理性，全く別のものとして示されるこの理性はどのような有様で政治的啓蒙理論の基礎であるのか？

　歴史的観点に於て公法学は一方では安定化機能，つまり政治的秩序の法的枠組を解明するという機能を持つ。公法学はその法秩序を公法学が形成した国家に適合しなければならない。他方で公法学は解放機能（emanzipative Funktion），即ち社会的変革に直面して，国家の新たな役割に法的な枠をかけることを議論する機能を引き受けうる。新たなるものの開拓者として公法学は，パラダイム転換によ

---

(14) この時代の転換期に直面した公法学の役割に就いて基本的には *Michael Stolleis*, Geschichte des öffentlichen Rechts in Deutschland, 1. Bd., Reichspublizistik und Policeywissenschaft 1600-1800, 1988 und 2. Bd. 1800-1914, 1992, S. 42 ff.

(15) 以下に就いては *Thomas Würtenberger*, An der Schwelle zum Verfassungsstaat,, in: Aufklärung, Jahrgang 3, Heft 2, 1988, S. 53, 58 ff.

(16) *Johann Jacob Moser* Gedanken über das neu-erfundene vernünftige Staatsrecht des Teutschen Reiches, 1767, S. 13, 26.

り生じる政治的・法的秩序の思索家たりうる。公法学はしかし，18世紀終わりのプロイセン啓蒙思想でのように，例えば時代若しくは社会がこれに対しなお未熟であるという議論を以て，公法の更新に対し距離を保ちうる。

2　公法学と国家の役割の諸変化に於ける相互関連性に就いて

公法学の変化と国家の役割の変化の間には密接な相互関連がある[17]。学問が変化の光明を先頭に立って運び，国家の変化を先行してつかもうとすることもあれば，社会的国家的変化の方が公法学の観点変化の端緒たろうとすることもある。全ての変化に際し国家は公法学の助力を必要とする。公法学は実定法の研究と共に法治国家秩序の前提である。公法学はそれに加え「革新の工場」の機能を果たす。国家の役割の変化の批判的随伴者として公法学は法秩序の事物・時代適合的な発展の為の草稿を提供する。それ故国家と公法学は密接に結合しているようにみえる。即ち国家はその絶えざる変化に於て公法学の客体である。公法学は，客体領域に於ける諸変化を前もって考え，批判的に付き添い，概念に移しそして法解釈学の基礎に作り変えることに任ぜられている。

III　国家の役割の諸変化の公法学による処理

1　国家の役割の変化に関する諸基準の把握

公法学は国家の役割の諸変化に適切に反応しようとするならば，ありうる変化の諸領域を視線の中に持たなければならず，その解釈学に取り入れなければならない。全く一般的に公法学と国家の役割の変化の諸決定子（Determinanten）に就いて問うならば，一連の極めて異質の諸要素が視野に入る。その際には大抵，公法学の変化に対するのと同様に国家の役割の変化にも寄与する諸要素が問題となる。全てが揃っているという訳ではないが，より新たな諸展開を視野に入れると次の諸領域が挙げられよう[18]。

(1) 時代精神[19]，従って集団的価値観念や行動様式に於ける諸変化は，度々

---

(17) 法と社会的事実との間の相互関連に就いて一般的には *Reinhold Zippelius*, Rechtsphilosophie, 6. Aufl. 2011, §§ 7 II, 10.

(18) 以下に就いては Zum Folgenden *Gunnar Folke Schuppert*, Was ist und wie misst man Wandel von Staatlichkeit?, Der Staat 47 (2008), S. 325 ff.

国家の役割の変化に導く。例えば所謂官憲国家から自由主義的民主主義的国家への発展，「庇護国家」から成年市民に対応した国家への発展或いはコーポラティブ国家から多元的国家への発展が挙げられよう。

(2) ヨーロッパ化や国際化或いはグローバル化は主権者や伝統的国民国家の主権を根本的に変える。全国家法や国家的政治形態と同様に伝統的国民国家の政治的文化は新たな枠設定を被る。R・ヴァールに拠れば，古典的な個別主権国家は構成員国家（Mitgliedsstaat）に変異する。構成員国家の法秩序はもはや自律的ではなく，欧州連合・国際法と織り合わされる[20]。トランスナショナル法秩序の成立はトランスナショナルガバナンスやトランスナショナルな標準設定といった新たな諸形態に伴っている[21]。

(3) 公的セクターの合理化は行政を，ニューパブリックマネージメント[22]の典型へと方向づける。合理化はインフラストラクチャー責任の新たな諸形態，私人—公的部門パートナーシップの形態での私的セクターの編入，予算領域に於ける新たな統制モデルそして行政文化の変化へと導いた。特に「新しい行政法学」[23]は国家の役割に於ける変化を契機として，国家統制の新たな諸形態を方法的そして現実志向的に展開する。功績である[24]のは，ここで法律的ではない観点が行政法解釈学の発展に持ち込まれたことである。

(4) この関係で新たな国家の典型が生起する。スリムな国家は任務批判，脱官僚化そして私化を求める[25]。活発な国家[26]は「国家と社会の間の新たな責任分配の意味に於て」社会による問題解決を支援するものとされている。競争連邦制（Wettbewerbsföderalismus）[27]は中央集権国家と対抗する。

---

(19) *Thomas Würtenberger*, Zeitgeist und Recht, 2. Aufl. 1991.
(20) *Rainer Wahl*, Herausforderungen und Antworten: Das Öffentliche Recht der letzten fünf Jahrzehnte, 2006, S. 95 f.
(21) *Gunnar Folke Schuppert*, Wandel von Staatlichkeit, S. 336 ff.
(22) *Manfred Rehbinder*, Rechtssoziologie, 6. Aufl. 2007, Rn. 186 ff. m. Nw.
(23) Wolfgang Hoffmann-Riem/Eberhard Schmidt-Aßmann/Andreas Voßkuhle (Hg.), Grundlagen des Verwaltungsrechts, 3 Bde., 2006-2008.
(24) しかし *Matthias Jestaedt*, JZ 2012, 1, 8 は批判的である。
(25) *Andreas Voßkuhle*, Neue Verwaltungsrechtswissenschaft, Rn. 62.
(26) *Andreas Voßkuhle*（Fn. 25）, Rn. 62.

何故なら中央集権国家は経済発展を効果的には促進しえないからであると。即ち，連邦化によってひとは競争と基準化を期待する。両者は経済的前進の前提となるものである。
(5) 危険状態に於ける変化は，自然災害からの保護，国家的国際的テロリズム並びに国際的に行動する組織的犯罪からの保護に際しての国家の役割を変えうる。ひとはここで安全構造（Sicherheitsarchitektur）[28]の再構築に就いて語り，新たな社会的弾性（Resilienz）の概念を発展させる。
(6) 国家と社会の関係に於ける諸変化は，公行政とその責務に関する考え方の変化に導きうる。参加を求める公衆は紛争解決を行政手続に移し，新たな手続目標の受容を形成しそして行政のより強い市民志向化に導く[29]。

以上の概観は既に，公法学が永続的に国家像に於ける変化により挑戦されていることを示す。かかる国家像に於ける変化は一部は国際分野に於ける変化によって，一部は社会の変化のプロセスによって，一部は新たな理論の試みの引き受けによって惹起される。

2 先行追随主義の問題

国家の役割の変化を学問的に処理する際には，屡々先行追随主義（Vorauskonformismus）という懸念のなくはない現象に陥る。この主義の影響下にあるのは，性急にそして批判的な考察なく，ありうると考えられた国家の役割の変化に同調する全ての新たな学問上の試みである[30]。このことからかかる試みは流行の方向を決める者として，その学問的諸作業の特別なる評価を期待しているのである。

公法学はそのような先行追随主義により，高度に危険にさらされている。その否定的な影響は国家の諸変革の際に観察される。それ故ドイツ公法学は前世紀30

---

(27) これに就いては *Heribert Schatz / Robert Chr. van Ooyen / Sascha Werthes*: Wettbewerbsföderalismus. Aufstieg und Fall eines politischen Streitbegriffes, Baden-Baden 2000.
(28) *Thomas Würtenberger*, Sicherheitsarchitektur im Wandel, in: Kugelmann（Hg.），Polizei unter dem Grundgesetz, 2010, S. 73 ff.
(29) *Thomas Würtenberger*, Die Akzeptanz von Verwaltungsentscheidungen, 1996.
(30) *Thomas Würtenberger*, Zeitgeist, S. 26.

年代のはじめに，新たなイデオロギー陣営の中で高い評価を受ける為に，国家社会主義的変革を歓迎する傾向に服した。例えばゲルバー，フォルストホフそしてショイナーによる，かの時代の国法の文献に於ける国家社会主義的変革(31)や伝統的法治国の全面的否定による国法の改変に関する諸研究は如実な例である。公法学は屢々，新しい政治的権力と性急に結びつこうとし，それと共にこれを強固にしようとしている。

類似のことは，国家の役割が次第に変化する場合にも当てはまりうる。この変化に学問的に先行すること，この変化に学問的に新たな理論により随伴することは，疑いなく公法学の大きな挑戦に属する。勿論，現実の展開からかなり隔たった新しい理論の試みが屢々発展し議論がなされることは裏の面である。これは例えば，現代国家は様々な理由から，以前よりもより強いものでありまたより強くならなければならないにも拘らず，国家任務を急進的に制限しようとする最小限の国家理論(32)に当てはまる。同様に，主権国家の終わりという長い間流行の話題は見当外れであった(33)。そして政治経済学の新しい流行の試みや憲法の経済学的理論(34)も，実際の認識を得るというよりは寧ろ学問的な自家稼業（Selbstbeschäftigung）に導いている。

3　（憲法一）裁判実証主義の問題

自覚的な憲法裁判権はガバナンスと公法学の役割の重大な変化に導きうる。というのは，一方では民主的な政治構造は憲法裁判所による限界づけにより強く制約されえ，他方で憲法判決は公法学の中心に移動しているからである。

連邦憲法裁判所の諸判決に関するドイツ国法学の解釈論研究は時折「憲法裁判

---

(31) 例えば参照，*Hans Gerber*, Staatsrechtliche Grundlinien des Neuen Reiches, 1933; *Ernst Forsthoff*, Der totale Staat, 1933; *Ulrich Scheuner*, Die nationale Revolution. Eine staatsrechtliche Untersuchung, AöR 63（1934）, S. 166 ff.; *Michael Stolleis*, Geschichte des öffentlichen Rechts in Deutschland, 3. Bd. 1914-1945, 1999, S. 316 ff.

(32) 参照，*Robert Nozick* Anarchie Staat Utopia, 1976; hierzu *Bodo Knoll*, Minimalstaat: Eine Auseinandersetzung mit Robert Nozicks Argumenten, 2008.

(33) *Heinhard Steiger*, Geht das Zeitalter des souveränen Staates zu Ende?, Der Staat 41（2002）, 331 ff.

(34) *James M. Buchanan* Constitutional Economics, 1991; *Ivan Baron Adamovich*, Entstehung von Verfassungen, 2004, S. 10 ff.

所実証主義」として批判されている。かかる —— B・シュリンクによって既に1989年に[35]形成され，目下著名なものとしてはM・イェスタットによって[36]擁護された —— 概念は連邦憲法裁判所の判決実践に対する国法学の表向き肯定的な姿勢に向けられている。〔以下はその批判の内容である・訳注〕国法学は連邦憲法裁判所の諸判決を後から追って体系化し解釈を立てることに満足している。国法学にはしかし，連邦憲法裁判所に対し事前の業績を示すという創造的批判的力も，或いは個別事例を越えて裁判所の判決実践に対し立証的批判をなす力すらも欠けている。寧ろ学問は裁判所の諸判決を実証主義的に自らの研究の基礎とし，それと共に受動的に受け入れるものであり，能動的に形成するものではなく，従って裁判所が必要としその他の点では裁判所自身も期待される批判的なライバルではない。更に，諸判決との解釈論上の交際に自身を制限する憲法裁判所実証主義はまた憲法学の理論的節制（Abstinenz）の表われである。

　これらの批判の正当さは —— 少なくともかかる先鋭化に就いては —— 2つの理由から疑わしい。即ち第一にそして全く根本的に，裁判所の諸判決に対する体系的研究の意義が見誤られている。基本法は —— これを名文句で取り上げると —— 事実上，連邦憲法裁判所がこれを解釈するように妥当する。「憲法とは，裁判官がそうであると言うものなのだ！」(C・E・ヒューズ）これと共にしかし，連邦憲法裁判所の判決が重要な規範的基礎を，屡々かなりの不完全さと不確定さをもつ基本法と並んで与えるとき，その基礎の体系化は憲法解釈学の第一の職務である。

　というのは，そのようにしてのみ一般に，現行憲法自体が記述されえ —— 法解釈論の課題に対応するように —— 「取扱が可能な」ものとされうる。次に，体系的研究には批判的機能が属する。何故なら体系的研究は一般に，内在する厳格さの基準を判決に当てはめることによって初めて可能となるからである。更に，体系化には重要な「結束機能」(Bündelungsfunktion）も属する。即ち，憲法裁判所判決に就いての法解釈論がそれとしてきちんと作り出されてはじめて，憲法裁判

---

(35) *Bernhard Schlink*, Die Entthronung der Staatsrechtswissenschaft durch die Verfassungsgerichtsbarkeit, Der Staat 28（1989），161 ff.

(36) *Matthias Jestaedt*, Verfassungsgerichtspositivismus. Die Ohnmacht des Verfassungsgesetzgebers im verfassungsgerichtlichen Jurisdiktionsstaat, in: FS für Josef Isensee, 2002, S. 183 ff.

所判決をメタ解釈学の諸理論と結び付けることができる。解釈学はこの点では，個別事案と理論的次元の間の仲介物としての間接的抽象作用の次元で示される。それと共に，諸判決の「実証主義的な」体系化はいわば，一方では判決の包括的批判の為の準備であり，他方で更に進展する理論的反映の為の準備でもある。

　これら全てのことは次のことを示す。連邦憲法裁判所の諸判決の解釈論化は，憲法学の重要かつ難しい課題である！　確かに次のことは付け加えられるべきである。理論なき解釈学と批判なき体系化は長く続けば十分なものではないが，解釈学なき理論や体系なき批判は既に不可能である！　これに対応して，連邦憲法裁判所の諸判決の「単なる」解釈論化に対する批判は既に，基本的な検討からは外れることになる。

　更なる，寧ろ経験的に支えられた異議がこれに付け加わる。即ち，一般に，「光明をもって先頭に立って照らす…代わりに」[37]，実証主義的にあとから連邦憲法裁判所の「後塵を拝する」という前に紹介された憲法学に就いての診断は適切であろうか。この判断も相対化を必要とする。即ち，憲法学は個々の諸判決（十字架事件，兵士は殺人者か事件等々）や連邦憲法裁判所による解釈論上の基礎づけ全て（例えば情報自己決定に就いての「財産類似の」考え方，或いは最近創設された所謂コンピューター基本権）を，或いは激しく，或いは根拠をもって，或いは同時に双方をもって批判してこなかったのだろうか。憲法学は，連邦憲法裁判所に代替的な解釈論上の解決案を示すことには努力せずまたその際何ら成果を示さなかったのだろうか。憲法理論に関する書物は既にどの図書館も満たしており，その結果ここでは憲法理論が法解釈論上重要であるか実現可能であるかという問題よりも，憲法理論の存在が認められるかの問題の方が重要となっているのではないか。結局のところ，ひとは憲法裁判所と憲法学との密接な，人的でもある連関 ── 全ての憲法裁判官の約半数は以前そして通例その在職期間の後も憲法学者として活動している ── に直面して，一方的な受容関係を語ることが出来るのだろうか。ここでも思考と経験の相互転移は生じないのだろうか。

　これらの諸批判点は次のことを示す。即ち，国法学の憲法裁判所実証主義に対する批判は実際の諸事情の甚だしい先鋭化として表わされる。ひとは時折国法学の批判的姿勢或いは理論が「豊富であること」も望むかもしれないが，次のこと

---

(37) *Josef Isensee*, Bundesverfassungsgericht - quo vadis?, JZ 1996, S. 1085, 1086.

を心に留めるべきである。即ち，憲法学の中核的責務とそれに加えて批判・理論に対する前提条件，つまり現行憲法の体系的把握を，憲法裁判所実証主義といった貶称的概念によって特徴づけることほど誤りあることはないのではないか！

4 国家の役割に於ける政治的にもたらされたパラダイム変換に接しての公法学の役割

焦点を変え，国家の役割の政治的にもたらされたパラダイム変換の際の公法学の役割に就いて問うこととしよう。過去30年間の国家の役割に於けるこの種のパラダイム変換として，予防国家，国家任務の私化並びに安全構造の新たな方向づけのみを挙げる。3領域全てに於て欧州連合の諸基準，国家任務の処理に対する新たな要請そして政治を国家の役割に於けるこの種の変化に導いたグローバル化のプロセスがあった。公法学はこれらのプロセスに付き添いそれに法的な形式を与えた。私化対処法，国家の保障責任，危険・リスク配慮の法的処理等々のみを挙げることとする。

一つの重要な観点は，これらの国家の役割に於けるパラダイム変換がドイツのみで認められ政治的にもたらされたのではなく，他の諸国に於ても公法の発展という学問的な随伴を導いたことである。特に欧州の構成諸国は国家の役割に於ける法的法学的に極めて比較可能な変化に反応しなければならない。安全構造，競争連邦制或いは金融市場危機の分野に於ては，公法学が欧州法領域に於て呼び起こした問題状況と挑戦に於ける収斂が示されている。

国家の変化のプロセスに於けるこの種の収斂の為に，公法学は国内的に内向的に留まることは出来ない。公法学は，法的な規律構想を新たに形成する為に外国の研究業績をその考慮に入れなければならない。その際，伝統的意味に於ける比較法をより少なくすることは目下の急務である。寧ろ，新たな国家的挑戦を処理する外国の学問上実際上の諸構想がドイツの法秩序や法文化に役立てうるか，そしてどのように役立て立てうるかが問題である。国内公法学は外国の公法学との議論に開かれるべきであるが，これは従来殆どなされていなかった。それ故，例えば多くの国に於て安全構造に於けるパラダイム転換が見出されるが，その際外国の諸経験や諸構想が視野に入れられることはない[38]。

理論が輸入された例として弾性の概念と構想が挙げられる。これらはアングロサクソンの領域に於て発展し，そうこうするうちに欧州連合の安全政策を規定し

たが、ドイツでは最近迄十分知られずに留まっていた[39]。テロリズム、事故或いは自然災害によって引き起こされる大損害のある出来事は予見できずまたそれと共に単独の回避戦略は十分ではないということから、弾性化された国家の構想は出発している。弾性化された国家や弾性化された社会は大損害のある出来事が生じた場合の為に手続や機構を事前に保持しておかなければならず、それと共に損害を出来るだけ限定することができ迅速に通常の状態に戻りうる。弾性構想は大損害のある出来事を処理しうる為に、社会的個人的自治組織の新たな技術や形態を要請する。

　この間欧州連合やドイツの安全研究プログラム[40]はかかる弾性構想に向けられている。この政治的構想を実現する際の公法の任務は、伝来の災害防御法を新たな挑戦に適合させ、大損害のある出来事を克服する際の国家と社会との間の新たな協働形態を発展させ、新たな技術の投入の適法性を検査し弾性化された国家や弾性化された町やエネルギー供給の新たなモデルに対する法的な枠付けを発展させることである。外国や国際的次元では既に、広範に渡る構想やモデルがもたらされている。その公法学による加工はドイツでは ── 外国でと異なり ── やっと端緒に就いた。

5　公法学が隣接諸科学に対し開かれていること

　国際的な学問上の論議に対し公法学が開かれていることと同様に、公法学が隣接諸科学に対して開かれていることも重要である。国家の役割の変革や変化は、公法学がその隣接諸科学による社会学的国家学的認識に手をつけえないのであれば、公法学によって捉えられることはできない。公法学は正に前々から、古い包括的国家学の一分野である。その際、公法学によって取り上げられうる国家の役割に於ける諸変化が、特に政治学によって繰り返し主題とされている。

---

(38) この方向での第一の試みとして、*Thomas Würtenberger/Christoph Gusy/Lange*, Innere Sicherheit im europäischen Vergleich, 2012.
(39) これに就いては *Thomas Würtenberger*, Resilienz, in: FS für Schenke, 2011, S. 561 ff.; Gander/Perron/Poscher/Riescher/Würtenberger（Hg.）, Resilienz in der offenen Gesellschaft, 2012.
(40) Bundesministerium für Bildung und Forschung, Forschung für die zivile Sicherheit 2012-2017, 2012, S. 10 und passim.

勿論，隣接諸科学によっても公法学によっても十分に認められていない国家の役割に於ける変化は従来から存在している。それ故，私化現象は私化対処法の独立ということを巡って，政治学上そして法学上極めて詳細に扱われた。これに対し，インフラストラクチャーの私化が重大な安全の問題を導きうることは，従来政治学によっても⁽⁴¹⁾公法学によっても十分に認められていなかった。安全に特有の私化安全対処法は必要である。さもないと，国家は私化されたインフラストラクチャーに対する安全責任を効果的には果たしえないからである。そのような対処法は許可・管理義務には限定されえず，新しい安全技術，国家の安全官庁とインフラストラクチャー企業との間の信頼関係ある共同作業，安全問題に於けるインフラストラクチャー企業による協働等々をもたらさなければならない。そのような私化対処法の重要な構成要素は，それと共に私人と国家の間の協働を強めることであろう。

　連邦政府若しくは連邦内務省は確かに，既に立てられたKRITIS戦略を展開していた。この戦略は新たな形態の柔軟な統制によって行なおうとするものであった。しかしこの戦略の実現は困難であることが示された。ここでは安全構造の変化やそれと共に安全保障の際の国家の役割の変化に於ける極めて重要な側面が問題であるにも拘らず，このKRITIS戦略の学問的な取扱或いは評価さえも従来なされていなかった。

6　ヨーロッパ公法，或いはグローバル化された公法に対し国内公法学が開かれていること

　国内公法学がヨーロッパ公法或いはグローバル化された公法に開かれていることは，最近の10年間に明白なパラダイム転換を導いた。ヨーロッパ化と国際化は国家の役割を決定的に変えただけではない。重要な政治領域に於て，主権的な国内的政治形成の代わりに，国家任務の履行の際の純然たる国家的協働が現われ出た。

　かかるヨーロッパ化や国際化と共に，R・ヴァールによれば，ドイツに於ける

---

(41) しかしこれに就いては第一に，*Patrisia Wiater*, Sicherheit durch den „Schutz kritischer Infrastrukturen". Zur Aufgaben- und Verantwortungsteilung zwischen Staat und Privaten, Freiburger politikwiss. Diss.

公法の発展は「第二段階」に入った。従来の強い憲法・憲法裁判所依存性には，新たな「法秩序の開放性或いは外部志向化」が味方している(42)。公法学はかかるパラダイム転換を受け入れた。公法学はヨーロッパ化と国際化を，国内領域に於てもヨーロッパの研究領域に於ても(43)非常に実り豊かなテーマとした(44)。

このパラダイム転換は公法学の伝来のそして殆どその根拠を探られていない一連のドグマに揺さぶりをかけた。それ故ますます，例えば環境法に於て，法律の留保やそれに支えられた「法的正義」は手続的正義の新しい諸形態によって補われる(45)。ドイツの主観的公権の考え方がフランス乃至欧州連合法の利害関係者保護への志向に開かれていることはこの文脈にある(46)。この種の発展は，伝統的公法解釈論に於けるある種の一面性を熟考する契機となりうる。「あふれ出る効果（spillover Effektion）」の意味で多くのものが欧州連合法の領域から国内解釈学に受け継がれるかもしれない。この種のメカニズムは，公法の国内国家的内向性が終わったということを示している。

結び　国家の役割に於ける永続的な変化に直面した公法学の能力に就いて

最後に，国家の役割に於ける永続的で多様な変化に直面した公法学の能力に就いての問題が立てられる。

公法学は先ず第一に奉仕機能（dienende Funktion）を持つ。公法学は公益の為に国家的変化に必要な形式を与えるこの変化の随伴者である。学問的随伴なしでは，変化のプロセスははっきりとは敷かれずまた相応の法形式に流し込まれない。その際困難な問題が立てられる。即ち，どのように公〔法？〕の学問的解釈論は信頼できるやり方で国家的乃至社会的変化を確かめることが出来るのだろうか。

---

(42) *Rainer Wahl*, in: ders., Verfassungsstaat, Europäisierung, Internationalisierung, 2003, S. 422.

(43) *Armin von Bogdandy*, Deutsche Rechtswissenschaft im europäischen Rechtsraum, JZ 2011, 1 ff.

(44) *Matthias Jestaedt*, JZ 2012, 1, 9 f. を参照。同論稿は，このことは欧州人権条約の領域には妥当しないことを指摘している。

(45) *Thomas Würtenberger*, Rechtliche Optimierungsgebote oder Rahmensetzungen für das Verwaltungshandeln?, VVDStRL 58（1999), S. 139, 166 ff. m. Nw.

(46) *Thomas Würtenberger*, Verwaltungsprozessrecht, 3. Aufl. 2011, § 4 Rn. 71 ff.

ここでは日々の隣接諸科学の流行に対する批判的距離が必要となる。勿論，長期間の発展傾向を確かめるのは —— はじめに引用されたミネルバの梟の比喩が明快に示すように —— 全く簡単ではない。

　国家的社会的変化に随伴する際に，公法学は過小評価すべきではない維持機能を有している。過去に於て「正しい」或いは正当とみなされていたことは性急に社会的国家的変化に委ねられるべきではないと。この領域に於ても限界線は容易には引きえない。公法学は確かに国家の役割に於ける変化に警告し，伝来の構想に固執し或いは自己の視点からよりよい構想を発展しようとする。公法学はしかし，もはや実際の発展と結び付くことができなくなるとき，その有効な力を失う。

　それと共に，規範的効力の問題が公法学に投げかけられる。K・ヘッセによって展開された憲法の規範的効力の構想[47]のように，公法学も規範的効力の発展を目指さなければならない。公法学は「その時代の精神的，社会的，政治的或いは経済的発展状況」[48]を無視することは許されず，国家の変化に於て明らかになった諸傾向と結び付けられなければならない。公法学は確かに，「博士達の共通意見」(communis opinio doctorum) のよりよき視点から，国家の変化に批判的に随伴するかもしれない。公法学はしかし，変化のプロセスを協働して形成しようとするとき，自己の体系形成の為に，政治的・法的体系の受容に頼らざるを得ないままである。

（47）*Konrad Hesse*, Die normative Kraft der Verfassung, 1959; *ders.*, Grundzüge des Verfassungsrechts der Bundesrepublik Deutschland, 20. Aufl. 1995, Rn. 41 ff.; これに就いては *Thomas Würtenberger*, Rahmenbedingungen von normativer Kraft und optimaler Realisierung der Verfassung, in: Festschrift für Michael Kloepfer, 2013, S. 277 ff.

（48）*Konrad Hesse*, Grundzüge, Rn. 43.

国家の役割の変化と公法学

松 戸　　浩

Ⅰ　はじめに

　1　グローバル化の進展が既存の法体系乃至法解釈学体系に如何なる変容をもたらすかという問題は，近年諸外国と同様我国公法学に於ても好んで議論されてきたものである。そしてこの問題は，公法学の中心にある国家の役割の理解に対しても再検討を要求するものと考えられてきた。例えば2001年の公法学会では「グローバル化と公法」という部会テーマが取り上げられると共に，統一テーマは「国家の『ゆらぎ』と公法」であった。また2007年には「変容する公共性」のテーマの下，改めてこの点に就いての議論がなされてきた。また法律雑誌でも繰り返し関連するテーマの特集が組まれてきたところである。

　尤も我国で近時論じられている国家の役割の変容は，後にも触れるように，必ずしもグローバル化と関連づけて論じられている訳ではない。またこのように熱心に論じられてきた結果，ある意味で手垢のついたテーマとなりつつある感もある。そこで以下ではシンポジウムの性格も踏まえ，我国公法学でのこれ迄の議論を振り返りつつ，これに理論的な再構成を施すことを試みることにより，幾許かでも議論の進展に資することを期することとしたい。

　2　グローバル化が国家の役割に影響を及ぼすとされる際にはその方向性として，国際機関の機能強化による「上からの」変容と，市場のグローバル化に伴う多国籍企業の活発化による「横からの」変容とが区別される場合がある[1]。前者に就いては，欧州連合の活動領域の拡大の影響を受けているドイツと，そのような事情のない日本とでは，議論の活発さには明らかな差がみられる。これに対し

（1）参照，辻村みよ子「国家の相対化と憲法学」法律時報73巻1号18頁以下（2001年）。

後者に就いては，多国籍企業以外の私人－民－の役割の再評価によるものも含めるならば，他国と同様に少なからぬ関心が寄せられている。尤もこれはグローバル化に必ずしも直接由来するとはいえず，国家の負担軽減・スリム化といった——これらの社会的経済的背景にグローバル化があるか否かはともかくとして——別の要因をも踏まえたものとなっている。いずれにせよ，本シンポジウムのもう一つの柱であるところの，社会国家として国家の役割を観念することに就いての再検討が活発に行なわれている点では日独に共通しているものといえる。そこで以下ではこの点に就いてみていくこととする。

◆II 国家の役割の再定位 —— 保障国家

1　社会国家乃至福祉国家として国家の役割を観念することが公法学で一般的であった頃には，給付行政の活発化といった国家活動の拡大をどう法的に捕捉するかが主要な関心事であった。これに対し現在国家の役割の再検討がいわれる背景には，規制緩和や民営化といった国家の役割の縮小が一方ではあり，他方で従来基本的に国家のみが公益の担い手とされてきたのに対し，私人も公益の担い手として，これに従来国家のみが行なってきた公益実現作用を委ねていくことによる国家の位置づけの相対化がある。曾ての国家観ではにわかに受け入れがたいかかる背景が認められるようになった基礎としては，財政難に由来する前述した国家の負担軽減や，社会の複雑化に伴い国家のみがこれを統制することは困難となり，私人の有する知的資源も活用する必要性が増大したということなどが屡々指摘されているところである。

以上の国家の役割の相対化に対応して公法学では，第一に国家の役割の縮小に就いては，規制緩和や民営化の限界・その際踏まえるべきルールが議論されると共に，国家の撤退を容認するのではなく，規制緩和や民営化がなされた後になお求められるべき国家の役割を模索する動きがみられる。ショッホ教授もその主要な論者として知られ，且つ曾て本シンポジウムでも取り上げられた[2]，ドイツに

（2）フリードリヒ・ショッホ（中原茂樹訳）「国家の秩序枠組みのなかでの社会の自己統御」松本博之＝西谷敏＝守矢健一編『団体・組織と法』293頁以下（信山社・2006年）．

於ける「保障国家」の議論はその典型である[3]。第二に私人に公益実現作用を委ねることに就いては，近時日独で公私協働の議論がさかんとなっている。

2　ところでこの保障国家の議論では，或る一定の事務を私人が行なうことに対し国家に責任がある —— 保障責任 —— ことがその前提となっている。ドイツでは郵便や鉄道の民営化の際に，基本法（Grundgesetz）に，これらのサービスがなされることを連邦が保証することが明文で規定されるなど（87 e, 87 f 条），実定法上の原則として採用されている例もある。尤も国家に保証責任があるという命題は，単にそれが実定法上採用されているというのみではその妥当性を一般的に語ることはできず，何らかの理論的な正当化を要する。この点ドイツでは，国家の基本権保護義務等から保証責任が導かれてきたところである[4]。我国でも，従来国等の公的主体が担っていた事務を私的主体に委ね，或いは事務を担当していた組織を私的主体化するという意味での民営化が行なわれる場合にも，公的主体が当該事務の遂行と全く関わらなくなるのではなく，基本的には，担当組織に対する監督，新規参入に対する許可制の導入といった所謂「再規制（Reregulierung）」が広く行なわれている[5]。しかしその具体的形態に就いては，規制類型に就いて一定程度の共通性はみえるものの，必ずしもドイツのような理論的な背景に基づいてなされている訳ではないので，事務の切り出された経緯に由来するとみられるなどアドホックな傾向がある。また事務遂行の相手方の利益の保護が必ずしも十分とはいいがたいという指摘もなされているが[6]，かかる実定法上の状況は，ドイツのような国家の基本権保護義務という一般的な理論的論拠に欠けているからであろう。尤も我国でも学説上は，保障国家の議論の以前から公共性分析が論じられ，またドイツでも論じられた国家の保証人的地位（Garantenstellung）の検

（3）我国に於てこの議論を紹介する論稿は近時増えつつある。例えば，三宅雄彦「保障国家と公法理論」埼玉大学社会科学論集126号31頁以下（2009年），山田洋「『保証国家』とは何か」岡村周一＝人見剛編著『世界の公私協働』（日本評論社・2012年）141頁以下，高橋明男「保障国家における法律の役割」岡村＝人見編著・前掲161頁以下，板垣勝彦『保障行政の法理論』（弘文堂・2013年）。

（4）Vgl. *F. Schoch*, Der Gewährleistungsverwaltung : Stärkung der Privatrechtsgesellschaft ?, NVwZ 2008, S. 243 f.

（5）詳細に就いては，原田大樹「民営化と再規制」法律時報80巻10号54頁以下（2008年）。

（6）原田・前掲（注5）57頁以下。

討がなされるなど(7),国家の一般的な責任に対する関心が存在してきたことはドイツと同様である。

3　尤もここで国家の保障責任が問題とされている事務の中には,私人も従前から同様の内容の活動を行なっているものが存在する。この場合,事務自体の性質から当然に国家が行なわなければならない,或いは国家に留保された事務であるということ,更には,国家から新たに切り出された事務に就いてのみ国家の保障責任を問うということは困難となろう。例えば都市交通に就いていえば,大阪市のように行政主体が自ら行なうケースもあれば,広島市のように完全に私的主体が行なうケースもある。東京都では先般地下鉄事業の大部分を担う営団が民営化されたが,これを定める東京地下鉄株式会社法では,代表取締役の選定や定款の変更等が国土交通大臣の認可事項とされている (5,7条)。

これは前述の「再規制」の例であるが,それでは何故他の民間鉄道会社と異なり東京地下鉄にはかかる監督措置があるのか,また何故大阪市は自ら都市交通を担わなければならないのか,を国家の保障責任から導出するのは困難であろう。もとより都市政策等の見地から自治体が都市交通を担うということは否定されるものではない。しかし保障責任は一定の作為を国家に法的次元で義務づけるものであり,公的主体が政策的観点から任意に事務を行いまた私的主体の活動に規制をかけることはその範疇の外にあるものである。また,東京地下鉄に対する「再規制」を公的主体が民営化される際の対応措置と捉えるならば,従来公的主体が当該事務を担っていたという事実を前提としない場合には,かかる再規制が要請されることを法的に根拠づけるのは困難であろうと思われる。ドイツでも同様の認識があり,H・C・レールは,「『私化の結果責任』なる概念の使用は疑いを免れない。何故ならその概念は,先行行為に由来する保証人的地位に匹敵するような,特定の公益的給付が以前は国家によりなされていたという事実から帰結された国家の義務更には権限を含意するからである。」と述べているところである(8)。

更に,我国ではドイツの保障国家論のような理論を必ずしも念頭に置かない形で私的主体への事務移転がなされている為,当該事務の遂行に対する規制に就いても,また如何なる事務につき規制を求めるかに就いても,制度設計者の任意に

---

(7) 角松生史「『民間化』の法律学」國家學會雜誌102巻11=12号81頁以下, 120頁以下 (1989年)。

委ねられることになりかねない危惧がある。学説上熱心になされてきた民営化論等は，かかる状況に対し何らかの枠をかけようとする試みであったといえる。

国家に専属する作用に関する議論

　保障国家の議論は以上のように国家以外の法主体が行なう事務に対する国家の関与のあり方を問題としているのであるが，ドイツでは，かかる保障国家の議論とは別に，基本法33条4項が高権的権限の行使（Ausübung hoheitsrechtlicher Befugnisse）を官吏に留保することを定めていることも議論の対象とされている(9)。同項は一定の事務が国家に専属することを求める点で，保障国家よりもより強い要請となっている。これに対し日本国憲法には同様の規定は存在しない。またドイツの高権的権限の留保原則は高権的権限が「官吏（Beamte）」に留保されるとされていることにも表われているように，職業的官吏制度を背景としたものと説明されており(10)，そうした伝統のない我国でもこの原則が妥当するかは一つの問題である。しかし我国の学説でも「公権力の行使」は基本的には国家に独占されるとする見解が少なからずみられ(11)，また実務もそのように解する傾向があった。「公権力の行使」が国家に専属することの理解には相違がみられるものの，

（8）　H. C. Röhl, Verwaltungsverantwortung als dogmatischer Begriff ?, Die Verwaltung Beiheft 2, 1999, S. 48. レールの同所を引用しつつこの問題を指摘した我国学説として，板垣・前掲（注3）267頁以下。

（9）　同項を詳細に検討した我国での論稿として，米丸恒治『私人による行政』50頁以下（日本評論社・1999年），戸部真澄「日独における刑務所民営化政策の法的検証」山形大学法政論叢35号111頁以下（2006年）。尤も「高権的権限」とは何かに就いても議論となりうるところであるが（例えば参照，戸部真澄『不確実性の法的制御』252頁以下〔信山社・2009年〕，A. Voßkuhle, Gesetzgeberische Regelungsstrategien der Verantwortungsteilung zwischen öffentlichem und privatem Sektor, in : G. F. Schuppert (Hrsg.), Jenseits von Privatisierung und "schlankem" Staat, 1999, S. 64. また，米丸・前掲71頁注109に挙げられた諸文献），私人に対する侵害権限がそれに当たることに就いては争いはないこと，また本文での議論からすれば国家の専属権限として高権的権限が認められるか否かが重要なのであってその外延は副次的な問題に過ぎないので，ここではこの問題は措くこととする。

（10）　この点については松戸「公共組合と公権力の行使（二・完）」法学雑誌61巻1・2号128頁以下（2015年）を参照。

基本的方向性自体はドイツとも共通している。問題は，ドイツと異なり憲法典に明文のない我国に於て，如何なる論拠でかかる結論が採られたかにある。

1　この点我国学説は従来から，かかる権能が当然に国家に属するものとする説明が多い中[12]，米丸恒治教授は詳細に論拠を論じている。教授は次のように述べている。

> 《日本国憲法の基本原理として国民主権原理がとられ，責任内閣制のもとに国民より信託された公権力の行使については内閣が国会に連帯して責任を負うこととされているのが基本原則である。そこでは，国民の基本的人権との関係でも，国家の行政活動は内閣が連帯して責任を負うことのできる，すなわち指揮監督を行い責任を負うことのできる組織または公務員による行政が原則となっているといえよう。…権力の国家独占原則との関係では，私人による権力的な活動は，原則的に排除されることになる。…国民相互の間では，基本的にその自由権に基づく合意によってしか権利義務関係の形成が認められないとすれば，一方的に他の国民の権利義務関係を変動させる規制的作用は国家機関または行政機関の独占するところとなる…このような解釈の基礎としては，憲法全体の国民主権原理に基づく構造，憲法65条，66条3項，72条があげられよう。》[13]

またこれに加え，国家により独占される公権力の行使につき公共性担保手段として支えるのが公務員法制，行政組織法，作用法の規制であるとも述べられており[14]，従って教授によれば，これらの担保手段が備えられた国家に公権力の行使が独占されるべきであるということになる。

また戸部真澄准教授は，ドイツでの国家の公権力独占原則が基本法よりは寧ろ法治国家原理や民主制原理にその実質的根拠が求められていることからすれば，日本でも同様の結論が妥当するのではないかと述べている[15]。これに対しては

---

(11) 後述の米丸教授の他，例えば塩野宏「指定法人に関する一考察」同『法治主義の諸相』460頁（有斐閣・2001年）。尤もこの点についての我国学説の整理には検討が必要と思われることにつき松戸・前掲（注10）。

(12) その端的な表現として，例えば塩野宏「公法・私法概念の成立」同『公法と私法』43頁（有斐閣・1989年），同・前掲（注11）461頁。

(13) 米丸・前掲（注9）357頁。

(14) 米丸・前掲（注9）385頁。同旨，米丸「『民』による権力行使」小林武＝見上崇洋＝安本典夫編『「民」による行政』68頁（法律文化社・2005年）。

(15) 戸部・前掲（注9）『不確実性の法的制御』266頁注100。

塩野博士の消極的見解があるところであるが[16]，前述のように我国学説も公権力の行使が基本的には国家に属するものとする点に就いては暗黙の前提として議論を行ってきたところである。

2　他方で日独共に，この「国家の公権力独占」の原則との関係が問題となる事案が注目されるようになってきている。

日本で近時問題となった事案としては，①放置車両確認事務の民間事業者への委託，②刑務所の設置管理の民営化，③建築基準法上の指定確認検査機関等が挙げられる。

これらの内①に就いては，放置違反金納付命令の準備行為としての違反の確認に留まり，また従来の違法駐車標章が車両移動命令等を記載した書面であったのに対し，確認標章は駐車違反の確認と使用者に違反金が課される可能性があることを通知する文書にすぎず，これ自体は公権力の行使ではないという説明がなされているが[17]，これに対しては，実質的には民間確認員の判断により公安委員会の権限行使の決定がなされることになるという批判が存在する[18]。また②に就いては，収容監視・施設警備・職業訓練等は民間事業者に委託できるが，懲罰や信書発受の許否等，被収容者の身体財産を直接侵害する処分は刑務官等が行なうものとされている[19]。ここでは「被収容者の身体や財産を直接侵害する実力行使や，被収容者に対して直接に義務を課し，又は権利を制限する処分等を伴う」事務の処理は「刑事施設の長や刑務官以外の者に…委託することはできないと考えられる」との留意がされており[20]，私人に公権力の行使を委ねることを避けようとする意図の下での制度設計がなされているのであるが，これに就いても，

---

(16) 塩野宏「行政法における『公と私』」曽根威彦＝樋澤能生編『法実務，法理論，基礎法学の再定位』203頁注20（日本評論社・2009年）。

(17) 宇賀克也「道路交通法の改正」自治研究80巻10号120頁（2004年），高橋明男「駐車規制」ジュリスト1330号21頁（2007年）。

(18) 米丸・前掲（注14）「『民』による権力行使」60頁以下。なお，碓井光明『公共契約法精義』288頁（信山社・2005年）。

(19) 例えば吉野智「PFI手法による官民協働の新たな刑務所の整備について」ジュリスト1333号2頁以下（2007年）。また刑務所の民営化を巡る公法上の諸問題に就いては，戸部真澄「日独における刑務所民営化政策の法的検証」山形大学法政論叢35号95頁以下（2006年）。

(20) 吉野・前掲（注19）6頁。

一部の事務の委託に就いては公権力の行使の委託ではないかという疑念が呈されている[21]。このように、これらの事案に就いては（③も含めて）実質的には私人に公権力の行使が委ねられているのではないかとする見解が少なくない。この点例えば山本隆司教授は、政策的裁量を行使することを私的主体に委ねることは許されないとしているが[22]、かかる理解を採るのでなければ、これらのケースを容認することは困難となろう。山本教授も、放置車両のケースが許容されるとすれば、それは政策的裁量の行使を伴わないからであろうと述べている。また建築確認も、指定確認検査機関による確認には建築基準法等による詳細な規制が加えられており、裁量の余地はあまりない。他方でドイツでは、駐車違反の証拠を収集することを民間事業者に委託することは、侵害活動を私人に委任するものであるとして違憲であるとされている[23]。

尤もドイツで私人に公権力の行使が全く許されていない訳ではなく、特許（Beleihung）の形式により強制執行も許される例は存在する（一部の州で認められる金銭債券の強制徴収等）。上記の交通違反取締に就いても、特許の形式であれば許容されるとする見解もあるなど[24]、学説は必ずしも一致していない。

以上のような議論はあるものの、我国の現行法制は、上記諸制度の導入に就いていえば、公権力の行使を私人に委ねることには基本的には慎重であるということができる。それは刑務所の委託事務の振り分けに典型的に表われている。また放置車両確認事務の委託制度の導入の際にも前述のように、私人のなす行為自体が公権力の行使とならないよう制度設計がなされた。議論があるのは実質的に私人に公権力の行使が委ねられていることになっているのではないかという点であり、法律の根拠によりさえすれば私人による公権力の行使が認められるという考が積極的に我国で採られるようになったとはいえないようにもみえる。他方で建築確認の民間開放は、権力的事務の行使自体を私人に認めた例といわざるをえな

---

(21) 戸部・前掲（注19）130頁以下参照。
(22) 山本隆司「日本における公私協働の動向と課題」新世代法政策学研究2号300頁以下（2009年）、同「日本における公私協働」藤田宙靖博士東北大学退職記念『行政法の思考様式』197頁（青林書院・2008年）。また、米丸・前掲（注14）「『民』による権力行使」68頁。
(23) 参照、戸部・前掲（注19）119頁、103頁以下。
(24) 参照、米丸・前掲（注9）186頁以下。

い。これは前述のように羈束行為であると共に，更に耐震偽装事件後は建築確認の報告義務や特定行政庁による立入検査等が導入されるなど，規制の強化が図られている。従ってこの場合には私人の自由な判断により公権力の行使がなされることに対する抑制は存在しているのであるが，私人が権力的行為を行なうこと自体は否定されていない。

　尤もこれらの事象は，公権力の行使を国家が独占するという原則との関係で問題となった初めてのものという訳ではない。

　第一に，この関係で屡々取り上げられてきたのは，私人に対する高権的権限の委任乃至特許がこれ迄も認められてきたことであり，従って同原則は必ずしも例外を認めないものではない，と説かれてきたのである[25]。

　第二に，日独共に以前から，国家とは別の法主体である公共組合に公権力の行使を委ねることが行われてきた[26]。我国では具体的には例えば，土地区画整理組合には換地処分や経費の強制徴収の権限が認められているが（土地区画整理法103条，40条以下），公権力の行使が認められている公共組合はこれに留まるものではない。土地区画整理組合の場合，その設立には都道府県知事の認可を必要とし（14条），また監督がある（125条）。このような強度の規制を伴いつつ公権力の行使自体は容認するという構造は民間検査機関による建築確認と同様のものである。そして土地区画整理組合は上記の認可によってはじめて行政主体となるのであり，組合設立の認可自体は私人に対してなされるものである[27]。

　「排他的国家機能」「競合的国家機能」の区別はドイツではG・イエリネクによる提唱[28]以来よく知られたところとなっているが，我国でも前者に対応した「専属的国家事務」[29]の代表とされてきた公権力の行使に就いてもこのように，従

---

(25) ドイツでの実定法上の具体例を我国で紹介検討したものとして，米丸・前掲（注9）175頁以下，高橋明男「ドイツに於ける警察任務の『民営化』，民間委託，民間との協働」大阪大学法学部創立五十周年記念『二十一世紀の法と政治』133頁以下（有斐閣・2002年）。

(26) 公共組合が公権力の行使の国家独占原則との関係で問題となることを指摘したものとして，塩野・前掲（注11）460頁。

(27) なお参照，藤田宙靖「行政主体相互間の法関係について」同『行政法の基礎理論 下巻』70頁（有斐閣・2005年）。

(28) *G. Jellinek*, Allgemeine Staatslehre, 3. Aufl., 1922, S. 263.

(29) 塩野・前掲（注16）194頁以下。

来から国家が独占してきた訳ではなく他の法主体にも委ねられていたのであり，従って先にみた①～③の諸制度も理論的には目新しいものとはいえないともいえそうである。

しかし一般的にそのようにみられていないのは，公共組合は国家とは別の法主体でありながら行政主体として位置づけられており，従って私人による公権力の行使の容認とはされてこなかったことによるものと思われる。しかし曾ての我国に於ける行政主体を巡る議論の中で述べられたように，或る法主体が行政主体であるか私的主体であるかは先験的に決せられるのではなく，当該主体を規律する具体的な法関係毎に決まってくる相対的なものであるならば[30]，行政主体の概念は実定法によってその法関係を規定された個々の法主体を分類する為の説明概念ということになる[31]。

このようなものとして行政主体の概念を理解するのであれば，或る法主体を行政主体であるとした上でこれには典型的な専属的国家事務である公権力の行使を委ねることができるというのは，必ずしも適切なものではないということができる。寧ろ，実定法により公権力の行使を委ねられた者につき如何なる統制を及ぼしていくかの方が問われていくべきであろう。そうであるならば，従来からあった土地区画整理組合等の公共組合に対する換地処分等の容認と近時新たに認められた民間検査機関に対する建築確認の容認とには実質的な相違は認められないということになろう。そしてこのように実定法により公権力の行使を委ねられた者

---

(30) 設立に際しての国のイニシアチブ等に着目して行政主体か否かを判別する場合には（例えば参照，田中二郎『新版行政法中巻〔全訂第二版〕』188頁以下〔弘文堂・1976年〕。「公法人」に就いてであるが，美濃部達吉『日本行政法上巻』472頁以下〔有斐閣・1936年〕。これはドイツでも同様の観方である。*H. J. Wolff / O. Bachof*, Verwaltungsrecht I, 9. Aufl., 1974, S. 244 f. また，塩野宏「特殊法人に関する一考察」同『行政組織法の諸問題』20頁以下〔有斐閣・1991年〕，同『行政法Ⅲ〔第四版〕』106頁以下〔有斐閣・2012年〕）法主体の属性により行政主体か私的主体であるかを判別できるが，かかるメルクマールの有用性に就いては批判があるところである（例えば藤田宙靖『行政組織法』24頁以下〔有斐閣・2005年〕，舟田正之「特殊法人と"行政主体"論」立教法学22号11頁以下（1984年）。また，中川丈久「米国法における政府組織の外延とその隣接領域」金子宏先生古稀記念『公法学の法と政策下巻』494頁〔有斐閣・2000年〕）。

(31) 参照，藤田「行政主体の概念について」同『行政法学の思考形式〔増補版〕』65頁以下（木鐸社・2002年）。

に対する統制を問題とするならば、私人に対し公権力の行使を委ねることの是非の問題は抑々成立しないことになる。従って曾てと異なり近時の行政主体の概念によっては、公共組合に対し公権力の行使を認めることを説明することは困難であると思われる。またこの場合には、公権力の行使が公共組合には許容される一方で民間検査機関に就いてはその是非が問題とされている近時の我国の議論の状況は、理論的には理解し難いものとなる。

　以上のことから、先に挙げた①～③の諸制度につき国家の公権力行使独占原則からの何らかの評価をするのであれば、先行する各制度との比較検討が不可欠のものとなると思われるが、そのことは、先行制度の存在から近時の「民による公権力の行使」を容認することとは直ちには結び付くものではない。即ち、前述のように近時我国でもドイツと同様、公私協働が盛んに議論されているが、私人を関与させる際には、私人自身には民主的正統性が欠けることから、民主的正統化の連鎖を及ぼすべきであり、国にはかかる民主的正当化を確保すべき「波及的正当化責任」(32)が認められるべきといった議論がドイツの学説も参照しつつなされている。この議論は極めて詳細なレベルに達しているのであるが、そのような担保があれば、私人に公権力の行使を委ねてもよいかは別の問題であろう。私人も行なえるような公共サービスの提供を私人に委ねる際に考慮すべき民主的正統性確保の為の提案がそのまま公権力の行使に就いても妥当すると考えることは必ずしも適切ではない。即ちこの議論でも示されているように、私人に公的事務の遂行を委ねる場合でも、私人の自律的遂行の余地を残す為に過度の規制には消極的である。他方で国家機関に就いては、ヒエラルキー組織に属することによる指揮監督を通じた統制により、各省大臣等の、国民代表機関たる議会に責任を負う機関がその頂点に立つ場合には、最終的には国民にまで遡る民主的正統性の連鎖が確保されうる余地がある。このような私人と国家機関との地位の相違を考慮するならば、従来国家機関のみに認められてきた公権力の行使を私人に認めるには一層の慎重さが求められることになろう。尤もこのヒエラルキーによる統制に就いても、現代行政の複雑化と組織の膨張に伴い下級機関の判断の余地が拡大し、

---

(32) 山本隆司「公私協働の法構造」金子宏先生古稀祝賀『公法学の法と政策下巻』556頁以下（有斐閣・2000年），同・前掲（注22）「日本における公私協働の動向と課題」296頁以下。

もはや上級機関はこれを制御する能力に欠け，従ってかかる統制の実効性に期待することはできないのではないかという批判が屢々なされているところである。ここには正当性と実効性の峻別の是非という古くからある問題がみられるが，時間の関係により本報告では指摘に留めざるを得ない。

◇第Ⅱ部◇
国際法による枠条件が
社会国家構造の展開へ及ぼす影響

社会国家はいまどこにいるのか

野 田 昌 吾

I はじめに

「社会国家の危機」が叫ばれるようになってすでに30年以上の時が経過している。この30年間に「社会国家の危機」にはひとつの質的変容とも呼べるものが生じているように思われる。すなわち，1970年代に，先進国経済の低成長への移行に伴う経済的・財政的危機として始まった「社会国家の危機」は，1990年代以降，とりわけ今世紀に入る頃から一種の原理的危機の様相を呈するようになったと思われるのである。

そのことは，この危機に対する対応の変化をみると明らかである。その初期においては，福祉政策のエコノミー化，つまり種々の社会給付の水準や支給条件の引き下げなどの緊縮型の政策が中心であったのに対し，90年代以降，「ワークフェア」(workfare)，「第3の道」(the Third Way)，「権利と義務」(Fordern und Fördern) といったコンセプトで展開されている，社会給付じたいの意味付けの変更を伴うような「新しい福祉政治」(new politics of welfare) が先進各国で大きな注目を集めるようになってきている。これらの「新しい福祉政治」においては，社会国家の中心的原理であったと言ってもよい「必要原則」(Bedarfsdeckungsprinzip) は後退し，代わって，個人の社会への義務や貢献，労働を強調する「貢献原則」が前面に押し出されてきている。以前には，生活上の困難に直面した市民は，その困窮からくる「必要」(need) に応じて，国家からの支援を受ける「権利」があると基本的には観念されていたわけだが，この「新しい福祉政治」においては，国家からの支援を受けるにあたって，就労に向けての個人的努力が今まで以上に強く求められるなど，それ相応の「対価」(貢献 contribution) を支払うことが要求される。

もちろん，このような「新しい福祉政治」の登場は，グローバル化の進展の中

で社会国家を取り巻く条件がいっそう厳しさを増したことの反映であることは事実だが，経済財政危機に対応するために給付内容をたんに見直すというのとは相当性格の異なる動きであることは間違いない。かつては，生活困窮時における国家からの支援は，形式的なものにとどまっていた部分も大きいとはいえ，市民という資格だけで個人が請求しうるいわば「市民権」であった。しかし，こんにちの「新しい福祉政治」においては，それは，市民という資格だけではもはや請求することができないものに変貌を遂げている。戦後の社会国家がその実現を目指して努力してきた「個人の権利としての福祉」が終焉を迎えたとまでは言えないにしても，そうした観念がこんにち大きく揺らいでいるということは否定できない。

　この「個人の権利としての福祉」の揺らぎは，いったい何を意味しているのか。この問いは，社会国家という存在そのものが，自由主義的な前提に立つそれまでの〈国家─個人〉関係にかんする観念の修正の表現であったという点を考えるならば，たんに狭義の社会国家の問題だけにはとどまらない，法学・政治学において中心的な意味を持つ〈国家─個人〉関係それじたいにかかわる重要な問題であると言ってよい。本稿は，この〈国家─個人〉関係に注目しながら，こんにちの「社会国家の危機」の歴史的位相を確認しようとするものである。社会国家はどこから来ていまどこにいるのか，こんにちの「社会国家の危機」とはいったいどのような危機なのか，また，その危機にどのように対処すればよいのか，〈国家─個人〉関係に着目して検討してみたい。

II　社会国家とは何だったか

1　古典的近代とその危機

　自由放任を基調とする自由主義国家を修正するものとして登場する社会国家（福祉国家）は，近代（法）とは区別されるところの「現代（法）」的な現象であるとしばしば議論されてきた。「国家からの自由」，すなわち国家の不作為を求める自由権とは正反対の，「国家への自由」，すなわち国家の作為を要求する社会権を認め，その実現を図ろうとする点で，たしかに社会国家の登場は，近代市民法的秩序からの大きな転換を意味している。そこでは，自由で平等な個人が自由に取り結ぶ諸関係こそが社会の秩序と安定をもたらすという素朴な市民社会的秩序像

は否定され，社会秩序を維持するためには，「神の見えざる手」だけでは不十分であって，「見える手」が必要であるという新しい認識がその基礎に据えられている。

しかし，このような「見えざる手」（近代）と「見える手」（現代）とを二項対立的にたんに対比させる問題の理解の仕方では，社会国家がこんにち直面している危機を必ずしも適切に把握することはできない。というのは，そのような理解では，近代社会には，アダム・スミスが「神の見えざる手」の働きをそこに見出した市場のほかに，実はもう一つの「見えざる手」が存在していたということが十分に見えてこず，その結果として，この「もう一つの見えざる手」の問題系が社会国家の成立と展開，さらにはその危機にたいしてもっている意味がその視野の外におかれてしまうことになるからである。「見えざる手」（近代）と「見える手」（現代）の関係はそれほど単純なものではなかった。

近代市民社会の理念においては，国家の干渉を排除して確保された自由な市民社会的空間のなかで，自由で平等な原子的個人がそれぞれ対等な立場で自由な関係を取り結ぶということになっている。市場における経済的取引も同様である。そして，この個人の自由の発露である自由な交際や自由な取引が，いわば自動的に社会を安定・繁栄させると考えられた。これがいわゆる「神の見えざる手」である。

しかし，現実の近代社会は，言うまでもなく，この理念どおりのものではなかった。何よりも現実の近代の個人は原子的でバラバラな存在ではなく，宗教，地域共同体，家族，親族といったさまざまな共同体やネットワークのなかに埋め込まれた存在であった。それに応じて，かれらの心性も，今日のわれわれが知るような個人主義的なものではなく，それとの対比でいえばむしろ共同体的なものであり，前近代的と言ってもよい価値観や慣習をもつ存在であった。アダム・スミスは，「神の見えざる手」という表現で，諸個人の自己利益追求が社会全体の繁栄と安定をもたらすと議論したが，そこでの個人はけっしてバラバラな個人ではなく，社会に埋め込まれた個人だったのであり，だからこそ，『道徳感情論』において「共感」（sympathy）の意義にこだわったスミスが，自己調節的市場をも信奉することができたのである[1]。

スミスになぞらえて言えば，市民は，他者の視線を意識しつつみずからの欲望を形成するのであり，そこでの自己利益は他者と切り離された自己利益ではない。

そうであるがゆえに市場は自己調節的なのである。だとすれば,「神の見えざる手」は,財の分配メカニズムとしての市場それじたいに内在する特性というよりも,市場に参加するアクターたちの選好形成のあり方,さらにいえば,市場が「社会的なるもの」(das Soziale) に埋め込まれていることによってはじめて機能するものであって,その意味では,市場がそこに埋め込まれているところの「社会的なるもの」こそ,社会に安定をもたらすほ・ん・も・の・の「見えざる手」だったと言ってもよい。スミスの死後,19世紀の前半になると,貧困問題などの自由市場経済の弊害としての「社会問題」(soziale Frage) が大きな問題になってくるが,「個人主義」(Individualismus) という言葉がヨーロッパの各地で出現するのは,実はこれとちょうど同じ時期のことであった。1820年代から30年代にかけて使われ始めたこの「個人主義」という言葉は,この当時,他者を顧みることなく剥き出しの欲望に駆られる者に対する批判・攻撃のための言辞だった。このことは,社会から脱埋め込み化された市場には「見えざる手」は働かないということを端的に示しているようで興味深い[2]。

　その後,19世紀が進むにつれて,資本主義は,ヴェーバーが『プロテスタンティズムの倫理と資本主義の精神』において論じているように,自己目的的な営利活動を一切の諸個人に強制する「鉄の檻」と化し[3],社会＝即自的共同態を動揺あるいは解体させ,さまざまな社会問題を惹き起こしていったが,こうした資本主義のあり方は,古典的自由主義のヘゲモニーのもと,まさに「放任」され続けた。たしかに,第一次大戦後,その総力戦の代償として,ヨーロッパ各国で国民の政治参加が拡大し,社会国家の萌芽がみられるようになるが,自由放任的市場経済という資本主義のあり方に対する根本的な見直しは見られなかった。しかし,この自由主義のヘゲモニーは,1930年代の経済破局により自己破産してしまう。大

（1）アダム・スミス『道徳感情論』上・下（水田洋訳）岩波文庫,2003年。また,宇野重規『〈私〉時代のデモクラシー』岩波新書,2010年,164-166頁,堂目卓生『アダム・スミス――「道徳感情論」と「国富論」の世界』中公新書,2008年,参照。
（2）市野川容孝『社会』岩波書店,2006年,186-188頁。*Koenraad W. Swart*, 'Individualism' in the Mid-19th Century (1826-1860), in: Journal of the History of Ideas, 23, 1962, pp. 77-90; *A. Rauscher*, Individualismus, in: Joachim Ritter/ Karlfried Gründer (Hrsg.), Historisches Wörterbuch der Philosophie. Bd. 4, Basel 1976, S. 289-291.
（3）マックス・ヴェーバー『プロテスタンティズムの倫理と資本主義の精神』（大塚久雄訳）岩波書店,1988年,268頁。

恐慌は，ヨーロッパの多くの国に政治危機を引き起こし，議会制民主主義の崩壊と独裁的体制の出現をもたらした一方，国際的緊張を高め，これらが相俟ってヨーロッパは二度目の大規模破壊戦争へと突入することとなる。自由主義のヘゲモニーは，自由主義が信奉していたはずの自由と繁栄・安定の対極である独裁・欠乏・戦争へと導いたのだった。

　第二次大戦後，この戦間期における自由主義の破産の反省から社会国家が建設されることになったことはよく指摘されるとおりであるが，その反省の中核にあったものは何かといえば，それは，市場あるいは自由主義を機能させるうえでの「社会的なるもの」の重要性の認識であった。市場や自由主義はけっして自足的なものではなく，それだけでは安定しない，その安定には，その外側からの支えが必要であるという認識である。国家の新しい経済的役割を定式化したケインズは，『雇用・利子および貨幣の一般理論』（1936年）において，当時のドイツのヒトラー体制を念頭に，政府機能の拡大によって失業問題を解決できなければ，自由主義的な価値は守ることができないと書いていたが[4]，社会の安定を保障できなかったことが戦間期の破局をもたらしたのだという認識が戦後の社会国家建設の出発点には存在していたのである。

　自由放任的資本主義は修正される必要があるという認識は，西ドイツのアデナウアーをはじめとする西欧のキリスト教民主主義政治家やフランスのドゴール将軍などをみればわかるように，政治的な立場の如何にかかわらず広く共有されていた。ケインズもまた根っからの古典的な自由主義知識人階級であった。自由放任的資本主義の修正，社会国家の建設は，これらの各国の指導者たちによって進められたわけだが，それはまた広範な国民的合意によっても支えられた。

　自由放任的資本主義の修正にかんしてこのように広範な合意が成立した背景には，言うまでもなく，大恐慌，独裁，戦争という悲劇的な共通体験があったが，それとともに指摘しておかなければならないのは，この当時の人びとのあいだには「社会的なるもの」への共鳴盤あるいは感受性とでもいうべきものが存在していたということである。19世紀以降，資本主義は「社会的なるもの」の基盤を大きく破壊していったとさきに述べたが，20世紀に入っても諸個人はまだ依然とし

（4）ジョン・メイナード・ケインズ『雇用・利子および貨幣の一般理論』（下）（間宮陽介訳）岩波文庫，2008年，191頁。

て，宗教，地域共同体，家族，親族といったさまざまな共同体やネットワークのなかに埋め込まれた存在であった。より正確には，近代化の進行によってそうした前近代的色彩を持つ種々のネットワークが激しく揺さぶられることによる大きな不安のただなかに諸個人は存在していたと言った方がよいであろうが，あるいはだからこそ，その戦間期の悲劇的な体験からかれらは「社会」の再建を強力に支持することになったのである。政治指導者から普通の人びとまで，戦間期の経験を経て，社会の安定の重要性とともに，その安定に果たす「もう一つの見えざる手」の意義が再発見され，それを社会国家というかたちでいわば国民大で再建することが目指されたということができるであろう。

この意味で，社会国家とは「古典的近代の再建」のプロジェクトであったと理解することができる。「古典的近代」(Klassische Moderne) とは，歴史学や社会学で用いられる概念であるが，初期近代化論に見られたような伝統社会と近代社会の二分法的把握を批判し，現実の近代社会には種々の伝統的要素が存在するだけでなく，それらは近代社会においても重要な役割を果たしたという点を強調するために提起された概念である。それとともに，この概念は，近代社会に存在する伝統的諸要素と近代化のさらなる進行との衝突や緊張という問題にも注意を向けさせるものである。うえで述べたように，自由で平等な個人間の自由な交際と自由な取引により社会は安定し繁栄するという近代市民社会の理念が機能したかに見えた瞬間があったとすれば，それは，市場経済が安定するのに必要な共感や信頼が前近代的・共同体的な規範や心性によって供給されていたからであったのだが，自由市場経済は，この「もう一つの見えざる手」からみずからを切り離し自己展開していく。しかし，「神の見えざる手」という表現に反して，みずからの暴走に歯止めをかけるものを内在的にもたない自由市場経済は，社会の安定や統合に重要な機能をはたしてきた種々の共同体を商品化の渦に巻き込むことで社会統合の基盤を破壊し，ついには未曾有の経済恐慌を引き起こして破産する。19世紀から20世紀前半にかけてのこうした展開は，まさに「古典的近代の危機」という表現がふさわしいものであった[5]。社会国家とは，この古典的近代の危機と破

---

(5) ドイツの歴史家，D・ポイカートは，ワイマール期のドイツ史を「古典的近代の危機」という視角から論じている。D・ポイカート『ワイマル共和国』(小野清美・田村栄子・原田一美訳) 名古屋大学出版会，1993年。

産という経験から，共同体的なるものが果たしていた「もう一つの見えざる手」としての役割を再発見し，これを「国民共同体」というかたちで再建することで，スミス的な意味での「共感」に支えられた近代社会を復興しようとする試み，すなわち「古典的近代の再建」のプロジェクトにほかならなかった。

2 「再建された古典的近代」としての社会国家

　実際，戦後に建設された社会国家（福祉国家）は，前近代的なるものに依然として大きく拠りかかるものであった。そのことがもっとも端的にあらわれているのは，戦後の社会国家が多かれ少なかれ共有する家族主義（家父長主義）的性格である。戦後の社会国家は，しばしば「戦後和解体制」あるいは「労使和解体制」と呼ばれるように，経済成長を目指し労使が協調する「生産性の政治」によって戦前までの再分配をめぐる労使のゼロサム的対立を克服していくが，その労使和解の一つの大きなカギとなったのは労働への分配の向上であった。すでに大戦前にアメリカでは，生産性向上と高賃金を組み合わせ，国内消費市場の拡大による経済成長を志向する新しい大衆消費経済体制，いわゆるフォーディズム的蓄積体制へ向けての離陸が開始されていたが，ヨーロッパの資本主義も戦間期の危機を経て第二次大戦後，輸出や戦争に依拠しないフォーディズム的な内包型の資本主義へと変化していく[6]。この主として製造業における高賃金は家族賃金，すなわち労働者本人だけではなく，その配偶者と子どもの生活をも賄えるように設定されていた。これは，製造業に従事する筋肉労働者がもっぱら男性であったということとも関係するが，それだけではなく，伝統的な――正確には古典的近代的な――性別役割分業を前提とするものであり，かつ，そうした前／古典的近代的規範を逆に強化する役割を果たす。労使和解体制のもとで再建された核家族とその内部における性別役割分業を前提に，子育てや高齢肉親の介護などは「私事化」され，社会国家が提供する社会サービスの対象とはみなされず，年金制度についても，既婚女性にその配偶者の拠出によって受給権を認めるといった家族主義的な設計が行われてきた。解雇規制にかんしても，労働者の雇用の安全は当該労働

---

(6) Vgl. *Volker Berghahn*, Europa im Zeitalter der Weltkriege. Die Entfesselung und Entgrenzung der Gewalt, Frankfurt a. M., 2002; ロベール・ボワイエ『レギュラシオン理論：危機に挑む経済学』（山田鋭夫訳）新評論，1989年。

者一人だけの問題ではなく，家族全員の運命を左右するがゆえにきわめて手厚く保護された。

　また，製造業における労使妥協を基礎とする産業主義的福祉資本主義体制としての戦後社会国家は，きわめて集団主義的（collectivist）であり，統制主義的（dirigiste）でさえあった。企業は，しばしば一種の共同体——「家族」——に擬せられ，企業内の賃金システムにかんしても，個人の能力や業績に厳密に応じた処遇というよりは，賃金格差を相対的に縮める方向での連帯主義的な報酬分配が行われた。他方，労使関係では，労働者が職場から全国レベルにまで層化された労働組合に結集する一方，使用者も各レベルの使用者団体に組織され，さまざまな問題がその両者のあいだの交渉によって調整が図られ，その結果は双方の構成員によって受け入れられた。このような団体が持つ統合力は，政治的にも活用され（コーポラティズム corporatism），労使間の交渉結果を政府が制度化することをつうじて，社会国家の拡充と政治の安定がもたらされることになる。また，戦後社会国家の建設において特徴的であったのは，国民全体の福祉の増進が強調されただけではなく，それを合理的かつ全体的に実現しようという社会工学的発想が顕著だった点である。国民全体は，いわば一つの塊として取り扱われ，国家官僚は，戦前までの「神の見えざる手」が果たした役割を今度はじぶんが果たさんとばかりに，国民生活のさまざまな領域の合理化に乗り出していった。

　ともあれ，市場経済は，こうして再建された共同体的な「社会的なるもの」のなかにふたたび埋め込まれることで安定する。生産性向上による経済成長をもたらした「生産性の政治」＝労使和解体制は，社会国家が労働者に提供する種々の安全とも相俟って，戦後の先進各国に「豊かな社会」を実現する。社会国家の財政的基盤は充実し，社会国家が面倒をみなければならない貧困層は極小化した。かつて貧困問題の中心部分をなしていた高齢者の貧困問題については，年金制度の整備によって解決が図られ，しかも各国ともなお「若い社会」であったこともあり，その負担は経済成長によって十分吸収しえた。社会国家は経済の負担になるというよりも逆に経済成長を支え，また経済成長は社会国家のさらなる拡充を可能にした。こうして，社会国家の正統性は，自由民主主義の正統性ともども定着し，強固なものとなる。これは，自由主義の修正により自由主義の価値を守ろうと考えたケインズの勝利であったといえるが，その自由主義とは，かれが親しんだ古典的近代の市民社会的秩序を理想とするそれ，すなわち，前近代的な心性

あるいは共同体的なものを暗黙にせよ前提とする自由主義にほかならなかった。

3 社会国家は誰と向き合ったのか

自由権しか知らなかった自由主義国家を修正し，社会権という新しい権利を打ち出した社会国家は，近代法とは区別される現代法的現象だと議論されるが，この社会権もまた，自由権と同様に，個人を権利主体とする構成をとった。自由主義国家が，理論的には —— 中間団体を介さず —— 個人と直接対峙するものとされたのと同じように，社会国家も権利主体である各個人と直接それぞれ個別に対峙する，すなわち，社会国家は，国民個人々々にたいし「市民に値する生活」を送るのに必要な支援を行う義務を負うものと考えられた(7)。

しかし，社会国家が実際に対峙したのは，そのような剥き出しの (naked) 個人ではなかった。社会国家が向き合っていたのは，いわゆる「埋め込まれた (embedded) 個人」，すなわち古典的近代におけるのと同様に，地域，家族，親族，職場，労働組合といったさまざまな社会的ネットワークのなかに暮らす個人であって，かれらはまたそうした社会的ネットワークをつうじて共通の価値規範・エートスを身につけた「社会化された（あるいは規律化された）個人」であった。そして，こうした共同体的で前近代的ともいえる心性は「もう一つの見えざる手」として，一方では，かつてと同様に「神の見えざる手」＝市場を制御することをつうじて，また他方では，「見える手」である集団主義的な社会国家的連帯を支えることをつうじて，社会の安定に貢献した。

うえでも少し述べたが，市場経済の論理が支配するはずの企業活動においても，労使和解体制によって支えられながら，集団主義的ないし共同体的な行動規範が形成され，企業レベルや産業レベルでも一種の社会政策が実施された。住宅や医

（7）もっとも，一般に「社会権」と呼ばれるもののなかには，このような個人に対する国家の積極的給付義務の存在を確認するものだけでなく，国家のルール形成の一定の方向付けやその意思決定過程への労働者の集団的関与の保障を内容とするものが含まれており，また，憲法における社会権規定の嚆矢をなすと言われるワイマール憲法におけるその規定は，むしろその後者の側面を基調とするものであったということを忘れてはならない。網谷龍介「『軽い社会保障』と『軽い連帯』——EUを多様化・断片化した社会として考える」『生活経済政策』183号，2012年4月，15-16頁。また，中村睦男『社会権法理の形成』有斐閣，1973年。

療などにかかわる狭義の企業福祉だけではなく，熟練労働者と非熟練労働者，高生産性部門と低生産性部門のあいだの賃金格差を相対的に縮小するような賃金政策や人事政策，あるいは業績原理には反する年功賃金制など，国民的連帯や所得再分配という社会国家の政策課題が経済社会内部で果たされていた。経済的なものと社会的なものが一体化し，企業に内部化されていたのである[8]。つまり，社会国家は生活保障の唯一の供給者ではなく，その少なからぬ部分は企業レベルにおける「不可視の社会政策」，「暗黙の社会契約」（Fitoussi）の存在[9]，さらには家族や地域，さらには宗教共同体によって肩代わりされていたのだった。「再建された古典的近代」に立脚する戦後社会国家は，「生産性の政治」にもとづく高成長と「不可視の社会政策」とに支えられることで，二重にその負担を軽減されていたのである。

III 社会の変容と社会国家の危機

しかし，戦後の社会国家を支えてきた条件は，時間の経過に伴って，徐々に変容・消失していった。まず，社会の世代交代が進むにつれて，「社会的なるもの」の再建の必要性の認識を支えていた戦間期や戦争の共通体験が風化していく。さらに重要な変化は，社会国家の発展の結果であるとともに，そのさらなる発展の原動力でもあった戦後の高度経済成長による社会構造のさらなる近代化である。都市化と脱農業化が進み，宗教的世俗化も進行した。こうした近代化に伴う社会変容は，社会国家に制度化された国民的連帯を支えた前近代的な共同体的心性の培養基の消失ないし縮小を意味した。

こうした戦後の社会変容と並行して，社会文化的近代化，すなわち社会生活における近代原理の徹底も大きく進む。「豊かな社会」の現出や教育の普及などをつうじて，すべての個人は自由で平等であり，慣習や社会関係の束縛から自由にみずからの行動をみずから選択できなければならないし，また，そうすべきであ

---

(8) ピエール・ロザンヴァロン『連帯の新たなる哲学 福祉国家再考』（北垣徹訳）勁草書房，2006年，111-114頁。

(9) *Jean-Paul Fitoussi*, Wage Distribution and Unemployment, in: The American Economic Review, May 1994.

るという近代の理念が社会原理として浸透していく。学校教育の場で平等・対等に取り扱われた男女は，当然，社会においても平等・対等であるべきだということになり，女性の社会進出も進み，家庭の内外での性別役割分業も見直されていく。他方，消費社会化・サービス化した豊かで便利な社会は，日常生活を送るうえで個人がさまざまな社会関係・人間関係に依存しなければならない度合いを低下させる一方で，個人に多様なライフスタイルの選択可能性を与えたこともあって，戦後社会国家を支えた「われわれ意識」は後退し，ほかの何にもまして「自分の生き方」を重視するという個人主義が伸長することになる。

　労使和解体制の基盤も徐々に揺らいでいく。先進国の工業社会は1970年代の石油危機を契機に曲がり角を迎え，サービス化＝脱工業化が進行した。低成長への移行と競争条件の悪化は製造業の多くの部門を構造的不況産業にし，産業構造の見直しと大量失業をもたらした。それにともなって，大量の労働者が大規模工場で大量生産に従事するというかたちの工業生産のあり方は後退し，多品種少量生産など市場の動きに敏感に反応した柔軟な生産体制が求められるようになり，労働関係のあり方も見直されてくることになる。労働市場の柔軟化と断片化は労働者にとっての集合的行動の意義を低下させ，労働運動は凝集力を弱める。他方，競争の激化による企業の利害や戦略の多様化は，経済団体の包括性や統合を低下させる。労使交渉は頂上レベルから下方に分散していかざるをえない。集団主義的な労使和解体制を支えた製造業を軸とする組織資本主義は解体し，資本主義は脱組織化 (disorganization)，脱集団化していく[10]。

　こうした一連の変化は，共同体的あるいは集団主義的なものからの個人の「脱埋め込み化」として捉えることができる。諸個人は，この段階においてはじめて近代のいわば「顕教」どおりの存在，すなわち，伝統その他の人間関係の束縛から解放された自由で平等な原子的個人，「剥き出しの個人」として社会の中心の地位を占めるにいたる。そこでは，あらかじめ頼ることのできる自明な社会的コードは存在せず，すべては「自由な個人」の選択に委ねられる。前近代的，共同体的な要素がなお重要な役割を果たしていた古典的近代から，そうした要素に依拠せず「自由な個人」にのみ依拠する新しい社会へのこうした変化は，古典的近代においては貫徹されていなかった近代の理念が貫徹されたという意味で，「近代

---

(10) Vgl. *Scott Lash / John Urry*, The End of Organized Capitalism, Cambridge UK, 1987.

の近代化」(Modernisierung der Moderne),「再帰的近代化」(Reflexive Modernisierung) などと呼ばれるが[11], 当然のことながら,「再建された古典的近代」としての社会国家のあり方にもひじょうに大きな影響を与えずにはいなかった。

周知のとおり,「社会国家の危機」は, 1970年代における低成長への移行を契機とする財政・経済危機に対応するための社会給付の整理・縮小, 官民通じての効率志向の増大というかたちではじまったが, この「危機」についてそれ以上に見過ごすことができないのは, この効率志向の増大のなかで戦後社会国家を支えてきた「社会的なるもの」が大きく揺らぎはじめたということである。この揺らぎをもっとも典型的に表すのは, 1970年代の欧米における反税運動であろう。失業が増え, インフレが昂進するなか, 税・社会保障負担が増大することに不満を募らせる就業者, とりわけ中産階級は, かつては互恵的な取り決めとして受け入れてきた社会国家的合意を批判しはじめたのである。このような中産階級の社会国家からの離反が, 1970年代末以後のアメリカやイギリスを皮切りとする新自由主義の復権を支えていた。

歴史家のトニー・ジャットが指摘するように, 大恐慌や戦争の記憶をもち, 社会国家建設のそもそもの事情を直接知っている者はもはや退職し, 社会国家のたんなる受益者になっており, そんなことを知らないかれらの子どもたちがその次第に重くなる負担を背負っていた[12]。しかも, この子ども世代は, かれらの親世代とは違って, 自由も豊かさも自明ななかで育ち, 戦後の近代的教育による「自由な自己実現」を推奨された個人主義的人間であった。1960年代末に先進各国で吹き荒れた学生たちの抗議運動の波が示しているように, かれらの合言葉は「もっと自由を」であり, 集団主義的な「われわれ意識」はかれらのものでは必ずしもなかった。この点, ジャットはきわめて辛辣で, いわゆる「1968年運動」は, 社会にそれまで存在した「目的共有意識のすべてを分裂させ, 喪失」させたと否定的評価を下しているが[13], ともかくも, 戦後の再帰的近代化によって登場する

---

(11) ウルリッヒ・ベック/アンソニー・ギデンズ/スコット・ラッシュ『再帰的近代化——近現代における政治, 伝統, 美的原理』(松尾精文・小幡正敏・叶堂隆三訳) 而立書房, 1997年, ウルリヒ・ベック『危険社会——新しい近代への道』(東廉・伊藤美登里訳) 法政大学出版局, 1998年。

(12) トニー・ジャット『荒廃する世界のなかで——これからの「社会民主主義」を語ろう』(森本醇訳) みすず書房, 2010年, 165-167頁。

新しい「剥き出しの個人」は，これまで国民的連帯を支えてきた共通体験も集団主義的心性もともに持ち合わせてはいなかった。

　もちろん，戦後の社会国家も，たんにそうした共同体的な連帯意識だけに支えられていたわけではない。古典的とはいっても近代の個人主義に原理的には立脚している戦後社会国家においては，連帯も当然のことながら自然的所与としてではなく，社会契約として構成される必要があった。具体的には，戦後社会国家における連帯は，社会のすべての成員に生じうる一連のリスクを共同でカヴァーする「保険」という原理によって基礎づけられていた(14)。この保険原理によって，貧困状態への転落などの「保険事故」があった場合に補償を受けるのは，施しではなく「権利」であって，「契約上の正義」であると観念されることになる。しかし，こうした連帯の非伝統的な基礎づけじしんも，すべてを個人の選択の問題に帰そうとする「再帰的近代」＝「第二の近代」においては揺らがざるをえない。もちろん，そこには，脱工業化に伴う長期大量失業の現出によって，保険事故の蓋然性の平等な配分という保険原理の前提が崩れ，負担者と受益者の立場が分離，固定化してしまったという事情があるのだが，それだけではなく，リスクそれじたいが集団的運命とはみなされなくなってきたのである。

　諸個人が人生において遭遇する不幸，とりわけ労働市場への参入にかかわる不幸は，もはや誰にでも生じうる普遍的リスクでもなければ，それぞれの集団や階層の問題でもなく，その本人の選択における過失や「個人史的問題」として捉えられる傾向にある。フランスの政治学者ピエール・ロザンヴァロンは，「社会学」から「個人史」への「社会学的革命」に社会国家は直面していると述べているが(15)，集団的運命ではなく，個別の状況が問題になるとき，保険原理は成り立たない。個人間・集団間の差異がにっきりと認識される時代，すなわち「無知のヴェール」が消失し，差異が偶然から生じるとは信じられなくなる「ポスト・ロールズ的時代」(16)には，すべての国民を包括する連帯はアプリオリには受け入れられず，反対に，リスク集団の細分化，ひいてはリスクの個人化（自己責任）への動きが

---

(13) 同上，101-107頁。
(14) ロザンヴァロン，前掲書，第1章。
(15) 同上，第7章。
(16) 同上，54頁。

強まってくる。

　いずれにせよ,社会の個人化を加速化させる再帰的近代化は,脱工業化とグローバル化による社会経済条件の変容と相俟って,戦後社会国家を支えた国民的連帯の基礎づけじたいを根底から掘り崩すこととなった。経済社会内部においても,集団主義的な「暗黙の社会契約」は崩壊していくことになる。平等主義的な賃金政策や人事政策といったかたちで企業内部,さらには経済社会全体で内部化されていた連帯の論理はいまや外部化され,企業あるいは経済システムはもっぱら効率の論理だけを追求するようになる。生産性は個人レベルで掌握・管理され,賃金水準も個人化される。かつて存在した熟練労働者と非熟練労働者との連帯は後退し,後者は労働市場から排除されるか,デュアリズム的労務管理の対象となる。格差は大きく拡大し,先進社会において貧困問題が復活する[17]。

　こうして経済社会から外部化された「社会的なるもの」はすべて社会国家が引き受けることになる。「再建された古典的近代」における社会国家は生活保障の最後の拠り所ではあっても,その唯一の供給者ではなかったのに対し,「第二の近代」における社会国家は,生活保障の唯一の供給者としての役割を求められる[18]。しかも,その生活保障の「必要」は,経済危機によりかつてと比べものにならないくらいに膨れ上がっているが,そのために必要な財源は経済財政危機により不足している。こうした状態を打破しようにも,グローバル化による資本の権力増大が社会国家の行動能力じたいを大きく制約しており,それはきわめて困難である。

　こんにちの社会国家は一種の「三重苦」のなかにあると言ってもよい。第一に,脱工業化と低成長への移行により経済的に不安定な状態にある個人が増大し,しかもそうした個人は共同体的なるものから「脱埋め込み化」され,社会国家以外に頼るべきものをほとんど持っておらず,社会国家はそうした増大した「必要」に生活保障の唯一の供給者として向かい合わなければならない。第二に,このような増大する「必要」に対処しなければならない社会国家の能力はしかし逆に財政危機とグローバル化によって減退している。第三に,こうした隘路を克服し国民的連帯の再構築を図ろうにも,それに必要な社会的支持を調達することは,個

---

[17] 同上,111-117頁,*Fitoussi*, a.a.O.
[18] ロザンヴァロン,前掲書,117-120頁。

人化によって「われわれ意識」が減退し，経済の長期停滞によって保険原理的基礎づけも破綻しているこんにち，きわめて困難である。

　社会国家は，原理的には，市民の生活の安全を「個人の権利」として保障してきたわけだが，これまで見てきたように，社会国家が個人と直接向かい合うようになったのは，実際には，社会国家が危機を迎えるようになってからのことであった。別の言い方をするならば，社会国家は，それが個人にとって真に必要なものになったときに，皮肉なことにもその責務を十分に果たせなくなったのである。「見える手」としての社会国家は，それだけで機能していたのではなく，「もう一つの見えざる手」に大きく支えられていたのであり，その意味でもまさに「再建された古典的近代」だったのである。

Ⅳ 「新しい福祉政治」の「新しさ」

　脱工業化と低成長への移行，個人化社会の現出により，「必要」を抱えた個人の増大に直面した社会国家は，「必要」にのみ着目して個人に支援を与えるということができなくなり，代わって，1990年代以降，個人の義務や主体的努力を評価したうえで支援を与えるというアプローチが前面に立ち現われてくる。「第三の道」，ワークフェア，「社会的包摂」(social inclusion)といった「新しい福祉政治」の動きである。個人はいまや「必要」があるというだけでは国家からの支援を受けられない。支援を受けるには，さらに追加的な主体的努力が要求され，国家からの支援は，個人が「権利」として請求できるものから，努力をおこなう約束と引き換えに認められるものへと重心を移す。国家から支援を受けることは「個人の権利」でなくなったとまでは言えないにせよ，その権利は個別化され，条件が付され，普遍的なものではなくなっている。

　このような「必要原則」からの離脱は，従来の社会国家を「受動的」(passive)として批判的に総括することによって正当化される。すなわち，生活保障を必要とする者にたんに金銭的給付を与えるという従来型の社会保障政策は，問題の解決を志向しない受け身の対症療法であるばかりでなく，被援助者の福祉への依存を強めることで，かれらの自立や社会への統合を阻害し，逆に問題をつくりだすものであったと批判される。必要なことは被援助者を社会の一員として包摂することであり，そのためにはかれらに金銭的給付を行って終わりにするのではなく，

かれらが社会の一員として統合されるのに必要な支援を行うとともに，かれらにも社会包摂に向けての主体的な努力をこれまで以上に求めるべきだとされる。

　こうした「必要原則」からの乖離，「個人の権利としての福祉」の後退じたい大きな変化であることは間違いない。しかし，たんにそれにとどまらず，「社会的包摂」の意義を強調し，それへ向けての個人の努力義務を重視する「新しい福祉政治」は，近代的な〈国家―個人〉関係そのものにもかかわる重要な変化を内包している。近代――とりわけ「第二の近代」――は，「自由な個人」を基礎とし，個人にとっての善はその個人だけが選択しうるという原理に立脚している。自由主義国家から社会国家への転換もこの点を変えるものではなく，主として財の配分をつうじて，善の選択の自由を個人に実質的に保障することを目指したものであった。これに対し，「新しい福祉政治」は，「社会」に包摂されることが個人にとっての善（幸福）であるということから出発しており，個人に善を強制するパターナリズムの契機を含んでいる。

　しかも，この強制が自由の強制というかたちをとるところが，「第二の近代」における「新しい福祉政治」の特徴である。財の配分それじたいではなく要支援者が構築すべき人間関係や社会関係を重視する「新しい福祉政治」においては，そのために必要な「就業能力」（employability）などの個人の「能力」（capability）が強調されることになるが，そうした能力の獲得には当然，個人の主体的努力が求められざるをえない。個人はいまやみずからの生にみずから積極的に責任を負うべき責務遂行者（agent）であり，継続的に自己陶冶，自己啓発，生涯学習などを求められるリスク管理の主体となる。リスクは個人化され，生活保障は個別化される。フーコーは普遍主義的社会保障によって国民全体の「全般的福利」を志向した社会国家のこれまでのあり方を，「群れ」全体の生存に配慮し管理する「生権力」（bio-pouvoir）として把握したが[19]，「新しい福祉政治」は社会国家を古典的な意味での「生権力」から乖離させつつあるといえるかもしれない。政治学者のナンシー・フレイザーは，社会国家＝生権力によって個々人を管理するという社会制御から，個々人をリスク管理の主体として規律化することによる新しい社会制御への移行を指摘している[20]。このような個人の自己責任の強調は，「第二の近代」における「自由な個人」の重視からすれば，まったく当然の議論のよう

---

　[19]　ミシェル・フーコー『監獄の誕生』（田村俶訳）新潮社，1977年。

にも思えるが，この「第二の近代」の個人は自由を強いられ，また自由を「耐え忍ぶ」[21]存在でもある。

　「自由な個人」に立脚する「第二の近代」におけるこうした「自由の強制」や社会的包摂の強調という逆説的状況は，社会国家が「必要」を抱えた大量の「剥き出しの個人」に直面したことの帰結でもある。かつてとは違い「もう一つの見えざる手」にもはや依拠できないこんにちの社会国家は，個人にたいする生活保障の唯一の供給者であることを要請されてはいるものの，大量の「必要」をまえにその役割を十分に果たせないでいる。「新しい福祉政治」における社会的包摂の強調は，そのような状態にある社会国家による「剥き出しの個人」をふたたび「社会」に押し戻す「再埋め込み」の試みにほかならない。ロザンヴァロンが述べるように，近年の家族や地域の連帯の強調は，けっして保守的な道徳的価値の推進の試みなのではなく，個人化にともなって生じている危機にたいする「社会学的」解決の試みなのである[22]。その意味で，「新しい福祉政治」は，社会経済危機に対処するためのたんなる給付見直しにとどまらない，古典的近代から「第二の近代」への移行という大きな社会変容にかかわる社会構造政策（Gesellschaftspolitik）という性格をもつものなのである。すなわち，それは，再帰的近代化＝個人化によって生じた社会学的危機にたいして，社会の成り立ちを変えることによって対処を図ろうとする動きでもある。その点は，「新しい福祉政治」におけるリスクの個人化についても同様に当てはまり，伝統や共同体的なるものにもはや依拠できない「第二の近代」における社会統合の要請に対応する新たな規律化の動きとして捉えることができる。個人化社会において，パターナリズムや自由の強制に陥ることなく，いかにして「社会的なるもの」を再建できるか。こんにち問われている問題はそうした問題なのである。

Ⅴ　何をなすべきか──いくつかの手がかり

　戦後の社会国家が「再建された古典的近代」を前提に成り立ってきたものであ

---

[20] ナンシー・フレイザー「規律化から柔軟化へ？──グローバライゼーションの影の下でフーコーを再読する」（関口すみ子訳）『思想』2011年11月号。
[21] テッサ・モーリス─スズキ『自由を耐え忍ぶ』岩波書店，2005年。
[22] ロザンヴァロン，前掲書，226頁。

るとすれば、こんにちの社会国家が直面する社会学的危機にたいする一つのありうる処方箋として、さらにもう一度古典的近代を再建するという途が考えられうる。「新しい福祉政治」における家族や地域の強調はまさにそれを目指すものであるが、しかし、個人をふたたび共同体的あるいは集団主義的なものと結びつけようとする「再埋め込み化」の途は、無意味であるばかりか、そもそも不可能である。「自由な個人」を基礎とし、個人にとっての善はその個人だけが選択しうるという近代社会の原理は、われわれが社会国家の再建を考えるさいにそこから出発すべき原点である。自由と安全（Sicherheit）との両立の困難さは、実は近代が生まれたときからの根本的問題であり[23]、その意味で近代の宿命的課題にほかならないが、だからこそ、近代とは「未完のプロジェクト」（ハーバーマス）[24]なのである。

他方、この「未完のプロジェクト」の推進という立場から提起されるのが「新しい市民社会論」の諸潮流からの処方箋である[25]。伝統的な共同体や企業などの疑似共同体ではなく、それぞれの個人が自由かつ自覚的にそこへ加わるアソシエーション、さらにはそうした諸アソシエーションを不可欠の構成要素とする市民社会的公共空間によって、個人と個人のつながりを回復し、そのことを通じて「社会的なるもの」の基盤を再構築するとともに、古典的近代とはまた別のかたちの社会的自助を可能にしようという構想である。このような市民社会論的処方箋は、社会的紐帯の解体による個人の孤立化と社会的連帯の基盤の空洞化という個人化社会の抱える難問にたいする重要な問題提起であることは間違いない。しかし、社会国家の危機への処方箋という観点からすれば、この処方箋の市民社会論という議論の立て方じたいが大きな限界を抱えていると言わざるをえない。

たしかに、今日の社会国家の危機の一つの大きな原因は、「必要」を抱えた「剥き出しの個人」の大量出現に社会国家だけでは対応できなくなっているという点

---

[23]「諸個人からなる社会」の「傷つきやすさ」にかんして「恐ろしくも魅惑的な描写を最初に与えた」のはホッブズであった。ロベール・カステル『社会の安全と不安全』（庭田茂吉、アンヌ・ゴノン、岩崎陽子訳）萌書房、2009年、5頁。

[24] ユルゲン・ハーバーマス『近代　未完のプロジェクト』（三島憲一訳）岩波現代文庫、2000年。

[25] 新しい市民社会論の諸潮流については、さしあたり、山口定『市民社会論　歴史的遺産と新展開』有斐閣、2004年、参照。

にあり，「自由な個人」からなる新しい社会的紐帯の構築は，福祉供給をふたたび国家と社会とで分担することで，社会国家をかつてのように機能させるうえで重要な役割を果たすであろう。しかし，この福祉供給の社会による分担の契機が強調されるとき，市民社会論あるいは福祉社会論は，国家の重荷降しをたんに正当化するだけのものにもなりかねない。日本では，官によって独占されてきた「公共」を市民の側に取り戻そうとする動きが，2009年の政権交代を機に「新しい公共」という標語のもとに政治的アジェンダに上せられ，NPOの寄付税制にかんする考え方を抜本的に改める改正NPO法（2011年）という具体的成果も生んでいるが，他方で，この「新しい公共」の理念は，大手新聞などによって，市民社会による国家負担の肩代わりの必然性からその意義が説かれることも多い[26]。1980年代以降，ドイツでも「社会的自助」が叫ばれ，さまざまな自助グループの叢生が見られたが，そのキーワードであった「自助への援助」（Hilfe zur Selbsthilfe）が，社会的自助グループに近い緑の党や社会民主党（SPD）ばかりでなく，当時社会給付の合理化をめざしていた保守派のキリスト教民主・社会同盟（CDU／CSU）の陣営によっても用いられていたことはここで想起されてもよい[27]。市民社会論／福祉社会論，あるいは「補完性原理」（Subsidiaritätsprinzip）には，自助を強調する契機とそれへの公的支援を強調する契機の双方が混在しており，この後者の契機すなわち社会国家のあり方自体への言及を欠く市民社会論は，したがって，社会国家再構築という課題にとって両義的なものであると言わざるをえない。

　もちろん，うえで述べたように，市民社会には，再帰的近代化によって溶解しつつある社会的連帯の基盤の再構築に資する大きな可能性がある。また，それじたい一つの公共圏である市民社会は，社会にとって何が問題であるかということが紡ぎ出される空間であり，それを活性化することは，個人化社会において自己責任という名で不問に付されていた問題をあらたに社会の問題にするための重要な契機を提供しうる。アレントは，市民が公共空間にじぶんの存在と考え方を曝

---

(26)　たとえば，『朝日新聞』2011年9月26日社説「新しい公共の世紀へ——市民の力で社会を変える」参照。
(27)　野田昌吾「もう一つの保守主義——（西）ドイツ・コール政権とキリスト教民主同盟」住沢博紀ほか編『EC経済統合とヨーロッパ政治の変容』河合文化教育研究所，1992年，参照。

すこと,「現れること」(appearance) を「政治的なるもの」の本質であると論じたが(28), 公共空間を「開き」, 問題を可視化する市民社会の可能性は, 2011年秋にニューヨークで始まったウォール街の占拠運動や2008/2009年の年末年始に開かれた東京の年越し派遣村の例に見るように, けっして小さくない。だが, 社会国家の再構築を課題とするわれわれは, さきに述べたような理由で, 市民社会の問題だけにとどまるわけにはいかない。

とはいえ, すでに述べたような三重苦に苦しむこんにちの社会国家をその危機から救い出し, ふたたび市民に自由と安全を保障するということは果たして可能なのだろうか。この点で想起しておきたいのは, 社会国家 (Sozialstaat) というドイツ由来の概念そのものの意義である。ドイツ語圏以外では, 第二次大戦以後に急速に拡大した社会保障をはじめとする諸制度によって市民の社会的安全を守る国家のあり方は一般に「福祉国家」(welfare state/ Wohlfahrtsstaat) と呼ばれてきた。しかしドイツ語圏ではこの概念は扶養国家的なニュアンスをもつものとして忌避され, これに代え「社会国家」という語が意識的に使用されてきた。歴史家であるG・A・リッターは, このドイツ生まれの社会国家概念を福祉国家概念よりも広くかつ明晰な内容をもつものとして, その分析概念としての有効性を主張しているが, 社会国家概念は, 社会国家の再構築を考えるさいにも有効な出発点となりうる。リッターによれば, 社会国家とは, 老齢, 廃疾, 疾病, 災害や失業にさいしての所得保障措置にもとづく最低生活水準の確保, 家族への支援, 公衆衛生, 社会住宅などによる個人の社会的安定の保護だけでなく, 教育, 租税体系による所得再分配, 労働市場や経済市場への規制, さらには労使共同決定権などの市民参加の確保も含む, 実に広範な国家活動を包括するものであり, したがって, たんなる扶養国家でも給付国家でもない。それは同時に, 個人の自由や人間の社会的自律の増大という観点と結びついており,「市民的自由を制限する家父長制的絶対主義国家の福祉への連想を避け」,「アメリカで広まっているような誤解」, すなわち「『福祉』とは必要悪とみなされる困窮者への社会扶助」であるという見方を防ぐのに役立つものでもある(29)。

---

(28) ハンナ・アレント『人間の条件』(志水速雄訳) ちくま学芸文庫, 1994年。
(29) G・A・リッター『社会国家――その成立と発展』(木谷勤ほか訳) 晃洋書房, 1993年, 11-16頁。

すなわち，社会国家とは，「社会的なるもの」の維持のための諸制度の総称であり，しかもそれは市民的自由という観点と結びついている。社会国家の再構築を語るばあい，われわれは問題を狭義の社会保障の問題，給付国家の側面に矮小化するのではなく，現金給付に限らないさまざまな社会サービス，経済規制や労働規制，さらには広く経済政策をも含めて，問題をよりトータルに展開する必要がある。とりわけ，社会保障や所得保障を連想させる福祉国家概念では抜け落ちてしまいがちな観点である規制国家的側面への注目が重要になってくるだろう。社会国家のこの規制国家的側面は，最近問題になっているグローバル資本主義のコントロールという論点と接続しうるものであり，給付国家的な側面ではより困難な国家を超えた連携も視野に入ってくる点でも重要である。

　この規制をめぐる議論にかんしては，とりわけわが国においては，規制維持と規制緩和との不毛な二項対立に陥っている感がある。いうまでもなく，規制を十把一絡げに善だとか悪だとかいう議論は無意味である。社会的に意味のなくなった規制や逆機能をもたらすようになった規制は廃止ないし緩和する必要があるし，反対に必要な規制はあらたに導入しなければならない。そのさい重要になってくるのは，規制それじたいではなく，その規制が果たしてきた役割に注目することである。環境の変化により十分な役割を果たさなくなった規制は当然見直さなければならないが，そのときに忘れてはならないのは，その規制の緩和や廃止後に，その規制が果たしてきた役割をどのように実質的に確保するのかという点である。規制の緩和か維持かではなく，規制の「張り替え」という視点，その規制が果たしていた役割を確保するために別の規制を別の次元で導入するという発想が重要である[30]。

　また同様に，規制緩和を権利の強化につなげるという視点も重要である。ロゴフスキとシュミートは，ドイツの労働組合がその保持を強く擁護している協約自治の原則もその成立当時は一つの規制緩和であったことに注意を喚起している[31]。

---

(30)「市場か政府か」という二元論を批判し，「セーフティネットの張り替え」という視点から，この間一貫して提言を続けてきた経済学者に金子勝がいる。金子勝『セーフティネットの政治経済学』ちくま新書，1999年，同『新・反グローバリズム──金融資本主義を超えて』岩波現代文庫，2010年，参照。

(31) *Ralf Rogowski/ Günther Schmid*, Reflexive Deregulierung: Ein Ansatz zur Dynamisierung des Arbeitsrechts, in: WSI-Mitteilungen 8/1997, S. 568-582.

協約自治の考えは，労働法学者 H・ジンツハイマーが1916年に発表した「法における社会的自己決定」という副題をもつ著作に由来している[32]。ジンツハイマーはこの著書で，権利を自己管理することにより法の効果を改善するという道を提起したが，実際，協約自治の制度は，賃金の国家的規制を緩和することにより，逆に賃金に関する労働組合の関与を強める方向で機能した。規制緩和によって権利を解体・後退させるのではなく，社会的な関与や調整をつうじてむしろ権利を強化するという道もありうるとロゴフスキとシュミートは論じているが，柔軟化を個人の自己決定の余地の実質的拡大につなげるという「前向きの柔軟化」という視点は重要である[33]。いずれにせよ，たんなる規制緩和が個人の自己決定の余地を必ずしも拡大するものではないことは，こんにちの「自由の強制」という状況が示しているとおりである。「第二の近代」＝個人化社会をポジティヴなものにするためにも，個人の自己決定をいかに支えるかという観点から規制緩和と再規制の問題を考えることがこんにち強く求められている[34]。

　こうした規制国家的側面の再評価と並んで，社会国家の再構築にとってもちろん重要なのは，給付国家としての社会国家をどうするかという問題である。「新しい福祉政治」においては，「必要原則」からの乖離が進み，「個人の権利としての福祉」という考えに立脚する従来の給付国家的あり方からの原理的ともいえる変容が生じている。すなわち，こんにちの社会国家は，社会的リスクに対する安全の確保という設計思想にもとづくものから，リスクを個人的なものとみなし，個人の自己責任を強調するものへと変わってきている。このように大きな揺らぎのなかにある「必要原則」にもとづく「個人の権利としての福祉」（社会権）をどのように再建するかということが社会国家の給付国家的側面の立て直しの中心課題となるわけだが，しかし，ここで問題は，単純に過去へと戻ることが必ずしも可能ではないということである。すでに述べたように，「新しい福祉政治」の現出の背景には，再帰的近代化による社会的連帯を支えてきた共同体的なるものの

---

(32) *Hugo Sinzheimer*, Ein Arbeitstarifgesetz. Die Idee der sozialen Selbstbestimmung im Recht, München 1916.
(33) Vgl. *Gerhard Bosch*, Brauchen wir mehr Ungleichheit auf dem Arbeitsmarkt?, in: WSI-Mitteilungen 1/1998, S. 15-25, S. 24 f.
(34) 西谷敏『規制が支える自己決定——労働法的規制システムの再構築』法律文化社，2004年，参照。

消失と「剥き出しの個人」の析出，経済構造の変化とグローバル化による経済的なるものと社会的なるものとの分離，そして両者が相俟った結果としての社会国家の負担過重といった大きな社会構造的な変容が存在しており，社会国家がかつてのように「必要」を抱えた個人に市民という資格だけで福祉を保障することは財政的にも政治的にもきわめて難しくなっている。「新しい福祉政治」における個人の自己責任や義務の強調，自由の強制やパターナリズムという性格もひとつにはそこから来ており，新自由主義のヘゲモニーとして簡単に片づけてしまうことはできない。別の言い方をすれば，「新しい福祉政治」は，個人化社会である「第二の近代」において，しかもこんにちのような社会国家の財政的制約と政治的制約を前提とするとき，個人の自由と安全とを両立させることは果たして可能なのかということをわれわれに問うているのである。

　「新しい福祉政治」がわれわれに突き付けているのは，いわば自由を犠牲にするしか安全は確保できないのではないかという問いである。たしかに個人の自由は「尊重」されるが，自己責任の名のもとに，諸個人は「飢える自由」と主体的努力へ向けての「自由の強制」とのあいだの二者択一を迫られることになる。ロザンヴァロンは，このような「新しい福祉政治」にみられる自由と安全の二律背反の問題を「純粋に個人主義的な見方が行き着く袋小路」と述べ，伝統的な個人主義的自由観・権利観に立つかぎりこの問題は克服できないと論じている[35]。ロザンヴァロンが「古典的個人主義の図式」に代えて提起するのは「積極的義務」という観念にもとづく社会権の再定義である。彼がこの観念によって打ち立てようとするのは，「個人の尊重が社会紐帯の再構築に相伴う」新しい「契約的個人主義」である。彼は，フランスにおける「社会的参入最低所得」（RMI）や雇用連帯契約（CES）にそのひとつの具体的な手がかりを見出している。たとえば「社会的参入最低所得」は，社会的に排除された者は社会のなかでふたたび自らの場所を見出すために必要な最低限の資力を得る理由をもっているという考えにもとづき，すべての者に受給可能性を保障しているが，他方で「必要」を抱えた諸個人に無条件の給付を与えるものではなく，受給者側の個人的関与を要求する。受給者は，それぞれが置かれた立場に応じて，社会へ参入するための計画を当局と作成し，それを実行に移すことを求められる。だが，これはまさに「新しい福祉

---

(35) ロザンヴァロン，前掲書，186-197頁。

政治」の「権利と義務」アプローチにほかならない。

　こうした見方に対して，ロザンヴァロンは，たしかにここには権利と義務とが対置され，その意味では，この福祉を受ける権利は，個別化された条件付きの権利であって，厳密な意味での権利ではなく，義務の増加は権利の縮小を意味しているように見えるかもしれないが，こうした権利と義務とのゼロサム的な見方とは別の見方も可能であるという。この新しい契約論的個人主義において受給者側が負う義務はたんなる強制ではなく，能動的市民だからこそ負える「積極的義務」なのであって，社会参入契約を結ぶということは，受給者を能動的市民として承認するということを意味している。したがって，この契約にもとづく給付はたんなる扶助ではなく，同胞市民への支援にほかならない。反対に，受給者の側からみても，この義務は，たんなる給付を受けるために必要な義務ではない。社会の側に支援の義務があることを確認させ，それを実行に移させるという社会的意義をもつ義務であり，それは同時に権利でもある。ロザンヴァロンは，個人を単位とする契約論的アプローチのなかに，個人化社会のなかで基盤を失っている「社会的なるもの」を再構築するための契機を見出そうとしているといえる。

　「新しい福祉政治」の「権利と義務」アプローチとこのロザンヴァロンの新しい契約論的個人主義がどこまで異なるのかという疑問はもちろん残る。この疑問に答えることは，個々の制度の具体的なあり方とも関係する経験的な問題でもあるが，この点にかんして他方で想起しておくべきことは，個々の制度の機能はその制度だけでは必ずしも決まらないという点である。「積極的義務」が言葉の本来の意味における積極性をもちうるためには，社会参入の現実的可能性が重要なカギを握る。そのためには当然，経済政策にかんする考え方の再考も必要になってくるであろう。その意味では，社会国家というドイツ生まれの概念がそもそもたんなる扶養国家や給付国家を指すものではなく，「社会的なるもの」の維持のための諸制度の総称，そのための広範な国家活動を包含したものであったことを確認しておくことは重要である。再帰的近代化によって現出した個人化社会，しかもグローバル化し産業構造が大きく変わった「新しい近代」において，自由の強制やパターナリズムに陥ることなく，新しい連帯の基盤のうえにリスクをふたたび社会化することがいかにして可能かという課題は，われわれに現状のトータルな再考と想像力を要求している。ナショナルにもグローバルにも。

国際法による枠条件が社会国家の構造に及ぼす影響

シリャ・フェネキィ
守矢健一（訳）

I　はじめに

　《国際法による枠条件が社会国家の構造に及ぼす影響》を研究する場合には，二つの局面が特に注目に値すると思われる。

　第一の重要な局面は，社会の諸構造，なかでも経済的・社会的・文化的権利を巡る，基本的で一般的な国際法規範が，各国においてどのように国内法化されているのか，そして，国際法の影響が，例えばドイツ連邦共和国のような産業国家の法秩序において，そもそも指摘できるのか，できるとすればどの程度か，という一般的な問いに関わる。それは，国際法規範が及ぼす作用はなにかという一般的な問いであり，わたしがここで扱うテーマの基礎をなすものである。

　第二の重要な局面は，特殊な問題状況を際立たせるものである。即ち，人権を擁護しまたは保護するために，企業を義務づけるにはどうしたらよいか，という問題である。いくつかの最近の事例でこのことを明らかにしてみたい。

　ドイツの新聞において，2012年の3月初旬のこと，スイスに本店所在地を持つ，ある国際的コンツェルンと人権擁護派との対立を報ずる記事があらわれた[1]。それは，あるコロンビア人がコロンビアで殺害されて発見された事件にかかわる。このコロンビア人は，ながいこと労働組合員として活動しており，スイスのコンツェルンの現地における乳製品工場においてかつて従業員であった[2]。ある人権

（1）　*Richter*, Fehde gegen Nestlé, Süddeutsche Zeitung, 06. 03. 2012, 1.
（2）　ネスレによる2012年3月6日のプレス報告も参照されたい（英語）：http://www.nestle.com/Media/Statements/Pages/March-6.aspx；企業の構造については www.nestle.com，コロンビアネスレについては www.nestle.com/co/。

擁護組織がスイスにおいて，コンツェルン親会社およびそのマネージャーのうち5人に対して，不作為による過失殺害の容疑で刑事告発を行った。被害者は労働者と市民権のために戦ったので，準軍事的グループが彼を殺害した。人権擁護組織の見解によれば，コンツェルンは，かれの保護と庇護を行う者として，この周知の危険に反応すべきだった，と(3)。

第一の事例はこれに比べると一見より穏やかな性質のもので，薬品研究に関する。ここでは，グローバルに活動する薬品関連企業あるいはその子会社が，中進国や後進国において薬品研究を行う傾向が高まっている(4)。中進国および後進国における薬品研究においては，ドイツなどの産業国における研究の場合と異なり，治験協力者グループに対し，手持ちの有効な薬が渡されることなく，プラシーボが渡されるだけの場合がしばしばある(5)。アフリカ諸国において，母がHIVに感染している場合，妊娠中の子どもにウィルスが感染する確率を下げることを目指す，抗レトロウィルス型薬品の実験において，そのようなことが生じた(6)。

（3）かれらは必要な措置を講じて，コロンビア現地のネスレ会社が殺害されることになった者に向けて行った誹謗中傷をやめさせるか，あるいはその危険をもたらす効果を和らげる努力を怠った，と人権派は主張した。

（4）2011年だけをみても，たとえばインドに対して薬品研究のために5億ユーロを投じたとされている。現在，およそ1900に及ぶそうした研究と，150,000名に及ぶ被験者がそこには存在するはずである。この点について，また外国の企業またはこの企業が委託するCRO（= Clinical Research Organisations 医薬品開発業務受託機関）インドにおける薬品研究については，例えば，Kurth, Dienstleister der Pharmakonzerne: Stille Tester, Der Spiegel vom 12. 05. 2012, abrufbar unter: http://www.spiegel.de/wissenschaft/medizin/contract-research-organisations-stille-dienstleister-der-konzerne-a-830137.html; *Best/Gudisch*, Versuchsperson, ohne es zu wissen, Süddeutsche Zeitung vom 10. 09. 2012, abrufbar unter: http://www.sueddeutsche.de/wissen/medikamententests-in-indien-versuchsperson-ohne-es-zu-wissen-1. 1463383. 中進国における人体実験についてはさらにドイツ倫理委員会の2013年5月23日年次大会を参照：http://www.ethikrat.org/presse/pressemitteilungen/2013/pressemitteilung-04-2013 および http://www.ethikrat.org/dateien/pdf/infobrief-01-13.pdf.

（5）以下の，ヨーロッパ医薬品庁（European Medicines Agency = EMA）によるペーパーには，プラシーボの使用の限定に係るいろいろの検討が収められているに過ぎない，Reflection paper on the need for active control in therapeutic areas where use of placebo is deemed ethical and one or more established medicines are available: http://www.ema.europa.eu/docs/en_GB/document_library/Scientific_guideline/2011/01/WC500100710.pdf.

12,000人を越える妊婦がこの研究に関わったが，その大部分の者に与えられたのはプラシーボだけであった。他方，合衆国で同時期に行われた同じ治験においては，そこに参加したグループには偽薬ではなく効果ある薬品が渡されていた[7]。

こうした事例においては，グローバル化が進行する中，世界的に活動する企業の行為義務にかかる重要な法問題が主題化されている。国際法的にみればなにより，当該国家に居住地を持つ企業またはその子会社の活動を，領域を超えて規律する権利とか，さらにそれどころか義務が，国家には存在するのか，という問題になる。

◆ II 国際法と社会国家原則

国際法の水準において，社会権は，第二次世界大戦後，1960年代に，とりわけ，経済的社会的文化的権利に係る国際規約（IPwskR = ICESCR）[8]およびヨーロッパ社会憲章[9]によって基礎づけられていた。ずっと後になってこれは，ヨーロッパ法の次元において，ヨーロッパ連合基本権憲章[10]にも取り込まれたので，こんにちでは原則的に，国内法規範とヨーロッパ法と国際法を包含する多次元の権利保護があると言える。

経済的社会的文化的諸権利を基礎づける最も一般的で普遍的で基本的な国際法上の条約である，経済的社会的文化的権利についての国際条約（1966年）には，経済的社会的文化的諸権利のさまざまのものが基礎づけられている。たとえば，

（6） *Fidler*, „Geographical Morality" revisited, Harvard International Law Journal 42（2001）, 299 ff., 306 f.

（7） *Yearby*, Good enough to use for research, but not good enough to benefit from the results of the research?, DePaul Law Review 53（2004）, 1127 ff., 1139. 合衆国の製薬会社がボリヴィアにおいて，650名の未熟児に対してSurfaxinを使って薬品研究を行った事例も以上と相似している。確立された治療法は準備されていたと会社側は言っているが，実験は　プラシーボが使用された者たちに対する実験であった，vgl. *Hawkins/Emanuel*（Hrsg.）, Exploitation and developing countries-the ethics of clinical research, 2008, 59 ff.

（8） 1966年12月19日承認，1976年1月3日施行，993UNTS 3; BGBl. II, 1973, 1570.

（9） 1961年10月18日承認，1965年2月26日施行，CETS No.35; BGBl. II., 1964, 1262.

（10） 2007年12月12日承認（但し宣言自体は2000年12月7日）; Abl 2000/C303/01; BGBl. II, 2009, 1223.

勤労への権利（6条），適切な生活水準への権利（8条），社会的安定への権利（9条），教育権（13条），到達可能な最高限度の身体的精神的健康を各人が享受することへの権利（12条），さらに，学問的進歩の達成および学問的進歩の応用がもたらす利益に与る権利（15条）などもある。ヨーロッパ諸国における諸憲法に保障されている社会権と比較すると，こうしたさまざまの保障が，平均水準より高いことがわかる[11]。ところが，グローバル化の時代にあっても，こうした一般的な国際法上の規律が，社会国家原則の領域に係る国内法に対して及ぼす影響は，比較的小さい[12]。これは，残念なことではある。というのは，社会権の基礎づけと規範化において，国際法がいくつかの点では，個々の国家における憲法よりも，そしてドイツ連邦共和国の憲法と比較しても，より一層踏み込んでいるところがあるからである[13]。

1　ドイツにおける社会国家原則の憲法上の基礎づけ

　基本法は，ドイツ連邦のいくつかの州の憲法とは異なって[14]，社会的基本権の幅広い，かつ明示的な規範化を行っていない[15]。このようになったのは，一方で，ヴァイマル帝国憲法における社会権条項が口約束にとどまったことおよびかかる条項が実際に実現しなかったことが政治および憲法そのものへの不信をもたらしたという歴史的経験[16]i，他方には，基本法がもともと暫定的性質を有しており，将来への憲法の発展の可能性を留保していたこと[17]，がある。それでも社会国家原則は1949年以降，ドイツの国家目標となっている。基本法20条1項

---

[11] *Grewe*, Wirtschaftliche, soziale und kulturelle Rechte: Menschen-oder auch Grundrecht?, In Hestermeyer et al. (Hrsg.), Coexistence, Cooperation and Solidarity: Liber Amicorum Rüdiger Wolfrum, Vol. I, 2012, 397 ff., 401.

[12] 障害者関連条約などの特別な取り決めにおいては，かならずしもそうではない，Übereinkommen der Vereinten Nationen vom 13. 12. 2006 über die Rechte von Menschen mit Behinderungen, 2515 UNTS 3 ; BGBl. II, 2008, 1419.

[13] 同旨，*Grewe*, 400.

[14] 旧東ドイツ地域の新憲法，たとえば，ブランデンブルグ憲法の45条，47条以下を見よ。

[15] 例外は，たとえば，母体保護と婚外子の平等取扱である，基本法6条4項，同6条5項。

[16] *Murswiek*, Grundrechte als Teilhaberechte, in Isensee/Kirchhof (Hrsg.), Handbuch des Staatsrecht, Band IX, 2011, § 192, Rn. 50.

によれば，ドイツ連邦共和国は，民主的且つ社会的連邦国家であり，28条１項１文では，ドイツが社会的法治国家であることを明示している。社会国家原則は，国家目標の定めとして，（可能な限り）社会国家原則を実現すべき憲法上の義務が国家にある，ということを意味している。もっと正確に言い換えれば，この国家目標は，社会的正義と社会保障の実現に向けられている，つまり，基本法上国家目標として実質的におそらく最も重要なものといえる[18]。リベラルな法治国においては，社会国家原則は，基本権的自由の実際の平等および実際の前提条件を視野におさめる必要がある。社会国家原則は，実質的な不平等が経済的に最下層にある者における不自由をもたらすに至らしめるほど，実質的な不平等を認めてはならない，という目標を持っている。この意味で，社会的配慮と社会的不適正の除去とが，国家の任務とされ，憲法上の基礎づけが為されている[19]。

　それでも，この国家目標の規範的性質は，法治国家原則とか民主主義，連邦国家原則といった憲法上の諸原理には劣後する。当該国家目標は財政の許容する限りで，という留保の下に置かれているから[20]。憲法上定かなのは，基本的な諸原則だけ，つまり社会保障についての基本的標準の保障だけである。即ち，社会国家に係る立法の核心部分を代替的措置なしに無くしてしまうことだけが憲法違反なのである[21]。このように，社会国家原則は一度達成された社会政策的基準を固定するものではない。如何なる論拠であれ，金策尽きたときには，憲法に違反することなく，これまで保障されていた保護が核心部分を除いて削減されてしまうことがあり得る[22]。

　さらに，社会国家原則がそれ自体として基本権として規律されていない以上，社会国家原則は例外状況においてのみ，法適用の水準で直接の義務づけ効果お

---

(17) *Murswiek*, Rn. 52; *Papier*, Grundrechte und Sozialstaatsbestimmung, in *Mertens/Papier*, HGR II, 2006 § 30, Rn 13; *Zacher*, Das soziale Staatsziel, in *Isensee/Kirchhoff* (Hrsg.), HStR II, 3. Auflage 2004, § 28 Rn 15.

(18) なにより *Degenhart*, Staatsrecht I; Staatsorganisationsrecht, 28. Auflage, 2012, Rn. 565ff.

(19) *Degenhart*, Rn. 569.

(20) *Sondermann*, in *v. Mangoldt/Klein/Starck* (Hrsg.), GG Kommentar, 6. Auflage 2010, Art. 20 Abs. 1 Rn 115 ff.; *Zacher*, Rn 54

(21) *Herzog/Grzeszick*, in *Maunz/Dürig* (Hrsg.), GG Kommentar, 67. Ergänzungslieferung 2013, Art. 20 Rn 26:「社会政策に明白に反する政治の禁止」。

(22) *Herzog/Grzeszick*, Rn 23 ff.

び授権効果をもたらし得るにとどまる(23)。基本法のうちわずかな基本権だけが社会的経済的文化的権利として（も）規律されている(24)かまたはそういうものと解釈し得る。例として，芸術・学問と教授の自由（5条）；婚姻と家族の保護（6条）；結社の自由（9条）；職業の自由（12条）や人間の尊厳の保護（1条1文），さらに生命と身体の不可侵の保護（2条2項1文）に係る諸領域がある(25)。

2　社会権の国際法的基礎づけと社会権の効力

　国際法の規範的基盤は基本法の規範的基盤とは全く異なる。なるほど1970年代以来，国際法においても社会権と古典的な市民的な自由権とが区別されていた。こういう考え方は，とりわけ，二つの大きな人権規約に示されている。この二つの人権規約は，国際法上の条約として二つ別々に合意が達成されたものである。一つは，経済的社会的文化的権利に係る国際規約（IPwskR）(26)であり，もう一つは市民的政治的権利に係る国際規約（IPbpR）(27)である。かつてはIPwskRの諸権利が「［市民的諸権利と比較して］より低次の範疇に属する権利」(28)と見られていたにせよ，この社会権もまた人権であること，従ってまた原則的に主観的な権利であることについては争われていなかった。さらに，この規範枠組には，経済的社会的文化的権利について国家を義務づける極めて明瞭な概念規定がある。ここに定められた諸権利の侵害に対して個人が異議申立をする可能性は，ヨーロッパ人権条約およびIPbpRの枠組の場合と同様に，追加的任意議定書に定められたところの，異議申立手続によって，基礎づけられている。この追加的任意議定書は，2013年5月に施行された(29)。

　別の観点からしても，自由権の制度化は，国際法における社会権の制度化と範疇的に区別されてはいないことがわかる。なるほど，IPwskR2条1項はそこに保障された社会権の漸次的実現を説いているに過ぎない。その規定に拠れば，全

---

(23)　*Murswiek*, Rn. 58.
(24)　*Grewe*, 400.
(25)　*Papier*, §30, Rn. 13; 18ff., mWN.
(26)　前掲脚注8に対応する本文を参照されたい。
(27)　1966年12月19日に承認，1976年3月23日に施行，999 UNTS 171; BGBl. II, 1973, 1553.
(28)　*Grewe*, 398.

ての規約加盟国は，以下のことへと義務づけられている。すなわち：

「個別の国家ごとに　または，とりわけ経済的技術的方法による国家間協力によって，すべての可能性を駆使して，あらゆる適切な手段を次々と繰り出して，就中，立法という措置を通じて，対策を講じ，以てこの規約に認められた諸権利の十全なる実現を目指さねばならないということ。」(30)

これはしかし，加盟国がIPwskRを直ちに国内法化する必要はない，と言っているわけではない。IPwskRに定められた全ての（経済的，社会的，文化的）権利は，譲ることのできない核心的意味内容を持っており，それは，直ちに実現されねばならない(31)。さらに，国家の義務は最近では非常に肌理細やかに理解されるようになっており，その義務は原則的に司法の対象となるものと理解されている(32)。国家の義務について以下の三つの水準が区別されている(33)。

－　敬意への義務：国家は保障された権利に介入してはならない。例えば，

---

(29) 2008年12月10日に承認，2008年12月10日に施行，Res. A/RES/63/117. この議定書を批准した国として，アルゼンチンやスペインがあるが，ドイツは批准していない。批准の現状については http://treaties.un.org/Pages/ViewDetails.aspx?src=TREATY&mtdsg_no=IV-3-a&chapter=4&lang=en. より詳しくは *Grote*, „The Optional Protocol to the International Covenant on Economic, Social and Cultural Rights – towards a more effective implementation of social rights?", in *Hestermeyer* et al. (Hrsg.), Coexistence, Cooperation and Solidarity: Liber Amicorum Rüdiger Wolfrum, Vol. I, 2012, 417 ff; *Odello/Seatzu*, The UN Committee on Economic, Social and Cultural Rights, The Law Practice and Procedure, 2013, 46 ff.

(30) Committee on Economic, Social and Cultural Rights (CESCR), General Comment No. 3, The nature of States parties obligations, 1990, UN Doc. E/1991/23.

(31) 従って，こうした権利を逸脱することは禁ぜられている，*Müller*, „Limitations to and Derogations from Economic, Social and Cultural Rights", Human Rights Law Review 9 (2009), 557, 581.

(32) *Simma*, Einführung: Die wirtschaftlichen, sozialen und kulturellen Rechte — Historischer Kontext und Probleme bei der Umsetzung, in Friedrich-Ebert-Stiftung, Die Rolle der wirtschaftlichen und sozialen Menschenrechte im Kontext des UN-Weltsozialgipfels, 9 (1995); 同様に *Trilsch*, Die Justiziubilität wirtschaftlicher, sozialer und kultureller Rechte im innerstaatlichen Recht, 2012, 436ff.

(33) UN Commission on Human Rights (heute: UN Human Rights Council), Res. 2005/69 vom 20. 04. 2005, UN Doc. E/CN.4/2005/L.10/Add.17.

差別禁止規律を侵してはならない。
- 保護の義務：国家は，第三者（私法上の主体も含む）による社会権への介入を防ぐ義務がある。
- 実現義務：国家は，該当する権利の保障に向けて義務づけられている。

すべての（人）権には，自由権か社会権かにかかわらず，この三種の国家の義務が応じなければならないのだから[34]，経済的社会的文化的権利もまた，人権の特殊かつ低次の範疇に過ぎないのではなく，自由権に係る人権の場合と同様，国家における謙抑と行動を（実現義務および態様義務〔Erfolgs- und Verhaltenspflichten〕として）定める。もとより態様義務は，国家に対して，具体的な制度設計についてかなりの裁量の余地を与える。こうしてこそ，各規約は充分に柔軟なものになる。

このように，社会権は疑問の余地なく人権に属するし，それだけでなく社会権も基本的に主観的権利として保障されねばならない以上，自由権的人権と社会権的人権と統一的に解釈することを通じて国際的次元で社会権が重視されるに至ったという観方[35]をとる国際法学者には，同意すべきである。

ドイツにおいては，経済的社会的文化的権利の実質は，その大半が社会国家原則という国家目標に基礎づけられており，依然として客観法に分類されている。このことが示すのは，基本法成立（1949年）後17年を経て合意（1966年）された，IPwskRの影響が小さいということである。また，IPwskRに定められた諸権利は，ドイツにおいて単純法規によって国内法化されており，したがって憲法法上基礎づけられた基本権とは言えない。通説によれば，これらの権利は数少ない例外を除いて[36]，国内法化された後も，直接に主観的権利を構成するものではない，とされている[37]。すでにその限りで，国際法上の人権は国内法における基本権と同等ではない。但し，このような事態はすでに国際法に違反していることを示すと主張するならば，それは誤りである。国際法上の社会的人権を諸国がそれぞれの憲法で保障しなければならないと定める国際法上の義務はない[38]。したがっ

---

(34) General Comments No 13 § 46, HRI/GEN/1/Rewv. 7, 87.
(35) *Grewe*, 414. これに反対するのは，*Murswiek*, Rn. 58 mwN:「典型的な社会的基本権を主観的権利として保障することは不可能である。」
(36) たとえば無償での労働供給サービスへの権利（Art. 6（2）IpwskR）。
(37) *Murswiek*, Rn. 49.

て，憲法で社会国家原則が単に国家目標としてのみ基礎づけられているに過ぎなくとも，それは原則的には，国際法違反ではなく，ドイツ基本法もその例外ではない(39)。

ただ，憲法における社会国家原則もまた，基本法における既存の基本権や連邦法州法と同様，国際法に適合的に，すなわち国際法上の人権に照らして，ということはIPwskRにも配慮して，解釈せねばならないのが原則である。したがって国際法の水準で，その後に批准された国家間の条約締結によって権利の主観化がさらに進んだ場合には，このことは，ドイツ法の解釈と制度設計にも反映されねばならない。基本法が国際法に親和的であるということは，ここでもまた，国際法の発展に伴い，国際法における条約の内容がそれを要求する場合は，［国内法についても］社会国家原則の国際法適合的解釈，したがってまた，社会的主観権の一層拡大された保障を行わねばならないことを意味する。ドイツにおいては，なるほど憲法上は，基本法上の基本権は大体において古典的な防御的自由権だけをカバーするに過ぎないけれども，単純法規の次元において，社会福祉業務を国際規約上の人権の意味における主観的権利を構築することに対しては，これに原則的に反対する見解は見られない。もとより，社会的基本権が憲法に導入されれば，さような定めは社会国家という目標を具体化しまたそれを効果的なものたらしめるかもしれないが，社会的基本権は憲法の中に明示的に取り込まれねばならないわけではないのである(40)。ドイツにおいて形成された社会国家が示すのは，社会福祉業務の効果的な形成が，憲法に人権が基礎づけられているかどうかには依存していないということである(41)。

ただ，ここでも注意しなければならないのは，国際法に調和的な解釈は，ドイツの社会国家原則の核心部分がこの調和的解釈によって確定される，ということである。財政上の限界があったとしても，国際法上の社会的人権の核心部分によって少なくとも間接的に構築されたところの，ドイツ国内の社会国家原則の核心部

---

(38) *Grewe*, 413.
(39) ヨーロッパ諸国の憲法においては，社会権は，基本権として，その一部しか含まれていない。28のヨーロッパ連合加盟国のうち12カ国だけが，経済的社会的文化的権利を自由権的基本権と同視している，*Grewe*, 407.
(40) 賛否両論を典拠と共に紹介するものとして *Murswiek*, Rn. 68.
(41) 同旨，*Murswiek*, Rn. 70.

分は保障されねばならない。社会国家原則の憲法規範的内容とは結局これだと確言することはできない、とは指摘した[42]けれども、この主張は国際法的な要請に鑑みて、より具体化されねばならない。すなわち、ドイツにおける社会国家原則は国際法上の要請に調和すべく、立法者によって構築されねばならない、と。基本法は発展に対して開かれたものとして構想されていた[43]ため、社会権の保護に係る国際法上の進展を受容するために充分柔軟である。よって、社会国家原則に係る憲法的な基盤の核心部分は、連邦共和国を拘束する、国際法上の社会的人権の核心部分と（も）重なり合わねばならないこととなる。

Ⅲ グローバル化、多国籍企業、社会的人権

社会国家の構造の展開が、国際法によっても規定されるか、規定されるとすればどの程度か、という問題は、こんにちでは、本稿に掲げた例も示す通り、なによりも多国籍企業の活動の法的把握において、解明される。国際人権、なかでもとりわけ社会的人権が、企業活動に向けて持つ重要性と効果とをめぐって、現在、国際法においてなされている考察を見る場合には、ここでもやはり、三つの水準を区別することが重要である[44]：

1．企業による人権侵害を防ぐための国家の義務（state duty to protect）
2．人権尊重に向けた企業の責任（corporate responsibility to respect）
3．違背が生じた場合の効果的な司法的救済の確保の必要（access to remedy）またはより広い意味における人権実現メカニズム

1　企業による人権侵害を防ぐための国家の義務

人権に係る諸条約によって成立した、国際法に裏打ちされた、人権侵害を防ぐための国家の義務は、第一に、国家的組織が人権を侵害する事態を防ぐ義務であるが、第二に、国家以外のアクターによる人権侵害が自己の領土内であるいは自己の高権の管轄下（裁判管轄下）で発生することを防ぐ義務でもある。したがっ

---

(42) 注18に対応する本文を見よ。
(43) *Murswiek*, Rn. 52.

て国家は，ある企業がその国家高権管轄下においてあるいはそこに端を発する活動を行う場合に，そのような企業を規制し統御し，以て，こうした企業が人権侵害を行わないように，そして侵害が行われた場合には制裁に服するようにせねばならない(45)。

国家の行為または不作為により，企業が人権侵害を生ぜしめる行為を行うことが可能となった場合，人権に係る義務に国家が違反したことになる(46)。本稿冒頭で紹介した事例に即して言えば，コロンビアにおいて組合員が殺害された事例の場合にはコロンビア国家に，そして，薬品研究の事例の場合には，該当する中および後進国に，その国家の領土内で企業が国際人権違反を行ったことについて，当該国家が国際人権に拘束される限度において，かかる違反を防ぐ義務がある(47)。

---

(44) UN Commission on Human Rights（こんにちの UN Human Rights Council), Res. 2005/69 vom 20. 04. 2005, UN Doc. E/CN. 4 /2005/L.10/Add.17. 影響があったのは，国連事務総長特別補佐（Special Representative of the Secretary General of the United Nations）による，人権と多国籍企業およびその他の企業というテーマに係る，ジョン＝ラギー John Ruggie の手になる2008年，2009年および2010年の報告である：Report to the United Nations Human Rights Council of the Special Representative of the Secretary-General on the Issue of Human Rights and Transnational Corporation and Other Business Enterprises of 7 April 2008, UN Doc. A/HRC/ 8 / 5 ; Report to the United Nations Human Rights Council of the Special Representative of the Secretary-General on the Issue of Human Rights and Transnational Corporation and Other Business Enterprises of 22 April 2009, UN Doc. A/HRC/11/13; Report to the United Nations Human Rights Council of the Special Representative of the Secretary-General on the Issue of Human Rights and Transnational Corporation and Other Business Enterprises of 9 April 2010, UN Doc. A/HRC/14/27（いわゆるラギー報告）．これについては *McCorquodale*, International Human Rights Law and Transnational Corporations: Responsibilities and Cooperation, In *Hestermeyer* et al.（Hrsg.), Coexistence, Cooperation and Solidarity: Liber Amicorum Rüdiger Wolfrum, Vol. I, 2012 , 453 ff. *Higham*, "Re-righting Business" John Ruggie and the Struggle to Develor International Human Rights Norms for Transnational Tirms, Human Rights Luarterly 35（2013), 333ff. ラギー報告に基き，国連人権理事会は，ビジネスと人権の指針的原則（2011年 3 月21日）を可決した，UN Doc.A/HRC/12/31.
(45) *McCorquodale*, 458.
(46) *McCorquodale*, 456.
(47) 環境汚染の場合について，参照，African Commission on Human and Peoples' Rights, Social and Economic Rights Action Centre and the Centre for Economic and Social Rights v. Nigeria, Communication No. 155/96（2001), para. 59.

国際法においては，国家がその領土内で活動する企業に対して経済的に弱い立場にあるかどうかには頓着しない。国家は人権侵害を防げなかったことについては責任があることに変わりはない。薬品研究の場合には，中および後進国が健康に対する権利（IPwskR12条）を，国際法上は侵害したのだと言い得るかもしれない。健康に対する権利は，確実で効果的な薬品を手に入れる権利のみならず，防御権的側面をも含むから。すなわち防御権としては，適切な情報を与えられた上での任意による同意がない場合には生体実験は禁ぜられる[48]といったものがある[49]が，国家が，こうしたないがしろにする企業の活動を承認する場合には，国家に責任が生じるのではないか。

ただし，中および後進国をこのように義務づけること[50]よりもずっと興味深いのは，ドイツや日本，合衆国といった産業国にも，人権によって基礎づけられた，次のような義務があるか，という問いである。すなわち，他の国における企業活動が人権侵害を導くことを防ぐ義務である。何となれば，義務がないとすると，多国籍的に活動する企業は，薬品研究のような活動を，より低水準の人権保護基準しか持たない国家に移すことにより，拠点国の法規を簡単にすり抜けることができてしまうからである。

一般国際法においては，領土内での決定が持つ領土外における帰結について国家の責任をわずかな例についてのみ認めている。かような例として，私企業の行為ないし不作為が国家に帰責できる場合，がある[51]。そのための条件は以下のようなものである：

---

(48) さらに参照すべきは，Art. 7, 17 IPbpR vom 16. 12. 1966; Art. 8 EMRK vom 04. 11. 1950; BGBl. II, 1954, 14; Art. 11 AMRK vom 22. 11. 1969; Art. 15 Übereinkommen zur Beseitigung jeder Diskriminierung der Frau (CEDAW) vom 18. 12. 1979; BGBl. II, 1985, 648; Übereinkommen über die Rechte des Kindes von 20. 11. 1989, BGBl II, 1992, 990.

(49) *Chang*, Die Autorität ethischer Guidelines und Menschenrechtsrelevanz globaler Arzneimittelforschung — Normative Paradigmen klinischer Studien in Entwicklungsländern, 2014 (Dissertation Univ, Hamburg), Manuskrpt 298 (erscheint demnächst).

(50) この義務づけも重要ではある。例えばアルゼンチンやインド，ブラジル，タイはIPbpRの批准国である。アルゼンチン，インド，ブラジル，中国，タイ，ナイジェリアは，IPwskRを批准し，障碍者の権利条約及び児童の権利条約の順守義務を持つ。

- 国家権力の行使が企業に授権されている場合（ILC Articles 5 条），または
- 国家の法規や指導，あるいは監督の下で企業が活動する場合，または
- 国家が企業の活動を自らの活動とみなしているあるいはそのように承認している場合（ILC Articles11条），または
- 企業が国家の任務を引き受けた場合（ILC Articles 7 条）

国家への帰責のために必要なこの 4 つの条件は特殊な場合にしか満たされない。たとえば，ブラックウォーターワールドワイド USA といった，全地球規模に活動する合衆国の民間軍事会社[52]（たとえばイラクにおいて合衆国に代わって治安維持サーヴィスを行った）のような企業が，国家に代わって業務を行う場合がある。これに対して薬品生産の領域の場合のように[53]，あるいは多国籍的食料コンツェルンにおける企業活動のように，企業がその活動を最終消費者に向けて行っている場合，通常は上記の条件が満たされない。

こうして，産業国における人権保護義務の国外領域への拡張を説得的に行うには，たいていの場合，上記とは異なった基礎づけを行わねばならない。その手がかりは，人権条約は，その文言に従うならば，批准国を単に，自らの領土内でのみならず，国家司法権管轄下において，すなわち高権の下において[54]，人権違反を防ぐことへ義務づけている，という点にある。

産業国が，産業国に住所を持つ企業についてこうした高権を，領土外における企業活動にも及ぼせしめるという見解は，企業法人が拠点国の統御に服する限りで承認できるであろう。グローバルに活動する企業で，その本店の住所をある産業国に持っているかあるいはその国の法に従って設立された企業である場合に，こうした見解は，まず承認され得る[55]。

---

(51) International Law Commission (ILC), Articles on the Responsibility of States for Internationally Wrongful Acts (ILC Articles), Report of the International Law Commission on the Work of its 53nd session, A/56/10, August 2001, UN GAOR 56th Sess. Supp. No. 10, UN Doc. A/56/10 (SUPP) (2001).
(52)「ブラックウォーター ワールドワイド」は2009年に「ゼー サーヴィス LLC (Xe Services LLC)」に，2011年に「アカデミ (Academi)」へと，名前を変えた．www.academi.com.
(53) 薬品研究が，IPwskR 12条に定められた，健康への配慮に対する国家の任務の，不可欠の構成要素だというのがせいぜいの論拠になり得るだろうか。

ただこれだけでは，国家の義務の射程がどこまでか，という問いに充分にこたえられてはいない。なぜなら，法的にみて中心的な問題は，独立した子会社によって齎されるから。こうした子会社は，まさに薬品研究の場合でも，しかしまたネスレの場合でも，中または後進国において設立されたものであり，形式的に見れば原則的には，産業国にあるコンツェルン親会社とは独立している。ということは，この子会社は産業国の高権の管轄外だ，ということでもある(56)。こういう場合，次のような論証が行われる場合がある。ある企業が，法的拘束を免れるために，ある法的構造を企業内部において利用するなら，これを法の濫用だと見ることができる：こうした事例において決定的なのは，したがって，たとい子会社が法的には分かれていても，実際には全ての重要な決定が親企業においてなされているために，全体の操作的活動がひとつの企業のものである，と見ることができるということである，と(57)。こうなれば，こうした子会社の行為が，親会社が住所を持つ国家の人権基準に違反する，つまりわれわれの事例で行けば，産業国の規準に違反する，という場合には，外国にある子会社の行為が，親企業の責任の下に，ということは親企業の住所地の国の責任の下に含まれる，と言えることとなる。

この見解が云う通り，例えば金銭的腐敗阻止の事例(58)のように，子会社が領土外において活動する場合を含めて，企業の行為について国内法が規律する，と

---

(54) Art. 2 (1) IPbpR; CCPR, General Comment No 31, 2004, Rn. 10; *Chang*, 365. IPwskR 2条1項は裁判管轄を規律していない。したがって，裁判管轄が空間的観点において国家領土および条約締結国の司法管轄のみに限定されてないということもできる。しかし国際司法裁判所は Mauerbau 鑑定意見において，狭く解釈した。それによると，国際司法裁判所は IPbpR に定めたのと同じ裁判管轄の範囲を持っている，としている。なお，IPwskR 14条も参照。

(55) Inter-American Commission on Human Rights, Detainees at Guantanamo Bay, Cuba (Precautionary Measures, 41 ILM 532 (2002), International Court of Justice, Armed Activities on the Territory of the Congo (Democratic Republic of the Congo v. Uganda), Judgment on merits of 19 December 2005, ICJ Reports 2005, 168.

(56) International Court of Justice, Case Concerning the Barcelona Traction, Light and Power Co Ltd (Second Phase) (Belgium v. Spain), ICJ Reports 1970, 3.

(57) 同旨，*McCorquodale*, 459 f.

(58) UN Convention against Corruption, (2003年10月31日承認，2005年12月14日施行); BGBl. II, Nr. 47/2006.

いう実務が国家において為される場合があることのは事実である。しかし上記の見解に対しては、国際裁判所が繰り返し判決しているように、法人がどの国家に帰属するかは、その法人を統御する法的人格あるいは自然人格の帰属する国家がどれかによって判断する、と定める国際法上の規範がないこと、という事態が立ちはだかる[59]。したがって、親会社から法的に独立した単位であって、かつ中または後進国に所在地を持つ、そのような会社についても産業国は直接の規範設定権を持つ、とは、国際的な人権上の義務づけから直接には言えない。

それでも、国家が、自国内に住所を持つ親会社に対して影響力を行使し、そのことによって間接的に企業子会社の活動を規律する可能性が完全に排除されるわけではない。なるほど、そうした間接的影響力行使は直接的規制と同じ効果を持つので、子会社の所在する国家および子会社の権利が共に侵害される、という反論はあり得るだろう。しかしこれは反論として説得的ではない。属地法主義でも属人法主義でも、親会社にこのような法的規制を加えることは原則的に認められているからである。ちなみにこうした規制は、人権に係る諸条約によって基礎づけられた権利を可能な限り広く実現させねばならぬという、当該条約が普遍的に掲げる目的に、合致してもいる。

さらに、薬品などの商品を産業国において取引客体として認めるための条件の一つとして、自国内における薬品開発に際して必要な法的要請と同じ法的要請を外国における薬品開発においても遵守することを親企業に課すことには、国際法上問題がない[60]。さらに、産業国Aが他の国家Bと合意を形成して、B国において、A国における規律と一致するかどうかの検査のための監督機関を導入する、ということも、国際法的に認められる[61]。

とはいえ、こうしたことは、薬物研究の領域について、実務上はいまだに要求

---

(59) 国家高権の、国際法的に認められている運用とは何か、を判断するのに引き合いに出される論拠は、属地法主義、属人法主義、保護主義である、*Crawford*, Brownlie's Principles of Public International Law, 8. Aufl (2012), 456ff. ほかの国の国籍を持つ法人についての属人法主義というものは存在する。認められた引照基準としては、ここでは所在地説と設立地法説とである。国際裁判所は、これまでしばしば、統御理論に反対であることを表明してきた、ICJ, Barcelona Traction, 1970, ICJ Reports 1970, paras. 29ff.

(60) さらに *Chang*, 356.

(61) *Chang*, 356 ff.

されていない。上記 B 国における研究の試みに対する，EU 法⁽⁶²⁾およびドイツ法⁽⁶³⁾に基づく要請は，ヨーロッパ連合加盟国のひとつで行われている研究に対する要請よりも，低水準なのである。すなわち，薬品の許可申請には，医学的研究がヨーロッパ連合外で遂行された場合には，該当する RL2001/20/EG の（法的な要請ではなく）倫理的要請⁽⁶⁴⁾に適合していることの説明が添付されねばならないだけである。この連合指令の解釈において，ではいったい何が具体的に倫理的な要請なのか，ということが，次に来る，重要だが充分には解明されていない問いであるが，この問いにここで取り組むことはできない⁽⁶⁵⁾。実務においては，発展途上国における企業による研究は，以下の如き三つの非拘束的な宣言ないしガイドラインに従うこととされている：ヘルシンキ宣言，米 EU 医薬品規制調和国際会議ガイドライン，そして国際医学団体協議会ガイドライン⁽⁶⁶⁾。こうした場合においても，該当する国家の法秩序に宣言やガイドラインをひきつけて解釈することが正当だというためには，かかる解釈と人権との両立が可能かどうかが精密に点検されねばなるまい⁽⁶⁷⁾。

---

(62) RL 2004/27/EG vom 31. 03. 2004, ABl. L 136/34. これによると，薬品の許可申請には，医学的研究がヨーロッパ連合外で遂行された場合には，RL 2001/20/EG の倫理的要請に適合しているという表示が付加されねばならない（8 条 3 項 i) b)）。

(63) § 22（2）Nr. 4 AMG in der Bekanntmachung vom 12. 12. 2005; BGBl. I, 2005, 3394.

(64) この指令は近々，ヨーロッパ議会および理事会による，薬品治験に係る規則によって置き換えられるはずである。かかる委員会提案は以下で参照できる：http://ec.europa.eu/health/files/clinicaltrials/2012_07/proposal/2012_07_proposal_de.pdf この新たな規則が深刻な論争を惹起したことについて http://www.spiegel.de/wissenschaft/medizin/klinische-studien-plaene-der-eu-gefaehrden-patienten-a-907817.html ; Frankfurter Allgemeine Zeitung vom 13.05.2013, S. 13.

(65) 法の斯様な倫理化については，別に研究が必要である。ただし既に *Chang*, 91 ff., 141 ff. 法の倫理化一般について，*Vöneky/Beylage* — *Haarmaun/Höfelmeier/Hübler* (*Hg.*), Ethik und Recht — Die Ethisierung des Rechts; Ethics and Law — The Ethicalization of Law, 2013.

(66) ICH-Guidelines (Stand 2005), http://www.ich.org/products/guidelines.html; International Ethical Guidelines for Biomedical Research Involving Human Subjects (Stand 2002), http://www.cioms.ch/publications/guidelines/guidelines_nov_2002_blurb.htm. これについてくわしくは，*Chang*, 90 ff., 115 ff., 141 ff.

2　人権尊重に向けた企業の責任

　国家に対するこうした義務づけとは異なり，企業に対しては，人権尊重に対する，法的ではなく倫理的責任（responsibility）[67][68]しか語り得ない[69]。人権尊重に向けた会社責任（corporate responsibility to respect human rights）ということが云われるが[70]，それは，社会の側からする，理由のある期待ではあるが，法的義務ではない。人権に係る条約は企業を直接に義務づけることはできない。したがって，人権違反に対して企業は直接の責任を負わない。会社の社会的責任（Corporate Social Responsibility = CSR）について，たいていの多国籍企業は，社会的環境法的そして狭い意味における人権問題について定めた CSR ポリシーなるものに従った反応をするが，この会社の社会的責任というのは，それぞれの会社の任意による自己拘束であり，私的領域の保護といったごく一部の人権に縮減されることも少なくない[71]。

　しかしながら国家の義務づけという観点からすれば，すべての国家は，国家を拘束する人権諸条約によって，企業による人権侵害に前もって対処し得るよう，利用しやすく効果的な法的手段を講ずるべく，義務づけられている。これを実現する方法は，国家の裁量に任されている。たとえば，国内の会社法に補完的な定めを設けたり[72]，それに加えて，あるいはその代わりに，国内刑法を企業活動

---

(67) 国際法に対し倫理的基準を持ち込むことを正当化するための諸条件につき *Vöneky*, Grundlagen und Grenzen der Ethisierung des Völkerrechts, in Vöneky/Beylage-Haamann/Höfelmeier/Hübler (Hrsg.), ibid., 129ff. 本文に触れたガイドラインの薬物研究との関連づけにつき詳しくは *Chang*, Bioethics and Human Rights – the Legitimacy of authoritative Ethical Guidelines Governing International Clinical Trials, in Vöneky/Beylage-Haarmann/Höfelmeier/Hübler (Hrsg.), ibid., 177ff.

(68) つまり，義務（duty）とは言えない。これについて *McCorquodale*, 465.

(69) Ruggie Report Report 2009, para. 46; Ruggie Report 2010, para. 55:「期待される行為に係る基準（standard of expected conduct）」。別様の表現をするのは，Human Rights Council: ここでは「国家および企業の責任（responsibility）」という言い方をして居り，言語的に［国家と企業の責任の性質の］区別をしているわけではない，UN HRC Res. 8/7 (2008), Preamble.

(70) Ruggie Report 2008, para. 54 ff.

(71) *McCorquodale*, 465. この問題の全体については *Tévar*, Shortcomings and Disadvantages of Existing Legal Mechanisins to Hold Multinational Corporations Accountable for Human Rights Violations, Cuadernos de Derecho Transnacioual 4 (2012), 398ff.

(72) これについては，UK Companies Act 2006; South African Companies Act 2008.

に拡大したりすること(73)が考えられる。

　さらに国家は，規範調和（コンプライアンス）メカニズムを強化せねばならない。別の国で人権を侵害した企業は，企業の住所地を有する国とのあいだで自らを利する契約を締結できないようにせねばならないし，輸出信用を受けることができるかどうかを，人権を保護しているかどうかに依存させるべきである。さらに，二国間の投資保護協定において，外国企業による投資受入国における人権侵害を防ぐという権限を狭めるという内容の安定化条項を設けてはならない。いま述べた要請に違背するかどうかとは別に(74)，この要請は，人権保護に係る諸条約の目的それ自体から導き出される人権保護諸条約第一の原則から導かれる。すなわち，人権保護諸条約は二国間的な交換を規律する条約ではなく，普遍的な価値を法に定着させるものであるから，こうした価値は個別国家の利益に優先する，という原則である。従って，国際法上の二国間条約［としての投資保護協定］の当事国が人権保護条約の批准国でもある場合には，投資保護協定に対しては常に人権を踏まえた解釈を施さねばならない(75)。

　既に紹介した個人による異議申立手続以外の，人権のよりよき実現を目指す国際法上の可能性としては，原則的かつ今後の立法を期待すべきもの（de lege ferenda）として，新たな条約を締結し，人権侵害をしてはならないと企業に義務づけるということが考えられる。人権侵害以外の領域においては，条約によって企業の行動を直接に規律することが実際に行われている。環境国際法においては，企業が環境に負荷をかけておきながらそれを除去しなかった場合に，企業に直接賠償責任を負わせ，また企業の住所を有する国において為された右の環境負荷に係る諸請求の裁判による実現を定めた条約がある(76)。薬品研究の領域については，これに似た取組が，生体臨床医学協定の付加的条項29条に見られる(77)。それに

---

(73) 既に注１から３に対応する本文で紹介したネスレ事件を参照せよ。さらに，スイス刑法102条は次のように定める：「企業目的の枠内において企業が業務を遂行する場合に，重罪行為または軽罪行為が既遂され，この行為が企業組織の不備のためにどの自然人にも帰責できない場合には，かかる犯行は企業に帰責される。この場合には，500万フランケンの科料が企業に課せられる。」*McCorquodale*, 471.

(74) 実際に違背している例を紹介するのは，*McCorquodale*, 474.

(75) *Vöneky*, Globale Ordnung – globale Werte, Antrittsvorlesung Universität Freiburg, 21. 06. 2013（近日公刊予定）.

よると，条約加盟国のひとつに属する企業は，生体臨床医学上の研究計画を別の国で行う場合，この計画が（具体的な義務ではないにしても），付加的条項に通底する諸原則には合致していなければならないという義務を負っている。このようにして，研究デザインに対する企業責任は認められており，具体的な義務設定を伴っている。ただし，国際法に基礎づけられた人権の領域における進歩に対して，対応する国家の意思が存在するわけではないこともたしかである。それはもとより，中および後進国において言えることだが，それは，こうした国家は多国籍企業が自国で経済的に貢献することを望んでいるからである。しかしまた，産業国においても同様なのであって，産業国も，自国の企業またはその子会社が外国において活動するのに負担をかけることを望んではいない。したがって，企業に対してその活動を制限することを義務づける条約を成立させるべく，ひろく一般的な合意を取りつける必要がある(78)。

Ⅳ 結 語

社会的人権を基礎づける普遍的な国際法上の条約が及ぼす，ドイツをはじめとする個別の産業国家における社会国家原則の基礎づけおよび実施に向けた影響ということを考察するならば，憲法的に基礎づけられた個人の主観的権利としての社会的人権の構築というものが人権に関する規定から直ちに導かれるものではないことがわかる。国際的な意味における人権が及ぼす影響は，しかし，社会国家原則の実質の具体化と，とりわけ社会国家原則の核心領域の特定に，よく看取ることができる。この，社会国家原則の核心部分は社会的人権の核心部分によっ

---

(76) Annex VI to the Protocol on Environmental Protection to the Antarctic Treaty Liability Arising From Environmental Emergencies 2005（まだ施行されていない）http://www.ats.aq/e/ep_liability.htm.

(77) Zusatzprotokoll vom 25.01.2005 zum Übereinkommen über Menschenrechte und Biomedizin betreffend biomedizinische Forschung; ただし，これまでは，この規定はトルコなど全部で7カ国によって批准されているにとどまる（ドイツも日本も批准していない）。

(78) タバコ産業を規制する領域について，vgl. die WHO Framework Convention on Tobacco Control vom 21.05.2003, Inkrafttreten am 27.02.2005, 42 ILM (2003) 518, BGBl. II, 2004, 1538.

て自ずと特定される。ドイツにおいて，社会国家原則のうち憲法が保障する核心部分はこうして，ドイツを拘束するところの国際法上の社会的人権の核心部分と一致することとなる。

　外国に居住する企業を人権基準に結びつける法的義務が存在するかどうかという重要な問いに応える上でも，国際法上の社会的人権は手掛かりになる。なるほど国際法上の社会的人権から直接的には企業に対する法的義務は導かれない。義務づけられるのは国家だけであるから。しかしこの義務づけられた国家自身は，直接は当該国家に対して国際人権条約が与えた基準を，国内に居住するコンツェルン親会社に対し，法的にあらゆる観点から，ということはコンツェルン子会社についても，遵守させることを目指して，あらゆる可能性を試さねばならない，ということが，人権条約の意味および目的そのものから導かれる。こうして，外国での企業活動は，人権条約によって，親会社の居住する国の国内における最高の基準（この基準が国際基準を上回る場合）の遵守までもが求められるわけではないが，まさに国際的人権概念により与えられた基準は遵守せねばならないということになる。この説によるならば結局，ドイツに居住地を持つコンツェルンは――ドイツの外に居住地を持つその子会社企業も間接的に――国際人権条約により与えられた社会的人権基準を，外国においても尊重すべき義務を負う。そのためにはしかし，ドイツ国が，こうしたコンツェルン親会社に対して相応の立法上の対応をしておく必要がある(79)。薬品会社――中進国居住する子会社も間接的に――は，中進国においてドイツ或いはヨーロッパ域内の厳格な基準を満たす義務は負わないが，ドイツにも妥当すべき国際人権条約によって要請される基準の全てについてはこれを満たさねばならない。このようにしてこそ，国際的な社会的人権の，国境を超えた保障が確実になされるのである。かかる保障がおこなわれるためには，コンツェルン親会社だけが，居住地たる産業国家における法律により義務づけられてさえいればよいのであり，そうしても，実際の活動を行っている外国または外国に居住地を持つ子会社を，産業国家の法律が要求する要請に

（79）ドイツがこうした国際法上の義務にそもそも応じねばならないのか，応ずるとすればどの程度か，という問題は現在の討論における一つの論点である，*Dohmen*, Die Ressorce Mensch, Süddeutsche Zeitung, 27. 02. 2014, 18; *Knuf*, Ausbeutung für den Profit, Frankfurter Rundschau, 10. 12. 2013, 2.

よって不当な負担を強いたり（それはまた当該外国の主権を侵害することにもなる），あるいは逆に，国際的に活動する私企業に対し人権基準の保持を要求するという義務から産業国家を開放したりすることにはならない。こうした考え方は，グローバル経済の時代において，社会国家原則に基づく構造の展開に対して国際的な社会的人権概念が及ぼす影響を考えるために最も重要ないくつかの視座のひとつであるように思われる。

---

i　ドイツ語の原文がやや簡潔に過ぎ，そのまま和訳しても前提知識を欠く日本の読者にわかりにくいため，著者が引用する Murswiek の該当箇所を参照して補って訳した。

◇第Ⅲ部◇
介入国家時代の私法

イデオロギーの時代の市民法[1]
―― 来栖三郎の市民法研究の史的分析 (1) ――

守 矢 健 一

I 課題設定

　主として経済の領域でのグローバル化と社会国家とのあいだの関係の特徴づけという，本シンポジウムの全体テーマに適切に対処しようとするなら，経済的技術的グローバル化すなわち汎地球化の最初の波が訪れたのはいわゆる「社会問題」の生成と同時期だということを思い起こしておくことが目的に適っている．

　汎地球化と社会国家原則とのあいだに，なんらかの緊張関係を見るのは，それは，汎地球化にのみ自由主義を認め，そして同時に，社会国家が古典的自由主義的な法治国家と緊張関係に立つのだと理解するからであろう．そのようにみるなら，汎地球化を通じた自由化が社会国家原則と対峙する，という定式にもひとつの理屈はある．

　しかし，「民法の社会的任務」（ギァッケ）と「民法の商化」（リーサー）というテーマが同時期に現われたのだということを思い出すだけでも，状況認識のあり方は異なってこよう．19世紀の最後の三分の一の時代以降，市民法の領域は，経済的な意味で汎地球的に，そして同時に社会的にして国家的に，侵食されていった．市民法上の問題は，内在的な解釈構成によってというより，法の外にある要素を顧慮しつつ，処理されるようになる．現行法の伝統的な包摂的解釈は，自由法運動によって，「一撃のもとに」批判された[2]．自由主義的な市民法の核心をなす契約法においては，古典的な契約類型から決定的に乖離した法形象である「給付

（1） ドイツ語の原稿作成にあたって，法学博士ハインツ・モーンハウプト氏（フランクフルト）および，やはり法学博士で日本語の読解力も並々ならぬ法学博士レーナ・フォリアンティ氏（フランクフルト）に，貴重な指摘を受け，これを邦語原稿にも反映させることに努めた．記して二人への感謝に代える．

（2） *Schmitt, C.*, Gesetz und Urteil, 2. unveränderte Aufl. (1969), S. 15.

障害」が，1936年に生まれた⁽³⁾。この法形象は現在も，ドイツ日本双方の法曹によく知られたものである。

ここにひとつの問いが生ずる。こんにち「市民法」という範疇は何をいみするのだろうか，と。この問いに歴史的具体的に取り組むために，ひとつの例を取り上げることとする。ここに扱うのは，一人の日本の法学者である。名前は来栖三郎。1930年代の終わりに彼は学問的キャリアを開始するが，そのときからすでに，彼には自分が市民法学者として法的問題を考究しているのだということにはっきりとした自覚を持っていた。この法学者はこんにち完全に忘却されたわけではないものの，賞賛されているわりに読まれていないように感ぜられてならない⁽⁴⁾。しかし，彼はわれわれに非常に興味深い例を提示している⁽⁵⁾。

どちらかといえば外在的な理由から，ここでは来栖が1938年から1945年までに公表した，彼の最初期の仕事を取り上げる。それは，ここに開始されたばかりの来栖研究の一番最初の一齣をなすものである。この研究はまた，日本でもようやく本格的に行われるようになってきた法学の現代史研究の試みでもある。本研究が取り上げるのは，結局，ほぼ第二次大戦中の来栖の仕事である。ドイツでは19世紀のおわりから，そして日本でも1920年代から，そしてとりわけ戦時中に，市民法の古典的な考え方が抑圧されるようになってきた。民法典との訣別が声高に語られる。文字通りの意味でそういうことが言われる場合もあれば，民法学を「新

（3） Stoll, H., Die Lehre von den Leistungsstörungen, 1936, 1 f.: 一見純粋に法技術的な領域においても，「法観の漸次的変遷と19世紀末以来の経済状況の非常な展開とは，法的安定性を深刻に脅かしている。このような状態は経済にとって障壁でもあれば障害にもなる原因であるというだけでなく，民族と法とが互いに阻害的関係に立つ原因ともなる。こうした原因に属するものとして，債権法の領域では，何より給付障害に係る理論がある。制定法の基礎が不十分であってしかも制定法による個別の手当てが多種多様であるために，統一的な法形成にかけているために，そして，何年にもわたる論争のために，現行法について概観に欠け，理論および法的構成が乱立するという状況が立ち現れた。こうした状況にあって問題の全体を睥睨できる法曹などまず見当たらず，こうした状況ゆえに，民族にとっても理論のおおよそのところですらよそよそしく感ぜられるのは避けがたかった。日常的な些細な法行為から経済生活上の重大な法行為に至るまで，およそあらゆる債権法上の法行為は，もしこうした法行為の遂行が円滑にゆかず当事者の間で争いが勃発するならば，たちまちこうした混乱の中に投げ込まれてしまうのである。」

（4） 三藤邦彦「解説」『来栖三郎著作集Ⅰ』（2004），366-373頁所収，特に366頁。

たなもの」にするための修辞としてそういわれることもあった。こうした問題群には，以下で直ちに触れる。

II　分　析

1　来栖の略歴と本稿の対象

　来栖三郎は1912年1月1日，すなわち大正時代目前の明治時代に，台湾で生まれる。1936年に東京帝国大学法学部で法学を修め，同年に法学部助手になり，穂積重遠[6]の指導を受ける。1938年に同大学法学部の助教授となる。戦後，我妻栄，中川善之助および川島武宜[7]とともに家族法の改正に従事する。1948年に正教授に昇任。1961年になってはじめてドイツ連邦共和国に留学の機会を持つ。留学先はフライブルク。留学の期間は1年間[8]。1972年に退官。その後，他の大学からの招聘を一貫して断わり研究に没頭したのはやや異例であろう。1983年に学士院会員に選出される。1998年に逝去[9]。

　彼の学問の開始は，戦争の時期と重なる。戦争が終わるまでのかれの業績を，

（5）本研究の方法について一言する。本研究は法にのみ関心を持つのではなく，法が具体的な表現形式をとることをおよそ可能にするところの，社会的背景にも関心を持っている。こんにちたとえば——やや卒然と——「文化」と呼ばれもするなにものかもまた，こうした社会背景のひとつの要素であるのは云うまでもない。さりとて，本研究は，日本の文化というものが歴史と無関係に存在するという前提はとらない。日本的なるものの存在論を，本研究は知らない。歴史に先行する相違が，日本とドイツのそれぞれの法文化の間に横たわっている，という考え方もまた，本研究は前提しない。注意深い歴史的観察から明らかになるのは——次のような表現自体が，原理的な矛盾を孕むのではあるが，大雑把であることを自覚しつつ，より問題の大きな謬見を避けるために止むを得ず端折って云えば——ドイツと日本とにおける法のあり方に見られる，並行関係および相違の双方の，複雑な同時存在とでもいうべきものである。

（6）*Wani, A.*, Art. Hozumi, Shigetô (1883-1951), in: Juristen. Ein biographisches Lexikon, hg. von M. Stolleis, 2001, 305 f.

（7）我妻および川島について，ドイツ語だが簡にして要を得た *Wani, A.*, Art. Wagatsuma, Sakae (1897-1973), in: Juristen (Anm. 6), 660; *ders.*, Art., Kawashima, Takeyoshi (1909-1992), in: Juristen (Anm. 6), 352 f. 中川善之助（1897-1975）については，「中川善之助先生略歴」『家族法体系』第1巻 (1959)，1-4頁所収；勝本正晃「故中川善之助会員追悼の辞」日本学士院紀要33巻 (1975)，80-83頁。

第Ⅲ部　介入国家時代の私法

時系列で並べて見よう：

1938　「共同相続財産について──特に合有論の批判を兼ねて──」[10]
1940　「戸籍法と親族相續法」[11]
1942　「内縁の法律關係に關する學説の發展」[12]
1942-43「民法における財産法と身分法」[13]
1944　「契約法」[14]

ここに挙げたもののほか，かれは無数の判例評釈を書いており重要だが，ここでは扱うことができない。

---

(8) このように，来栖は学問活動の最初期に「西洋」国への留学の機会を持たなかったが，これは，かれの世代に特有の，第二次大戦と連動した現象である。同じような例として，磯村哲がある。守矢健一「日本における解釈構成探究の一例──磯村哲の法理論の形成過程」松本・野田・守矢編『法発展における法ドグマーティクの意義──日独シンポジウム』(2011)，3-25頁所収，特に7頁。川島武宣もこの世代に数えることができよう。なお，東京帝国大学法学部について，六本佳平の興味深い観察を参照，六本佳平「末弘法社会学の視座──戦後法社会学との対比」六本・吉田編，『末弘厳太郎と日本の法社会学』(2007) 233-265頁所収。特に239頁，245頁。

(9) 彼の生涯について，参照すべきものを挙げておく：「法律学全集(栞)」56号；「来栖三郎先生経歴」『来栖三郎著作集Ⅲ』(2004)，677-678頁所収。三つの追悼文がある。すなわち平井宜雄「来栖三郎先生のご逝去を悼む」ジュリスト1145号 (1998)，2頁所収；安達三季夫「来栖三郎先生を悼む──その人と学問」法律時報874号 (1999)，70-71頁；星野英一「故来栖三郎会員追悼の辞」日本学士院紀要53巻 (2000)，210-216頁所収。さらに，『来栖三郎先生を偲ぶ』(2000)，三藤邦彦『来栖三郎先生と私』(2010) も参照すべきである。

(10) 来栖三郎「共同相続財産について──特に合有論の批判を兼ねて」(1～4)　法協56巻 (1938)，243-279頁，490-519頁，912-934頁，1150-1175頁所収。

(11) 同「戸籍法と親族相續法」(1～3)　法協58巻 (1940)，473-487頁，1149-1166頁，1477-1506頁所収。

(12) 同「内縁の法律關係に關する學説の發展」『學術大觀 法學部・經濟學部』東京帝國大學 (1942)，159-171頁所収。

(13) 同「民法における財産法と身分法」(1～3) 法協60巻 (1942)，1771-1783頁，61巻 (1943)，232-250頁，331-374頁所収。

(14) 同「契約法」法協62巻 (1944)，615-625頁所収。

2　時代精神への賛否を超えて

　かれの最初の論文「共同相続財産について」においても既に，かれがのちに公表した論文でも継続され深められてゆくいくつかの重要な要素を看取することができる。

　この市民法学者は第一に，政治に多大な関心を寄せていた。もうすこし正確に言えば，社会の歴史的発展に対して，関心を寄せていた。市民法解釈論はどうしても時代精神に影響を受けるということを彼は知っていた[15]。したがって彼は，第二に，共同相続財産の諸問題を，民法の体系全体を顧慮しつつ考察した。彼は政治に敏感だったゆえに，体系的に考察した[16]。すなわち，個々の解釈論を孤立化させ純粋に技術的解釈へと解消させず，むしろ相互の脈絡をつけることによって，解釈論の政治的含意を，少なくとも暗示することを試みた。「共同相続財産について」を読むと，来栖が最初から財産法と家族法の双方に同時に取り組んでいたことがよくわかる。かれは，共同相続財産の問題群を，共有とか法人，組合，多数債権債務関係といったものとの比較において扱っている[17]。ただし，第三に，かれが明晰な法解釈論の構築を目指していた[18]ことを見逃してはなら

---

(15)　同「共同相続財産」（2）（注10），492頁，503頁，506頁；（3）924頁；（4）1161頁。

(16)　この定式は，日独の法曹にとって，多少パラドクシカルに見えるかもしれない。経験に対する法解釈論的体系的閉鎖性という想定はこんにちに至るまで執拗に残り続けている。しかし，この想定は学問的にはもはや維持できない。この想定が歴史的に拘束されていることについては，*Gagnér, S.*, Zur Methodik neuerer rechtsgeschichtlicher Untersuchungen I Eine Bestandsaufnahme aus den sechziger Jahren, 1993, bes. 4. Kap. 哲学史的には，この想定は，プラトンのイデア論の通俗版である。この点で示唆的な文献として，*Deleuze, G.*, Platon et le simulacre, in: ders., Logique du sens, 1969, 292-307. もっとも，プラトン『国家』を紐解くのがなおよい。要するところ，来栖が体系的に考えるのは，かれが思考に，ある方向性を与えようと欲するからである。それは，かれにとって，パンデクテン体系はもはや信ずるに足るものではなかったが，同時に，かれがゲルマン法学者とともに体系概念そのものを否認しようとまではしなかったことを意味している。他方，非体系的な思考を素朴に行おうとする者は，技術的な法解釈論が結果的に獲得する政治的機能に目を閉ざすことになるであろう。政治化が亢進する時代には，後者のような事態が生ずる危険が高かったのである。

(17)　Op.cit. これは全体に及んでいる。

(18)　同「共同相続財産」（1）（注10），243頁（「法律的構成」）；（3），924頁（フランス法における「構成の物足りなさ」），そのほか，こうした言及は数多い。

ない(19)。来栖は広い視野を持っていたけれども，法解釈構成の明晰性を時代の大雑把な傾向への迎合により犠牲にしようとはしなかった。彼は共同相続という法制度をさまざまの法形象と比較したが，それは，こうしたさまざまの法形象との対比によって，法解釈論上のより明瞭な輪郭を共同相続財産に与えることを狙ってのことであった。

　ここに挙げた三つの要素——すなわち政治への関心，体系的思考，法解釈論的明晰性への意志——は，当時の歴史的文脈を顧慮することによって，一層鮮やかさを増す。「共同相続財産について」は1938年に公表されたが，この1938年という年は，日本でもドイツでも，共同体思想が支配的だった時代である(20)。ローマ法的な「国家と個人」からゲルマン的な共同体思想への歴史的な移行(21)が漸く実現した，というような見解が無批判に受け入れられた。来栖もまた，こうした表現に対して，決然と反対をしていたわけではなく，むしろ，ある程度の理解を示していた。彼はギーァケがローマ法的個人主義に批判を加えたことにも賛意を示している(22)。

　ところが仔細に見てみると，来栖は，共同体思想を，法解釈の示導動機として理解したわけでもないことがわかる。ただ，かれにとって，共同体思想は共同相続財産の問題に法解釈論的輪郭を与えるにあたって，無視できない要素のひとつであった，というにとどまるのである。かれは共同体思想を利用して，これまで

---

(19) このことは，来栖の体系理解と連動する。来栖における体系理解も法解釈論の理解も当時，慎重に考え抜かれたものであり，本稿がとくに着目したい点である。

(20) ドイツの状況については，*Stolleis, M.*, Gemeinwohlformeln im nationalsozialistischen Recht, 1974; *ders.*, Geschichte des öffentlichen Rechts in Deutschland, III. Bd., 1999, bes. 338-341; vgl. auch *Wolf, W.*, Vom alten zum neuen Privatrecht. Das Konzept der normgestützten Kollektivierung in den zivilrechtlichen Arbeiten Heinrich Langes (1900-1977), 1998. 日本の状況については，*Ishibe, M.*, Neuere deutsche Rechtsgeschichte in Japan. 1. Teil: Von 1880 bis 1980, in: ZNR 27. Jg. (2005), 62-76, bes. 67 f. 個別研究として，守矢「解釈構成」（前掲注8），特に7-12頁。

(21) 同「共同相続財産」（1）（注10），244頁以下；（2），491-493頁，514頁などにも，時代の状況が反映されている。

(22) 同「共同相続財産」（2）（注10）には，全体として，そうした来栖の姿勢がよくあらわれている。これは，たとえば，来栖の弟子でもあった唄孝一（1924-2011）にはある種の困惑をもたらした，唄孝一「解説」『来栖三郎著作集III』（注9），257-266頁所収，とくに259-263頁。

あまりにも個人主義的に把握されていた共同相続財産制度を，その桎梏から解放したうえで法的に構成しようとしたのである。具体的に云えば，それは共同相続財産を，相続人の単なる集合体としてではなく，合手的共同体として捉えることを意味した[23]。来栖は，19世紀後半以降，ドイツだけでなくフランスにおいても共同相続財産が純粋に個人主義的にではなく unité として捉えられていた，と指摘する[24]。丹念な法比較的考察によって，来栖は，表面的な概念構成上の違いを越えて，ドイツとフランスの法的な議論においてある共通の展開が見られるのだ，というのである[25]。このようにして，来栖は，共同体思想に付着するイデオロギー的含意を，学問的に測定可能な構成によって縛りつけようとする。すなわち，来栖は，合手的共同体として共同相続財産を捉える法的構成を，無媒介にイデオロギー的に基礎づけてはいないのである。ただし，法的な議論の展開のあり方が支配的なイデオロギーとある共通性があることを指摘することは，歴史認識のうちイデオロギーと親近性の特に高いものをとくに道具化する危険を胚胎することは云うまでもない。そしてそのような疑惑に対して，来栖は一見すると，極めて無頓着であったように見える。かれにとって遥かに重要だったのは，ある法的構成が実質的に目的合理的かどうか，という問いであった。かれの考察に通底する洞察は，共同相続財産もまた取引生活と関連を保つ，ということである。すなわち共同相続財産は，相続人たちだけのためのみならず，被相続人の債権者債務者にとっても重要だ。そして，こうした債権者債務者にとっては，被相続人の生死には興味はまったくない。彼らの関心は，かれらの債務または債権が，被相続人の死後，どうなるのか，ということだけなのだから。したがって，来栖は，ギーァケとは異なって，相続共同体が過渡的性質を持つということを強調する。ギーァケに拠れば，相続共同体は「自然な共同体」である[26]。ところが，来栖

---

[23] たとえば，同「共同相続財産」（4）（注10），1156頁。
[24] 同「共同相続財産」（3）（注10），924-926頁。
[25] 同926頁。
[26] *Gierke, O.*, Personengemeinschaften und Vermögensinbegriffe in dem Entwurfe eines Bürgerlichen Gesetzbuches für das Deutsche Reich, 1889, bes. S. 86:「子供たち，兄弟姉妹，またその他の近しい親族が跡を継ぐことになり，彼らが共同して相続を要求することは，単に久しく以前から存在する自然な共同体が存在を顕現しただけにすぎない」。

によれば，相続共同体は相続財産の清算のときまでしか継続しないから，この共同体は過渡的で法技術的な意味しか持たない(27)。したがって相続共同体と離婚後の夫婦財産共同体とが法的に並行関係に立つことがとくに強調される(28)。過渡的であるがゆえに，相続共同体には法人性が否定される。法人は継続的存在だから(29)。結局，来栖は，ギーァケもやはり合手というのが法人性を持たないと指摘する(30)限りで，ギーァケに，賛意を表する。

ギーァケの合手理論は，その論理的な弱みゆえに既に批判を受けていた(31)。来栖は，1936年にゲーァハルト＝ブフダが行った批判をとくに取り上げる(32)。ブフダによれば，ギーァケは社団を「有機体と見ている。社団は生きた存在だとされる。社団はさまざまの器官を持つものとされる。社団は生の単位をなすとされる。そして，ギーァケとその追随者たちはそうしたなにか生きたもの以外を法的主体と認めることができないから，かれらは，そこに生きたものを見出すことができない合手というものには，法的主体を認めることができないと主張する」(33)。このような見解に通底しているのは，「人的単位と，より高位の観念的

---

(26) *Gierke, O.*, Personengemeinschaften und Vermögensinbegriffe in dem Entwurfe eines Bürgerlichen Gesetzbuches für das Deutsche Reich, 1889, bes. S. 86:「子供たち，兄弟姉妹，またその他の近しい親族が跡を継ぐことになり，彼らが共同して相続を要求することは，単に久しく以前から存在する自然な共同体が存在を顕現しただけにすぎない」。

(27) 来栖「共同相続財産」(4)（注10），1160頁。

(28) 同「共同相続財産」(2)（注10），1160頁。

(29) 同「共同相続財産」(2)（注10），1173頁。

(30) *Gierke, O.*, Die Genossenschaftstheorie und die deutsche Rechtsprechung, 1887, bes. S. 343.

(31) 来栖がそのような批判的見解として紹介するのは，ビンダー，エングレンダー，ラーレンツのものである。来栖「共同相続財産」(4)（注10），1162-1165頁; *Binder, J.*, Die Rechtsstellung des Erben nach dem deutschem bürgerlichen Gesetzbuch, I. Teil, 1901, II. Teil 1903, III. Teil 1905, hier bes. S. 6-42 des III. Teils; *Engländer, K.*, Die regelmäßige Rechtsgemeinschaft, Teil I: Grundlegung, 1914, hier bes. S. 33-35, S. 57-61; *Larenz, K.*, Zur Lehre von der Rechtsgemeinschaft, in: Jahrbücher für die Dogmatik des heutigen römischen und deutschen Privatrechts 83 (= Neue Folge Bd. 47, 1933), S. 108-177. ラーレンツは自らの理論をエングレンダーに依拠しつつ展開している。

(32) 来栖「共同相続財産」(4)（注10），1167-1173頁。参照されているのは，*Buchda, G.*, Geschichte und Kritik der duetschen Gesamthandlehre, 1936. ブフダについて，*Lingelbach, R.*, Gerhard Buchda, in: SZZ germ. Abt. 95 (1978), SS. 492-497.

単位(法人)との二元主義」[34]である。だがこの二元主義は論理的ではない[35]。ギーァケは合手的共同体には,理念的単位に対置される「人的単位」としての属性のみを与えている。「しかし単位のあるところ,複数性はもはやない。合手者たちの集まりを,ある関係において単位と見ておきながら同時のその同じ関係において単位をなさない複数性でもあるものとして見る,ということはできない」[36]。「社団財産の単位と主体とを[…]構成員のそとに見出す者は,その構成員を結局はある目的への奉仕者として蔑む見方に陥る。健全なドイツ的な生の感情にとって,こうした観点は[…]病的である[…]。われわれの実定法はそのような理解へと向かうものではないので,権利能力を有する団体について,まったく逆の理解を持つことを公言する。この理解によれば,構成員自身が,理念的な単位として,社団の財産についての主体でもあるのだ,ということになる。合手者が主観的単位でもあるのだから,[…]かれらは,社団構成員からなる主体としての単位と同様のものだということになる」[37]。さて,このようなブフダの見解に対して,来栖は反論を行う[38]。すなわち,法人概念というような理念的単位を示す概念を否定する目的で,ブフダが「健全なるドイツ的生活感情」などといったぼんやりした思考形象を持ち出すこと自体が,ブフダの法解釈構成上の物足りなさを示すものだと指摘する[39]。ギーァケの構成には一見論理的に弱いところがあるが,それは来栖の見るところギーァケの構成の解釈論的な強みでもある。彼によれば,法技術的概念としての法人の意味は,人間によって構成された団体に権利能力があるのだということだけにあるものではなく,団体の財産を団

---

(33) *Buchda*, Gesamthar.dlehre(Anm. 32), S. 257.
(34) Op.cit. S. 258.
(35) Loc.cit.
(36) Loc.cit.
(37) Op.cit. S. 260 f.
(38) ここでは,ブフダの見解が具体的にドイツ法学において影響力を持ったかどうかには,関心を向けない。一般的に云えば,日本の学術的な議論において,ドイツの新たな理論は,それが新しいと云うだけである重要性を獲得し得た。これに対して,来栖がブフダの理論に対して,ドイツの理論に単に影響を受けている平均的な日本人法学教授としてではなく,自ら考える法学者として対峙していることが重要である。従って,来栖がブフダとの比較に基づいて自らの考え方を展開するその仕方を観察することで,来栖の思考の性質をより立体的に理解することができる。
(39) 来栖「共同相続財産」(4)(注10),1167頁。

体構成員からは独立させるという点にもある。しかるに，相続共同体の財産には，財産の相続人からの独立といった含意などない。ギーァケが相続共同体に法人格を否定したのは，この意味においてよく理解できる[40]。これに対して，ブフダは法解釈論から法人概念をおよそ追放せんと試みるのであって，追随できない[41]。ただ，ブフダのギーァケ批判のうち，ギーァケが相続共同体に権利能力を認めないのがおかしい，という点については，法解釈論的に同意することができる[42]。このように来栖は論ずる。

　ギーァケの構成は，合手という形式を法人概念の傍らに法解釈論的に並置させる可能性を模索しており，このようにして合手という形式を法人から区別して考察する可能性を拓いているがゆえに興味深いのだ，というのが来栖の見方である。このような区別を行うためには，合手と法人という二つの概念が，一方が他方の存在を否定することなく，まさに併存していなければならない。ブフダがイデオロギー的に法人概念そのものを否定するのに対して，来栖は共同相続を法人概念とは別に観念する法解釈論を提示しようと試みた[43]。来栖はギーァケを擁護し，そのことを以て，法人概念をもブフダの攻撃に対して法解釈論的に擁護したのであり，このことを通じて，法人と合手との法解釈論的区別そのものを，共同体思想というイデオロギー的抑圧から救い出そうとしたのである[44]。かような，共同体思想という時代精神に対する，法解釈論上の差異化を以てする来栖の対抗は，彼が家族法と財産法との切り離しではなく関係に着目したがゆえに可能なものであった。

---

(40)　来栖「共同相続財産」（4）（注10），1167-1168頁。
(41)　来栖「共同相続財産」（4）（注10），1167頁。
(42)　来栖「共同相続財産」（4）（注10），1169頁，1172頁。来栖の法的思考がわれわれに緊張を強いるのは，来栖におけるブフダの見解に対する法解釈論的同意が，そのまま，ブフダの思考が法解釈論的荒唐無稽を内包するイデオロギーへの依存を示すことに対する，来栖の思考のスタイルそのものから帰結する距離の顕現でもあるからである。
(43)　来栖「共同相続財産」（4）（注10），1168頁。星野は来栖の学説を，合手を法人的性質を持つものと要約しているが，この要約は，解釈論的に致命的な誤りであろう，星野英一「故来栖三郎会員追悼の辞」（注9），211頁。
(44)　木庭顕「余白に」来栖三郎『法とフィクション』（1999），361-383頁，特に362頁の記述は，この点，やや概括的に過ぎていないだろうか。

3　支配的理論に対する理論的抵抗

　1940年に公表された，第二番目の論文もまた，家族法上の，ある極めて政治的なテーマを扱っている。この論文に於いて，来栖は日本における実定法上の議論の分析に専心し，一見すると，比較法的議論を扱わないかのように見える。しかし日本の家族法を比較法的な文脈で研究するということは，当時ほとんど不可能なことであった。日本の家族法の日本的特殊性が強調されていたからである。

　当時の親族法相続法は，〈西洋的な〉財産法と対比されて，日本の武家の伝統の継承であると考えられた[45]。戦後の歴史研究においては，1945年以前における家制度は国家による支配構造と密接な関連を有していたことが強調された[46]。このことに対応して，日本民法典のうち家族法親族法は，〈特殊日本的な家制度の廃止〉の意味において，包括的に近代化された[47]。身分制を想起させる「身分法」という用語は使用されなくなった。「家」の概念と緊密に結びついた，戦後における負のイメージは，「家」についての言説は戦前においてもっと強くイデオロギー的なまた心理的な負荷を持っていたことを示唆する。1945年以降も，この，家をめぐる議論を冷静に行うことは困難であったが，1945年以前，とくに1940年以降には[48]，その困難の度合いがさらに高かったのではなかろうか[49]。

　当時の親族相続法の言説の基本的な調子をせめて暗示するためにも，「家」の法的な説明として代表的だったものを，ここに紹介しておこう。日本の親族法相続法の学問的体系的叙述をはじめて開拓した中川善之助は，次のように述べてい

---

[45] 専門家による，欧語の読者向けの記述として，*Ishii, S.*, The development of Japanese law in the Meiji period, in: ders., Beyond Paradoxology. Searching for the Logic of Japanese History, 2007, 184-202, bes. 200-202.

[46] 代表的なものを挙げておくと，たとえば，川島武宜「日本社会の家族的構成」（初出1946），同『川島武宜著作集』第10巻（1983）2-17頁所収；同「イデオロギーとしての「家族制度」」（初出1955），同『川島武宜著作集』第10巻200-256頁所収；石田雄「「家族国家」観の構造と機能」，同『明治政治思想史研究』（1954）1-215頁所収；同「政治構造の基底──共同体的秩序と家」同『近代日本政治構造の研究』（1956）43-65頁所収。

[47] 和田幹彦『家制度の廃止』（2010）が基本的な文献である。

[48] 有地亨「明治民法と『家』の再構成」青山道夫・武田亘・有地亨・江守五夫・松原治郎編『講座家族8　家族観の系譜』（1974），28-53頁所収，は，明治民法の定め自体に「家族国家」的要素を見出すことはできず，天皇制，祖先崇拝の慣習，教育制度という外的要因がイデオロギー形成に力あったと主張している。

る：「家といふ語には二種の概念がある。一は祖先より現在に至り，更に子孫に至る總べてを包括した超世代的の存在としての家である。家の譽とか，家を絶やすとか云ふ場合の家は之である。累代的・抽象的家族概念と云ふことが出來よう。／これに對して我々は現實の家族的共同生活をも家と呼ぶ。一世的・現實的家族概念ともいへよう。」抽象的家族概念は必然的に現實的家族概念を含むがしかし，後者が前者なしに存續することもあり得る。「抽象的家族觀念を伴はない現實的家族態は夫婦と其間の出生子，殊に未成熟子，を含むにすぎないのを常とする。これ謂はゆる小家族 petite famille である。從ってその規律は婚姻法と親子法だけで殆んど盡されることになる。けれども抽象的家族觀念の支配する社會にあってはその現實的家族態が夫婦・親子以外のものを屢々含むのみならず，その家族規律は常に抽象的家族態の維持といふ目的にそはされなければならない。ここに婚姻法と親子法との合計以外に，特殊なる家族法が生れなければならなくなる。歐米の身分法に家族法が殆んどなく，我が民法にこれが非常に強大であるのもこのためである。／家族法は家長による家の統制支配と，その支配的地位の世襲に應じた血統繼續の要求とを骨子とする。殊に血統繼續の要求は身分法の他の部門に見られない特殊なものである」[50]。

　世代を超えた家の継続という独特の思想[51]が，当時の親族相続法の言説を構造化していた。抽象的な家族の継続という思想を，本稿では差し当たり便宜的に，家イデオロギーと名づけておくこととする。それによれば，戸主が家督の権限を担った（明治民法732条を参照）[52]。家督は戸主から次の戸主へと引き継がれる。そしてその戸主を受け継ぐのは，基本的には，婚姻から生まれた長男である（明治民法970条）。この考え方は戸籍制度によって制度的に裏打された。戸籍の単位を為すのは個人ではなく家であった（旧戸籍法9条）。戸籍簿変更権は，原則的に戸主の認可を俟つべきものとされた（旧戸籍法23条）。

　当時の家族法のこのような法的枠組は，ひとまず，家計を一にする，従って核

---

(49) なお参照，石井紫郎「日本人のアイデンティティーと歴史認識覚書」同『日本人の法生活』（2012）3-66頁所収。こちらは，日本人のアイデンティティーをめぐる思惟の構造的長期継続性を強調する。

(50) 中川善之助『日本親族法──昭和十七年』（1932），101-103頁。

(51) これを明瞭な形で表現した早い時期の論稿として，穂積八束「『家』ノ法理的觀念」（初出は1898年）上杉愼吉編『穂積八束博士論文集』（1913）430-435頁所収。

家族より大きな家族に対応したと言えよう(53)。ただ，こうした制度的構築物の外側に，戸籍簿の記載とは非常に乖離した現実が多様に存在していた。このような，形式と実質の乖離は，第一に，家イデオロギーの後進性として理解された。1930年代には，資本主義の進展と家イデオロギーの乖離がしばしば指摘された。農村において構造化された大家族ではなく核家族のほうが，資本主義社会には相応しい，というのである(54)。こうした見解は，太平洋戦争勃発後，いわゆる保守陣営を刺激し，家イデオロギーの復古を唱える説が勢力を増した(55)。第二にしかし，形式と実質の乖離は，特殊に法的な問題の存在を示すものでもあった。なぜなら，現実の実務が法によって統御されていない，という事態がそこにある，

---

(52) 『日本国語大辞典』の項目「戸主」の説明によれば（第8巻（1974），159頁），「戸主」には二つの意味があり，第一には「律令制で戸の首長。家長。」第二には，「民法旧規定での家の統率者，支配者の名称，またはその人。家長。家の系譜・祭祀・墳墓の所有権を相続し，家族の婚姻・養子縁組・分家などについて絶対的支配権を持っていた」，とある。第一の意義において，戸主の概念には，律令制の影響もあり，行政的な含意がないわけでないことに，注意すべきではないか。長沼宏有「戸主・戸主権」末弘巌太郎・田中耕太郎編『法律學辞典』第2巻（1935），914-916頁，では「現行法制上戸主は公法的地位を採らず」（914頁）とあるが，制定法の定めに一面的に規定された観方で，解釈の必要がある。「家督」という語については，『法律大辞書』（1909）にも，末弘・田中編『法律學辞典』にも項目記事がない（「家督相続」についての記事はある）。『日本国語大辞典』の項目「家督」の説明（第5巻（1973），18頁）には，七つの意味が紹介されている。第一が，「中世，一門，一族の首長のこと。棟梁（とうりょう）。一門の輩（やから），家の子などに対する語。」第二は，「家を継ぐべき子。嫡子。惣領。あととり。家督相続人。」第三は「江戸時代，武士が主君から与えられた封禄。武士の家名と結合した世封世禄。跡式。遺領。跡目。遺跡。」第四は，「江戸時代，庶民間で家産，遺産のこと。相続財産。財産。」第五は「江戸時代，家督相続のこと。」第六は「江戸時代，大名，旗本間で生前相続のこと。死語相続である遺跡に対する語。」第七は「旧民法で，戸主の身分に伴うあらゆる権利義務。戸主の地位。」
(53) 参照，唄孝一「家」『政治学事典』（1954）38頁所収。
(54) 我妻栄「資本主義社会における家族制度の運命」（初出は1938年）同『民法研究』7巻（1969）1-16頁所収；同「近代における家族の共同生活」同『民法研究』7巻17-33頁所収；中川『日本親族法』（注50）104頁。
(55) ここでは，牧野英一（1878-1970），小野清一郎（1891-1986），牧健二（1892-1989）の名を挙げるにとどめよう。かれらの議論を同時代において観察したものとして，我妻栄「家族制度法律論の変遷」（初出は1946年）同『民法研究』7巻（注54）69-168頁所収。

ということであるから[56]。そして来栖は、この法的問題にだけ反応した。イデオロギーに彩られた第一の問題領域には、かれは立ち入らなかった。法的視角への集中によって、かれは、その研究対象がイデオロギー的選択を強いるかのような様相を呈する、その研究対象について、イデオロギーから自由に考察し得た。

　このことが可能だったことのひとつの鍵は、かれの戸籍簿の捉え方にある。かれは戸籍簿を、民事実体法上要求された家イデオロギーを実現するための法技術的手段として捉えていない。かれによれば、戸籍簿は、なにより公示制度に奉仕するものである。法的な関心を以て、戸籍簿を閲覧する者は、戸籍簿に書かれたことがらが事実に対応していることを信じ得るはずである。この者にとって、戸籍簿に登録された内容が家イデオロギーの理想に合致しているか、戸主が家族を完全に統御しているか、といったことは問題にはならないが、登録内容が家族法上の現実に対応しているかどうかには関心を持つ。ところが、法的に見れば、このように対応していなければならない筈の、戸籍簿登録内容と現実とが、実際の実務では、乖離する場合が頻繁に生ずるのである。戸籍登録内容と現実との齟齬がどのようにして生ずるのか、この齟齬が法的に何を意味するのか、要するに登記簿への登録は家族法上の現実とどのような関係を持つのか、ということが来栖の知りたいことだった[57]。このように、視線を家イデオロギーから法技術的な問題へと転ずることによって、法解釈論的考察における家イデオロギーの重みはかなり相対化された。家イデオロギーの維持は法実務において戸籍簿の主たる目的になっていない、ということの確認から考察が進められているからである。従って、来栖が着目するのは、まさに家イデオロギーを制度化する目的に貫徹された国家制定法の枠組ではない。そうではなくて、法実務であり[58]、そして法実務を体系的に説明しようとする学説[59]である。

　かれの観察によれば、実務は、現実の法関係を優先させて戸籍簿の公示機能を軽視して憚らないところがあった[60]。すでに触れたように、法律の上では、戸籍簿の変更には戸主による許可が必要で、このことによって家制度が維持される、

---

(56) 来栖「戸籍法」(1) (注11)、473-475頁。
(57) 同、特に474頁。
(58) 来栖「戸籍法」(1) および (2) (注11)。
(59) 来栖「戸籍法」(3) (注11)。
(60) 要約的にこれを述べているのは、来栖「戸籍法」(3) (注11)、1478頁。

という構図になっている（旧戸籍法23条）。しかし実際には，家族法上，戸主の許可を得ることなくさまざまの重要な事実が生起していたのである。たとえば内縁関係や婚外子がそれである。そしてこれらの事実は家制度に対応しない。ところがこうした事実には裁判実務においてしばしば法的意義が与えられた。この意味では家イデオロギーはもはや重視されなかったわけである。

これに対して学説においては，事態は異なった姿を見せていた。理論は，戸籍の公示機能を重視しようという傾向を見せていたのである[61]。取引安全を重視する立場から，戸籍簿の公示機能が尊重され，戸籍簿への登録を信用したうえで家族のある者と取引を行った者は，法的に保護せねばならないと云われた[62]。

こうした状況を眼前にして，来栖は，一方，裁判実務が，無原則に，ということは非法的に振る舞うことの危険を看取していた。そこでかれは，論文の題名自体が暗示する如く，戸籍簿の公示機能に着目する最近の学説を手懸りとした[63]。とくに，誰がどの家に属しているのかという問題については，原則的に戸籍簿の記載に依拠して判断を下すべきだという考えを示している[64]。

当時の日本の相続法の特色は，家督相続を財産相続と切り離す，という点にあった。家督は身分権として物権法的に理解され，財産相続は債権法的に把握されていた。と同時に，聊か卒然と，家督相続には財産相続も含まれる，と考えられてもいた[65]。ここに来栖は，解釈論的な不体裁を鋭く看取した。財産相続と家督相続とを渾然一体に扱うなら，実定法が定めている財産相続についての消滅時効の制度が不明瞭になる。なぜなら，家督権は所有権と同様，消滅時効にかかるはずがないから[66]。要するに，来栖は家督権に係る法関係は戸籍簿の記載に可能な限り対応させて判断すべきだと考えた。そのことによって，戸籍簿に記載された内容を信じてなされた法取引に安定性を与えようとしたのである。その限りでかれは，法取引の安全性を重視し，家イデオロギーを債権法的に相対化した。

---

(61) 同上。
(62) 同書，1479頁。
(63) 来栖「戸籍法」（1）（注11），474頁；（3），1480頁。
(64) 同「戸籍法」（3）（注11），1497頁。
(65) 牧野菊之助「遺産相続」，『法律大辞書』第1冊（1909），31-32頁所収，とくに31頁；同「家督相続」，『法律大辞書』第1冊，420-421頁所収，とくに420頁。
(66) 来栖「戸籍法」（3）（注11），1497頁以下。

第Ⅲ部　介入国家時代の私法

　しかしかれはそこにとどまっていたわけではない。戸籍簿に基準としての性質を与えることは，これまでの学説の立場からすれば，戸籍簿への記載内容の統御権を戸主に委ねるということをもちろん意味する(67)。この見解には二つ問題がある。第一に，この見解は，国家制定法が固定化した家イデオロギーを正確に反映する。なぜなら，戸籍簿への登録は基本的に戸主によって統御されているからである。第二に，戸籍簿の記載を現実に適合的に柔軟に修正することが難しくなる。なぜなら，戸籍記載の実質に即した変更を為す権限が家の構成員の全員に認められているわけではなく，基本的には戸主に排他的に帰属するからである。そして，戸主は，現実に即した記載変更に対して，往々にして消極的であった。まさにその故に，記載内容が現実と乖離する，という事例が後を絶たなかったのである。来栖はここで，家イデオロギーに直接政治的な批判を行ったりはしない(68)。ただし，法取引の安全が重要だといって戸籍簿をむやみに信頼するなら戸主権の強化を導くことになりかねないことを暗示する。そこでかれは，家の戸主以外の構成員，たとえば戸主の妻にも，戸籍簿記載の変更提案を認めることが解釈論上可能ではないか，とも提案した。戸主以外の家の構成員であろうと戸籍簿記載内容の正誤には関心を有しているはずだからである(69)。同時に来栖は，財産相続を家督相続から，ということは，戸籍簿の記載そのものから，なるべく切り離して考えようとする(70)。なぜなら，財産相続の場合には，現実の，しばしば戸籍簿の記載とは異なる，扶養に係る問題状況が重要であって，この問題には，現実の生活上の基礎に照らして対応すべきだから(71)。この切断によって，相続遺産に係る消滅時効は，より明瞭な輪郭を獲得することともなった。

　法理論的に興味深いのは，来栖が実務の傾向と理論の傾向との差異を洞察していることである。実務に於いて，来栖ははっきりとした傾向を見出すことができ

----

(67) 同上，1500頁。
(68) 来栖は精々，家イデオロギーに対して極めて皮肉な表現を用いたに留まる，同「戸籍法」（1）（注11），475頁。この点について，なお参照，利谷信義「解説」，『来栖三郎著作集Ⅲ』（注9），538-544頁所収，とくに540頁。
(69) 来栖「戸籍法」（3）（注11），1499頁以下，しかしそれ以外にも頻繁にこのことが指摘されている。
(70) 同上，1488頁
(71) この観方は，来栖「戸籍法」（3）（注11）の叙述全体を貫徹する。さらに喚起的な，来栖「戸籍法」（2）（注11），1152頁も参照。

なかったことを率直に告白した。判例にあらわれた，しばしば戸籍簿の記載に乖離する事実関係についてのまさに詳細な分析を通じて，かれは，なぜ実務が渾沌としているのかを知っていたのである[72]。かれはむしろ，公示性原則に一義的にねらいを定める従来の理論にこそ疑問を投げかける。かれのこの見立ては重要である。法解釈論における法社会的視角の重要性は，なるほど1910年代以降の日本に於いて，繰り返し強調されていた[73]。この法社会学的関心は，しかしながら，どちらかと云えば流行的なものにとどまり，具体的に法解釈論的な考察に於いて，法社会学的な方法が貫徹したわけではない[74]。来栖の指導教授だった穂積重遠や，末弘厳太郎（1888—1951）らによるほんとうに法社会学的な研究は，例外にとどまっていた。しかし来栖はこの論文に於いて，裁判例の研究の重要性を綱領的に述べたばかりでなく，実際に1921年に判例研究グループを組織した末弘[75]に従って，裁判例についての徹底した研究を行った。その研究の強度たるや，これまでの研究にその類例を見ないものであった[76]。こうして，かれの実務への関心は，二重の意味で理論的に動機づけられたものであった。第一に，この関心は法社会学的なそれであった。しかし同時に，実務が渾沌としていることそれ自体へのかれの共感があり，これは，簡単に法取引の安全といった時代精神に靡いてしまうような，理論に対する浅薄な関心への，かれのひそかな軽蔑のあらわれでもあった

---

(72) 来栖「戸籍法」（1）（2）（注11）の記述の全体。
(73) *Ishibe, M.*, Neuere deutsche Rechtsgeschichte in Japan, 1. Teil: Von 1880 bis 1980, in: ZNR 27（2005), S. 62-76, bes. S. 65-68.
(74) *Moriya, K.*, Zur Geschichte der Savigny-Forschung in Japan zwischen 1880 und 1945, in: Savigny international?（in Erscheinen).
(75) *Wani, A.*, Art. Suehiro, Izutarô（1888-1951), in: Juristen. Ein biographisches Lexikon, hg. von M. Stolleis, 2001, 612 f. なお，来栖と同世代の民法学者の，末弘の法源論にかかる下記の優れた分析も参照されたい。磯村哲『社会法学の展開と構造』（1975），特に90-98頁。この磯村の分析を批判するものとして瀬川信久「末弘厳太郎の民法解釈と法理論」『末弘厳太郎と日本の法社会学』（注8），183-232頁所収，特に199-209頁があるが，巨視的な学問史的見通しに欠ける。六本「末弘法社会学の視座」（注8），236-238頁が指摘する，世界史的規模の学問史的背景を忘れるべきでない。
(76) 末弘の名前が明示で方法論的考察に於いて引用されているわけではないが，裁判例との徹底した取り組み自体が末弘との関連を如実に物語る。また，末弘が組織した判例研究グループの研究を来栖は数多く引用し，参照している。来栖「戸籍法」（1）（2）（注11）の脚注を点検されたい。

第Ⅲ部　介入国家時代の私法

のではないだろうか。純粋に理論的な考察よりも，かれは，裁判実務に視線を馳せつつ具体的に法解釈論的考察を行うことを優先させた。実務と理論とを区別するというかれの見方は，戦後にかれが公表することになる解釈方法論的考察に於いて，重要な定数を形成することとなる[77]。

　こうしたことは全体として，家族法を巡る考察を出発点として，民法の立場からする，政治的および経済的イデオロギーへの抵抗であった。そして，かかるイデオロギーに靡く危険があったのは，むしろ理論の方だった。これに対して，具体的な事実によって与えられた圧力をひしと感じながら裁判官が決定することで生ずる多様な実務は，イデオロギーに馴致されることを容易には許さなかった。もっとも，こうした抵抗から，一つの完結した理論が導かれたわけではなかった。たとえば，カール・シュミットはその1912年の著作『法律と判断』において，およそ実質的素材から切り離された，裁判における判断の理論を展開した。この論争的なドイツ人公法学者はこの理論を，挑発的に，「実務の理論」だと主張する[78]。こうした洞察に，日本の市民法学者が到達したわけではない。これは，来栖における理論的考察の脆弱を裏書するものでは必ずしもない。ある種の感動的な率直さとともに，来栖は，論文の冒頭と終結部に於いて，この論文が学問的な失敗作だということを告白する。かれによれば，この論文では戸籍簿における公示原則の意味についてはっきりとした理論を立てることができなかったというのである[79]。しかしこの表見的な失敗自体，実のところ，家族法相続法の領域における公示原則の節操無き貫徹に対する根本的なかれの懐疑の本質的帰結なのである。そして，この懐疑は，皮肉なことに，戸籍簿の公示原則という問題をかれが徹底的に考察したことから生じたのであった。ここでは，首尾一貫した理論を提出することは，容易に実現し難い企てなのである。というのも，戸籍法自体が，公示原則に資するばかりでなく，民法の規定と相俟って，家制度の維持にも資するものだったからである。さらに，現実に存在した具体的な家族の生活共同体を，取引安全の原則に対しても優先的に扱う必要のある場合は，実務上存在した。こう

---

(77) 来栖三郎「法の解釈適用と法の遵守」（1）（2），法協68巻（1950），430-451頁；753-773頁所収，特に449頁；同「法律家」『末川先生還暦記念　民事法の諸問題』（1953），235-254頁所収，特に252頁。しかしさらに，同「内縁」（注12），161頁。
(78) *Schmitt*, Gesetz und Urteil（Anm. 2），S. 60.
(79) 来栖「戸籍法」（1）（注11）475頁；（3），1504-1506頁。

したことのすべてが，理論的に首尾一貫した見通しを立てようという試みを阻害する。しかも，さまざまの実務からなるカオスに，逃げ場を閉ざして自らを曝すためには，徹底的に理論的な考察を行うほかないのである。来栖の試みは，公示原則の家族法上の射程距離を精密に測定することにあったのであり，商法におけるように公示原則を徹底させることにはなかった。かれの理論的挫折はこうして，一方において法的にかなり混乱した実務に対するかれの徹底して理論的な関心を，他方において，家イデオロギーであれ司法主義的法理論であれ，とにかく当時流行のイデオロギーに彩られた学説に対する仮借ない批判を，活写するものであった。

　最後に，来栖にとって，実務というものは見通しがつかないものなのだ，という洞察は，後に重要な意義を獲得することになることを指摘しておきたい。この点には，以下ですぐに触れる。

4　財産法と親族法との市民法上の関係

　1924年には，かれは「内縁の法律關係に關する學説の發展」(80)という，これまた凝縮力の高い論文を公表する。しかしここでは，「戸籍法」論文との構想上の並行性が高いこの論文に立ち入ることはやめておこう。同年，来栖は，これも結局は未完成におわった，大きな構想を持った論文の公表を開始する。それが「民法における財産法と身分法」(81)であった。

　家族法が体系的に財産法とどのような関係を持つのか，これがこの論文の取り組んだ課題である(82)。家族法と財産法との相互関係に対する予てよりのかれの着目がここではっきりと主題化された。この二つの領域の相互関係への関心は，学問内在的であると同時に論争的な意味あいを持っていた。日本の民法学においてそれまでややもすれば手薄であった，家族法相続法に対する理論的考察を中心的に進めたのは，中川善之助であった(83)。その際に，中川は，親族法と財産法とを本質論的に峻別した。この峻別論に立って，かれは親族法の首尾一貫した体

---

(80)　注12に書誌情報。
(81)　注13に書誌情報。
(82)　来栖「財産法と身分法」（1）（注13），1771頁。
(83)　代表的なものとして中川『日本親族法』（注50）；同『身分法の基礎理論』（1939）。

系を構想したわけである(84)。来栖はこの構成にはっきりと反対した(85)。

来栖のこの反論は，財産法と身分法の関係がどのようであるかという問いが，民法に特殊な問題だという認識と密接な関係を持っている。すなわち，日本の民法が，ドイツのそれと同じように，財産法だけでなく家族法も包含しているのは一体なぜか，という問いが来栖の問題意識を支えている。日本の民法を理解するためには，財産法と身分法の対立のみではなく，双方の関係を理解せねばならないのではないか，というのである(86)。家族法相続法を，公法からはっきり区別された市民法に含ましめたのは，サヴィニ（1779-1861）であった(87)。来栖の問題設定は，かれの考察が日本民法典を支えるパンデクテン体系から出発していることを明らかに示すものなのである。そのようにして，かれは，日本の身分法が特殊であるというトポスから距離をおくことができた。重要なのはそれだけではない。当時のドイツにおいて盛んに論ぜられ，日本の法学にも大きな影響を与えた，ある考え方に対しても，かれは批判的な態度をとることになった。

1937年1月25日に，ドイツ帝国司法省の次官であったフランツ＝シュレーゲルベァガー（1876-1970）が，「民法典からの決別」と題する講演(88)を行う。なるほど，この講演が日本語に翻訳されたのは，1944年になってからのこと(89)かもしれぬ。しかし「民法よ，さやうなら」(90)という言葉は講演のあと程経ずに，日本でも流布したようである(91)。ユストゥス＝ヴィルヘルム＝ヘーデマン（1878-1963）(92)は，「民族市民法」を目指して「民法の刷新」をすべきだ(93)と喧伝した。ハンス＝カール＝ニパダイ（1895-1968）は，民法から家族法を排除したうえで新たな市

---

(84) 中川『日本親族法』（注50），3-20頁。
(85) 来栖「財産法と身分法」（1）（注13），1777-1789頁。さらに参照，利谷信義「あとがき」『来栖三郎著作集Ⅲ』（注9），667-675頁所収，特に669頁。
(86) 来栖「財産法と身分法」（1）（注13），1771頁。
(87) *Savigny, F.C.*, System des heutigen römischen Rechts, Bd. 1（1840），§. 53. ここではこの点について詳論できないが，重要なのは，サヴィニが，市民法を公法からはっきり区別したうえでさらに，市民法に家族法を含ましめた，ということである。概念史的背景について，石部雅亮「啓蒙期自然法学から歴史法学へ」河内・大久保・采女・児玉・川角・田中編『市民法学の歴史的・思想的展開――原島重義先生傘寿』（2006），153-201頁所収，とくに181-185頁および注52の叙述が重要。
(88) *Schlegelberger, F.*, Abschied vom BGB, 1937.
(89) 舟橋諄一訳著『民法典との訣別』（1944）。その1-52頁に翻訳がおさめられている。
(90) 舟橋諄一「序」，『民法典との訣別』（注89），1-3頁所収，特に1頁。

民法の体系を構想した(94)。日本に於いても家族法が財産法と本質的に異なったものであることが，ときに家イデオロギーとないまぜになった形で，強調された(95)。

この傾向に真っ向から逆らう形で来栖は問題提起をしていたことになる。この問題提起はなにより市民法的であって，しかもそれは，（学術的には問題の多い表現をあえて用いて言えば）いわば古典的近代的な意味で，市民法的であった。サヴィニの唱えるパンデクテン体系をその出発点に据えているのだから。既存の体系そのものを変えるのではなく，この体系を理解しようと，来栖はつとめた。家族法の特殊な地位について考究するのではなく，家族法と財産法との間の関係は，古典的近代的にはどのようなものとされていたのかを明らかにしようと，かれはつとめた。

むろん来栖は，家族法と財産法とには相違があることを認める。しかし，両者を没交渉にすることに反対であった(96)。かれによると，財産法は近代経済生活につき，家族法は保族生活につき規律するものである(97)。しかし経済生活も保族生活も，社会において実現するのであって国家においてではない(98)。このように述べることによって，来栖は，家族法を国家生活からはっきりと切り離す。

それどころかかれは，家族生活は近代社会において個人主義によって影響を受けることさえあることをあっさり承認する。家族はこんにちでは倫理的基礎など提供するものではもはやなく，愛による人間の結合に過ぎないのだ，と言うのだから(99)。誤解の余地のない明瞭さを以て，「個人主義的家族」(100)について語る

---

(91) 『丸山眞男 回顧録 上』松沢弘陽・植手通有編（2006），特に115頁（丸山は，この表現を牧野英一から聞いたと記憶している。但し，丸山はこの語をヘーデマンに発するとした）。さらに，舟橋「序」（注90） 1頁以下。

(92) この法学者については *Wegerich, Chr.*, Die Flucht in die Grenzenlosigkeit. Justus Wilhelm Hedemann（1878-1963），2004.

(93) *Hedemann, J.W.*, Die Erneuerung des bürgerlichen Rechts, in: Zur Erneuerung des Bürgerlichen Rechts, 1937, S. 7-17, bes. S. 8.

(94) *Nipperdey, H.C.*, Das System des bürgerlichen Rechts, in: Zur Erneuerung（Anm. 93），S. 95-114, bes. S. 95.

(95) 来栖「財産法と身分法」（1）（注13），1771頁。
(96) 同上，1777頁。
(97) 同上，1777頁。
(98) 同上，1778頁。

来栖である。家族の斯様に個人主義的な把握により，家族法と財産法とに，相互に矛盾を孕みはするとはいえ，そこには関係があるのだ，と見ることができるようになる。一般に，二つのもののあいだに矛盾がある，とは，とりもなおさず二つのあいだには，なにか関係があることにほかならない。来栖において重要なのは，調和的でない現実を把握することにほかならない。一方には経済生活において個人はまさに個人として行為する。ところが家族においては個人は結びつきにおいて，とくに子どもとの結びつきにおいて，活動する，ところが，ひとりの個人の生活に存在する二つの局面は，相互に矛盾を孕みながら，しかしやはりその個人の人格において統一されている，という，そのような矛盾的現実[101]。

　来栖が家族的結合を考えるにあたって，夫婦関係をそこから外していることには，多少意外の念が感ぜられるかもしれない。実のところ，かれは既に「内縁」[102]論文において，生活関係を一にする男女の法関係は，この二人が婚姻関係にあるかどうかに関わらせずに解釈されねばならない，という立場をとっていた。そして，実際の裁判例および理論の展開とに鑑み，かれはこの見解には充分に実現可能性があると考えていた[103]。「財産法と身分法」論文においても，婚姻それ自体は目的ではなく，婚姻の法的意味は子が生まれることによって初めて生ずる，という考えを明らかにしている[104]。但し，とかれは続ける，子供は一人では育たない[105]。「子は自ら成長することは出来ない。而も近代社會では一切が個人

---

(99) 同上，1778-1779頁。
(100) 同箇所。
(101) 同上，1779頁。斯様な矛盾的関係への洞察は，現代的なものである。かつては家族は社会的に機能した，vgl. *Brunner, O.*, Land und Herrschaft, 1939. 社会の機能的分化がかかる矛盾を生み出すのである。
(102) 注12。
(103) 来栖が試みたのはむしろ，婚姻と内縁との法的な相違はどこにあるのかということであった。当時の法律の状況に於いては，家督が重視されていたから，婚姻に拠る子供と婚姻外の子供とを家督権相続に関して，来栖もまた区別せざるを得ない。かれの意図は明らかに，婚姻と内縁との間の法的差異を，厳密に画しそのことによって限界づけることにあったわけである，来栖「内縁」（注12），170-171頁。
(104) 同「財産法と身分法」（1）（注13），1779頁。来栖は――知ってか知らぬか――ここでも，ローマ市民法における婚姻についてのサヴィニの見解に接近する，*Savigny, F. C.*, Erste Ehescheidung in Rom（zuerst 1814), in: ders., Vermischte Schriften, Bd. 1（1850), SS. 81-93.

の生活として行はれる。従ってここで親と子たる個人同士が經濟生活に於ける人と人との樣に冷かに對立するとしたら、それは直ちに社会の滅亡を意味しよう。社會は必然的に親が子を哺育することを要請する。併し個人主義の立前から社會が一方的に義務を課するといふのでなく、寧ろ人間の性情に應へるものとして考へようとする。つまり近代社會に於ては親は子のうちに、自己の存在の時間的不完全さを補ふものとして自己の人格を越えて擴大される自我をみ、その哺育を自己の事件と感ずる如き人間であることが要求されるのである」[106]。来栖がここで、子の誕生を家族構成員かどうかという点においてではなく[107]、親の「哺育」の観点から理解しようとしていることが興味深い。婚姻のみならず子の誕生の場合でも、かれは抽象的な家の継続から問題をできるだけ独立させて扱おうと試みている。第二に、「自己の存在の時間的不完全さ」という定式は、サヴィニの「個別の人間の時間的に限界づけられた存在」[108]を想起させる。来栖がここで人間をいわばブラック・ボックスとして捉えていることは注目に値する。一人の人間の人格のなかに、経済生活の線と保険生活の線とが単に交わっている。つまり一人の人格は、生活の様々の異質の諸要素の束を意味する。このような人間像からは、人間の、より具体的な「本質」などというものが導かれようはずもない。来栖に拠れば、人間とはむしろ、自己目的である：「近代經濟生活に於ては一切の人間はそれ自身一の世界であり、それ自身一の全體であり、自己目的である。従って近代經濟生活を規律する財産法に於ては一切の人間が「人」として承認される。」[109] この理解は、新カント派を想起させる[110]。事実、来栖はラートブルフの立場にある程度、共感を隠さない[111]。しかし、来栖の立場はラートブルフよりはるかにラディカルなものであった。たとえば、かれはラートブルフの見解とも異なり、人間に対して、いかに抽象的形式的なものであれ、ある形容詞を以て

---

(105) 同上、1779頁。
(106) 同上、1779頁。
(107) ここで、来栖はローマ法から離れることとなる。
(108) *Savigny*, System I（Anm. 87）, §. 53（S. 341）.
(109) 来栖「財産法と身分法」（1）（注13）、1780-1781頁。
(110) 事実、来栖は、同上、1783頁（注1）において、*Radbruch, G.*, Rechtsphilosophie, 3. Aufl.（1932）, S. 127 を引用している。ただし、来栖が引用するラートブルフの表現は、さらにルドルフ＝シュタムラーにまで辿ることができる。

立ち入って形容を施すことを拒否する(112)。かれは人間の定義を拒否する。人間は，かれにとって，謎であった。

　かようなかれの人間理解は，新カント派的形式主義の陣営でも，また民法の商化の陣営でも，合理的人間像がとられていたことを背景においてみると，その論争的な意味が明確になる。日本に於いて1920年代以降，「民法の商化」の議論が頻繁に論ぜられるようになった(113)。こうした議論にみられる，合理的人間という像は，オリュ(114)やテニエス(115)などを理論的証人として挙げながら，反個人主義的な方角に大きく舵を切ってゆくという特徴を持っていた(116)。ラートブルフにおける，計算する人間という，形式主義的合理主義的な人間把握は，商人の概念に結果的に接近する(117)。そして，合理的に考える商人たちは個人主義的にではなく組織的に活動するなどと説かれる(118)。

　しかし来栖は別の考えを抱いていた。人間についての抽象的に理論的な定義を施すのではなく，かれは，技術的経済的思考に貫徹されてゆく経済法から，市民法の座を，法解釈構成の上で，すなわち法技術的に，別挟した。かれは冷眼に指摘する：市民法は無償契約類型も定めているが，無償契約に於いては利潤追求は目指されていない(119)，従って，民法における人間は，経済人という規定よりも

---

(111) 来栖はラートブルフの考え，たとえば „Der Personbegriff ist ... ein Gleichheitsbegriff", vgl. *Radbruch*, Rechtsphilosophie（Anm. 110），S. 127 f. を取り込んで，来栖「財産法と身分法」（1）（注13），1781頁に於いて，「人の概念は平等概念である」などと言ったりする。

(112) 来栖「財産法と身分法」（1）（注13），1782頁。

(113) そして同系統の議論は，当時のドイツにも看取しうる，*Schröder, J.*, Kollektivistische Theorien und Privatrecht in der Weimarer Republik am Beispiel der Vertragsfreiheit（zuerst 1994），in: ders., Rechtswissenschaft in der Neuzeit, 2010, S. 599-623; *Nörr, K.W.*, Zwischen den Mühlsteinen. Eine Privatrechtsgeschichte der Weimarer Republik, 1988, bes. S. 35 f.

(114) 田中耕太郎「組織法としての商法と行為法としての商法」（初出1925年），同『商法学 一般理論』（1998），231-276頁所収，特に274頁。

(115) 田中耕太郎「法律學に於ける『經濟人』としての商人」（初出1928年），同『商法学一般理論』（注114），323-367頁所収，特に335頁。

(116) Vgl. *Schröder*, Kollektivistische Theorien（Anm. 113）.

(117) 田中「經濟人」（注115），330頁。

(118) 田中「組織法としての商法」（注114），265-276頁。

(119) 来栖「財産法と身分法」（1）（注13），1782頁。

ずっと複雑なものだ(120)。

　もとより，来栖の課題は，抑圧されていた古典的市民法の構想を単純に再評価することにあったわけではない(121)。かれは，市民法という思考様式を，時代のただなかにあって，別の法領域の様々な思考様式から区別しようとしたにすぎない。かれは，ここでも，ナチス的といわれもする思想に近づくことに必要とあらば躊躇しなかった。ドイツと日本で，サヴィニ以来，主観的権利概念についてどのような考察が行われてきたかについて学説史的概観を行った後，この学説史に於いては法律実証主義的な視野の狭さが一貫して看取されると断ずる。そしてラーレンツの論文「共同体と法的地位」(122)を引照しながら，かれは，いわゆるナチスの学者が「法を単なる強制秩序(123)としてでなく，協同體の實存の生活形式(124)とする立場から民族成員の協同體におけるその任務とその職場としての法的地位(125)を以て主観的法に置き代へんとの主張には聴くべきものがある」(126)と，凉しい顔で言ってのけさえする。しかしこれはかれがいわゆるナチスイデオロギーに端的に寄り添ったことを意味しないから注意を要する。直後にかれは次の簡潔な一句により，ラーレンツから静かに遠ざかる：「勿論近代私法秩序では権利の存在を否定出来まい」(127)。いわゆるナチス法学の思考を，来栖は，主観的権利の概念の考察にあたって（！），法律の文言だけでなく，社会的実態も顧慮せねばならないということを言うために，むしろ利用したのであった(128)。ヨー

---

(120) 同上，1782頁。

(121) したがって，来栖には，民法の《危機》という考え方は，無縁であった。ここに来栖の民法学者としての異常性がある．vgl. *Stolleis, M.*, Geschichte des öffentlichen Rechts in Deutschland, 3. Bd. 1999, bes. S. 126 mit Anm. 5.

(122) *Larenz, K.*, Gemeinschaft und Rechtsstellung, in: Deutsche Rechtswissenschaft 1 (1936), S. 33-39.

(123) 「強制秩序」は，ラーレンツのテクストに於いては „Normensystem", vgl. op.cit. S. 36.

(124) 「協同體の實存の生活形式」は，ラーレンツのテクストに於いては „Ausdruck der völkischen Substanz", vgl. op.cit. S. 36.

(125) 「民族成員の協同體におけるその任務とその職場としての法的地位」は，ラーレンツのテクストに正確に対応する部分はないが，大体において対応するのは，„das, was dem einzelnen Volksgenossen in seinem konkreten Gliedsein [...] als das „Seinige", sowohl im Sinne der Aufgabe wie der Gestaltungsmöglichkeit" であろう，op.cit. S. 37.

(126) 来栖「財産法と身分法」（2）（注13），246頁。

(127) 同上，246頁。

ロッパ大陸においてもコモンローにおいても伝統的には，国家制定法だけが排他的法源であると考えて来られたわけではなく，制定法は，先例や法学，慣習などと並ぶひとつの法源に過ぎなかったが，こうした考え方は，日本においてはなかなか定着しなかった。来栖はこのような考え方に向かって，その長いみちのり(129)を歩み始めたのだと言えよう。

　これに対して，来栖は，主観的権利の一般「理論」には大して関心をよせない。かれには，主観的権利が否定し難く存在することを確認するだけで十分であった。かれは続ける：「併し實際には権利一般は存在しない。各種の権利のみが存在する。権利一般は各種の権利よりの抽象である。従って権利の概念を定立する前に各種の権利を知る必要があらう」(130)。この見立ては一方で，市民法における人間は定義できるものではないという，かれの基本的な前提に対応する。しかしさらに他方で，法解釈論的な含意も持ち合わせていた。権利主体という概念を，来栖は，その意思によって権利の実質が定められるところのもの，と把握するのではなく，権利の帰属先として考えていたのである(131)。この構成によって，権利主体を，権利主体の性質を立ち入って問うことなしに，扱うことが来栖に可能になった。それはなによりも，権利主体の概念を家族法から切り離すことが可能だということを意味する。家族法に於いてはそこに関わる人格の具体的な性質（子供か親か，といったような）が常に問われざるを得ない。財産法と家族法との関係を精密化するにあたって，家族法の諸問題に精通したこの市民法学者は，いまや，財産法の問題から考察をスタートさせる(132)。権利主体とは，その都度問題になっている権利の関係づけられるところのものだ，という理解は，さらに，物権と債権と

---

(128) 同上，246頁。
(129) 来栖三郎「法の解釈適用と法の遵守」（1）（2）法学協会雑誌68巻（1950），430-451頁，753-773頁；同「法律家」『民事法の諸問題』（1953），235-254頁所収；同「法の解釈と法律家」私法11巻（1954）；同「法の解釈における制定法の意義」法学協会雑誌73巻（1956），121-182頁；同『法とフィクション』（1999）。
(130) 来栖「財産法と身分法」（3）（注13），331-332頁。
(131) 同上，339頁。その限りで，ラーレンツと来栖とのあいだには，純粋形式上，たしかに並行関係が存在するが，この並行関係こそ，来栖とラーレンツとの架橋し難さを増幅する。来栖は，個人を定義不能の謎と捉えるのに対し，ラーレンツは民族共同体の下位に位置づけるから。
(132) 同上，339頁。さらに参照，348頁。

の峻別の相対化をも導く。この峻別は，権利主体の，権利客体に対する「支配」関係如何に依存させることで成り立っていた。しかし，たとえば，誰に所有権が帰属するかということを具体的に考察するにあたって，しかもとりわけ，物権契約が原因から切り離されていない，つまり無因でない日本法にあっては，債権の問題の場合と全く同様に，事実関係の詳細な検討を行わざるを得ないからである[133]。

　法律の文言を離れて具体的な現実にねらいを定めるべきだ，といういわゆるナチス法理論の教えから，来栖は，皮肉であると同時に挑発的な論理的帰結を導いた。すなわち，市民法の中心に位置するのは，契約自由に基づく私的自治である，と。すなわち，私的自治の「承認は，個々人の生活上の需要を満足せしめんとする法の使命と立法者は今日多種多様な生活を見過すことが出来ないといふ認識から直接生ずるのである」[134]。物権法も，また家族法相続法も，いわゆるナチス法学の立場を採るかどうかに関わらず，国家制定法の定めにとくに従わねばならない領域である。しかし契約法はそうではない。契約法は，法律の定めから非常に自由である！[135]

　このような来栖の議論の力点は，債権法における多様性に置かれていた[136]。来栖は，ハンス＝シュトルにより当時唱え始められた給付障害法[137]については直接触れていない。しかしいずれにせよ，来栖は，事務管理の重要性の高まりとか不当利得の機能の拡大といった現象をとらえて，契約自由を《社会的》観点から制限すること——これもまた当時の日本において1920年代以降有力になっていった潮流であった[138]——には，はっきりと反対の立場を採った[139]。市民法を《社会政策的》観点から捉えようという試みに対して，来栖は，平然と言い放つ：「併し民法は木をみて森をみず，個人をみて背景たる社会をみない。そして法律関係の形成を個々人の意思の自由に委せてゐる」[140]。

　「財産法と身分法」論文は，未完成におわった。家族法については立ち入った叙述がなされないままに終わったわけである。この未完の論文を一度わきに置い

---

[133] 同上，340-345頁。
[134] 同上，349頁。
[135] 同上，350-351頁。
[136] 同上，350-352頁。
[137] 注3に書誌情報あり。

て，終戦に至る時期に，来栖は債権法各論の講義の準備に没頭する[141]。かれは契約理論に沈潜した。この研究の成果は，何十年も経て，かたちを得た。かれの記念碑的な教科書『契約法』が公刊されたのは，1974年のことであった。

Ⅲ 要　約

　イデオロギーが猛威を奮った時代と対峙しながら，来栖は，家族法から契約法に至るひとつの筋を描き出した。これは，介入国家から，そして法の経済化から，法解釈論的に市民法を剔抉するという，印象深い試みであった。われわれは，強い意味における市民法学者の誕生を目撃したとも云えようか。来栖の業績は，伝統的な意味において古典的自由主義の色彩を纏っているように見える。しかし，この構想を基礎で支えているのは，揺らぐことのない個人主義といったものではなく，近代生活の複雑性への，そしてそれが人間の定義を不可能にしているという事態への，洞察であった。戦後3年間，来栖が，講義に資する原稿としての意味をも兼ね備えた「契約法の歴史と解釈」[142]以外に何も執筆できなかったことは徴候的である。戦後の日本においては法学の分野においてもまた，合理主義的で個人主義的な人間というイメージと強固に結びついた近代主義が支配的であった。川島武宜はその代表であろう[143]。しかし，近代主義もまたいわゆるナチズムと同じようにイデオロギーであった。来栖は1949年になって，謙虚という名の鎧を纏って，次のように述べた：終戦以降「私が何一つとして書けなかつたわけ

---

(138) 具体的な例として，例えば於保不二雄「事務の他人性」法学論叢36巻（1937）941-891頁；磯村哲「不当利得に就いての一考察」（初出1941〜43），同『不当利得論考』（2006），1-66頁所収。これについての分析として守矢健一「日本における解釈構成探究の一例」『法発展における法ドグマーティクの意義』松本・野田・守矢編（2011），3-25頁所収，特に7-11頁。

(139) 来栖「財産法と身分法」（3）（注13），354-356頁（事務管理について），356-363頁（不当利得について）。

(140) 同上，355頁。

(141) 同「契約法」（注14）。

(142) 来栖三郎「契約法の歴史と解釈」（1）（2）法学協会雑誌64巻（1946），463-482頁，65巻（1947），139-178頁。1946年と1947年には，判例評釈も公表していないようである。

は,一つには,進むべき方向を見出せないでいたからであるが,また正にそれ故に民法學界の展望を書けといわれても,どこに問題があり,それをどのように眺めていつたならよいのか,徒に迷つて日を過すのであつた」[144]。

---

(143) *Wani*, Art. Kawashima (Anm. 7); *Ishibe*, Rechtsgeschichte in Japan, 1. Teil (Anm. 20), bes. S. 68-70; *Moriya, K,* Neuere deutsche Rechtsgeschichte in Japan, 2. Teil: von 1980 bis zur Gegenwart, in: ZNR 31 (2009), S. 95-131, bes. S. 96-100. なお,さらに参照,高橋裕「川島武宜の戦後——1945〜1950年」『法の観察』阿部昌樹他編 (2014), 19-52頁所収。

(144) 来栖三郎「学会展望 民法」私法1号 (1949) 76-91頁,ここでは76頁。

規制と競争

ウーヴェ・ブラウロク
守矢健一（訳）

I 導　入

　法発展のさまざまの局面において，国家が経済をどの程度統御すべきかあるいは経済の為すがままに任せるべきか，という問いは，その都度の経済上の基本的なあり方に対応して，さまざまに応えられてきた。この問いにおいて，われわれ産業国家に生きる者が，自由化と脱規制化（Deregulierung)ⁱ の局面のあと，現在，転換期に生きている，ということは明らかである。経済危機と，それが実際の経済にもたらす帰結の数々，限度を越えた負債を抱えた国家の数がかなり多いこと，さらにグローバル化に基因して新興国のチャンスが，産業国家がもつさまざまの可能性に比して限定されていること——こういったことは，これまで確固たるものとされてきたさまざまの立脚点に対する再考を部分的に促すか，少なくともこれらの相対化を促している。

　グローバル化との関係で言えば，グローバルな管轄を持つカルテル規制官庁もなければ，グローバルな規制機関もない，さらにグローバルなソーシャルネットもない[1]。グローバル市場において，純然たる国内法規範はほとんど意味をなさない。ゆえに，国際的な協力が必要になる。

　そこで，わたしは以上のような問題のひとこまを扱うこととする。それは，経済的競争と国家の規制はどのような関係に立っているか，という問題である。経済的競争と国家的規制とが互いに排他的関係に立ったりしないことは明らかであろう。重要なのは，相互の影響関係である。

　ヨーロッパ連合構成国における市場経済秩序は，経済の領域と国家の領域を分

（1）*Rodrik*, Das Gobalisierungsparadox, 2011, S. 17.

けるというところに本質的な特徴がある。経済領域においては，経済主体の企業活動上の自由を保障するのは競争である。そこで，国家が競争にどこまで介入してよいか，介入すべきか，そして介入することで達成しうる目的はなにか，ということは，このところずっと論争の的になっている。

現在，この論点にパラダイム転換が起こっていると見てよいだろう。最近までヨーロッパの経済政策は，自由化と脱規制化とによって刻印されていたが，今日では，「社会的に義務づけられた競争（sozialpfllichtiger Wettbewerb）」への要請が声高に唱えられている。国家的規範は私人の活動が競争および市場に適したものになるようにこの活動を組織化しまた支えねばならないが，同時に，公共の福祉に係る一定の成果に向けて企業活動を義務づけねばならないとされるようになってきた。利益追求と公共の福祉とに調和がもたらされ，競争は社会的目標と結びつけられ[2]，同時に経済は税収および労働市場の確保という観点からも促進されねばならない，というのである。

ただ，こうした発想が具体的にどう実現するのかは，まだ不明である。

II 市場経済の秩序原理としての競争

競争について，まず一般的にコメントをしておこう。

市場における個々の主体が，どう活動するかを自ら判断する自由は，市場経済システムの根本的な要素である。個々の主体は，商品供給者としては，どんな商品を提示し，どの価格でこれを供給するのか，について決定し，需要者としては，収益のうちどれだけをどの財の獲得のために投入すべきかを決定する[3]。

需要と供給の調整は市場における競争によって決定される。市場は，個別のまたは一群の財に対する需要と供給の諸関係から成り立っている。需要と供給の関係は，とりわけ，財に対して形成される価格に反映される。市場参加者にとって，なによりこの価格というものが，基本的な指標の機能を果すのであり，市場全体にとっては規制＝制御機能を果すものである。

理念的に云えば，価額の制御を通じていわゆる「パレート最適」が達成される。

（2）*Lepsius*, in: Fehling/Ruffert, Regulierungsrecht, 2010, § 4 Rn. 1 ff., § 19 Rn. 1.

（3）*Cremer*, in: Fehling/Ruffert, Regulierungsrecht, 2010, § 5 Rn. 32.

これは，イタリアの経済学者ヴィルフレード・パレート（Vilfredo Pareto）に因む命名だが，これは配分にかかる理念である。パレート最適が確認されるのは，現存する生産ファクターの組み合わせが，ある生産ファクターにおいて生産をそれ以上に向上させては，別のファクターにおいて損失が出ずにはすまない，そのような組み合わせになっている，という場合である。市場参加者における，有用な材とサーヴィスに対する需要は，パレート最適において最も良く満足させられる，ということとなる。

ただし，現実にはそのようなパレート最適はほとんど実現しない。パレート最適は「完全な競争」を実現する市場においてのみ達成しうるものなのである。そういう市場が前提するのに

（1） 需要者と供給者の数が多く，また個々の需要者および供給者がそれ自体としては市場を圧倒する力を持っていないこと（多極性）
（2） 一様な財が扱われていること
（3） 市場参加者が完全な情報を保持していること（完全な透明性）
（4） 財の選択が領域的また個人的嗜好に依存しないこと

こうした前提は経済的現実において，全体としてはまず存在しない。

パレート最適は到達不能だが，競争が，資源をそれが最も有効に利用されるところへ流し込み，また財とサーヴィスを人間の福祉の可能な限りの最大化のための利用に供する，という機能を持つ傾向がある，と確言することはできるであろう。したがって，競争には，重要な配分機能があるといえる[4]。

自由な競争が全体の福祉を増幅するという考えは，まずは，古典的経済学の樹立者であるアダム・スミス（Adam Smith）によってもたらされた。1776年の著書『国富論』──すなわち当時支配的だった重商主義に対する正面攻撃の書[5]──において，かれは，競争が個々人の利己心の組み合わせが「見えざる手」とないまぜになって一般的な公共の福祉の増加を導く，ということを解明した。

競争のさらなる重要な機能を強調したのはフリードリヒ・アウグスト・フォン・ハイエク（Friedrich August von Hayek）である。かれは経済学のノーベル賞受賞者

（4） 全体について *Cremer*, in: Fehling/Ruffert, Regulierungsrecht, 2010, § 5 Rn. 13 ff.
（5） *Rodrik*, Das Gobalisierungsparadox, 2011, S. 33.

でありフライブルクで教鞭を執っていた。ハイエクは競争を発見の過程と捉えた。自由な競争を支える諸条件がある場合，個々の経済主体の計画の組み合わせは非中心的となる；こうして自生的な市場秩序が生まれるが，この市場秩序は市場参加者の有する目標に，そのありとあらゆる多様性と矛盾において，資する；分業社会の知は拡散している；ところが競争は，市場において個々が成功を収めたところの解決方法が模倣され，さらに展開される一方で，あまり成功していないものは非難される；こうして，競争は大きな進歩の可能性を秘めている——このようにハイエクは述べた[6]。

◆ III 規制の諸目的

　自由で邪魔されない競争の長所に鑑みるならば，国家がこうした長所に対してそもそもどうして規制を以て介入せねばならないかが問われる。互酬に定位する市場というものは，無前提に存在するものではなく，人為的組織の産物である。よって，市場にはきちんとした「ゲームの規則」が必要である。そして，そのような約束を定めるのが国家の任務だということは，一般的に認められている。

　こうした「ゲームの規則」の構築をどのようにすればよいかを考える場合に，どのような領域に，そしてどのような目的で，国家が，市場秩序の単なる枠組構築を越えて競争そのものに介入すべきか，という，先に指摘した問題が浮上するのである。

1　競争の確保

　まず，国家は，競争がそもそも存続し，市場のある立場によって競争が消滅したり阻害されたりしないように配慮せねばならない。そのために，カルテル法と競争法とによる規定があるのであって，こうした規律は，競争を競争自らに対して守り，カルテルのような不適切な振舞の前に立ちはだかって，ここから先は行き止まりですと言う任務を負っている。よりよい市場を欲する者は，その限りでは国家による統御（Kontrolle）を導かねばならない。市場は，弱い国家のもとでではなく，強い国家のもとで，最も良く機能する[7]。これは，フライブルク学派

（6）　*Cremer*, in: Fehling/Ruffert, Regulierungsrecht, 2010, § 5 Rn. 19 ff.

の見解でもある。正確に言えば，国家による統御と云ってもそれは，制御（Steuerung）の意味における規制ではなく，競争の確保が狙いなのである。

2　競争の創出のための規制

競争に対する真の規制といえる国家的介入は，「市場の機能不全」が確認される諸ケースにおいて見られる。市場参加者が行う自由なゲームが財の効果的配分をもたらすように機能しない状況のさまざまが，市場の機能不全の具体例だということになる。そうした場合には，競争は自動的に配分的機能を充分に果たすとは言えない。市場の機能不全のうち，外部効果[ii]による場合，自然に生じた寡占，情報不足，公共財の場合を，それぞれ以下でくわしく見ることにしよう。

（1）　外部効果が引き起こす市場の機能不全

外部効果が市場の機能不全をもたらすことがある[(8)]。すなわち，市場の行動が市場に参加していない第三者に対して正ないし負の効果を与えることがあるが，この効果が生産者にも顧客にもなんらの利益も不利益ももたらさず，従って生産者や顧客の行う費用対効果計算の対象とならない場合がこれである。こうした場合，価格には，先に触れた指標的機能が限定的にしか見られないことになる。

負の外部効果の例として，たとえば，ある工場からの排出ガスによりその周辺一帯が居住不可能になってしまうという場合を挙げることができます。

こうした場合，国家がとる手段にはさまざまのものが考えられる。すぐに思い浮かぶのは，命令と禁止である。上記の例の場合，工場建設を許可しない，ということがあり得る。

外部効果を統御と助成とによって内部に取り込むことも考えられる（ピグー的補正策[iii]）。この考え方によると，負の外部効果をもたらす生産者には相当の額の税を課して，かかる外部効果に相当する負担分を算入すべく強いる。逆に，社会的付加価値の創出に対しては助成が与えられるべきものとされる。こうした発想に反対する考え方としては，「コースの定理[iv]」がある。この定理は所有権の分配だけを予定しており，外部効果問題の解決は，基本的に市場に委ねる，という

（7）　*Rodrik*, Das Gobalisierungsparadox, S. 19, 34.
（8）　Vgl. dazu *Cremer*, in: Fehling/Ruffert, Regulierungsrecht, 2010, §5　Rn.96 ff.; *Leschke*, in: Fehling/Ruffert, Regulierungsrecht, 2010, § 6　Rn. 25 ff.

立場をとっている⁽⁹⁾。

　負の外部効果に処するとくにエレガントな方法としては，排出取引に関する環境政策におけるひとつの手法として編み出されたところの「排出権」が，それがふさわしい諸事例については考慮に値する。具体的に定められた期間に，特に定められた領域において，許容されるべき排出量総量を国家が定め，その総量を越えてはならないものとする。この総量に対応して，個々の企業に認可証が与えられ，この認可証によって，企業に一定量の有害物排出が正当化される。有害物排出の定められた量を企業が超過した場合には，市場において新たな認可証を購入するか排出量を抑えるかの選択を迫られることになる。市場において形成される価格が，排出制限に資すべき圧力手段となる。

（2）　自然に生じた寡占による市場機能不全

　市場において，ある財を生産する際，複数の供給者によるのではなくて，あるひとつの企業が生産量を増やしたほうが平均的コストが低下するという場合に，自然と寡占が形成される危険がある。競争者となることを目指して市場に参入しようとしても，償還が不可能なほど高額の初期投資（いわゆる「失われたコスト」）が要求されるためにそれが困難になると，上記の危険は一層高まる⁽¹⁰⁾。こうした問題は，とりわけネット経済において深甚である。

（3）　情報不足による市場機能不全

　さらに市場機能不全は，情報不足あるいは情報が市場参加者に不均衡に配分されている場合にも生ずる⁽¹¹⁾。すなわち情報の欠落ゆえに，投資家がリスクと利潤とを正しく評価できない，消費者が特定の財の品質を正しく評価できない，などということが起こる。

　ここで考えられる国家による規制としては，情報提供義務を課すこと，国家の担当部局による情報提供，最低基準の設定，がある。ただしその際，以下の3点を顧慮する必要がある：

　第1に，情報の不均衡が比較的小さな規模で認められるとしても，そのこと自体は咎めるに値しない。情報の不均衡は，市場参加者のさまざまの期待を惹起し，

---

(9)　*Coase*, Journal of Law and Economics 3（1960），1 ff.
(10)　*Leschke*, in: Fehling/Ruffert, Regulierungsrecht, 2010, § 6 Rn. 54 ff.
(11)　*Cremer*, in: Fehling/Ruffert, Regulierungsrecht, 2010, § 5 Rn. 110 f.

取引を活性化するからである。

　第2に，情報不足があっても市場そのものによってより効率的に情報不足を解消し得ることが考えられる。例えば投資家の需要は，金融市場において投資に対する評価が行われることを通じて，格付(かくづけ)機関の確立につながってゆく。こうした格付機関は関係する情報をひとつの確固たる財として供給することになっている。

　第3に，情報提供義務の明文化にあたって注意すべきは，市場が受容できるのが情報のうちの一定量に限られていることである。情報の過多が生ずると，市場においてはむしろ機能不全を導くことがある。それは，市場参加者が，彼らにとって重要な情報を選別することができなくなる場合があるからである。

（4）　公共財における市場機能不全

　最後に，市場の機能不全は，公共財との関係で生ずることがある。公共財というのは，消費者が増加してもその利用に制限が加えられたりしないという点（消費における競争関係の欠如）に第1の特徴がある。第2の特徴として，利用に際して経済的には当然要求してよい対価を支払わない利用者を排除できない（排除不能性）(12)。

　そうした公共財とされるのは，清潔な環境，国内の安全，夜の街路灯などである。

　公共財はその利用を排除することができないから，私企業は公共財を提供しても市場において利潤を獲得できない。料金支払なしにただ乗りで財を利用できるので，適切な価格が構築されないのである。公共財の提供に意を用いねばならないのは，従って国家である。

（5）　中　間　総　括

　市場の機能不全の諸ケイスにおいて，国家的規制は競争を縮減する方向に働いてはならず，効果的な競争の基礎を生み出すものでなければならない。この意味において，国家的規制は当然正当化される。ただしそのための前提は，第1に，国家が，具体的な問題において，適切な規制措置を有意義に定める能力を有していること，第2に，正しいとされた措置を政治的意思形成過程において実施に移す能力を持つことである。ここにおいて影響力の強い利益団体や硬直化した官僚構造などが障害になることもあり得る。

---

(12) *Leschke*, in: Fehling/Ruffert, Regulierungsrecht, 2010, § 6 Rn. 43 ff.

3 保障国家における，公共の任務の実現のための規制

競争に対する国家的介入には，競争そのものを生み出すためのもののほか，それを超えてさらなる目標を追求するものもある。

社会的（sozial）観点は，市場にとっても競争にとっても原則的なものである。価格とは，社会的な観点の欠けた分配基準である。市場が実質的に機能する限り，価格を通じて効率的な財の分配が行われるはずである。しかしその分配が公正でもあるかどうかは，顧慮されない。「市場の見えざる手は社会的嗅覚を持ち合わせていない」[13]。

このことを背景とするなら，規制を通じて「社会的に義務づけられた競争」を創出すべきだという，本稿の冒頭に触れた要請が理解できる。ここで，規制とは，競争によって媒介された市場経済的構造がもたらす長所を公共の福祉という目的と結びつけるための技術だと理解すべきものとなる[14]。

かように理解された規制の古典的妥当領域としては，いわゆるネット経済（たとえばテレコム，郵便，エネルギー，交通）がある。この領域では，十分な現存在配慮（Daseinsvorsorge)[v] が確保されたうえで，競争が行われねばならない。国家はここでは保障国家であるに過ぎない。

しかし，社会的に義務づけられた競争の創出の意味での規制は，ほかの経済セクターにおいても見られる。とりわけ，正常に機能することが経済的に大きな意味を持つたぐいの市場においては，かかる規制は重要である。よって，こうした市場を経済固有の合理性にのみ委ねるわけにはいかない。このような，「構造的に重要な」部門と見られるもののなかでもとくに重要なのは金融市場である[15]。

Ⅳ 個々の規制領域

競争を社会的なものに変えるための規制が必要だとされる領域はいくつもある。以下では，その例として，特に重要な2つの領域を扱うこととしよう。すなわち

---

(13) *Cremer*, in: Fehling/Ruffert, Regulierungsrecht, 2010, § 5 Rn. 120.

(14) *Möstl*, Perspektiven des Regulierungsrechts, GewArch 2011, 265; *Lepsius*, in: Fehling/Ruffert, Regulierungsrecht, 2010, § 19 Rn. 3.

(15) Vgl. *Lepsius*, in: Fehling/Ruffert, Regulierungsrecht, 2010, § 19 Rn. 4.

ネット経済と金融市場と。

1 ネット経済

　ネット経済の基本的な特徴は，その活動を行うには特別なインフラを必要とするという点にある。ネット経済においてことを為そうとする提供者は須らく，既存のネットワークを利用しないわけには行かない。既存のそれにかわるネットワークの構築は，技術的または環境保護の観点からして不可能であるか，あるいは資金に欠け，あるいはまた経済的に無意味になってしまうから。

　ネットワーク構築にはたいへんな経費がかかるので既存のネットに依存せざるを得ないから，ネット依存的な経済領域は，自ずと寡占状況に陥る傾向，すなわちすでに指摘した（上記Ⅲ－2－(2)）意味における市場の機能不全に陥る傾向がある。国家は当初，この領域について国家による独占を行うことで対応した。国家による現存在配慮ではなく国家による保障責任へというパラダイム転換が行われるとともに，またそれに伴う民営化とともに，国家独占も終焉を迎えた[16]。しかしこの経済領域は，かつて国家独占時代に業務に携わっていた主体が現在は民間経済上の企業として市場における強力な地位を基盤に活動する，という状況によって特徴づけられている。自然的寡占形成の危険が依然として存在する所以である。

　そのゆえ，この領域における国家的規制の目指すところは何より，競争を生み，維持する，というにある[17]。例えば既存のネットワークへの接続に当たって，これまでこのネットワークを利用していた企業に対しても今一度，契約締結の義務を課す，というかたちで。

　それだけでなく，かつて国家独占時代に国家がみずからの責任において追求してきた公共の福祉という目標を，今後も保障してゆかねばならない[18]。そのようにしてこそ，ネット経済の規制は，個々の領域に応じて重点の置き方が違って来ることはあるにせよ，基本的には，領域のすみずみにまで，実際に役に立つ，

---

(16) これに批判的なのは *R. Stürner*, Markt und Wettbewerb über alles?, 2007, S. 222 ff.

(17) くわしくは *R. Stürner*, Markt und Wettbewerb über alles?, 2007, S. 118 ff.

(18) *Eiffert*, in: Hoffmann-Riem/Schmidt-Aßmann/Voßkuhle, Grundlagen des Verwaltungsrechts, Band I, Methoden, Maßstäbe, Aufgaben, Organisation, 2006, § 19 Rn. 126 f.; *Lepsius*, in: Fehling/Ruffert, Regulierungsrecht, 2010, § 19 Rn. 1 ff.

そして信頼できるサーヴィス提供を確保し，技術的かつ公的に安全であり，消費者保護と基本権保護とに資し，費用対効果を持つ給付実現に意を用い，環境にも目配りが行き届き，技術革新を促進する，といったことに貢献できる。

(1) テレコム

ネット経済の第1の例としてテレコムを取り上げよう[19]。ドイツはこの領域について基本法87f条に基づき，領域を包括して適切且つ充分なサーヴィス提供を行う責任を負っている。この領域は，ヨーロッパ連合法によってかなり規律されている。

テレコムにおいては，最終的な利用者に対するサーヴィス提供に係る最終利用者市場（Endnutzermarkt）と，ネットのインフラの経営および最終利用者市場における競争者のためのネット提供をこととする，要するにネットに係るそれ以前の前提的サーヴィス市場（Vorleistungsmarkt）とを，区別している。

規制の対象の中心は，前提的サーヴィス市場にある。この前提的サーヴィス市場は，その組織および構造化について，あるいはまた市場参加者の態様について，ネットへの接続確保およびネット参加の対価徴収の観点から，無数の規定に従っている。

ネットへの接続に係る規定は，ネット経済規制におけるひとつの本質的な礎石である。競争法において成立した「基本的施設論（essential-facilities-Lehre)[vi]」に由来するこうした規定は，競争者たちに接続権を付与することとした。こうして，ひとたび成立した独占的構造を突き崩してゆこうというのである[20]。競争者たちは定められた調整金を支払うことで，既存の固定ネットサーヴィスの利用請求権を獲得する。基本的施設の新たな確立は可能ではないかあるいは割に合わないので。

ネット参画料の算定にあたって，国家による規制は，相互に緊張関係に立つファクターの狭間に置かれる。

すなわち，ネット接続に当たって競争者が支払わねばならない料金が高すぎる

---

[19] これについてくわしいのは *Immenga*, in: *Blaurock*, Grenzen des Wettbewerbs auf deregulierten Märkten, 1999, S. 79 ff. sowie *Schneider*, in: Fehling/Ruffert, Regulierungsrecht, 2010, § 8 Rn. 1 ff.

[20] *Ruffert*, in: Fehling/Ruffert, Regulierungsrecht, 2010, § 7 Rn. 49.

ならば，最終利用者市場をないがしろにするかたちでのネット経営の垂直的統合を助長することになる。それは基本的に望ましくない。なぜなら，こうした垂直的統合はネット経営参画者の内部での財の再分配を可能にし，結果，最終利用者市場を圧迫する市場権力を生み出すこととなるから。ネット参加料による統御を超えて，独占を機能的に解体する方策がとられることが望ましい。

逆に，ネット参画料が低額すぎると，ネット経営者によるインフラおよび技術革新への投資に向けた刺戟が弱められてしまう。

ネット経営者の観点から見れば，インフラおよび技術革新に対する刺激はそもそも大きなものではない。なぜなら彼らは新たな技術的達成を彼らの競争者にも接続可能なものにしなければならないのに，投資のリスクを負うのは自分だけだからである。一般的に云って，ネットの開放はたしかに競争という規制の目標を促進しはするが，同時にインフラ整備の促進という目標は弱めてしまう(21)。双方を均衡させるためには，技術促進に貢献したネット提供者には，特許権の場合のように，期間を限定した独占的利益という利益的地位を，技術革新への刺戟として与える，ということが考えられる（いわゆる規制休暇)(22)。

差別のないネット接続と，適切なネット参画料とがあれば，最終消費者市場は基本的に，サーヴィス提供者同士の競争に委ねることができる。

（2） エネルギー

ネット経済の第2の例は，エネルギー部門である(23)。エネルギー部門とは電気・ガスといったものの供給である。この部門に，基本法上の明示的な規定は存在しない。しかし連邦憲法裁判所の判決によれば，エネルギー供給の確保は経済が機能するための決定的な前提であり，最高の国家利益のひとつである(24)。さらに，基本権そのものから，エネルギーインフラおよびエネルギー供給について，国家による保証責任も導き出されている(25)。

エネルギー部門の規制は，ながいこと，全体経済のモデルに従ってきた。すな

---

(21) Vgl. *Möstl*, Perspektiven des Regulierungsrechts, GewArch 2011, 267
(22) Vgl. *Schneider*, in: Fehling/Ruffert, Regulierungsrecht, 2010, § 8 Rn. 28.
(23) この領域について包括的には，*Britz*, in: Fehling/Ruffert, Regulierungsrecht, 2010, § 9 Rn. 1 ff.
(24) BVerfGE 30, 292.
(25) *Britz*, in: Fehling/Ruffert, Regulierungsrecht, 2010, § 9 Rn. 1.

わち，エネルギー供給は市場を経由しないのだ，と。供給独占および提供独占によって特徴づけられ，カルテル禁止の原則が妥当しない，閉じた供給領域がかつてはあったことになる。1998年のエネルギー法改正は，こうした状況を打破し，市場組織モデルへの移行をもたらした。独占解体的で一貫した規定によって，競争が強制されるようになった。

エネルギー経済の領域は，エネルギー産出市場，エネルギー移転市場，販売市場すなわち最終消費者への販売とに区分けされている。

エネルギー産出市場は，たとえば，供給の確保とか環境保護という論点に鑑みて，将来の規制の対象としてもっとよく考慮に入れたほうがよいかもしれない興味深い観点を提示してはいる。しかしこれまでのところ，再生可能エネルギーの促進だけが考慮に値する。

販売市場についてもこれまではほとんど規制がなされてきておらず，基本的に自由競争に任されてきた。ただし，エネルギー供給者は，一般に対する供給確保という点で基本的供給義務に服しているということは顧慮せねばならない。

規制の中心的な対象となっているのは，エネルギー移転市場である。ネット依存という状況からして，移転市場内部での競争は可能でない。しかし移転市場の参画を巡る競争は可能である。経路利用契約はドイツ法においては最長で20年を限度としている。経路利用権の授与については，こうして競争が存在することになる。

こうした，移転市場の参画を巡る競争は，かつてから存在した独占という状況に照らして，未だ十分とはいえないのが明らかなので，規制によってネット接続を可能ならしめねばならない。ネットへの接続は，私法上の契約を基礎としていますが，エネルギー管理法（Energiewirtschaftsgesetz=EnWG）はネット接続権およびネット接続義務を定めており，2005年以降，ネット接続料と接続にあたっての条件についての実体法上の定めも置いている。さらにネット接続料は個別の許可手続に服す。

したがってこの限度でもやはり，垂直的統合をなるべく抑える必要を一方に，投資を押さえ込まないようにする必要を他方におく，緊張関係が存在する。

2　金融市場

金融市場においては立法者による規制を支えるのは，全体経済に対してこの領

域が持つ意義である。資本市場が適切に機能するかどうかは近代経済において枢要な意義を持つ[26]。機能的資本市場が「経済の血管」と言われるのも故なきことではない。

金融市場規制の目標は，したがって，安定的で欠陥のない金融市場を維持することにある。システム保護を通じて，金融サーヴィス提供者の支払能力が確保されねばならない。そのための中心的な仕組としては，支払能力監視機関がある。また，市場機能保護を通じて行為基準が実現されていなければならない。こうした行為基準が金融市場に対する投資家の信用を強化し，許可なく営まれる金融業を駆逐する[27]。

ただし，金融市場の規制に当たっては，国家による影響には事実上限界があることを知らねばならない。金融市場を特徴づけるのは，相互的依存，迅速さ，主要アクターの機動力の高さ，他の国家への移転が常に可能であること，である。ここにはグローバルな規制競争が存在することとなる。よって，効果的な規制は，国際的協力を通じてのみ可能となる。

（1）銀　行

今日の経済生活において，とくに信用諸制度には欠かすことのできない任務が課されている。それは，支払業務がこの制度を通じて行われるからというだけではない。信用諸制度を通じてこそ，信用の供与と財産価値の投資が行われるのであって，結局，経済的資源の分配の本質的な部分は銀行で行われるのである。

どのリスクが許容され，またどの規模の業務なら行われてよいか，を巡る法的規律が必要であるゆえんもまた，なによりも最近の金融危機によって明らかとなっている。

ドイツおよびヨーロッパ連合では，銀行部門に係る規制は何よりバーゼル銀行監督委員会による枠組規範を基礎としている。この委員会が提示した取決は，バーゼルⅠ，バーゼルⅡ，およびバーゼルⅢという短縮名称でも知られているが，ヨーロッパ連合において規則（Verordnung）によって法制化された。バーゼル委員会の定めは3つの柱から成り立っている。第1の柱は，信用制度に必要な資本額の

---

[26] 全体経済上の意義について，*Levine*, Journal of Economic Literature 35 (1997), 688 ff.

[27] *Lepsius*, in: Fehling/Ruffert, Regulierungsrecht, 2010, § 19 Rn. 23; *Röhl*, in: Fehling/Ruffert, Regulierungsrecht, 2010, § 18 Rn. 14.

最低限度，第2は銀行の監査，第3は公共に対する公開義務。

　2007年にはじまる金融危機において顕在化したバーゼルIIの弱点への対応として，また2008年11月16日ワシントンのG20首脳会議により議決された，金融システム強化に向けたアクションプランの実現の過程において，バーゼル銀行監督委員会は2010年12月16日に，2012年末までに実現すべきバーゼルIII規制[28]を公表した。この規範が目指すのは，信用制度による損失吸収能力をシステム安定性の確保により高めることと，同時に，経済活性化を確保するために，信用提供の弱体化を防ぐことである[29]。

　ここでは個別の事柄に立ち入ることはできない。しかし全体としてこれまでの措置は，金融システムの安定化のためにふさわしいものだったといえる。本質的な加点対象と云えることとしてさらに，2008年以降，それまでは適用から除外されていた特別目的会社（Zweckgesellschaft）にもバーゼル規範の適用が予定されるようになったことが挙げられる。これまでは，（とりわけデリヴァティヴ取引のような）取引やそれと関連するリスクを——親会社における決算上の整理事項にかかる取引を関連づけることはせずに——子会社に転化するということが銀行には可能だった。これは当時政治的にも求められていた。親会社は，保証は請け負っても，リスクについて自らの資本によって補填することはなかった。しかしそのようなリスクは親会社においても，特別目的会社が支払困難に陥ると，引き受けた保証を通じた関係がないとは言えない。もともとは，こうしたリスクは現実化するとは考えていなかったのだろう。それは命取りになる判断だったことを，こんにちわれわれは思い知らされた。

（2）　保　険

　保険法の領域においては，ヨーロッパ連合全体に保険制度監督法の調和化の努力が進められている。ヨーロッパ保険制度監督官庁の集合体である，ヨーロッパ保険制度および労働者年金監督者会議（Committee of European Insurance and Occu-

---

[28] "Basel III: A global regulatory framework for more resilient banks and banking systems", http://www.bis.org/publ/bcbs189.pdf; "Basel III: International framework for liquidity risk measurement, standards and monitoring", http://www.bis.org/publ/bcbs188.pdf.

[29] *Zeitler*, „Vorwort" in: Deutsche Bundesbank, „Basel III — Leitfaden zu den neuen Eigenkapital- und Liquiditätsregeln für Banken", 2011, S. 3.

pational Pensions Supervisors =CEIOPS）が，現在その実現化作業が進められているところの，Solvency II という規範群定立作業を行った。これは，銀行監督法の領域におけるバーゼル銀行監督委員会による規範策定に依拠したものである。

Solvency II はバーゼル委員会の規範と同様，３つの柱から成り立っている。第１の柱は，支払の引当になる資本を準備すべきであるという要請，第２は監査法，第３は公開義務。

（３） 格付機関

金融市場の規制を巡って現在行われている政治的な論争の対象として，格付機関も挙げられることは，折からのヨーロッパ危機に照らしても自明のことである。

格付機関は取引に付随するリスクに係る情報を提供するという不可欠の任務を引き受ける。格づけがひとつの重要な意味を持つのは，なによりも，銀行監督法上の規範の多くが格づけに依拠していることにも拠る。ただ，評価方法の不透明性の問題があり，評価の対象となるべき金融商品の提供者は格付機関に金額を支払っているから，利益衝突が起こる可能性があることも問題である。特に，格付機関が金融商品の制作にあたり助言を行いしかもかかる商品を評価する，という場合には，利益衝突の可能性はいや増しに高まる。

ヨーロッパ連合における現在の法状況[30]においては，ヨーロッパ有価証券および市場監督庁（European Securities and Markets Authority ＝ ESMA）への義務的登録（これには包括的な規範群がセットになっている）および常時監督に服することが定められている。評価方法におけるより一層の透明化が追求されているが，同時に，職務上の機密は公にされなくともよい。金融商品についての構造化について特に指摘しておく必要があろう。金融商品の構想段階で助言を行ったのと同じ格付機関が，あとで同じ商品を格づけすることは，禁ぜられるようになった。但し，利益相反が存在せず，格づけの独立性と廉直性とが守られる限りにおいて，付随的サーヴィス給付は認められている。許されていない助言と許される付随的サー

---

(30) Verordnung（EG）Nr. 1060/2009 des Europäischen Parlaments und des Rates vom 16. September 2009 über Rating-Agenturen; Konkretisierung im deutschen Recht durch Ausführungsgesetz zur EU-Verordnung über Rating-Agenturen v. 6．5．2010, BT-Drucks. 17/716; Mai 2011: Änderungsverordnung: Verordnung（EU）Nr. 513/2011 des Europäischen Parlaments und des Rates vom 11. Mai 2011, ABl. L 145/30 vom 31．5．2011.

ヴィスとをどのように区別するのかは,なお明らかではない[31]。

V 展　望

国家による規制が直面する大きな挑戦とは,正しい措置を見出すだけでなく規制の正しい限度を見出すことである。

競争の観点からは,規制は,財の配分機能が阻害されるという意味での市場の機能不全が存在する場合には,つねに不可欠である。ここでは国家による活動によって競争は制限されるのではなく,そもそも可能になる。国家による規制は市場を保障する。この点でとくに,2007年にあらわれ2008年に激しさを増した金融危機――それは国家破産の危機,そしてユーロ通貨の危機にこんにち到っているが――は,競争を統御する仕組が欠けていたことの問題をはっきりさせた。すでに言及した通り,諸問題のうち多くの部分については既に適切な解決の道が示されつつある。とはいえ国家の賢慮に対する信頼を寄せすぎることに対しては,慎重であるべきだろう。自由な市場経済が金融危機の結果として共感をかなり失ったことは事実にせよ,まさに国家の立ち居振る舞いの不適切と社会的目標追求のための国家による介入に起因する,一連の要素がこの危機に関与したことをも見過ごすことはできない。

とくに指摘すべきものとして,まず,合衆国通貨銀行が,2001年9月11日のテロ事件のあと,拡張的貨幣政策をとったことを挙げておく。この結果,流通資産が過剰になると同時に利子が低く抑えられることとなった。あるいは,やはり合衆国において,国家によってファニー・メイ住宅金融抵当銀行 Fannie Mae およびフレディー・マック住宅金融抵当銀行 Freddie Mac を助成することを通じて個人住宅を持つことを薦める社会政策的決定も挙げるべきだろう。

さらに,監督官庁の機能不全,あるいは彼らにおける全体の概観の欠如[32],あるいは国家活動(とくに州銀行,しかしゲマインデや上下水道施設)を高度に投機

---

(31) 本文とおなじように批判的な立場をとるものとして *Zimmer*, Finanzmarktregulierung — Welche Regeln empfehlen sich für den deutschen und europäischen Finanzmarkt, Verhandlungen des 68. Deutschen Juristentages Berlin 2010, Gutachten G, 2010, G 73.

(32) たとえば *Wittig*, WM 2010, 2337.

的な金融業務行為にまで拡大するという，疑問の多い決定も，ここに加えることができる。

　まことに，規制は，効率的競争を生み出すために現実に必要である限りにおいてのみなされねばならない。ネット経済において，競争者にもネット接続を可能にすることによって，独占を阻止するなら，こうした体系的規整が翻って独占状況を固定化しかねないことにも注意しなければならない。従って，競争法上の規定に含まれている濫用制御に係る規定ですでに十分でないのかどうかは，常に点検されなければならない(33)。

　その余の公共の福祉の目標達成のための規制に対しては，競争の観点から批判的に検討されねばならない。市場の機能不全の場合と異なり，ここでは介入はたいてい競争の制限と手を携えているから。もとより，これだけならばこの領域における国家による規制に懐疑的である根拠にはならない。公共の福祉の必要について市場経済によるサーヴィス提供だけでは十分でないなら，国家が責任を担わねばならないのである。ここで，給付の確実性の確保——つまりせまい意味における現存在配慮——に係る規制であれば問題はない。それはまさに国家の任務であり，その遂行は正当にも競争自由の制限をもたらしてよいのである。ただ，市場経済上の組織の枠組におけるサーヴィス給付が競争の持つ積極的な機能ゆえに，他のサーヴィス給付の形式より優れているという前提から出発するなら，国家は，市場から切り離してではなく，まさに，市場経済的メカニズムを縦横に使いこなしながら，その責任を果たしていくことこそが，論理的な帰結のはずである。すなわち，市場における知は拡散的であるというハイエクの理論は依然として適切性を失っていない。市場に生起する事象の完全な概観があれば，将来の展開について確実な予想をすることが可能だろうが，そんな概観を国家は持ってはいない。そのことだけからしても，国家による規制はそれが不可欠な介入かどうかという尺度に限定されていなければならないのである。

　純然たる社会政策上の動機が規制の基礎であるという場合であっても，問題が

---

(33) *Kirchner*, Wettbewerb versus Regulierung, in: Assmann u. a., Markt und Staat in einer globalisierten Wirtschaft, 2010, S. 41 (44). 脱規制化において不可欠な残余の規定が，規制過剰をもたらし得る，という危険をとくに指摘するものとして *Immenga*, in: *Blaurock*, Grenzen des Wettbewerbs auf deregulierten Märkten, 1999, S. 94.

生じ得る。ここで正しい尺度を維持することは，政治的な妥結（politischer Kompromiss）が目指すべき任務である。規制の目標は，ここでは，競争の条件の改善をもたらすか，あるいは許容すべきでない社会的諸問題を避けることに貢献する，というところに置かれねばならない。

---

i　Deregulierung に「緩和」の意味はないので「規制緩和」とは訳さない。

ii　金森・荒・森口編『経済辞典』第4版（2002）によると：「ある経済主体の効用または生産技術が他の経済主体の行動により市場を通さないで直接的影響を受けるとき，これを外部効果という。」

iii　英語では Pigovian tax, ドイツ語では Pigousche Steuer-bzw. Subventionslösung である。『経済辞典』（前掲訳注 ii）の項目説明によると，ピグー的補正策とは，「外部効果に基づく市場の失敗を矯正する目的で，ピグー（A.C.Pigou）が考案した課税・補助金政策のこと。ピグーは，正の外部効果（たとえば生垣をつくる）がある場合には，その効果を増産することに対して補助金を交付（もしくは減産に対して課税）し，負の外部効果（たとえば汚水排出）がある場合には，その効果を増産することに対して課税（もしくは減産に対して補助金を交付）することを提案した。」

iv　Coase's theorem. 伊東光晴編『現代経済学事典』（2004）の項目説明：「外部負（不）経済が存在するとき，その発生者と被害者との自発的な交渉によって，発生者に責任を負わせるかどうかに関係なく，唯一の最適な資源配分がもたらされるという，コースが提出した命題。外部負経済が存在するとき市場均衡はパレート最適でなくなる。これに対するピグーの処方箋は，外部負経済を発生させる活動に課税するというものであった。この処方箋は，発生者に責任を負わせるべきだという主張を含んでいる。これに対してコースは，発生者と被害者との当事者交渉にまかせよと主張した」。

v　角松生史「『現存在』への『事前の配慮』」『金子宏先生古希祝賀　公法学の法と政策下巻』碓井・小早川・水野・中里編（2000），265-287頁所収，の訳語を拝借する。この概念の生成過程史に配慮した訳語である。尤も，角松は「この概念が人口に膾炙し，創始者及びその時代との関連が薄らいだ第二次大戦後についてこの訳語を用いる理由は，原則的にはない」（268頁注1）と遠慮がちに云う。しかし，ドイツ語原語 Daseinsvorsorge が戦後に別の言葉に置き換えられたわけではない。一般に，言葉の出自に十分に気をつけることは悪くないし，邦訳された言葉がさらに日本の文脈に馴致されることが，翻訳においては望ましいとも思えないので，角松の提案をそのまま拝借することとした。

vi　定訳はない。『経済辞典』（前掲訳注 ii）は「エッセンシャル・ファシリティ」とカタカナ表記に甘んじている。なお中国語では「関鍵設施原理」という訳が試みられているようであり興味深い。競争法に由来する概念であり，その施設の利用なくしてそもそも市場への参加が不可能になり，事実上その施設を独占するアクターが他のアクターについてその施設の利用を拒否すれば，結果的に市場参加そのものを係る者について拒否することを意味し，結果，市場独占状態が生まれる。こうした種類の施設をとくに，基本的施設と呼ぶのである。

◇第Ⅳ部◇
会社法と労働者保護

日本における会社法と労働者保護
―― 財産権保障と社会国家原則との調和を目指して ――

高 橋 英 治

I はじめに

　基本法は，ドイツ連邦共和国が「社会的」法治国家であると規定する（基本法20条1項）[1]。ドイツの判例・通説上，社会国家原則は，憲法秩序を構成する一つの重要な原則であるとみられ[2]，社会国家原則から，労働者の保護が導かれると解されている[3]。例えば，ドイツの憲法学者であるシュタインとフランクは，社会国家原則の下において国家が社会的弱者に対して基本法上保護されるべき利益の保護を義務づけられていると説き，かかる社会的弱者として労働者を念頭に置いている[4]。ドイツの商法・会社法学者は，基本法14条が規定する財産権の社会的拘束性および基本法20条1項の社会国家原則から，株式会社の取締役が会社の労働者利益を含む公共の利益に配慮する義務が生じると論じる[5]。

（1） 1919年8月11日のワイマール憲法165条2項は共同決定権を定め，「労働者および従業員は，その社会的および経済的利益を遵守するため，事業所労働委員会，経済部門に編成された地区労働委員会もしくはライヒ労働委員会に法律上の代表者をもつことができる」と規定した。1920年2月1日の事業所委員会法（Betriebsrätegesetz）は，事業所委員会がその一人ないし二人の構成員を監査役会に送り込む旨を規定した（*Raiser/Veil*, Mitbestimmungsgesetz und Drittelbeteiligungsgesetz, Kommentar, 5. Aufl., Berlin 2009, Einl Rdnr. 3）。

（2） *Zippelius/Würtenberger*, Deutsches Staatsrecht, 31. Aufl., München 2005, S. 117.

（3） BVerfG NJW 1976, 2117; *Hesse*, Grundzüge des Verfassungsrechts der Bundesrepublik Deutschland, 20. Aufl., Heidelberg 1999, S. 94. グレシュナーは，社会国家原則からは，社会的補償（sozialer Ausgleich）の要請が導かれ，社会国家原則は，例えば労働者といった特権を享受しない国民の一部の問題に適用されると論じる（*Gröschner*, in: Dreier (Hrsg.), Grundgesetzkommentar, Band 2, Tübingen 1998, Art. 20（Sozialstaat）Rdnr. 37）。

（4） *Stein/Frank*, Staatsrecht, 19. Aufl., Tübingen 2004, S. 168.

日本の憲法学においても，芦部信喜博士は，日本国憲法が保障する労働基本権（日本国憲法28条）等の社会権が，20世紀になって，社会国家の理念に基づき社会的・経済的弱者を保護し実質的平等を実現するために保障されるに至った人権であると論じる[6]。また，労働法学上，日本国憲法が規定する人間の尊厳（日本国憲法13条）または生存権の理念（日本国憲法25条）から労働者保護のための法律の憲法上の根拠が導かれると解されている[7]。

日本の会社法は，憲法の財産権保障（日本国憲法29条1項）を基本理念としており，株主・会社債権者保護をその主要な目的の一つとする。本稿では，会社法が，いかなる形で社会的弱者である労働者を保護し，株主の財産権保障と社会国家的要請との調和を実現することができるのか，について考察したい。

II 労働者利益を会社法・会社法学はどのように取り扱ってきたのか

1 伝統的商法学の思考方法の確立 —— 商法＝抽象的経済人の法

わが国において，労働者が会社法上登場するようになったのは近年のことである。伝統的会社法学においては，会社と契約関係に立つ者のことを「第三者」，「債権者」または「債務者」と呼び，これらの概念に会社と賃労働関係に立つ者を包摂していた。ドイツ最初の近代的商法典である1861年ドイツ普通商法典では，「第三者（dritte Person）」（同法231条）あるいは「債権者（Gläubiger）」（同法247条）という言葉は登場するが，労働者（Arbeitnehmer）という言葉は存在しない。ドイツ普通商法典を基礎として起草されたロェスレル草案も，会社と契約関係に立つ

（5）*Raisch*, Zum Begriff und zur Bedeutung des Unternehmensinteresses als Verhaltensmaxime von Vorstands- und Aufsichtsratsmitgliedern, FS Hefermehl, München 1976, S. 353; *Abeltshauser*, Leitungshaftung im Kapitalgesellschaftsrecht, Köln 1998, S. 196; *Schmidt-Leithoff*, Die Verantwortung der Unternehmensleitung, Tübingen 1989, S. 172 ff. この点につき，高橋英治＝牧真理子「ドイツ企業買収法における労働者利益」法学雑誌58巻1号12頁（2011年）参照。
（6）芦部信喜，高橋和之補訂『憲法〔第5版〕』267頁（岩波書店，2011年）。同旨，樋口陽一『憲法I』52頁（青林書院，1998年），佐藤幸治『憲法〔第3版〕』385頁（青林書院，1995年）。
（7）西谷敏『労働法』28頁（日本評論社，2008年）。以下において，「西谷・労働法」と略記する。

者を「第三者」(同草案118条以下)あるいは「債権者」(同草案256条)と呼び,これに会社と賃労働契約関係に立つ者を包摂していた。例えば,ロェスレル草案256条は,株式会社が資本減少を意図する場合,この意図をすべての債権者に通知しかつその同意を取るよう努めなければならないと規定するが[8],この条文の「債権者」には会社に対して賃金支払請求権等を有する労働者が含まれると解される。ロェスレルは,日本の商法典を起草するに当たり,伝統的ドイツ商法学の思考図式に従い,労働者の特色は一切考慮せずに,労働者と取引上の債権者とを同列に取り扱った。

かかる伝統的商法学の思考方法につき,田中耕太郎博士は,商法は経済人としての商人をその個人的特色を捨象して抽象的に規律するものであると総括した[9]。同氏は,1928年,法律秩序の極端な資本主義化あるいは法律人の経済人化の傾向に対し反省が加えられるべき時期が到来していると論じ,労働法の発達による労働者保護のための契約制限等は個人主義的な契約自由の制限であるが,これは資本主義的抽象人の骸骨を一層具体的な社会人をもって置き換えようとする運動に他ならず,今後は生ける社会人ないし具体的な人を法律学の対象とできないであろうかと問題提起をしていた[10]。この問題提起は,労働法・社会法学者だけでなく,商法・会社法学者も,会社で現実にはたらく労働者を,その特別の保護の必要性に着目して,法律学的考察の対象にできないだろうかと考え始めていたことを示す。

2　企業自体の思想の日本の会社法学に対する影響

株主の利益を中心としたこれに保護を与える法としての会社法という伝統的思考に対する批判は,ドイツの経営者から生じた。ヴァルター・ラーテナウ(1867-1922)は,"Allgemeine Electricität - Gesellschaft"(AEG)の主席取締役であったが,1917年に『株式会社論——実務的考察[11]』を著して,経営者の立場から,株式会社制度の改革を訴えた。同氏の主張の中心には,「基礎の交替(Substitution des

---

(8) *Roesler*, Entwurf eines Handelsgesetzbuches für Japan mit Commentar, Erster Band, Tokio 1884, S. 57

(9) 田中耕太郎「法律学における『経済人』としての商人」田中耕太郎編『松波先生還暦祝賀論文集』297頁以下(岩波書店,1928年)。

(10) 田中・前掲注(9)332頁以下。

Grundes）」という考えがあり，同氏は，ある制度が時間を経るに従いその目的や内的本質を変化させる現象をこう呼んだ(12)。同氏は，株式会社は大企業として共同経済的・国家的および政治的使命を課せられているが，株主は投資株主と投機株主とに分化しているのであり，株主総会の投機的動機による大企業解体の決議に対して国家や政府は大企業を保護しなければならないと主張した(13)。たとえば，同氏は，ドイツ銀行の企業価値が株式相場の評価額を超えているという理由から株主総会が企業資金を取り戻すためにその4分の3の多数を以て銀行の清算を決議した場合，国家や政府は特別法を公布して決議を撤回させなければならないと主張した(14)。同氏は，少数派株主の保護については，これを重視せず「良心なき多数者が会社外のまたは会社を害する利益において自己の利得を計ろうとする稀に生ずる誠実義務違反のみを顧慮すべきである(15)」と説いた。かかるラーテナウの思想をハウスマンは「企業自体の思想」と呼んだ(16)。

　ラーテナウの思想は，1930年に田中耕太郎博士により最初に取り上げられ(17)，その後大隅健一郎博士により詳細な検討がなされたが(18)，当時の会社法学に衝撃を与えた(19)。戦前の日本のコーポレート・ガバナンスにおいては，株主主権

---

(11) *Rathenau*, Vom Aktienwesen：Eine geschäftliche Betrachtung, 21. bis 23. Antl1., Berlin 1922.
(12) *Rathenau*, a.a.O. (Fn. 11), S. 8.
(13) *Rathenau*, a.a.O. (Fn. 11), S. 41.
(14) *Rathenau*, a.a.O. (Fn. 11), S. 39.
(15) *Rathenau*, a.a.O. (Fn. 11), S. 30
(16) *Haussmann*, Vom Aktienwesen und vom Aktienrecht, Mannheim 1928, S. 23；*Haussmann*, Gesellschaftsinteresse und Interessenpolitik in der Aktiengesellschaft, Bank‐Archiv, 1930, 30. Jahrgang Nr. 4，58.
(17) 田中耕太郎「株式会社法改正の基本問題」法学協会雑誌48巻1号85頁以下（1930年）。
(18) 大隅健一郎『新版株式会社法変遷論』373頁以下（有斐閣，1987年）。
(19) 企業自体の思想に関する日本の学説については，正井章筰『西ドイツ企業法の基本問題』147頁以下（成文堂，1989年）（以下において，「正井・企業法」と略記する），新津和典「『企業自体』の理論と普遍的理念としての株主権の『私益性』」(1)──ドイツとアメリカにおける株式会社の構造改革」法と政治（関西学院大学）59巻4号（2009年）117頁以下，受川環大「企業組織再編と労働者：会社法・金融商品取引法の視点から」毛塚勝利＝財団法人連合生活開発研究所編『企業組織再編における労働者保護』52頁以下（中央経済社，2010年）参照。

が貫かれており[20]，当時の会社法学は，固有権・株主平等原則等により，少数派株主保護を実現することをその中心的課題としていた[21]。株式会社が労働者利益を含む公共的利益の担い手でもあり，その観点から株主の権利は制限されるべきであるという「企業自体の思想」は，わが国の戦時会社法学にも影響を与え[22]，たとえば，高田源清教授は，1938年，民主主義思想を代表する株主平等原則が企業利益のため一歩譲るべきであると主張した[23]。しかし，企業利益を株主保護に優先させる同氏の解釈論は，戦前において，通説的地位を占めることはなかった[24]。

3 会社立法と従業員 ── 会社立法の発展過程と現状

日本の会社法の歴史においては，労働者は，戦後になって初めて，監査役の資格要件において「使用人」という名称で登場した。すなわち，昭和25年改正法は，それ以前の監査役の兼任規制が，取締役および支配人との兼任を禁止するのみで

---

[20] 岡崎哲二「企業システム」岡崎哲二＝奥野正寛編『現代日本経済システムの源流』98頁以下（日本経済新聞社，1995年），高橋英治『ドイツと日本における株式会社法の改革──コーポレート・ガバナンスと企業結合法制』263頁以下（商事法務，2007年）。以下において，「高橋・改革」と略記する。

[21] *Eiji Takahashi*, Der Gleichbehandlungsgrundsatz im japanischen Aktienrecht als Aufgabe der Rechtswissenschaft, Zeitschrift für Vergleichnde Rechtswissenschaft（ZvglRWiss）108（2009），107 f.

[22] *Eiji Takahashi*, ZVglRWiss 108（2009），108 f.

[23] 高田源清『獨裁主義株式会社法論』145頁（同文館，1938年）。

[24] ただし，大隅健一郎博士と今井宏博士は，「株主平等の原則をつらぬくことが会社自体の利益を害するような場合には，会社はこれに反することをなしうるものと解しなければならない。少数株主の保護は，会社自体の利益の保護にその限界を見出すのが当然だからである」と論じる（大隅健一郎＝今井宏『会社法論上巻〔第3版〕』337頁（有斐閣，1991年））。ここでは「企業自体の利益」という概念に代わり「会社自体の利益」という概念の基に，会社自体の利益を少数派の株主の利益の保護に優先すべきことが説かれている。かかる思考法は，株主平等原則違反の有無に関する合理性基準（目的の正当性および手段の相当性）に受け継がれ，会社が形式的に平等原則条項（会社法109条1項）に違反した取扱を行った場合でも，当該取扱が合理的であること，すなわち衡平の理念に反し，かつ相当性を欠くものではないことを会社側が立証すれば株主平等原則の趣旨に違反しないというブルドック・ソース事件最高裁決定（最決平成19・8・7民集61巻5号2215頁）において確立した思考方法に受け継がれているともいえる。

あったのに対し（明治32年商法184条），兼任禁止の範囲を支配人以外の使用人にまで拡大した（昭和25年商法276条）。本条における使用人とは，代理権を有する商業使用人のみならず，工場長・技師などの商業使用人以外の使用人も含まれると解されていた[25]。この「使用人」としては，商法典が規定する商業使用人（商法20条以下）に準ずる立場の者が元来念頭に置かれていたようであった。

しかし，平成5年改正により社外監査役の制度が設けられ，社外監査役はその就任の前5年間会社の使用人でなかった者でなければならないと定められた（平成5年商法特例法18条1項）。同改正の立案担当者によると，この社外要件における使用人とは，基本的には，会社と雇用契約を締結し，会社の事業目的遂行のために必要な業務に従事する者を指すとされた[26]。ここにおいて当時商法典の一部を構成していた会社法の条文上，使用人という概念の下，労働者一般が登場することとなった。

平成6年改正により使用人に譲渡するための自己株式取得（ストックオプション）が認められたが（平成6年商法210条の2），右条文における使用人も当該会社に雇用されているすべての従業員を指すと解され[27]，ストックオプションの対象を会社の全従業員に広げる企業も出現した。

現行会社法では，社外監査役・社外取締役の要件においても，使用人という言葉が登場する（会社法2条15号・16号）。本条項における使用人は，業務執行機関に対し継続的従属性を有する者[28]，すなわち，従業員ないし労働者を指すと考えられている。また，会社法においては，いわゆる内部統制システムに関連して，「使用人」という概念が存在する。大会社である取締役会設置会社では内部統制

---

(25) 上柳克郎＝鴻常夫＝竹内昭夫編代『新版注釈会社法第6巻』477頁（有斐閣，1987年）〔加美和照〕，大森忠夫＝矢沢惇編代『注釈会社法第4巻』592頁（有斐閣，1968年）〔山村忠平〕，大隅健一郎＝今井宏『会社法論中巻〔第3版〕』294頁（有斐閣，1992年）。

(26) 吉戒修一＝大谷晃大「社外監査役制度の趣旨およびその適用」商事法務1332号12頁以下（1993年）。同旨，上柳克郎＝鴻常夫編代『新版注釈会社法 第2補巻 平成5年改正』82頁（有斐閣，1996年）〔神崎克郎〕。

(27) 上柳克郎＝鴻常夫＝竹内昭夫編代『新版注釈会社法 第3補巻 平成6年改正』65頁（有斐閣，1997年）〔江頭憲治郎〕。

(28) 江頭憲治郎編『会社法コンメンタール1総則・設立（1）』41頁（商事法務，2008年）〔江頭憲治郎〕。

システムの整備を決定しなければならず（会社法362条5項），この内部統制システムにおいては，使用人がその担い手として重要視されている。すなわち，株式会社における業務の適正を確保するための体制として，使用人の職務の執行が法令および定款に適合することを確保する体制があり（会社法施行規則100条1項4号)[29]，監査役設置会社では，内部統制システムとして，①監査役がその職務を補助すべき使用人を置くことを求めた場合における当該使用人に関する事項，②監査役の職務を補助すべき使用人の取締役からの独立性に関する事項，③監査役の職務を補助すべき使用人に対する指示の実効性の確保，④使用人の監査役への報告等に関する体制等がある（会社法施行規則100条3項)[30]。会社法100条1項4号等の株式会社の内部統制システムの一翼を担う「使用人」は従業員一般を指すと解してよい。

会社法の使用人条項は，法務等を担当する使用人が会社機関による監査体制の重要な一部を構成している実態に鑑み，これを法律上の構築義務がある内部統制システムの一部として規制するものである。以上で示したように，日本の会社法には，労働者を直接規制の対象とする条文は既に存在するが，労働者保護のための条文はない。そこで以下においては，会社法上の労働者保護がいかなる形態において可能であるのかについて検討する。

III 労働者利益に会社法はどのように向き合っていくべきか

1 「企業の利益」の概念

ドイツ法では，かつて会社法を「企業法（Unternehmensrecht)[31]」へと発展させようとする試みがあった。1972年，ドイツ連邦司法省により「企業法委員会」が設置され，会社法を時代環境に適合させ，これをより包括的な企業法へと進化発展させることについての是非の検討が本委員会に委託された[32]。この企業法委員会の作業が開始されてから，会社法を「企業法」として発展させることの当否が検討された。1976年に一定の要件を満たした大規模株式会社等が監査役会に

---

(29) 指名委員会等設置会社および監査等委員会設置会社でも，同様の規定がある（会社法施行規則112条2項4号・110条の4第2項4号）。

(30) 同様の規定は監査等委員会設置会社の監査等委員会についても存在する（会社法施行規則110条の4第2項）。

おいて労働者代表と株主代表とを原則として半数ずつその構成員として選任する共同決定法が成立したことを契機に，特に労使共同決定制度に関し，議論が集中した。企業の所有者は法的には会社であるが，実質的（経済的）には出資者であり，労働者を会社と労働契約関係に立つ第三者であると捉える伝統的見解[33]によると，監査役会における労使共同決定制度が株主の持分所有権に対する制約であると捉えられるのに対し[34]，会社法を企業法と考える説によると企業の構成員は社員だけではなく，労働者も企業の構成員であると説かれ[35]，監査役会における労使共同決定制度を企業法上の制度として無理なく説明できる。

　企業法委員会を契機に主張された企業法論は，株式会社の取締役がその活動に

---

(31) ここにおける「企業法」は，商法＝企業法説における企業法とは，理論的に全く平面を異にする。商法＝企業法説における企業法が，ドイツ商法（HGB）の名宛人を企業とするべく立法論および商人を規範の本来的名宛人とする現行ドイツ商法（ドイツ商法１条１項参照）の企業への類推適用を展開するのに対し，「企業法委員会」設置を契機として1970年代に議論された企業法論における企業法とは，会社法＝企業法説というべきものであり，会社法を企業法へと発展させるための立法論・解釈論を指す。ドイツで1970年代に議論された会社法を企業法へと進化発展させるという意味での企業法論に関する代表的文献として，正井章筰『西ドイツ企業法の基本問題』（成文堂，1989年）参照。

(32) Bundesministerium der Justiz (Hrsg.), Bericht über die Verhandlungen der Unternehmensrechtskommission, Köln 1980, S. 78. 企業法委員会報告書の分析検討として，菅原菊志『企業法発展論〔商法研究Ⅱ〕』143頁以下（信山社，1993年），加藤修「西独企業法委員会報告書における議決権代理行使制度の改善と代替方法」慶應義塾大学法学部編『慶應義塾創立125年記念論文集—法学部法律学関係』223頁以下（慶應義塾大学法学部，1983年）参照。ドイツにおける商法＝企業法説につき，*Raisch*, Geschichtliche Voraussetzungen, dogmatische Grundlagen und Sinnwandlung des Handelsrechts, Karlsruhe 1965, S. 34; *Karsten Schmidt*, Handelsrecht, 5. Aufl., Köln 1999, S. 9 ff.; 正井章筰「商法とは何か」ジュリスト1155号65頁（1999年），高橋英治「ドイツ・オーストリア法における企業法論の発展——わが国商法典の現代化へ向けて」奥島孝康先生古稀記念『現代商法学の理論と動態——奥島孝康先生古稀記念論文集第１巻《上篇》』29頁以下（成文堂，2011年）参照。

(33) リットナーがこの伝統的見解を代表する。リットナーの伝統的見解につき，菅原・前掲書注（32）159頁以下参照。リットナーの企業法論に対する見解につき，*Rittner*, Die werdende juristische Person, Tübingen 1973, S. 306 ff.

(34) リットナー等は，かかる立場から1976年共同決定法が企業財産の私的利用を不相応にかつ実質的に制約するため違憲であると主張した（*Badura/Rittner/Rüthers*, Mitbestimmungsgesetz 1976 und Grundgesetz: Gemeinschaftsgutachten, München 1977, S. 231）。

際して「企業の利益（Unternehmensinteresse）」を指向すべきであるという解釈論として現在でも影響を与えている[36]。ここでいう企業の利益とは株主利益に還元し尽くされるものではなく，しばしば利害関係が対立する株主と労働者の利益の調和を図るものとして理解されている[37]。2014年6月24日に改訂されたドイツ・コーポレート・ガバナンス規準4．1．1は，「取締役が自己責任の下で企業の利益のため，すなわち株主，労働者およびその他の企業と結びつきのあるグループ（ステークホルダー）の利害を配慮しつつ，継続的に価値を創造する目的のため指揮しえなければならない」と規定する。「企業の利益」の概念は，株主利益と労働者の利益とが対立する場合にどちらを優先するべきであるのかについて明確な基準を提示しえないという問題点を有するが[38]，それにもかかわらず企業の利益を重視する考え方が今なお有力であることは，労働者と資本家との共存の場として株式会社を捉える企業観が，ドイツの経営および法制度の運用に影響を与えていることを示し，ドイツ会社法の特色となっている。企業の利益という基準は，一方において，曖昧であるという批判が向けられているが，他方では，ドイツ企業の柔軟性の源泉ともなっており，環境の変化に応じて，ドイツ企業がそのガバナンス形態を変遷させることを可能にしている。

　ドイツ会社法は，その解釈論において，株式会社における取締役の行為規準と

---

(35) トマス・ライザーがこの立場を代表する。*Thomas Raiser*, Das Unternehmen als Organisation, Berlin 1939, S. 153 ff. なお，ライザーの企業法論につき，西尾幸夫「システムとしての企業（論）——トーマス・ライザーの組織論に関する若干の検討」奥島孝康教授還暦記念『比較会社法研究』343頁以下（成文堂，1999年），正井章筰『共同決定法と会社法の交錯』63頁以下（成文堂，1990年），正井・前掲書注（31）172頁以下，庄子良男「企業法の現在と課題——T・ライザーの企業法論」監査役159号42頁以下（1982年），163号43頁以下（1982年），木内宜彦『企業法学の理論〔木内宜彦論文集2〕』92頁（大学図書，1996年）参照。

(36) *Raiser/Veil*, Recht der Kapitalgesellschaften, 5. Aufl., München 2010, S. 121. なお，取締役が「企業の利益」を基準として会社の指揮を行わなければならないとしている国としては，ドイツ以外に，オーストリア，オランダおよびスカンジナビア諸国が挙げられる（*Hopt*, Vergleichende Corporate Governance, ZHR 175（2011），476）。

(37) *Raiser/Veil*, Recht der Kapitalgesellschaften, 5. Aufl., S. 121.

(38) メーシェルは，労働者利益を含む一般公衆の利益と株主の利益とが対立する場合，いかなる利益も優越することができず，「いたわりのある，意味のある調和が見出されなければならない」と説く（ヴェルンハルト・メーシェル，小川浩三訳『ドイツ株式法』39頁（信山社，2011年））。

して企業（会社）の利益という解釈原理を導入し，これは株主価値に還元しきれないという立場をとり続けている。ドイツ会社法学では，株主の利益とともに，ステークホルダーの利益が重視されるのであり，この点がドイツ会社法学の特徴となっている。そもそも株主価値を重要視する経営が有利であるのか，それとも労働者等のステークホルダーの利益にもある程度の配慮を置いた経営が有利であるのかは，一概に決めることのできる事項ではなく，当該企業が置かれている環境に依存した問題である。ドイツの近代的商法典が成立した19世紀中頃から19世紀末にかけての時期においては，物的資産が比較的希少であったため，株式会社が多額の資金を一般大衆から吸引し，かつ銀行からも外部資金を獲得できるよう，株式会社の信用基盤を確立して出資者および債権者の保護を実現することに，ドイツ会社法の関心は向けられていた。しかし，株式会社の公共性が唱えられたナチス時代に，株式会社の取締役が労働者利益を含む公共の利益に配慮することを可能にする条項が設けられ，戦後，それが解釈論としても維持された。ここにおいて，ステークホルダーの利益を重視するドイツ型のコーポレート・ガバナンスの原型が形成された。1990年代に入り，米国経済は躍進し，ドイツ経済は逆に不況に苦しんだことにより，米国流の株主価値を重視する考えが台頭し，取締役の義務を巡る解釈論および共同決定制度の見直し論に対し大きな影響を与えた。しかし，2010年に入り，ドイツ経済は戦後の奇跡的復興に次ぐ大好況を迎え，ドイツ型のコーポレート・ガバナンスは再び，かつてのドイツの原型を再構築する方向すなわち企業に対する長期的信頼およびステークホルダーの利益を重視する方向へと戻されつつある。ドイツのコーポレート・ガバナンスは，株主価値を絶対的基準とする考えに収斂しないであろう。なぜなら，株主価値重視の経営が成果を上げるか，ステークホルダーの利益にも配慮する経営が成果を上げるかという問題は，その企業が置かれている環境に大きく依存するため，企業経営者，会社法の立法者および裁判所は，その時代環境に応じて，ドイツのコーポレート・ガバナンスの実際上の態様を変更し，または事実上変更するように仕向けるはずだからである。そしてドイツ企業の置かれている環境に応じたコーポレート・ガバナンスの柔軟な変更を可能とし，ドイツ企業の国際競争力の向上に貢献しているものが，取締役の行為規範としての「企業の利益」という概念である[39]。

　かかる柔軟な取締役の行為基準の定め方は日本にとっても参考になる。日本においても，コーポレート・ガバナンスは，日本企業の置かれている経済環境の変

化に応じて，従業員主権と株主主権との間を往復してきたからである(40)。日本法においても，会社と準委任関係（会社法330条，民法644条）にある取締役による業務執行の目標はあくまでも委任者たる「会社の利益」の増大にあり，「会社の利益」には会社で働く労働者等の各種ステークホルダーの利益も含まれ，会社の取締役の経営目標は株主価値の増大のみに狭く限定されないとする解釈は可能であろう(41)。

2 企業買収法と労働者利益

1990（平成2）年12月のバブル崩壊以降，株主の利益の重視という新しい企業買収法の理念が提示されるようになり，その下で，メストメッカーの権限分配秩序論(42)が再評価され，現在では，取締役は株主の資本多数決によって選任される執行機関といわざるをえないから，被選任者たる取締役に，選任者たる株主の構成の変更を主要な目的とする新株等の発行を一般的に許容することは，会社法が機関権限の分配を定めた法意に明らかに反するものであり，支配権の争いがあ

---

(39) *Ulmer*, Aktienrecht im Wandel, AcP 202（2002），155, 159. この点につき，高橋＝牧・前掲注（5）12頁以下参照。これに対して，2006年英国会社法は取締役に対して多元的利益への配慮をなお義務づけるが，会社の第一義的な目的を，株主のために価値を最大化することに置く（2006年英国会社法172条1項前段）。この点につき，坂本達也「支配会社の従属会社の労働者利益への配慮義務に関する考察」法学雑誌59巻1号49頁（2012年）参照。

(40) 高橋英治「日本における敵対的企業買収と法の発展──資本市場・企業組織・法意識」法学雑誌55巻3＝4号1022頁以下（2009年），*Eiji Takahashi*, Unternehmensübernehmen in deutschen und japanischen Kontext: Betrachtung von Aktionärsstrukturen, externer Corporate Governance und Unternehmensverständnis in Japan, in: Assmann, u. a.（Hrsg.）, Markt und Staat in einer globalisierten Wirtschaft, Tübingen 2010, S. 68 ff. 松井秀征教授は，「制度や理論というのは，『振り子』にように行きつ，戻りつ変化する」と論じる（松井秀征『株式会社制度の基礎理論──なぜ株主総会は必要なのか』408頁（有斐閣，2010年）。

(41) ただし，この解釈は，会社が営利社団法人であり，会社があげた利益を株主（社員）に分配することを目的とする団体であるという伝統的通説の理解（鈴木竹雄＝竹内昭夫『会社法〔第3版〕』15頁（有斐閣，1994年）と対立する。

(42) メストメッカーは，会社の管理機関が自己または自己に近い人物に対して新株を発行して大株主をその地位から追いやることは，会社の管理機関が中立に業務執行を行うという株式会社の権限秩序（Zuständigkeitsordnung）に反すると論じた（*Mestmäcker*, Verwaltung, Konzerngewalt und Rechte der Aktionäre, Karlsruhe 1958, 146 ff.）。

る状況下で経営支配権を維持・確保することを目的として取締役が新株予約権等を第三者に対し発行することは原則として不公正発行に当たると判示されるに至っている[43]。この決定は，グリーンメイリング等の4類型を例示し，これらに該当する場合には，支配権維持確保を目的とする新株予約権発行であってもこれを株主全体の利益の保護の見地から許容した[44]。しかし，これまでのところ，対象会社の労働者利益の観点からの敵対的買収防衛策の許容は，裁判所により正当化事由としては認められていない。近年，労働者利益を考慮した買収防衛策の許容を主張する学説[45]も現れているが，かかる買収防衛策の導入は，取締役が保身のためにこれを利用する可能性があるため，基本的には，認められないと考えるべきである。しかし，例えば，従業員利益に対する明白かつ緊急の危険を及ぼす濫用的買収に対しては，対象会社の総会の承認決議があった場合，極めて例外的ではあるが，対象会社の取締役が新株予約権発行等による防衛策を採ることが許容されるべきであると考える。具体的に，どのような場合に，このような買収防衛策の採用が許容されるのかについては，議論があろうが，違法解雇を繰り返した者が，ある会社に対して敵対的買収を試み，買収の交渉過程で，買収後の対象会社の人員整理を宣言している場合が，これに該当すると思われる。これに対しては，労働法上の解雇権濫用法理によって対処すれば十分であるという考え

---

(43) 東京高決平成17・3・23判例時報1899号56頁（ニッポン放送事件）。
(44) 東京高決平成17・3・23判例時報1899号56頁。また，平成17年5月27日の経済産業省・法務省の「企業価値・株主共同の利益の確保又は向上のための買収防衛策に関する指針」は，企業価値を会社の財産，収益力，安定性，効率性，成長力等株主の利益に資する会社の属性又はその程度をいうと定義し，株主共同の利益を株主全体に共通する利益の総体をいうと定義し，買収防衛策が「企業価値・株主共同の利益の確保・向上の原則」に従わなければならないとする（別冊商事法務編集部編『企業価値報告書・買収防衛策に関する指針（別冊商事法務287号）』122頁以下（商事法務，2005年））。ただし，この指針にいう企業価値という基準が極めて抽象的で漠然としており，買収防衛策の合理性を検討する際の基準となりうるのかについては，疑問も提起されている（矢﨑淳司『敵対的買収防衛策をめぐる法規制』279頁（多賀出版，2007年））。
(45) 田中亘教授は，従業員の行う企業特殊的な人的投資の保護という観点から，取締役会が従業員の信頼を守るために防衛策を行使することも，株主が事前に同意するならば認めてもよいのではないかと論じる（田中亘『企業買収と防衛策』84頁以下（商事法務，2012年），田中亘「敵対的買収に対する防衛策についての覚書」武井一宏＝中山龍太郎編著『企業買収防衛戦略Ⅱ』290頁以下（商事法務，2006年））。

方も提起されている(46)。

3　企業再編と労働者利益
（1）　組織再編と会社法

憲法秩序の下で，会社の組織再編の自由は，営業の自由（日本国憲法22条1項）の一内容として尊重されなければならない。会社法は，組織再編について法の定める手続に従えばこれをなしうるとするとともに，組織再編により利害関係の変更を余儀なくされる株主・債権者の利益を保護する。組織再編において株主および債権者の利益を適切に保護することは，憲法の財産権保障（日本国憲法29条1項）から生じる要請である。また，組織再編の自由も公共の福祉に従う必要がある以上（日本国憲法22条1項），組織再編により不利益を受ける労働者の利益も，法は配慮しなければならない。会社法と労働法は，これらの相対立する利益の調和を目指すべきである。

（2）　会社分割と労働者保護

平成12年改正法による会社分割制度の導入に際しては，労働者の保護が強く意識され，「会社の分割に伴う労働契約の承継に関する法律」が平成12年商法改正法と同時に制定された(47)。この法律は，会社分割に際しての労働契約の承継に関する特例等を定めることにより労働者の保護を図ることを目的とする（同法1条）。これによると，会社分割に際して分割会社の労働者に対し，各人の労働契約が承継の対象として予定されているか否かについて事前に通知がなされる（同法2条）。会社分割に際して承継会社に承継される事業に主として従事する労働者には，承継の対象として予定されていなくとも，異議を述べれば，その労働契約を承継会社等に承継させることができる（同法4条）。しかし，前記の労働者で，承継を予定されている者は，分割会社への残留を希望しても，それが保障されない。特に不採算部門を承継会社・設立会社に移す等，会社分割が不採算部門の切り捨てに利用される場合，かかる労働者の雇用は極めて不安定となる。これは転

---

(46) 企業買収法と解雇権濫用法理との関係につき，原弘明「企業買収と対象会社従業員との関係（2）」京都学園法学64号104頁以下（2010年）参照。
(47) この法律の概要につき，西谷・労働法446頁以下，中東正文『企業結合法制の実践』17頁（信山社，2009年）参照。

籍について労働者の個別同意を必要とする原則とは例外の関係にあり問題であるとして，立法的に解決すべきであると説かれている(48)。しかし，会社法的見地からすると，会社分割に伴い，分割の対象となる「事業に関して有する権利義務の全部または一部」が——債務については原則として債権者の同意なく免責的に——承継会社に移転すると解されている（会社の分割に伴う労働契約の承継に関する法律3条参照）(49)。かかる会社法上の部分的包括承継の理論(50)からすると，承継事業を構成する労働関係は労働者の個別同意なく移転するのが会社法上の論理であることになり，ここに労働法と会社法の交錯がみられる。

　この点に関する，ドイツ法上の解決は，組織再編の自由に制約を設けずして承継された労働契約に対し分割会社の責任を拡大するというものであり，2つ存在する。まず，労働法上，会社分割前に生じた労働契約上の義務につき，従来の雇用者たる分割会社は，承継会社とともに，連帯債務者として責任を負う（組織再編法324条，ドイツ民法613a条1条1項）(51)。この労働法上の規定によると，承継された労働者の会社分割後に発生した賃金債権については，前雇用者である分割会社には責任がない(52)。また，会社分割に際しての自己の労働関係の承継に対して異議を唱える権利が認められる（組織再編法324条，ドイツ民法613a条6項）(53)。次に，組織再編法上，ドイツ商法26条（営業譲渡における営業譲受人の責任）およびドイツ商法160条（合名会社の退社員の責任）にならい，会社分割の効力発生から

---

(48) 西谷・労働法447頁。

(49) 神田秀樹『会社法〔第16版〕』368頁（弘文堂，2014年）。江頭憲治郎教授は，会社分割は合併に類似する組織法的な行為であるから，債務移転に関し債権者の個別の同意は必要ないと説かれる（江頭憲治郎『株式会社法〔第5版〕』886頁（有斐閣，2014年））。

(50) 会社分割では分割会社が存続するため，厳密な意味での包括承継の場合であるとはいえない（神田・前掲書注（49）368頁参照）。ドイツ法上も，会社分割における承継会社は「部分的包括承継者（partielle Gesamtrechtsnachfolge）」であると解されている（*Windbichler*, Gesellschaftsrecht, 23. Aufl., München 2013, S. 521）。

(51) *Joost*, in: Lutter（Hrsg.）, Umwandlungsgesetz, Kommentar, Band 2，4. Aufl., Köln 2009, §324 Rdnr. 53. ドイツ民法613a条について，正井章筰「2005年会社法のコーポレート・ガバナンス——基本的論点の検討」永井和之＝中島弘雅＝南保勝美編『会社法学の省察』90頁以下（中央経済社，2012年）参照。

(52) *Weidenkaff*, in: Palandt, Burgerliches Gesetzbuch, 69. Aufl., München 2010, §613a, Rdnr. 23.

5年間，会社分割効力発生前に発生した債務に関し，分割会社と承継会社は連帯責任を負うと規制されている（ドイツ組織再編法133条1項1文・3項・EC第6指令12条[54]）。これにより，分割会社の債権者は，会社分割の効力発生から5年間は，あたかも会社分割がなかったかの如き状態での保護を受ける[55]。ドイツ組織再編法上，分割会社の労働者は，承継を予定している者であるか否かにかかわらず，会社分割から5年間は，分割会社に対しても，労働契約上の権利を主張できるのである。

西谷敏教授は，日本の労働法の特色を比較法上明らかにしたドイツ語の著作において，ドイツ民法613a条6項の労働者が会社分割に際して自己の契約関係の承継に異議を唱える権利を日本においても認めるべきであるとする見解を紹介された[56]。これに対して，モーリッツ・ベルツ教授は，①ドイツ法上の解決は国際的には極端に労働者保護に傾斜するものである，②ドイツ法では異議権が行使された場合でも雇用者が解雇される場合があり異議権の実際上の意義は限定されている，③企業再編における極端な労働者保護は危機的状況にある会社の倒産処理を困難にする，という理由から，会社分割に伴う労働契約の承継に関する法律の方がドイツ民法613a条6項の継受よりも，日本にとって適合的であると論じた[57]。これに対して西谷敏教授は，労働者には使用者選択の自由があるというべきであり，転籍について労働者の個別同意が必要であるという原則[58]からすると，会社分割に当たっての労働者の承継についても労働者の個別同意がやはり必要であると解すべきであると論じる[59]。ドイツより労働力の外部市場が小さい

---

(53) *Joost*, in: Lutter (Hrsg.), Umwandlungsgesetz, Kommentar, Band 2, 4. Aufl., §324 Rdnr. 65 ff. この異議権を行使した場合，分割会社の労働者は，会社分割後も，分割会社に留まることができる。Willemens, in: Kallmeyer (Hrsg.), Umwandlungsgesetz, Kommentar, 4. Aufl., Köln 2010, §324 Rdnr. 47.

(54) EC第6指令12条3項は，分割会社から承継会社に移行した債権者が承継会社から債務に対する満足を得ない場合，分割会社が右債務につき連帯責任を負うと規定する。EC第6指令につき，*Lutter*, Europäisches Unternehmensrecht, 4. Aufl., Berlin 1996, S. 199 ff.

(55) *Hirte*, Kapitalgesellschaftsrecht, 7. Aufl., Köln 2012, S. 476.

(56) *Nishitani*, Vergleichnde Einführung in das japanische Arbeitsrecht, Köln 2003, S. 176.

(57) *Bälz*, Die Spaltung im japanischen Gesellschaftsrecht, Tübingen 2005, S. 214 f.

(58) 西谷・労働法236頁。

日本では，本体となる会社から会社分割により切り捨てられる労働者を保護する必要性が高く，法人格否認の法理等の一般私法上の手段はこのための十分な保護を提供するものではないから，西谷説に従い，会社分割に際し，承継会社等の承継された労働者の異議権を定めることを立法上検討すべきではないかと思われる。

以上は分割承継会社に承継された労働者の保護の問題であるが，近年，債務超過会社において，残存債権者の関与を得ないまま，会社分割の手法を利用して，優良資産と恣意的に選別した一部の負債とをともに承継会社等に承継させる，いわゆる「濫用的会社分割」の事案が急増している[60]。日本では平成26年改正まで「会社の分割に伴う労働契約の承継に関する法律」以外に，濫用的会社分割から労働者保護を定める特例は設けられていなかった。会社法上の通説的見解によると，会社法施行規則183条6号・205条7号は会社分割に際し分割会社・承継会社・設立会社の債務の「履行の見込み」の開示を要求しており，これらいずれかの会社に債務の履行の見込みがないことが会社分割の無効事由であると解されている[61]。同号により不採算部門を承継会社・設立会社に移転する等してこれを切り捨てるための会社分割は一定程度制限される。

近時，分割会社に詐害的意思が認められるいわゆる濫用的会社分割があった場合，新設会社に対する財産承継に係る部分を詐害行為取消権（民法424条）により取消しうると判示する判例も出されている[62]。これにより分割会社に対して未払賃金支払請求権を有する分割会社の労働者は，濫用的会社分割に関し会社債権者としての自己の利益を直接的に害する会社財産譲渡に係る部分を取消すこともできる。

---

(59) 平成21年8月27日，研究会「会社法と労働法の交錯領域」における西谷敏教授の発言。
(60) 全国倒産処理弁護士ネットワーク「濫用的会社分割についての意見書の提出」金融法務事情1914号10頁（2011年）参照。
(61) 江頭・前掲書（49）899頁注3。
(62) 最判平成24・10・12判例時報2184号144頁，大坂高判平成21・12・22金融法務事情1916号108頁，大坂地判平成21・8・26金融法務事情1616号113頁，東京地判平成22・5・27金融法務事情1902号144頁ほか。会社法学の視点から，濫用的会社分割の問題を考察するものとして，神作裕之「商法学者が考える濫用的会社分割問題——会社分割法制のなかで，できる限りの手当を望みたい」金融法務事情1924号36頁以下（2011年）参照。

濫用的会社分割が行われた場合，法人格否認の法理を適用して分割会社債権者を保護する下級審判例の展開もみられる[63]。

　平成26年改正会社法は濫用的会社分割に対して次の規定を導入した。すなわち，分割会社が分割会社に残る債権者（承継会社等に承継されない債務の債権者）を害することを知って会社分割した場合には，残存債権者は，承継会社等に対して，承継した財産の価額を限度として，当該債務の履行を請求することができる（会社法759条4項本文・764条4項等）。

　私見としては，労働者保護の見地から，一定の場合，組織再編の自由が制限されてもよいのではないかと考える[64]。たとえば明らかに労働者切り捨てを意図した会社分割であり，消滅会社の労働者（承継を予定されている労働者であって承継会社に承継される事業に主として従事している者）を詐害する明白な意図の下に行われた場合については，かかる労働者が自己の利益に対する明白かつ緊急の危険を立証した場合，会社分割の事前の差止を求める権利を認めてもよいのではないか。既に会社法上，会社分割について承認をしなかった債権者に対しては会社分割無効の訴えを提起する道が開かれている（会社法828条2項9号・10号）。本提案は，これを拡張し，労働者に事前の差止を認めるものである。法的安定性の見地から，会社分割の事後的無効の主張は，会社分割無効の訴えのみによってなされるべきであるという会社法学の基本は維持されるべきであるが，事前の差止については，詐害的な会社分割を阻止する目的から，柔軟な法規形成が認められてもよい。西谷敏教授が正当に指摘されるように，現行の労働法上，承継を予定されている労働者であって承継会社に承継される事業に主として従事している労働者について，会社分割による切り捨てに対する保護が十分に行われない状況下においては，以上の会社分割の事前の差止請求権により，これらの労働者を保護する必要性は高い。

　平成24年の「会社法制の見直しに関する要綱」では，「組織再編が法令又は定款に違反する場合であって，消滅会社等の株主が不利益を受けるおそれがあるとき」，株主に当該組織再編の差止請求権を認める案が提示された[65]。この法案は，

---

(63) 福岡地判平成23・2・17判例タイムズ1349号177頁。
(64) 上村達男教授は，企業再編に関し将来的には労働法上の要請に従って会社法理を変えるべき場合もあろうと提言される（上村達男「商法・会社法学からのコメント」日本労働法学会誌113号94頁（2009年））。

平成26年会社法改正において，会社法784条の2・796条の2・805条の2として立法化された。株主と同様にあるいはそれ以上に重要な利害関係を有する会社の労働者に対しても，詐害的組織再編を差止める権利を認めても——これを労働法上の権利とすべきか，あるいは会社法によって差止権を定めるという問題はあるが——私法の理念上，無理なものではないであろう。

（3） 事業譲渡と労働者利益

事業譲渡に際しての労働者の承継に関し，労働者の同意が必要であるのかについては，争いがある(66)。かつての商法上の通説は，事業譲渡をもって支配人その他の商業使用人の終任事由と解し(67)，労働者の同意必要説を採っていた。田中耕太郎博士は，この結論が実際的ではないとして，商業使用人の法律関係の特質に鑑み，使用人に対する権利が当然譲受人に移転するものとした(68)。西原寛一博士は，田中耕太郎博士の議論を商法＝企業法説の立場から発展させ，労働契約関係は実質上独立化した企業そのものに属すると解し，事業譲渡に際しての労働者の承継に関し労働者の同意（民法625条1項）は必要ないと解した(69)。

しかし，現在の労働法上の通説によると，事業譲渡における権利義務の移転は，包括承継ではなく個別承継であるから，譲渡される事業に従事してきた労働者の雇用が譲受会社に承継されるか否かは，譲渡会社，譲受会社，労働者の合意によって決まるのであり，譲受会社または労働者のいずれかが雇用の承継を明確に拒否した場合には，雇用は譲受会社に承継されないと解されている(70)。

---

(65) ただし，略式組織再編以外の組織再編に限られる。会社法制部会資料27「会社法制の見直しに関する要綱案」24頁（2012年8月1日）。この立法案に対しては，パブリック・コメントおよび部会審議においてもほとんどが賛成したようである。この点につき，岩原紳作「『会社法制の見直しに関する要綱案』の解説〔Ⅴ〕」商事法務1979号10頁（2012年）。

(66) 学説の詳細につき，山下眞弘『会社営業譲渡の法理』302頁以下（信山社，1997年），金久保茂『企業買収と労働者保護法理』25頁以下（信山社，2012年）参照。

(67) 松本烝治『商法総論』376頁（有斐閣，1931年）。

(68) ただし，使用人側に解約権を留保することができる。田中耕太郎『改正商法総則概論』343頁（有斐閣，1938年）参照。

(69) 西原寛一「会社の解散と不当労働行為」同『商事法研究第三巻』366頁（有斐閣，1968年）。

(70) 菅野和夫『労働法〔第9版〕』468頁（弘文堂，2010年）。

4　企業結合法と労働者利益

　従属会社における債権者保護の問題は，かねてより会社立法上の重要課題であると認識されてきた[71]。しかし，近年の日本の代表的な企業結合法案は，従属会社の債権者に対しては少数派保護のための規制の枠組みの中で間接的に保護されれば足りるとして，特にこれに対して立法上の措置を設けることを予定していない[72]。また，近時のドイツ・コンツェルン法の発展においても，従属的有限会社の債権者は，支配社員の会社に対する不法行為責任の枠内で間接的に保護されれば足りると解され[73]，支配社員に対する従属会社債権者の直接的請求は認められていない。

　しかし，従属会社の労働者の賃金債権につき，特別の法的保護は必要ないのであろうか。ドイツ法では，2000年代初頭に法人格否認の法理の適用により従属会社の債権者に対する支配会社の直接責任が認められていた[74]。法人格否認の法理の適用により従属会社の債権者を保護することを最初に提唱したデオルグ・ビッターは，任意的債権者と非任意的債権者と分け，後者に対してだけ法人格否認の法理による直接保護を与えるという思考を示していた[75]。同氏によると，かかる法的取り扱いの区別を設ける根拠は，前者が契約締結の際担保の設定等を要求して従属会社倒産リスクを回避することができるのに対し，後者はそれができない点に求められる。

　昭和45年3月26日の川岸工業事件判決[76]は，従属会社である仙台工作株式会

---

(71) 龍田節「企業結合と法」矢沢惇編『岩波講座現代法9 現代法と企業』130頁（岩波書店，1966年），田中誠二「子会社の債権者保護の法理」金融・商事判例594号17頁以下（1980年），森本滋「企業結合」竹内昭夫＝龍田節編『現代企業法講座2 企業組織』109頁（東京大学出版会，1985年）。

(72) 江頭憲治郎『企業結合法の立法と解釈』21頁（有斐閣，1995年）。

(73) 2007年7月16日連邦通常裁判所判決（BGHZ 173, 246, „Trihotel"）。この判決につき，高橋英治『企業結合法制の将来像』241頁以下（中央経済社，2008年）。また，Trihotel判決以降の連邦通常裁判所判決につき，武田典浩「『会社の存立を破壊する侵害』法理の新動向」比較法雑誌43巻1号146頁以下（2009年）。

(74) BGHZ 149, 10 „Bremer Vulkan"; BGHZ 151, 181 „KBV".

(75) *Bitter*, Der Anfang vom Ende des „qualifiziert faktischen GmbH-Konzerns": Ansätze einer allgemeinen Missbrauchshaftung in der Rechtsprechung des BGH, WM 2001, 2140. 高橋・改革23頁以下参照。

(76) 仙台地判昭和45・3・26判例時報588号38頁。

社の解散に伴って解雇された従業員111人が債権者となり，支配会社である川岸工業株式会社を相手どり，解雇直前1ヶ月分の賃金の仮支払を求めた事例であったが，その判決において，仙台地裁は，「子会社に対する親会社の法人格の独立性が一定の債権者に対する関係で限界を画され子会社の責任を親会社において自からの責任として負担すべきものとされるための条件としては，第一に親会社が子会社の業務財産を一般的に支配し得るに足る株式を所有すると共に親会社が子会社を企業活動の面において現実的統一的に管理支配していること，第二に株主たる親会社において右責任を負担しなければならないとするところの債権者は，親会社自から会社制度その他の制度の乱用を目的として子会社を設立し又は既存の子会社を利用するなどの事情がない限り子会社に対する関係で受動的立場にあるところの債権者に限ること，しかも親会社と子会社との間に右第一の支配関係があるときは子会社の受動的債権者に対する債務関係は常にしかも重畳的に親会社において引受けている法律関係にあると解するを相当とする。そして『支配あるところに責任あり』の法原則からしてもこのことは容易に肯首することができるであろう」と判示し，法人格が形骸化しているとして法人格否認の法理を適用し，従属会社の従業員の有する賃金債権につき支配会社がその支払義務を負うとした。労働者が受動的債権者といえるか否かという問題について，本件川岸工業事件仙台地裁判決は，当該労働者が雇用者との力関係において自己の働き先を選択することができたか否かに依存すると考えているようである[77]。

　川岸工業事件における仙台地裁の法人格の形骸化の認定は従属会社に対する統一的指揮のみを根拠とするものである。かかる支配のみを基にする責任は「実質的支配論」と呼ばれるが[78]，かかる考え方によると日本におけるほとんどすべての会社の支配従属関係において支配会社は従属会社の労働者との関係では責任を負わされる結果となるとして批判が強い[79]。

　私見としては，ドイツ有限会社法64条が規定する業務執行者の倒産惹起責任の

---

[77] 川岸工業事件において，仙台地裁は，子会社の債権者には「自ら任意積極的に子会社との取引を選択してこれに対し信用拡大を図った能動的債権者と消極的に因果の関係で債権者となった受動的債権者とがある」とし，子会社の従業員を「子会社の受動的債権者」とみる（仙台地判昭和45・3・26判例時報588号51頁）。

[78] 上柳克郎＝鴻常夫＝竹内昭夫編集代表『新版注釈会社法第1巻』81頁（有斐閣，1985年）〔江頭憲治郎〕。

考え方を発展させて，支配会社が従属会社の業務執行に対し包括的かつ統一的に指揮命令を行い，これに従った結果として従属会社が倒産した場合，支配会社は従属会社の労働者を含む一般債権者に対し連帯して責任を負うとしてもよいのではないかと考える[80]。かかる支配会社の従属会社の一般債権者に対する倒産惹起責任については，法的明確性を実現する見地から包括的企業結合立法措置の枠組みの中で立法措置がなされることが望ましい。

これに加えて，会社の支配従属関係を濫用した労働者の解雇が増えつつある現状においては，支配会社の従属会社に対する包括的指揮により従属会社が倒産したとみられる場合，会社を選択できない地位にある社会的弱者（受動的債権者）であると認められる労働者につき，法人格否認の法理の適用により，自己の賃金債権の支配会社への直接的請求を認めてよい。会社を選択できなかった受動的債権者については保護の必要性が特に高いと考えられるからである。ただし，労働者は基準となる時点またはその属する業種および職種により当該労働者が属する労働力の外部市場の流動性の状況が変化ないし相違するため，具体的にいかなる場合に特別に保護される「会社を選択することができなかった受動的債権者」となるかについて一律に基準を示すことは困難であるため，この不確定要件の存否については，裁判所が，個別の事案に応じて判断することになろう。

5　会社の解散と労働者利益

会社の解散に対して最も重要な利害関係を有しているのは，おそらくその会社

---

(79) 上柳＝鴻＝竹内編代・前掲書注（78）87頁〔江頭憲治郎〕，森本滋「法人格の否認」江頭憲治郎＝岩原紳作＝神作裕之編『会社法判例百選〔第2版〕』11頁（有斐閣，2011年）。

(80) 高橋英治「日本における閉鎖的資本会社の発展と法」商事法務1914号11頁（2010年）。2008年 MoMiG は，ドイツ有限会社法64条として，社員に対する支払等が会社の支払不能を惹起した有限会社の「業務執行者」の責任を規定したが，これは支配的地位にある有限会社「社員」の責任を規定するものではなく，会社において支配的地位にある社員が，いかなる要件の下，いかなる内容の責任を負うのかについては明確でなく，その責任の根拠づけは，社員の誠実義務および民俗違法の不法行為（ドイツ民法826条）等の会社法上および民法上の一般条項に委ねられている。かかる状態は法的安定性の見地から望ましくなく，この点について法律で確定することは，今後のドイツ有限会社法改正の課題であろう。

で働く労働者であろう。会社が解散すれば労働者は働く場を失う。一般的に，株主が会社から退出しようと思う場合その株式を売却すればよいのに対し，労働者が会社から退出するのは労働力の外部市場が発達していない日本国においては非常に困難である[81]。また労働者は会社解散に伴う退職に際して自己のスキルに見合った額の補償を受け取ることも困難である。それにもかかわらず，日本の会社法上，会社解散を決定するのは最終的には会社の経済的所有者である株主であり（会社法471条3号），労働者が会社解散に対して異議を唱えることができる仕組みは整えられていない。

判例・学説上，不当労働行為意思による会社解散は無効とするという見解が存在した[82]。しかし，現在では，会社解散の自由は，憲法の財産権の保障，営業の自由，職業選択の自由から派生する現行法秩序の基本原則であり，真実解散である限り解散の動機に嫌悪している労働組合との関係を切断する意図が含まれていても，解散の効力には影響しないと解されている[83]。

これを見直す方向として，上村達男教授は，正当の理由のない解散決議は労働者の基本権を侵害するものとして法令違反決議とみるべきであり，会社解散決議は無効となり，会社解散決議の無効は，合併無効の効果として消滅会社が復活するとの法理に準じて，解散会社は将来に向かって復活するとの効果を伴うとする[84]。ただし，判例・通説である憲法規範の間接適用説の考え方からすると，労働者の基本的人権を侵害する総会決議は，憲法に違反するとして無効となるの

---

(81) 人本主義を主張する論者は，以上の点を挙げて，経営学者は株主よりも労働者の方が企業における主権者たるに相応しいと論じる（伊丹敬之「日本企業の『人本主義』システム」今井賢一＝小宮隆太郎編『日本の企業』61頁（東京大学出版会，1989年））。*Kirchwehm*, Reform der Corporporate Governance in Japan und Deutschland, Frankfurt a. M. 2010, S. 29; *Clark*, The Japanese Company, New Haven 1979, S. 221 f. ドイツにおいても，社会学的考察を基礎にして，労働者が組織としての企業の構成員であると考える見解がある（*Thomas Raiser*, Das Unternehmen als Organisation, Berlin 1969, S. 153 ff.）。

(82) 大阪地判昭和31・12・1労民集7巻6号986頁（太田鉄工所事件），正田彬「会社解散と不当労働行為」季刊労働法46号46頁以下（1962年）。

(83) 菅野和夫「会社解散と雇用関係――事業廃止解散と事業譲渡解散」山口浩一郎先生古稀記念『友愛と法』132頁以下（信山社，2007年）。

(84) 上村達男「会社法と労働の基礎理論――基本権をふまえて」川村正幸先生退職記念論文集『会社法・金融法の新展開』9頁以下（中央経済社，2009年）。

ではなく，公序良俗違反に該当し，民法90条に従って無効となると解すべきである[85]。

　以上のように解散決議の効力を否定する以外に，立法論としては，会社解散の決定過程に対する労働者の参加が考えられてよい。株式とは共同企業における持分所有権が法人としての株式会社における社員の会社に対する法律上の地位として現れたものであり[86]，会社の経済的所有者は株主であるという命題は否定できない。また，職業選択の自由が日本国憲法22条に保障された重要な基本的人権であり，その一環として企業廃止の自由が存在することは一般的に否定できない。しかし，日本国憲法22条が「公共の福祉」による制限を明記していることから理解できるように，企業廃止の自由も労働者の人権等の他の基本的人権との調整が必要である[87]。現在のような，株式会社の解散決定におけるリスクと意思決定権限の乖離は，経営学的に望ましくなく，会社経営の不効率を招くおそれが多分にある。すなわち，現行法のように，株主だけが会社の命運を決める決議に参加できるというのは，会社解散に関する不利益負担者と決定権限者の不一致という観点から，経済学的にみて不合理である。将来的には，会社解散決定過程に労働者を参加させる法制を実現すべきではないか。ドイツ法において，会社の解散決定は共同決定事項ではないが（株式法262条参照），会社解散が総会決議によってなされる場合で（株式法262条1項2号）監査役会が会社の解散の提案を株主総会に提出する場合（株式法124条3項），当該監査役会の構成に共同決定法は適用される。

　解散手続に対する労働者の参加の制度が実現不可能である場合，組織再編手続における知れたる債権者に対する通知の規定を拡張して，会社が解散を行う際に，解散に伴う労働契約の帰結や解散の具体的内容・条件等について会社が労働者に事前開示する義務を課すことは，組織再編における合併条件等の事前開示の制度（会社法782条・会社法施行規則182条）があることに鑑み，必要でありかつ法体系の点からも無理なものではないであろう。ドイツ法においても，組織再編法上の労働者に対する情報義務を会社解散の場合に拡張するという議論は存在する。すなわち，組織再編法5条1項9号は，合併契約に労働者に対する合併の効果が記載

---

(85) 西谷・労働法22頁参照。
(86) 大隅＝今井・前掲書注（24）292頁。
(87) 西谷敏「会社解散・解雇と法人格否認の法理」法学雑誌32巻1号161頁（1985年）。

されなければならないと定めており，また，組織再編法5条3項は，合併契約またはその草案が，合併を決する持分者集会（株主総会）の少なくとも一ヶ月前に所轄事業所委員会に対して送付されなければならないと定めているが，かかる規定を会社解散についても設けることが検討されてもよいとする見解が存在する[88]。

Ⅳ　おわりに

最後に本稿の提言をまとめると次のようになる。

1　従来日本の会社法では，株式会社の経済上の所有者である株主の憲法上の財産権保障を基盤として株主保護および会社の取引上の信頼確保の観点から債権者保護主要目的とした規制枠組みが採られてきたが，今後は社会国家的要請から労働者保護にも配慮する規制も求められ，これらの利益の調和が課題となる。

2　当初日本の会社法では労働者に関する規定を全く有していなかったが，現在では労働者は内部統制システムの担い手として位置づけられている。今後，会社法学は労働法学と協力して新たな労働者保護措置の整備を行うべきである。

3　取締役の行為基準としての「企業の利益」という概念はドイツ企業がその置かれている環境に応じてそのコーポレート・ガバナンスを柔軟に変更することを可能にし，ドイツ企業の国際競争力の向上に貢献している。ドイツのコーポレート・ガバナンスは，株主価値を絶対的基準とする考えに収斂しないであろう。かかる柔軟なドイツ法上の取締役の行為基準のあり方は，日本にとっても参考になる。

4　過去に違法な整理解雇を繰り返していた者が，ある会社に対し敵対的買収を

---

[88] マインツ大学法学部デルク・フェアゼ（Dirk A. Verse）教授の見解。ドイツ法上，合併の場合と同様の情報提供義務は，会社分割（組織再編法126条1項11号・同条3項），組織変更（組織再編法194条1項7号・同条2項），国際合併（組織再編法122c条2項4号・同項10号・122e条）についても設けられている。

試み，買収の交渉過程で買収後の対象会社でリストラを実行すると宣言している場合等，従業員利益に対する明白かつ緊急の危険を及ぼす企業買収に対して，対象会社の取締役が新株等発行等による防衛策を採ることが，対象会社の株主総会決議による承認を条件として，許容されるべきである。

5 　明らかに労働者切り捨てを意図した会社分割であり，消滅会社の労働者を詐害する明白な意図の下に行われた場合については，自己の利益に対する明白かつ緊急の危険を立証した場合，かかる会社分割の事前の差止を求める権利を分割会社の労働者に認めてよい。

6 　自己の生活の基盤が会社にある労働者が，会社の解散に関し，株主よりも重大な利害関係を有していることに鑑みれば，会社の解散決定過程に対する労働者の参加が考えられてよい。また，会社が解散する際に，解散に伴う労働契約の帰結や解散の具体的内容・条件等について会社が労働者に事前開示する義務を課すべきである。

外国会社のための企業共同決定？

ハンノ・メルクト[1]
高橋英治（訳）

I　はじめに

　企業の共同決定，すなわち，営業のレベルだけでなく企業の監査役会レベルでの労働者側との協議は，ドイツでは，政治的及び経済的議論の実際において実に堅固な制度である。もっとも，過去には何度も改革案が出されたことがある。例えば，2000年代の初め頃の，ドイツ使用者連合（BDA）とドイツ産業連合（BDI）との共同の報告書，あるいは，ベルリンのコーポレートガバナンスを先導するグループの提案の形である。

　開業の自由についてのヨーロッパ裁判所（EuGH）の判例を通じて，他の加盟国の会社に対し，加盟国の法規制が開始されることによって，企業共同決定のドイツモデルは圧迫されている。すでに，多くの人がドイツ企業は大挙して企業共同決定から逃げるかもしれないと懸念している。さらに，いわゆる見せかけの外国会社，すなわち，「異国の法規」である外国法に基づき設立された会社の利用が増加することによって，ドイツの共同決定モデルは制度的に弱体化し，社会的平和が脅かされるだろう[2]。政治的な枠組みにおいては，以前に，さまざまな側面での上記懸念が，企業共同決定のモデルを外国会社にまで拡張し，国内でも同等の共同決定の適用範囲を広げようという立法的措置を要求する契機となった。以下の寄稿は，この要求につき批判的な考察を行う。

（1）この寄稿は，著者が，専門家として，2011年5月9日の連邦議会労働社会委員会の公聴会のために準備した意見に多少手を加えたものである。
（2）例えば，*Sick/Pütz*, Der deutschen Unternehmensmitbestimmung entzogen, WSI Mitteilungen 1/2011, 34.

1　現在の政治的議論

　ドイツ連邦議会の労働社会委員会には，2010年4月21日に左翼党の議員団から，2010年6月16日にSPDの議員団から，企業共同決定の拡張に関する提案が提出された[3]。双方の提案は，部分的に似通った目的を求めている。

　左翼党の議員団の提案は，「企業共同決定を隙間なく保障する」ことを問題にしている。しかし，それにもかかわらず，企業共同決定はますます弱体化するだろう，なぜなら，ますます多くの大企業がドイツの有限会社や株式会社の法規ではなく，外国の法規を利用するようになってきており，共同決定を免れるからである。最近の研究は，共同決定の回避と共同決定からの逃亡の危険が増加していることを示している。したがって，企業共同決定は，外国法規に基づく会社にも拡張されなければならない，という。

　SPDの提案は「企業的な決定に対する構成員及びその代理人の民主的な関与を強め」ようとする。三分の一参加法と共同決定法の基準値は，生産性が増加しつつあるという背景の前ではもはや時代遅れである。企業的な共同決定のさらなる発展と強化，そして中央的な企業的決定の拡大が，歴史的に低い金利や，進行しつつあるドイツの貧困と闘うための重要な方策となる。必要なのは，企業の戦略的行動のすべての方策を把握する，共同決定が必要な業務を法的に提示した目録である。共同決定する監査役会の構成員の三分の一を占める権限のある少数派は，その目録に加えて，共同決定が必要とされる業務を拡張できることにすべきである。それによって，ドイツ国内の外国法規による企業に関し，共同決定のない領域が減少するはずである。そのためには，

— 共同決定は，ドイツ国内に事業所在地または支店がある外国法規による企業，もしくは，外国の無限責任社員を有するドイツの人的会社に適用されるべきである[4]

— 中央的な企業的決定のために，共同決定が必要とされる業務について法的な最低限の目録が導入されるべきである

（3）ドイツ連邦議会には，現在，労働社会委員会の決定勧告が提出されており（BT-Drucks. 2011年11月10日の17/7696），その中で，委員会は，議会に対し，CDU/CSUとFDPの議員団の票が賛成，SPDと左翼党の代表者の票が反対，同盟90／緑の党の代表者が棄権の下で，双方の提案を否決することを勧告している。

（4）この意味で，既に2007年10月のSPDハンブルク党大会の決議第54番。

― 共同決定法の基準値を従業員1000人，三分の一参加法の基準値を従業員250人に引き下げるべきである
― 1976年共同決定法が適用されるすべての会社について，監査役会に中立的な人物を置き，同時に，主席監査役の二重議決権を廃止することによって，「真の同権」による資本と労働との間の法的・経済的同格化が達成されるべきである。

これらの提案に対しては，法的な観点から，特に下記のような疑問が投げかけられる。

1 ドイツの企業共同決定を，ドイツ法の強制法規によって他のEU加盟国の法によって設立されているが，その事業所在地及び経済的な重点が国内のみに存在するEUの会社に対しても拡張することが，法的に可能なのだろうか。
2 ドイツに支店のあるEUの会社についてはどうなるのか。
3 EU内の外国に所在する無限責任社員を有する合資会社についてはどうなるのか。
4 問題1から3の場合はどうなるのか。会社がアメリカ法によって設立された場合（問題1），もしくは，アメリカ法によって設立された会社の支店がドイツに存在した場合（問題2），もしくは，無限責任社員がアメリカの会社であった場合（問題3）。
5 中央的な企業的決定のために，共同決定が必要な業務の法的な最小限目録を導入することは憲法上許されるのか。
6 共同決定法の基準値を従業員1000人，三分の一参加法の基準値を従業員250人に引き下げることが憲法上許されるか，もし許されるとしても有意義であるのか。
7 1976年共同決定法による，ある程度の同権的共同決定を，監査役会に中立的人物を置き，同時に主席監査役の二重議決権を廃止することによって，「真の」同権的共同決定に置き換えることが憲法上許されるのか。

2 ドイツ共同決定の拡張と回避の問題に関する数字

1976年共同決定法に定められている2000人以上の従業員を有する企業の数は，2008年にフリードリッヒ・エーベルト財団が行った研究によると694であった（株式会社294，ヨーロッパ株式会社5，有限責任会社347，その他48）[5]。三分の一参加法（500人以上の従業員）の実際的な意味を比較できる数字は入手できない。現在の研究

では，その数を約1500と見積もっている(6)。したがって，合計すると，ドイツでは共同決定を行う会社の数がおよそ2200と見積もられる。

共同決定の回避の問題については，ハンス・ベックラー財団が行ったシック及びピュッツの研究によって，下記の数字が挙げられている。外国法規に基づくドイツ国内で事業を行っている大企業で，仮にドイツ法規に基づき営業しているとすれば共同決定を行うこととなったはずであろう企業の数は，2006年には17であったが，2010年10月末には43になったということである。その中で，開業地が外国である企業が16ドイツ国内にあった。残りの27は，外国の無限責任社員がいるドイツ法に基づく合資会社であった(7)。

II 個別の疑問について

1 ドイツの企業共同決定を，ドイツ法の強制法規によって，他のEU加盟国の法によって設立されているが，その事業所在地及び経済的な重点が国内のみに存在するEUの会社に拡張することが法的に可能なのだろうか

共同決定の改正に関する議論においては，事業上の共同決定と，企業的な企業決定とを区別すべきである。

事業上の共同決定は，事業所組織法（BetrVG）によって規定され，使用者と労

（5）Friedrich-Ebert-Stiftung, Perspektiven der Unternehmensmitbestimmung in Deutschland, April 2011

（6）*Bayer*, Drittelbeteiligung in Deutschland. Gutachten im Auftrag der Hans-Böckler-Stiftung, Düsseldorf 2010（Hans-Böckler-Stiftungのホームページから閲覧可能）; *Seibt*, in: Henssler/Willemsen/Kalb（Hrsg.), Arbeitsrecht - Kommentar, 4. Aufl. 2010, §1 MitbestG Rdnr. 1では，2008年12月31日の決定日にはやはり合計694社であり，そのうち294が株式会社，347が有限会社，53がその他の会社形態であったとしている。（翻訳者注：三分の一参加法は，本法が適用される企業の監査役会構成員の3分の1が労働者代表でなければならないと定める法律である。）

（7）*Sick/Pütz*, Der deutschen Mitbestimmung entzogen: Die Zahl der Unternehmen mit ausländischer Rechtsform wächst, WSI-Mitteilungen 1/2011, 34.（翻訳者注：なお，ハンス・ベックラー財団とは，労働組合員により拠出された寄附金により，労働者および労働者子弟の大学での研究教育，政治的教育活動さらには労働者の利益となる学術研究を推進する財団である。この点につき，高橋英治『ドイツ会社法概説』191頁〔有斐閣，2012年〕参照。）

働者の関係と結びついている。この法では，事業所委員会は例えば解雇予告（事業所組織法102条）などのように，労働者と直接に関係する使用者の一定の決定について，労働者の代表として参加する。したがって，事業上の共同決定は労働法的な共同決定の形の問題となる。すなわち，事業上の共同決定は会社法ではなく労働法に位置づけられるものである。その結果として，事業上の共同決定は，いわゆる会社定款，つまり，会社経営者が形成する設立や会社の内部組織にとって重要な国内の（会社）法の基礎にはならない。むしろ，外国法による会社がドイツで営業する場合にも，ドイツの事業上の共同決定が用いられている（いわゆる「属地主義」）[8]。議論する場合は，ドイツの共同決定の外国会社への拡張を見過ごしてはならない。したがって，権利者が移転した結果，ドイツではなく外国の会社がドイツの事業を担っている場合，共同決定からの一括した「逃亡」とか「回避」として語るのは的を得ていない。ドイツの事業上の共同決定は，ヨーロッパ及び国際的に広く知られた共同決定の形として，ここで議論された全てのケースについて用いられている。

　これに対して，共同決定法[9]に定められた企業に関連する共同決定では，会社の監査役会における選択と企業指揮の支配に労働者が参加することが問題となる（株式法84条・111条参照）。企業的共同決定のこの形態は，その会社法的もしくは組織法的意味のために会社法の一部とみなされる[10]。

　現在の文脈では，事業上ではなく，経営上の，すなわち，会社法によって仲介された共同決定が問題となる。なぜなら，ドイツのモデルに圧力をかけるEU法上のメリットは，会社の開業の自由に影響するからである。よって，下記の論述は，企業的共同決定に限定する。

（8）*Thüsing*, ZIP 2004, 381, 387; *Wachter*, GmbHR 2004, 88, 92. 事業上の共同決定はヨーロッパ法的には異議のあるものではない。*Schanze/Jüttner*, AG 2003, 661, 668参照。

（9）企業上の共同決定は，1976年共同決定法1条において2000人を超す労働者が従事する企業（労働者と持分所有者が同数），1952年事業所組織法76条以下において500人を超えて2000人までの労働者が従事する企業（監査役構成員の3分の1が労働者代表）と規定されている。さらに，炭鉱鉄鋼業に関しては，1951年の炭鉱鉄鋼（モンタン）共同決定法が該当する。以下では，1976年の共同決定法についてのみ述べるが，論究される各問題は，他の2つの法律においても同様に存在する。

（10）これについて詳しくは *Thüsing*, ZIP 2004, 381, 387参照

a) 外国会社に対する共同決定法の不適用

共同決定法1条1項の文言では，明確に，株式会社，株式合資会社，有限会社，及び産業・経済協同組合が挙げられている。非常に有力な見解によれば，この列挙は限定的であり，したがって，挙げられていない外国会社には共同決定法が適用されることはない[11]。共同決定法1条1項が外国会社に類推適用されることは当然ながら否定されている。なぜなら，立法者が意識的に選んだ限定的な文言により，予定外の法的隙間は存在していないからである[12]。

そうだとすれば，ドイツの立法者は，外国会社に企業に関連する共同決定を行わせるためには行動を起こさなければならないだろう。これが（まだ）達成されていない限り，ドイツの企業は，ドイツの共同決定を回避する目的で外国会社を設立することができる[13]。

b) 共同決定法1条の適用範囲の拡大？

上述のように，企業的な共同決定は会社法の一部であり，その結果として，その組織が共同決定の適用対象となる会社の個別定款（いわゆる会社定款）の基礎となっている[14]。したがって，ドイツの国際私法によって，EU加盟国との関係では，その事業所在地がドイツにあって，ドイツのみで活動していたとしても，原

---

(11) OLG Stuttgart ZIP 1995, 1004; *Junker*, NJW 2004, 728, 729; *Raiser*, MitbestG, 4. Auflage, 2002, §1 Rdn. 13 f.; *Thüsing*, ZIP 2004, 381, 382 mwN.

(12) *Thüsing*, ZIP 2004, 381, 382 mwN; *Veit/Wichert*, AG 2004, 14, 16 mwN; i. E. auch *Schwark*, AG 2004, 173, 178, それによれば，外国会社の形態が非常に異なった構造を採っており，共同決定を念頭においたドイツの会社形態と大きな差異があることから，共同決定法の類推は頓挫する。他に *Zimmer*, Internationales Gesellschaftsrecht, 1996, S. 146 ff.; *Knobbe-Keuk*, ZHR 154（1990），325, 347 f.

(13) 新たに設立された会社が共同決定法及び事業所組織法の基準値（上記注9参照）に達しない限り，どちらにしても共同決定法は適用されない。しかし，ドイツの大企業がEU内の外国に，コンツェルンを指揮する企業として持株会社もしくは生産会社を設立するとすれば，外国会社に共同決定法を適用する余地が欠けていることは，実務では著しく大きな意味を持つだろう。なぜなら，それによって，コンツェルンの頂点に対するドイツの企業共同決定（共同決定法）を回避できるからである。*Schwark*, AG 2004, 173, 177参照。

(14) *Horn*, NJW 2004, 894, 900; Kindler, in: MünchKomm, 3. Auflage, 1999, IntGesR Rdn. 451 mwN; *Wachter*, GmbHR 2004, 88, 92.

則として，ドイツの共同決定法ではなく，外国会社が設立された国の相当する規定が適用される(15)。もっとも，立法者は，特別の関連づけもしくは民法の施行法第6条の「公序」の留保によって，設立定款に干渉し，外国会社を国内法下に置くことができる(16)。ただし，国際私法の原則によれば，そのような特別の関連づけもしくは類推は，共同決定の規則そして特に監査役会の同権的な占有が，外国法の上位のものとなり，外国法を超えて達成されるドイツの公序の一部であると考えられる場合にのみ考慮される。国際私法が提示している高い要求からすれば，これを説得的に根拠付けることはほとんどできない(17)。監査役会に定着した共同決定は，一元的に作られており，したがって，会社経営組織から分離された監査組織を持たない外国会社に対しては，変更を加えなければ承継できないことも問題であるように思われる(18)。

c) EU法的な制約

ドイツの立法者は，提示された双方の案が提示しているように，外国法によって設立されているものの，事業所在地が国内にあり，その全体的な経営活動が国内で行われている会社に対し，三分の一参加法または共同決定法による共同決定を適用するための拡張法を公布することができるであろう。ただ，そのような拡張は，EU運営条約（AEUV）の49条・54条の開業の自由の点において問題となる。共同決定の強制によって外国会社の組織構造に作用した干渉は，国内で開業することを困難にし，それによって開業の自由が制限される。もっとも，ヨーロッパ裁判所の判決によれば，債権者，少数派社員，労働者の利益または国有財産の保護のような公共の福祉によるやむを得ない理由がある場合には，一定の事情の下で，一定の条件を考慮して，開業の自由の制限が正当化されることがある(19)。

---

(15) *Thorn*, in: Palandt, Bürgerliches Gesetzbuch, 70. Auf., 2011, Anh. zu Art. 12 EGBGB Rdnr. 6.

(16) これについて詳しくは *Hammen*, WM 1999, 2487, 2493; *Junker*, NJW 2004, 728, 729; *Sandrock*, AG 2004, 57, 62; *Spindler/Berner*, RIW 2003, 949, 951; *Veit/Wichert*, AG 2004, 14, 17.

(17) BGH RIW 1982, 353.

(18) *Raiser*, Unternehmensmitbestimmung vor dem Hintergrund europarechtlicher Entwicklungen, Gutachten B zum 66. Deutschen Juristentag, Stuttgart 2006, B 107.

(19) EuGH — Überseering — NZG 2002, 1164.

開業の自由の干渉は，3つの理由によって正当化される。公共の安全と秩序の保障（AEUV 52条），開業の自由の濫用回避，そして公共の福祉によるやむを得ない理由による保護である[20]。

外国会社に対する共同決定の拡張が正当化されることがあり得るとしても，それは，最終的な理由によってのみ可能である。なぜなら，AEUV 52条は危険回避の措置を可能にしているだけなので，共同決定の拡張を可能にするものではないからである[21]。さらに，ヨーロッパ裁判所の判決によれば，設立者が様々な会社法の中から，目的達成のためにメリットがあると思われるものを選び出したとしても，それは開業の自由の「濫用」には該当しない[22]。したがって，設立者は，例えば，最低資本[23]に関するオランダ法の厳しい規則やドイツの共同決定法を避けるために，イギリスで私会社（plc）を設立してもよい[24]。

企業に関する共同決定法の外国法への拡張は，一般の利益によるやむを得ない理由があると言える場合（いわゆる開業の自由の「内在的制約」）に限って実現できるであろう。その他に，さらに3つの条件が満たされなければならない。国内の措置は，差別的でない方法で行われなければならず，追求する目的の達成に沿ったものでなければならず，目的の達成に必要な範囲を超えてはならない[25]。ヨーロッパ裁判所の判例によれば，労働者の保護のために開業の自由に干渉することは認められている[26]。したがって，現在，学説においては，企業に関する共同決定の存在に関する労働者の利益が，一般の利益によるやむを得ない理由と解することができるかどうかが，激しく争われている。多数派と思われる見解はこれを否定し，ドイツの立法者は，将来の立法として，外国会社がドイツの共同決定法に服することを回避したとする[27]。

企業に関する共同決定は，1976年，3つの根拠により制定された。企業の決定

---

(20) EuGH — Centros — NJW 1999, 2027 Rdn. 24, 34; *Sandrock*, AG 2004, 57, 65 f.
(21) これについて詳しくは *Sandrock*, AG 2004, 57, 65.
(22) EuGH — Centros — NJW 1999, 2027 = AG 1999, 226 Rdn. 26 f.
(23) EuGH — Inspire Art — AG 2003, 680 = GmbHR 2003, 1260 Rdn. 98.
(24) これについて詳しくは *Sandrock*, AG 2004, 57, 65; *Schwark*, AG 2004, 173, 178.
(25) EuGH — Centros — a.a.O., Rdn. 34; EuGH — Inspire Art — a.a.O., Rdn. 133.
(26) EuGH — Überseering — NJW 2002, 3614 = AG 2003, 37 Rdn. 89, 92; これについては *Schwark*, AG 2004, 173, 178も参照。

は，民主的に公認され，支配されなければならない（「民主化」）。労働者は企業的な決定に直接関係するのであるから，共に決定すべきである（「自己決定」）。そして，所有権の生産手段に対する経済的・政治的な力は制限されなければならない（「力のコントロール」）[28]。

共同決定に対してヨーロッパ法により認められた一般の利益を指し示しているのは，例えば，AEUV 153条1項fである。それによれば，これまで立法権が行使されていない場合であっても，ヨーロッパ共同体は，共同決定の分野においても加盟国の行動を補充すべきである[29]。もっとも，今までのところ，共同決定は，AEUVの一般の利益としては挙げられているが，それが特別な意味（「やむを得ない理由」）になるかどうかというところには至っていない。

共同決定が目的としている労働者保護が，やむを得ない一般の利益に当たるという認識とは反対に，加盟国の様々な見解により，共同決定法のヨーロッパ的な修正は行われてこなかった。いくつかの国，例えばイギリス，スペイン，ポルトガルは，そのような規定を完全に放棄し[30]，ドイツは共同決定の質と量の観点から，孤立した状態となっている[31]。これに対して，EUによる一般の利益の認識は，個々の加盟国が従来どの程度まで一般の利益を保護してきたかということで決めることはできないという異議が述べられている[32]。この異議はある意味

---

(27) *Hammen*, WM 1999. 2487, 2495; *Sandrock*, AG 2004, 57, 66; *Veit / Wichert*, AG 2004, 14, 18; *Windbichler/Bachmann*, in: Festschrift für Bezzenberger, 200, S. 797, 803; *Zimmer*, BB 2000, 1361, 1365; *Schanze/Jüttner*, AG 2003, 661, 668. それによれば，正当化はいずれにしても必要性の点で破綻する。以下も同じような議論。*Schwark*, AG 2004, 173, 178; a. A. *Bayer*, BB 2003, 2357, 2365; *Kieninger*, ZGR 1999, 724, 744 ff; *Kindler*, NJW 2003, 1073, 1079; *Thüsing*, ZIP 2004, 381 ff.

(28) *Junker*, NJW 2004, 728参照

(29) *Thüsing*, ZIP 2004, 381, 386 f.

(30) *Schwark*, AG 2004, 173参照。EU加盟国の共同決定法制についての概観は *Köstler/Büggel*, The Euopean Company and the Company Law and existing legislative provision for employee participation in the EU member states, Report der Hans Böckler Stiftung, Brüssel, 2003, S. 70 ff.

(31) ドイツは，労働者と持分所有者の同権を規定している唯一の加盟国である。*Schwark*, AG 2004, 117参照。さらに以下も参照。*Horn*, NJW 2004, 893, 900; *Zimmer*, BB 2000, 1361, 1365.

(32) *Thüsing*, ZIP 2004, 381, 386.

では正しいようにみえる。なぜなら，イギリスは，企業において共同決定できるという労働者の保護すべき利益を完全に無視しているということが考えられるからだ。しかし，少なくとも，多くの加盟国では，共同決定による労働者の保護は，必ずしもこの内容でやる必要はないと解されているということになる。他の国では，これまでのところ，ドイツほどの広範囲での共同決定が「必要」であることが十分に根拠づけられていない。

さらに，三分の一参加が500人以上の従業員を有する企業のみ，そして，同権的な共同決定が2000人以上の従業員を有する企業のみとされ，部分的な保障しかない。ドイツの全企業の数は2004年には295万3000を少し超えるとされている[33]。共同決定を行う全企業の数は，初めに示したとおり，およそ2000と見積もられている。つまり，ドイツで共同決定を行う企業の数は，明らかに1％以下である。したがって，守るべき国内の公共の福祉による理由はそれほど重大ではないのではないかということが結論づけられる[34]。

さらには，監査役会を通しての取締役に対する効果的な支配のために，企業の共同決定が適しているのかという疑念が述べられている。例えば，実務では，監査役会において，一定の重要な問題が，不本意ながら労働者の同席の下で議論されているといわれている[35]。反対意見は，AEUV 153条1項fの立法権が，ヨーロッパ法は共同決定を原則として効果的だと解していることを示して異議を述べる[36]。これは他方から見るとやはり弱い反論と解される。なぜなら，第一に，この立法権限はいまだ行使されていない（上記参照）。第二に，EUの立法権限を理由に，具体的な形でドイツの共同決定法の効果を逆に推論することは決してで

---

(33) http://de.wikipedia.org/wiki/Unternehmen の記載による。

(34) *Eidenmüller*, ZIP 2002, 2232, 2242; *Veit/Wichert*, AG 2004, 14, 17; *Ziemons*, ZIP 2003, 1913, 1917; a. A. *Thüsing*, ZIP 2004, 381, 386.

(35) *Veit/Wichert*, AG 2004, 14, 18; ドイツの共同決定法の欠点について詳しくは *Sandrock*, AG 2004, 57, 60 f. も参照。事業経済的な側面から，特に，監査役構成員に十分に能力がないことが多く，監査役会に与えられた監督機能を効率よく実現するために，非常に少数派利益を志向すると指摘されている。以下参照。 *von Werder*, AG 2004, 166 ff. und 171; BDA/BDI, Bericht der Kommission Mitbestimmung, 2004; Berliner Netzwerk Corporate Governance.

(36) *Thüsing*, ZIP 2004, 381, 386 f.; これについては上記注19も参照。*Weiss/Seiffert*, ZGR 2009, 542もおそらく同じ。

きないと思われる。この批判から，強制的な解決に優先して，より穏やかな方法である交渉による解決がふさわしいという結論が導かれるだろう[37]。ここでは，今や，EU 法的なレベル，例えば，EBR ガイドラインによるヨーロッパ事業所委員会の場合，ヨーロッパ株式会社（SE）やヨーロッパ協同組合（SCE）及び境界を越え融合した場合の共同決定制度において，共同決定のモデルは統一原則において優先的なものと理解されているということを熟慮しなければならない。

このようにして，企業共同決定が共同法的な特典の置き換えがなされる[38]ドイツ法によっても，重要な範囲で交渉問題となるのだとすれば，労働者の利益を効果的に配慮するために，法的に強制されたモデルだけが適当であり，必要であるという主張をすることはもはやできないだろう。

その他に，国内で共同決定法は，外国会社がその設立法により比較可能な共同決定の水準を満たしていない場合にのみ干渉することができるであろう[39]。ここで，拡張法の支持者にとって議論の余地があるジレンマが生じる。労働組合やそれに近い立場を取る研究所[40]及び論者[41]のように，ドイツの企業的共同決定はその量と質において一定ではなく，比較可能な国内のモデルの大きなフィールドの中で変動するという立場を取る者は，各 EU 加盟国からの外国会社のケースでは，拡張は，必要性の基準の点で失敗するという当然の結論を取らざるを得ないだろう。

さらに，共同決定が国際企業の共同成長の妨げとなり，ドイツに所在を置くことがデメリットと受け止められるようになるという有力な見解が導かれる。なぜなら，外国の投資家が未知の共同決定を信用しないからだ[42]。この事情は，確

---

(37) *Raiser*, Unternehmensmitbestimmung vor dem Hintergrund europarechtlicher Entwicklungen, Gutachten B zum 66. Deutschen Juristentag, Stuttgart 2006, B 109; a. A. *Weiss/Seiffert*, ZGR 2009, 542.

(38) *Wißmann*, in: Fitting/Wlotzke/Wißmann (Hrsg.), Mitbestimmungsrecht, 3. Aufl., 2008, Vorbemerkung Rdnr. 63.

(39) *Raiser*, Unternehmensmitbestimmung vor dem Hintergrund europarechtlicher Entwicklungen, Gutachten B zum 66. Deutschen Juristentag, Stuttgart 2006, B 109.

(40) Friedrich-Ebert-Stiftung, Perspektiven der Unternehmensmitbestimmung in Deutschland, April 2011, 1.

(41) *Sick/Pütz*, Der deutschen Mitbestimmung entzogen: Die Zahl der Unternehmen mit ausländischer Rechtsform wächst, WSI-Mitteilungen 1/2011, 34; *Weiss/Seiffert*, ZGR 2009, 542.

かに，労働者保護の方策としての共同決定の意味を否定するものではない。しかし，このことは「必要性」のテストの枠内において考慮することができるであろう。

これらの理由により，有力な見解は，ドイツの共同決定法の拡張は開業の自由（AEUV 49条・54条）に対する正当化できない干渉と解するであろう[43]。

d) 共同決定の拡張に対する実務的な障害

ドイツの立法者による共同決定法の外国会社への拡張には，この法的な障害が阻んでいるだけではなく，実務的な障害も存在する。

まず，外国会社，特に原則として一元的に組織されている，すなわち，監査役会がない会社にとって，ドイツの二元的な企業共同決定を手本として導入することは，純粋に法技術的に簡単ではない[44]。いずれにしても，外国会社に対し，ドイツの子会社を設立してこの困難を回避するよう義務づけることはできない[45]。これは，冒頭に述べた決定によるヨーロッパ裁判所の判例に反し，AEUV 49条・54条の開業の自由に抵触するとされている[46]。しかし，共同決定は，おそらく，事業を統率している構成員と，統率していない構成員とを区別することによって，指揮組織の中で実現することができるであろう[47]。その他に，この問題を，基準値を超えた場合には監査役会を創設することとされている有限会社の場合と類

---

(42) *Horn*, NJW 2004, 893, 900; *Kirchner*, AG 2004, 197; *Sandrock*, AG 2004, 57, 61; *Veit/Wichert*, AG 2004, 14, 17 mwN；しかし，現時点では *Bermig/Frick*, DBW 2011, 281の経験的な研究による成果を見よ。それによると，企業共同決定は，ドイツ企業の資本市場の行動に対し，積極的にも消極的にも全く影響を与えていないという結論を出している。

(43) *Seibt*, in: Henssler/Willemsen/Kalb（Hrsg.）, Arbeitsrecht - Kommentar, 4. Aufl. 2010, § 1 MitbestG Rdnr. 9 ; *Binz/Mayer*, GmbHR 2003, 249, 257; *Eidenmüller*, ZIP 2003, 2233, 2242; *Forsthoff*, DB 2002, 2471, 2477; *Kallmeyer*, DB 2002, 2521, 2522; *Müller-Bonani*, GmbHR 2003, 1235, 1237; *Ulmer*, JZ 1999, 662, 663; *Paefgen*, DB 2003, 487, 491; *Ziemons*, ZIP 2003, 1913, 1918；これらと異なる見解として，*Kindler*, NJW 2003, 1073, 1078.

(44) ドイツとオランダの会社法だけが指揮組織と監督組織を分けており，他の加盟国では統一的な事業組織が規定されている。*Veit / Wichert*, AG 2004, 14, 18 mwN 参照

(45) そのような提案として Roth, IPRax 2003, 117, 125; vgl. auch *Zimmer*, BB 2003, 1, 6 f.

(46) *Hammen*, WM 1999, 2487, 2493; *Junker*, NJW 2004, 728, 729; *Ulmer*, JZ 1999, 662, 663.

似した方法で解決することが提案されている（共同決定法6条との関連で同法1条1項1号）(48)。しかし，後者の方法は実務的でないように見える。なぜなら，適用可能な設立国の会社法は，基本的に監査役会に支配権限を認める条文を有していないからである。したがって，ドイツと外国の組織法が相互に使用されなければならないだろう。

さらに，根本的な異議がある。経営に対する支配と監督は，一元的なモデルを採っているそれぞれの国において，ドイツとは異なる手法や機関によって行われている。比較的活発化された株主総会，機関投資家，資本市場，公的な資本市場監視機関，訴訟上の予防などである。それに加え，事業上の共同決定は，これらのうち多くの国で違った方法で構築され，実施されている。ドイツの共同決定を行う監査役会の移植は，この釣り合いの取れた利益保護のシステムをひどく破壊するおそれがあるだろう(49)。特に，ドイツ法による共同決定を行う監査役会の設置を課せられた外国会社は，ドイツの会社よりも悪いと評価される危険があるだろう。「共同決定法的な移植の結果として生じる間接的な問題」(50)は技術的な置き換えに限定されるものではなく，実際的な価値の問題にも及んでいる。

e）結　論

以上より，ドイツの立法者は，他のEU加盟国の法律によって設立されたが，ドイツに事業所在地や営業の実体がある会社に対して，ドイツの共同決定法規を拡張することはできない。

---

(47) *Thüsing*, ZIP 2004, 381, 383; *Zimmer*, Internationales Gesellschaftsrecht, 1996, S. 160参照。企業指揮について労働者の代表者が参加することに対しては，憲法的な疑義があるだけではなく，彼らには原則として専門的な資質が欠けていることを基礎としている。*Schwark*, AG 2004, 173, 176 mwN 参照

(48) *Thüsing*, ZIP 2004, 381, 383; この可能性は *Zimmer*, BB 2000, 1361, 1365も述べる。同じく *Weiss/Seifert*, ZGR 2009, 542.

(49) これに対して，*Weiss/Seiffert*, ZGR 2009, 542と違って，企業共同決定が事業的な共同決定を大きく超えていくことを否定できない。企業的な共同決定がない企業制度における事業的な共同決定は，必然的に異なった構想で作られ，異なった効果を持ち，したがって，木に竹を接ぐ企業共同決定との相乗効果が機能障害を引き起こし，または，ドイツのモデルにより組み合わされた事業的・企業的共同決定としてより強い負担を導くおそれがある。

(50) *Weiss/Seiffert*, ZGR 2009, 542.

2　ドイツに支店のある EU の会社についてはどうなるのか

　企業的な共同決定の回避の危険を避けるためのこれまでの議論は，いわゆる見せかけの外国会社について行われてきた。その場合，明らかに，外国法によって設立されたが，その事業所在地が国内にあり，営業活動が本質的に国内に限定されているか，または国内に集中している会社を念頭に置いてきた。国内に支店がある外国会社は見せかけの外国会社ではない。その限りでは見せかけの外国会社に生じる疑念は生じない。

　ドイツに支店を有している全ての会社に対して，そういう理由のみで共同決定をする監査役会を設置することを強制しようとすれば，EU 加盟国の会社に関しては，明らかに開業の自由に抵触するだろう。さらに，そのような場合の組織法的干渉は，国際法及び国際私法の観点からも非常に問題である。なぜなら，その限りでは，外国に事業所在地がある外国会社に対しては，立法権は国内的な領域に限定されるという属地主義が適用されるので，ドイツの立法者にはその限りで立法権限が認められないからである[51]。

3　EU 域内の外国に所在する無限責任社員を有する合資会社についてはどうなるのか

　企業的な共同決定は，現行法では一定の資本会社の形態に限定して適用される（共同決定法 1 条）。これに対して，合資会社は共同決定法が適用されない人的会社であり，しかも，従業員が何人であっても同様である[52]。ただ，資本会社を無限責任社員とする合資会社（Kapitalgesellschaft und Co. KG）の場合には，共同決定法 4 条の特別な条件が満たされる限り，合資会社の従業員が資本会社に加算されることに注意する。人的会社形態への企業的共同決定の拡張は，今まで真剣に議論されてこなかった。なぜなら，この場合は非常に明白にその余地及び必要がないと解されたからである。また，なぜ，外国の無限責任社員を持つ合資会社に対していささか偏ったものを適用すべきなのかが不明である。そのため，SPD

---

(51) *Seibt*, in: Henssler/Willemsen/Kalb（Hrsg.），Arbeitsrecht - Kommentar，4．Aufl. 2010, § 1 MitbestG Rdnr. 7 mwN.

(52) *Seibt*, in: Henssler/Willemsen/Kalb（Hrsg.），Arbeitsrecht - Kommentar，4．Aufl. 2010, § 1 MitbestG Rdnr. 3.

による提案は，議論において孤立している状態である。

4　問題1から3の場合はどうなるのか。会社がアメリカ法によって設立された場合（問題1），もしくは，アメリカ法によって設立された会社の支店がドイツに存在した場合（問題2），もしくは，無限責任社員がアメリカの会社であった場合（問題3）

　ドイツとアメリカとの関係では，会社の承認に関して，1954年10月29日の友好通商海運条約の25条5項2文が適用される[53]。それによれば，条約の一方の国の法律によって，その領域内で設立された会社は，その国の会社とみなされるという原則が当てはまる。これは，組織制度，したがって，企業的共同決定の問題にも当てはまる。そのため，支配的見解は，アメリカ法によって設立されたがドイツに事業所在地や営業の実体がある会社は，ドイツで承認されるべきであり，企業的共同決定には服さないと解している[54]。EU内の見せかけの外国会社との違いは，ここでは，一定の狭い条件の下で共同決定の拡張を許しているヨーロッパ裁判所の判例は適用されないということだけである。それは，このままの状態での拡張は友好条約との抵触となり，したがって，拡張は条約の変更によってのみ可能であろうということを意味している。

　国内的平等扱いという考えを根拠に，条約はアメリカの会社をドイツの会社のようにドイツの共同決定に服させることを認めているという見解がまれに述べられているが[55]，これは誤っている。国内的平等扱いとは，アメリカの会社が，アメリカの会社に基づいて設立され，したがって企業共同決定がないとしても，共同決定をしてもしなくても，ドイツの会社と平等に扱われるという意味である。サーベンス・オクスリー法によって監査委員会（audit committee）導入が強制されるという指摘も，それ以上は発展しない[56]。なぜなら，この指摘は，アメリカの会社法では共同決定を行う監査役会が完全に異物である一方で，監査委員会については特別な摩擦もなく，問題なくドイツの資本会社の構造にはめ込むこと

---

(53) BGBl. 1956 II 487.
(54) *Seibt*, in: Henssler/Willemsen/Kalb (Hrsg.), Arbeitsrecht - Kommentar, 4. Aufl. 2010, §1 MitbestG Rdnr. 10.
(55) *Weiss/Seiffert*, ZGR 2009, 542はそのように言う。
(56) 再度 *Weiss/Seiffert*, ZGR 2009, 542.

ができ，ドイツ法においてもずっと以前からオプションとして存在し，ドイツの公開資本会社の構成要素の手堅いレパートリーに数えられていることを見過ごしているからである。

5 中央的な企業的決定のために，共同決定が必要な業務の法的な最小限目録を導入することは憲法上許されるのか

　憲法上，監査役会の中央的な企業決定，特に営業終了，所在地移転，企業売却についての決定のために，共同決定が義務づけられる業務の法的な最小限目録を導入すること，そして，同時に，監査役会構成員の3分の1の権限を与えられた少数派のために，共同決定が必要な業務の目録を補充する権利を認めることが，基本法14条による株主の所有権と整合するかどうかが問題となる。ここでは，ドイツの株式法に基づく監査役会は，取締役の監督とコントロールのための組織であることを確認すべきである。株主総会が独占する基本原則の決定，または，株主総会でなされた決定を妨害する権限は，株式法111条4項2文の領域とは違って，監査役会にはない。監査役会が持分所有者の決定を破棄できるということは，この任務の分離と適合しない。なぜなら，この場合，非持分所有者は，第一には非持分所有者ではなく，株主が経済的に不利な結果を被ることになる企業的決定をするからである。企業的決定権限を「第三者の負担において」共同決定する監査役会にそのように置き換えることは，事業所組織法が共同決定の判断において基本法14条の所有権と整合的な企業共同決定の構想について設けた要求を満たさないだろう。この憲法上の疑念は，監査役会構成員の権限を与えられた少数派が，共同決定を義務づけられる業務を補充する権利を与えられたとすると，さらに強くなる。なぜなら，監査役会の意思形成の際の少数派原則は，少数派グループの非少数派的利益が会社及び企業的なリスクを持った持分所有者の負担において実現されうるのではないかという懸念があるからである。

6 共同決定法の限界を従業員1000人，三分の一参加法の限界を従業員250人に引き下げることが憲法上許されるか，もし許されるとしても意義があるのか

　この疑問は，憲法上の許容性という観点から投げかけられている。これは回答が困難である。なぜなら，事業所組織法は，1979年の共同決定に関する連邦憲法裁判所の判決において，基準値の高さの憲法上の尺度に問題について，明確に語っ

ていないからである(57)。しかし，その決定から，共同決定法が，持分所有者の所有権の保障（基本法14条），結社の自由（基本法9条1項），職業の自由（基本法12条）そして一般的な行動の自由（基本法3条1項）の観点において，「なお」憲法と整合していると見られる方法で作られているという基本原則を導くことはできる。そこから，企業共同決定の実質的な強化は，個々の事例においては疑念がありうるという結論を導くことができるだろう。確かに，共同決定法と三分の一参加法の基準値を半分にすることはそのような実質的な強化に該当すると見ることができるだろう。しかし，そのような強化は，その持分権がすでに共同決定に服している持分所有者に負担を掛けるのではなく，今までには共同決定に服していなかった会社の持分所有者に影響する。より小さい企業の所有者に対し共同決定を広げることが，憲法上疑念のある方法で企業とその持分所有者に負担となる，あるいは，この拡張が原則上もしくは制度上，企業所有者の参加の価値を全体として形作る実質的な存在を，より大きい企業の所有者の場合よりも強く侵害し，したがって，憲法上著しい侵害がある(58)とは，抽象的にいうことができない。

　さらに，ここでは，1976年共同決定法による，ある程度の同権的な共同決定の基準について，共同決定法の準備の際に，ドイツ連邦議会の専門家委員会が，実際に1000人の労働者という基準を議論し，委員会の一部は最終的にそれよりも低い基準を示したが，結論として2000人の基準を実施することとしたということを考慮すべきである(59)。いずれにしても，憲法上の観点から，基準を半分にすることで，明確な憲法上の疑念が生じるわけではない。

　もう一つの問題は，基準値を半分にすることに意味があるかということである。ここでは，第一に，労働者250人から5000人の企業に企業共同決定の実施を義務づけるためには，かなりの組織上・管理上の経費が支出されるだろう。そのような会社に義務づけた監査役会設置は割に合わないと判明するおそれがある。それに加え，将来的にも基準値の引き下げが固定の境界に取って代わることが行われるだろう。当事者に，企業個別的に適合した規則を実現させるような，柔軟に交

---

(57) BVerfG NJW 1979, 699.
(58) 1976年に共同決定法が導入される際の議論はそのようなものであった。*Hoffmann/Lehmann/Weinmann*, Mitbestimmungsgesetz, 1978, Einleitung Rdnr. 54を見よ。
(59) *Hoffmann/Lehmann/Weinmann*, Mitbestimmungsgesetz, 1978, Einleitung Rdnr. 42.

第Ⅳ部　会社法と労働者保護

渉可能な解決が考慮されるべきである(60)。

7　1976年共同決定法による，ある程度の同権的共同決定を，監査役会に中立的人物を置き，同時に主席監査役の二重議決権を廃止することによって，「真の」同権的共同決定に置き換えることが憲法上許されるのか

　これに対しては，明確な憲法的疑念がある。事業所決定法は，これまでに引用した1979年の共同決定に関する連邦憲法裁判所判決(61)の中で，共同決定法により，監査役会において持分所有者と労働者の監査役会構成員が同数になったとしても，本質的な同権はないと述べている。確かに，共同決定法29条及び31条の規定は，監査役会のすべての採決において，まずは，持分所有者構成員と労働者構成員との間の一致，少なくとも部分的な一致が達成されるべきであることを認めている。しかし，衝突する場合には，主席監査役が賛成し，したがってその第二の票を利用できる側が決定的な影響を及ぼすことができる（共同決定法29条2項・31条4項）。この優勢は，共同決定法27条に規定された主席監査役の選出の手続に基づき，その監査役会構成員が，法的に認められた可能性をその意思実現のために使う限りにおいて，持分所有者の方にある。法が持分所有者に認めている労働者に対する優越的地位は，会社法で設計可能性な枠内で強めることはできなくとも，保護することはできる。さらに，監査役会における労働者の共同決定についての規定（共同決定法7条2項，15条2項），一方では持分所有者から（株式法133条以下との関連での共同決定法8条），他方では労働者（共同決定法9条以下）の監査役構成員の選出についての規定は　監査役会において，傾向としてより閉じられた投票行動を促し，さらには，持分所有者の側により強い実現可能性を促している。

　事実上のコンツェルンの場合，事業所組織法は，確かに，従属的企業における共同決定を通じてのコンツェルン意思の実現は困難だと見ているかもしれない。しかし，法的には，コンツェルン指揮は，非常の場合，従属的企業の主席監査役

---

(60) BDA/BDI, Stellungnahme zum Antrag der Fraktion der SPD „Demokratische Teilhabe von Belegschaften und ihren Vertretern an unternehmerischen Entscheidungen stärken" (BT-Drucks. 17/2122) und zum Antrag der Fraktion Die Linke „Unternehmensmitbestimmung lückenlos garantieren" (BT-Drucks. 17/1413) vom 2. Mai 2011, 5.

(61) BVerfG NJW 1979, 699.

の第二の票の助けを借りて，コンツェルン意思を実現することができる。

それにもかかわらず，事業所組織法は，憲法上の疑念に関して主席監査役の第二の議決権の特別な意味を強調する。そのために，この分野における同権的共同決定は企業を機能不全に陥らせることはなかった。いずれにしても，共同決定法が主席監査役の第二の票によって，むしろ監査役会における持分所有者の軽い優越を定めているならば，事業所組織法の解釈によって，その規定が当該企業の機能不全を導くものではないという主張は認容できるといわなければならない。

これは，非常に狭く，炭鉱鉄鋼業という特殊な状況(62)の結果であるとして他に類推できない，炭鉱鉄鋼共同決定法による完全に同権的な共同決定の適用範囲の他では，主席監査役の第二の議決権の放棄は憲法上許容されないという結論を導く。

Ⅲ 結 論

1 外国法によって設立されたが，組織所在地及び営業がドイツに存在する会社を，拡張法によって，共同決定法に基づくドイツの企業共同決定に服させることはヨーロッパ法上許されない。

2 同じように，ドイツに支店のある外国会社を，この理由のみによって，共同決定法に基づく企業共同決定に服させることはヨーロッパ法上許されない。

3 さらに，外国の無限責任社員を有しているドイツの合資会社を，それだけの理由で，共同決定法に基づく企業共同決定に服させることはヨーロッパ法上許されない。

4 アメリカ法によって設立されたが，ドイツに事業所在地及び営業が存在する会社は，ドイツにおいて，そのまま承認されるべきである。そのような会社に対する企業共同決定の拡張は，ドイツとアメリカの1954年10月29日の友好通商海運条約と合致しない。

5 監査役会の中央的な企業的決定のために，共同決定が必要な営業の法的な最小限目録を導入し，同時に，共同決定が必要な営業の目録を補充する権利を，

---

(62) *Seibt*, in: Henssler/Willemsen/Kalb（Hrsg.), Arbeitsrecht - Kommentar, 4. Aufl. 2010, §1 Montan-MitbestG Rdnr. 2.

監査役会の3分の1の権限を与えられた少数派に認めることは，持分所有者の所有権保護の観点の下で根本的な疑念を生む。

6　共同決定法に基づくある程度同権の共同決定について2000人の労働者，三分の一参加法に基づく三分の一参加について500人の労働者という基準値を半分にすることは，明確な疑念を生むものではない。しかしながら，そのような引き下げに反対する実際上の根拠を挙げることができる。

7　非常に狭く，炭鉱鉄鋼業という特殊な状況の結果として他に類推できない，石炭鉱業共同決定法による完全に同権的な共同決定の適用範囲の他では，主席監査役の第二の議決権の放棄は憲法上許されない。

◇第Ⅴ部◇
債権譲渡人によるリファイナンスと債務者の保護

動産と債権の包括的な担保化による資金調達と,その法的課題

藤 井 德 展

I 序　論

1　金融,担保の手法に関する変化,資金調達方法に関する多様化と,動産,債権の包括的な担保化による資金調達

　従来,金融というときは,直接金融か,間接金融かという分類が基本とされ,前者の直接金融は市場で株式,債券（とくに,社債）等を発行して行うことが原則とされ,後者の間接金融は金融機関を通じて行うことが原則とされてきた[1]。

　そして,日本では,従来,金融の手法というときは,有担保原則・有担保主義が基礎とされ,金融は担保を裏付けとして行うことが原則とされてきた。また,担保の手法というときは,不動産担保が基本とされ,とくに不動産の交換価値を把握することが原則とされてきた。また,担保の意義というとき,優先弁済的効力が基本とされ,債権の回収を確保することが原則とされてきた。そして,とくに間接金融との関係で親和性が高いと考えられてきたのが,不動産担保であった[2]。

　これに対して,近時,企業金融において,継続的な事業から生じる継続的な収益に着目したさまざまな資金調達方法が利用されている。例えば,プロジェクト・ファイナンスによる資金調達がこれにあたる。また,例えば,動産,債権の流動資産の流動化・証券化による資金調達（セキュリタイゼーション[3]）,担保化による資金調達がこれにあたる。

　本稿では,とくに動産,債権の包括的な担保化による資金調達を扱う。まず,以下で,その前提として,日本法の状況を中心として,概要をまとめておこう。

（1）　*G. Gurley/E. S. Shaw*, Money in a theory of finance（1960）, 56ff., 191ff. 日本の金融論との関係で,概括的に,大垣尚司『金融と法——企業ファイナンス入門』（有斐閣・2010年）197頁以下,267頁以下,317頁以下。

2 動産,債権の包括的な担保化による資金調達の具体化

(1) 動産,債権の包括的な担保化の手法

日本では,従来,動産,債権の包括的な担保化について,動産,債権の種類別で,動産譲渡,債権譲渡等の,既存の法制,既存の判例を基礎として,取引（契約）が組成されてきた[4]。

そして,このとき,いくつかの形態があげられる[5]。すなわち,いわば基本形態として,動産,債権を,それぞれ,包括的に担保化することが考えられる。例えば,在庫動産,（在庫動産の売却による）売掛債権を目的財産として,それぞれ,包括的に担保化することである。それぞれ,集合動産譲渡担保,集合債権譲渡担保の形態で,こうした形態を実現することができる。また,いわば応用形態とし

---

(2) 木下正俊「わが国の有担保原則の評価と今後のあり方──社債発行を中心に」金融研究3巻3号（1984年）33頁以下,近江幸治「有担保主義の動揺と「信用」問題（1）」早法63巻4号（1988年）1頁以下,林良平「銀行取引法から金融法へ」同『金融法論集──金融取引と担保』（有信堂高文社・1989年）3頁以下（初出1983年）,同「担保の機能」同書103頁以下（初出1984年）,三林宏「有担保原則の一班」別冊NBL31号（1995年）213頁以下のほか,木下信行「事業再生からみた動産・債権担保」事業再生研究機構編『ABLの理論と実践』（商事法務・2007年）7-9頁,債権管理と担保管理を巡る法律問題研究会「担保の機能再論──新しい担保モデルを探る」金融研究27巻特集号（2008年）4-5, 7-9頁, *O. Morita*, Timid cousin in the Far East: The Security right registration in Japan and The UCC, University of Tokyo Journal of Law and Politics Vol. 8 (2011), S. 20-21. 有担保原則・有担保主義は,大正末期から昭和初期にかけての,当時の不況と社債の償還不能を契機とする,日本の取引慣行の一種であるとされる（とくに「起債市場」との関係では,木下正俊・前掲論文33頁,36-38頁,近江・前掲論文9-11頁,三林・前掲論文216-217頁,「貸付市場」その他金融取引との関係では,林・前掲書8-12, 103-107, 113-116頁,三林・前掲論文218-220頁）。日本「特有」の取引慣行の一種であるとされるが,当事者の交渉に応じて無担保取引が行われている欧米の実務との対比で,そういわれている（とくに「起債市場」との関係で,木下正俊・前掲論文33頁）。

また,債権の担保化の,取引社会における位置づけの変化との関係で,有担保原則・有担保主義,不動産担保主義の動揺その他,担保法をめぐる将来の動きを予測,指摘したとみることができるものとして,椿寿夫「新しい金融取引と債権の担保化の展開」同『集合債権担保の研究』（有斐閣・1989年）111頁以下（初出1983年）,同「新しい集合債権担保論の基礎」同書143頁以下（初出1984年）。これについては,国内的な動向との関係で,Ⅱ1（2）であらためて説明しよう。

(3) securitization. ここでは,資産担保証券（ABS:Asset backed Security）の発行による資金調達を指す（後述のABL〔Asset based Lending〕とは異なる）。

て，動産，債権を包括的に担保化して，両者を把握することが考えられる。例えば，原材料，在庫動産，設備等から売掛債権まで，売掛債権から回収金まで，回収金から原材料，在庫動産，設備等まで，包括的に把握することである。集合動産譲渡担保，集合債権譲渡担保等を組み合わせたうえで，さまざまの約定を利用して，こうした形態を実現するよう，取引（契約）が組成されている。

ただし，以上はあくまで，従来の手法を前提としたものである。これと異なる制度を設計することは，別の問題である。

（2） 動産，債権の包括的な担保化の特徴

また，動産，債権を包括的に担保化するときは，いくつかの特徴があげられる[6]。すなわち，その通常段階では，目的財産が流動性を有する。つまり，現象的にみれば，目的財産の構成部分が変動して，新陳代謝を繰り返す。実務では，例えば，当事者間の特約で，債務者・担保設定者が目的財産の処分等の権限を有する一方，担保価値の維持等の一定の義務を負う，と合意しておき，こうした形態を実現しようとしている。例えば，特約で，債務者・担保設定者が，通常の営業の範囲内

（4） 一方で，動産，債権の種類別による担保の手法，他方で，動産，債権の種類別に拘わらない担保の手法という見方については，森田修『アメリカ倒産担保法——「初期融資者の優越」の法理』（商事法務・2005年）293-295頁，同「報告3・UCCにおける担保物記載と倒産法」・「〔金融法学会シンポジウム〕ABLの現在・過去・未来——実務と比較法との対話（2011年）」金法1927号（2011年）95-96, 98-99頁，金融法研究28号（2012年）33頁，同「ABLの契約構造——在庫担保取引のグランドデザイン」金法1959号（2012年）34頁。これについては，諸法の状況との関係で，Ⅲ1（3）であらためて説明しよう。

（5） 所掲の形態については，概括的に，中島弘雅「報告1・ABL担保取引と倒産処理の交錯——ABLの定着と発展のために」・「前掲注（4）シンポジウム」金法1927号（2011年）71-72頁，金融法研究28号（2012年）5頁のほか，能見善久「ABLと担保」・「金融法務研究会報告書・動産・債権担保融資に関する諸課題の検討（2010年）」1-8頁，中田裕康「将来又は多数の財産の担保化」・「同報告書」14-15頁を参照。

（6） 所掲の特徴については，担保物権法の教科書・体系書等として，内田貴『民法Ⅲ債権総論・担保物権』（東京大学出版会・第3版・2005年）539-547頁，道垣内弘人『担保物権法』（有斐閣・第3版・2008年）295-357頁のほか，判例，立法，学説の動向との関係で，概括的に，小山泰史「はじめに」同『流動財産担保論』（成文堂・2009年）1-5頁（初出2002年），詳細は，同「日本法における流動財産担保」同書257-288頁以下（初出2000, 2002, 2007年），能見・前掲注（5）1-13頁，その他，市場へ提示されるべき選択肢としての，取引（契約）の基本構想として，森田・前掲注（4）「ABLの契約構造」34-47頁を参照。

における，在庫動産の売却，売掛債権の取立等の，一定の権限を有する一方，現状維持の水準に照らして，在庫量の維持，管理，報告等，口座高の維持，管理，報告等の一定の義務を負う，としておくのである。また，その危機段階——不履行段階，倒産段階では，一定の要件において，目的財産が流動性を失う。つまり，現象的にみれば，目的財産が確定する。実務では，例えば，当事者間の特約で，一定の要件において，債務者・担保設定者が目的財産の処分等の権限を失う，と合意しておき，こうした形態を実現しようとしている。例えば，不履行，倒産手続開始等の，一定の事由が生じたときは，債務者・担保設定者が目的財産の処分等の権限を失う，としておくのである。

ただし，以上はあくまで，従来の説明を前提としたものである。これと異なる議論を展開することは，別の問題である。

（3） 親和的なビジネス・メソッド

そして，日本における政策的な取組みにおいて，動産，債権の包括的な担保化との関係で親和性が高いと考えられているのが，ABL (Asset based Lending) である。ABLとは，従来，アメリカで用いられてきた金融，担保の手法である。その定義はさまざまで一致がみられない[7]が，政策的な取組みとの関係では，動産，債権等の流動資産を包括的に担保化して行われる金融で，債務者・担保設定者が，目的財産に関する報告義務その他コベナンツに基づく一定の義務を履行する一方，債権者・担保権者が，目的財産を管理（モニタリング）することなどが，基本となるとされている[8]。また，ABLとの関係で親和性が高いと考えられているのが，リレーションシップバンキング (relationship banking) ——地域密着型金融である。リレーションシップバンキングとは，従来，アメリカで用いられてきたビジネス・メソッドである。その定義はまたさまざまであるが，政策的な取組みとの関係で

---

(7) 森田・前掲注（4）「ABLの契約構造」金法1959号34-35頁。
(8) ABLについて，日本における政策的な取組みとの関係では，経済産業省「ABL研究会報告書（2006年）」，「〔日本銀行金融高度化セミナー〕ABLを活用するためのリスク管理（日本銀行金融機構局金融高度化センター・2011年12月）」における講演，パネルディスカッション，参考資料を参照（2015年4月現在，所掲の資料等は，http://www.boj.or.jp/announcements/release_2011/rel111205a.htm より入手可能である）。また，林揚哲「ABL研究会報告書の概要とABL協会設立」事業再生研究機構編・前掲注（2）29頁以下を参照。

は，債務者・顧客と債権者・金融機関との間で，情報の非対称性が存在することを前提として，長期，継続的取引関係を基礎として，債務者・顧客に関する諸情報を取得，蓄積する一方，債権者・金融機関が当該情報を基礎として融資等の金融サービスを提供することなどが，基本となるとされている[9]。

ただし，以上はあくまで，とくに政策的な取組みを前提としたものである。これと異なる意義において動産，債権の担保化にかかる取引（契約）を構想することは，別の問題である。

3　本稿の目的

以上が，日本法の状況を中心とした概要のまとめである。

日本では，現在，動産，債権の包括的な担保化について，債務者・担保設定者，債権者・担保権者，債務者の他の債権者等の利害関係人の利益の競合とその調整という観点で，論点を整理して，法律関係を分析，検討して，解釈論，立法論を提示することが，期待されているのである。

その準備作業として，動産，債権の包括的な担保化による資金調達について，現在具体的にどのように利用されているか，将来具体的にどのように利用することが期待されているか，実務，理論の現状を把握することが必要である。他方で，諸法では，こうした資金調達について，どのような制度のもとで，現在具体的にどのように利用されているか，諸法の実務，理論の現状を把握することが必要である。

つぎに，以下で，日本法の現在の状況を中心として，分析，検討をすすめていこう。

---

(9) リレーションシップバンキング（地域密着型金融）について，日本における政策的な取組みとの関係では，金融庁「リレーションシップバンキングの機能強化に関するアクションプログラム（2003年度-2004年度）」（第1次アクションプログラム），同「地域密着型金融の機能強化の推進に関するアクションプログラム（2005年度-2006年度）」（第2次アクションプログラム）を参照。また，とくに，ABLとの関係——親和性について，金融庁「金融審議会報告書・リレーションシップバンキングの機能強化に向けて（2003年）」，同「金融審議会報告書・地域密着型金融の取組みについての評価と今後の対応について（2007年）」を参照（2015年4月現在，所掲の資料は，http://www.fsa.go.jp/policy/chusho/index.html より入手可能である）。また，林・前掲注（8）29頁以下を参照。

II 継続的な事業から生じる継続的な収益に着目した資金調達

1 交換価値から収益価値へという動き

継続的な事業から生じる継続的な収益に着目した資金調達というとき，「交換価値」から「収益価値」へという動きとかかわる[10]。

（1） 序　論

前述のように，日本では，従来，担保の手法として，不動産担保が基本とされてきた。他方で，動産，債権の担保化は，添え物（「添え担保」）として捉えられていた。また，最終的な手段として捉えられていた。そして，不動産担保が偏重される一方，動産，債権の担保化は，債務者・担保設定者の業績悪化，信用悪化の徴表とすら考えられてきた。

これに対して，近時，企業金融との関係で，不動産の交換価値の把握から事業の収益価値の把握へという実務の動向が指摘されている。すなわち，動産，債権による資金調達に対する需要，利用の拡大を具体例の1つとして，「収益価値」へという動向が指摘されているのである。（2）以下で，これまでの経緯をみていこう。

（2） 国内的な動向

（a） 実務の動向

① 先駆けとしての，不動産に依存しない金融，担保に対する需要——リー

---

[10] この動きについては，内田貴「報告1・総論」・「〔金融法学会シンポジウム〕変容する担保法制（2002年）」金融法研究・資料編(18)（2002年）57頁以下，金融法研究19号（2003年）31頁以下，同「〔講演録〕担保法のパラダイム」法教266号（2002年）7頁以下，「企業法制研究会（担保制度研究会）報告書・『不動産担保』から『事業の収益性に着目した資金調達』へ（2003年）」・『新しい担保法の動き』別冊NBL86号185頁以下，道垣内弘人ほか「〔座談会〕資金調達手法の多様化と新しい担保制度（2003年）」ジュリ1238号（2003年）2頁以下，道垣内弘人「〔講演録〕担保法改革元年」金法1682号（2003年）17頁以下，山田誠一「報告2・動産・債権を用いた新しい資金調達方法と動産・債権譲渡公示制度」・「〔金融法学会シンポジウム〕動産・債権譲渡公示制度の整備に向けて（2004年）」金融法研究21号（2005年）66頁以下，森田宏樹「報告3・事業の収益性に着目した資金調達モデルと動産・債権譲渡公示制度」・「同シンポジウム」同誌81頁以下を参照。

ス債権，クレジット債権等の，特定の債権による資金調達

国内的な動向として，80年代前半になると，先駆けとして，不動産に依存しない金融，担保に対する需要がみられるようになった[11]。その具体例となるのが，リース会社，クレジット会社等の，リース債権，クレジット債権等の担保化，流動化・証券化等による資金調達に対する需要である。すなわち，当時，リース会社，クレジット会社等は，その事業が成長して，運転資金，融資資金等の資金需要が拡大した。しかし，金融の手法について，出資法（当時）[12]で社債の発行が禁止され（出資法2条3項）[13]，大蔵省の行政指導（当時）でコマーシャル・ペーパー（CP:commercial paper）の発行が制限されていた[14]。つまり，直接金融が制限され，間接金融で金融機関を通じて資金調達を行うことに限定されていた。他方で，担保の手法について，その有する不動産が十分でなく，不動産担保では必ずしも十分でない場合があった。そこで，その有するリース債権，クレジット債権等の担保化による資金調達を行いたい，という需要がみられるようになっていた。そして，この関係で，当時，「危機対応型」から「正常業務型」へという実務の動向が指摘されていた。また，この関係で，当時，「交

---

(11) 当時の状況については，福光寛「日本における資産流動化の展開（上）（下）」経済研究（成城大学経済学会）142号（1998年）165頁以下，143号（1998年）189頁以下，三輪芳朗・R. J. Mark「金融規制の政治経済学——出資法2条3項によるノンバンク金融会社CPの発行制限」経済学論集（東京大学経済学会）68巻4号（2002年）2頁以下，木下正俊「特定債権法の廃止に関する覚書」広島法科大学院論集1号（創刊号）（2005年）1頁以下を参照。
(12) 出資の受入れ，預り金及び金利等の取締りに関する法律（昭和29年6月23日法律第195号）
(13) 出資法2条，とくに3項（当時）により，リース会社，クレジット会社，貸金業者等は，当時は，起債によって資金を調達することを禁止されていた。
(14) 大蔵省銀行局長通達（昭和62年11月2日蔵銀第2825号）「国内で発行されるコマーシャル・ペーパーの取扱いについて」銀行局現行通達集昭和63年版（金融財政事情研究会・1988年）232-233頁，大蔵省銀行局事務連絡（平成2年3月31日）「国内で発行されるコマーシャル・ペーパーの取扱いについて」銀行局現行通達集平成2年版（金融財政事情研究会・1990年）292-294頁を参照。同通知が大蔵省銀行局長通達（平成5年4月1日蔵銀第610号）「コマーシャル・ペーパー等の取扱いについて」銀行局現行通達集平成5年版（金融財政事情研究会・1993年）37-41頁によって廃止されると，リース会社，クレジット会社等のCPの発行が解禁された。福光・前掲注（11）（下）189-193頁，三輪・Mark・前掲注（11）14-18頁。

第Ⅴ部　債権譲渡人によるリファイナンスと債務者の保護

換価値」から「収益価値」へという実務の動向のほか，「終わらせる担保」から「生かす担保」へという担保概念の転換の可能性が，既に予測，指摘されていた，とみることができる（これについては，2であらためて説明しよう）。

　その後，とくにリース会社，クレジット会社等については，リース債権，クレジット債権等の担保化による資金調達から，流動化・証券化による資金調達へと，需要の変化がみられるようになった。すなわち，当時，バブル経済が進行して，不動産価格が上昇，高騰していた。この間，90年に，行政指導（当時）で，不動産業，建設業，ノンバンクの，特定の業種に対する融資の総量規制（不動産融資総量規制）が行われた[15]。他方で，リース会社，クレジット会社等は，不動産融資総量規制の対象となると，間接金融で金融機関を通じて資金調達を行うことが困難となる，という問題がみられるようになった。前述のように，出資法（当時）で直接金融が制限されていたが，さらに不動産融資総量規制で間接金融が制約されたわけである。そこで，その有するリース債権，クレジット債権等の流動化・証券化等による資金調達を行いたい，という需要がみられるようになっていた。そこで，通商産業省（当時）の主導で，いわゆる特債法が制定され，その流動化・証券化に関連する法制が創設された[16]。

　以上，先駆けとしての，不動産担保に依存しない金融，担保の具体例の1つとなるのが，リース会社，クレジット会社等の，特定の業種における，リース債権，クレジット債権等の，特定の債権による資金調達であった。他方で，この間，金融機関，企業等のさまざまな業種において，とくにアメリカにおける動向をみて，貸付債権，売掛債権等の，債権の担保化，流動化・証券化のほか，社債の発行，CPの発行等，さまざまな金融の手法が着目されるようになっていた（これらについては，立法等の動向との関係で，(b)であらためて説明しよう）[17]。

---

(15) 大蔵省銀行局長通達（平成2年3月27日蔵銀第555号）「土地関連融資の抑制について」銀行局現行通達集平成2年版・前掲注（14）47-48頁。

(16) 木下正俊・前掲注（11）3-6頁，大垣尚司『ストラクチャード・ファイナンス入門』（日本経済新聞社・1997年）90-97，122頁。

(17) 近江・前掲注（2）12頁以下，大垣・前掲注（16）59頁以下，121頁以下，福光・前掲注（11）（上）165頁以下，（下）189頁以下のほか，資産流動化実務研究会編『資産流動化の法律と実務』（新日本法規・1998年）88-96頁，木下正俊『私の資産流動化教室――健全な市場のための資産流動化論』（西田書店・2004年）49-76頁。

② バブル崩壊後の，不動産に依存しない金融，担保に対する需要——貸付債権，売掛債権等さまざまな債権による資金調達

90年代になると，バブル経済崩壊後の，不動産に依存した金融，担保の限界と，その他面としての，不動産に依存しない金融，担保に対する需要がみられるようになった[18]。すなわち，当時，バブル経済が崩壊して，不動産価格が下落，低迷して，担保割れ，執行不全その他不動産担保の機能不全が生じた。その後，00年代にかけて，金融機関についてみると，不動産価格の低迷等から不良債権問題が深刻化した。この間，金融機関が，主としてBIS自己資本比率規制[19]に対する対応として，不動産，貸付債権等の売却，流動化・証券化を通じて，資産をオフバランス化して，財務指標，財務体質の改善，強化を図る，という傾向がみられるようになっていた。他方で，貸し渋り，貸し剥し等，企業に対して融資を行うことに慎重となる，という問題がみられるようになっていた。これに対して，企業等についてみると，不動産価格の低迷等から過剰債務問題が深刻化した。この間，企業等が，企業価値評価等に関する対応として，とくに不動産の売却，流動化・証券化を通じて，資産をオフバランス化して，財務指標，財務体質の改善，強化を図る，という傾向がみられるようになっていた。他方で，貸し渋り，貸し剥し等，間接金融で金融機関を通じて資金調達を行うことが困難となる，という問題がみられるようになっていた。

その後，とくに中小企業については，不動産担保に依存した金融，担保の限界のほか，個人保証に依存した金融，担保の問題が指摘されるようになった。すなわち，経営者が過大な保証債務の履行を請求されるときは，経営を再建することが困難となる，という問題が指摘されるようになっていた，また，経営者以外の第三者が過大な保証責任の負担を徴求されるときは，本来であれば責

---

(18) 当時の状況については，鳥谷部茂「バブル経済後の不動産担保——2003年担保法改正の批判的検討」広法31巻1号（2007年）257頁以下，松岡久和「譲渡担保立法の方向性」論叢164巻1-7号（2009年）71頁以下を参照。
(19) 国際決済銀行（the Bank for International Settlements）におけるいわゆるバーゼル合意（BIS自己資本比率規制）——バーゼル銀行監督委員会「自己資本の測定と基準に関する国際的統一化」（1988年）。銀行の自己資本比率の測定方法，最低水準（8％以上）に関する国際統一基準（当時）である（the so-called Basle Capital Accord——Basle Committee on Banking Supervision, International Convergence of Capital Measurement and Capital Standards〔1988〕）。

任がないはずの，経営の失敗の責任を負担することになる，という問題が指摘されるようになっていた[20]。そこで，企業等のさまざまの業種において，その事業の規模，特性等，資産の規模，特性等に応じて，その有する動産，債権による資金調達を行いたいという需要がみられるようになった。

以上，とくにバブル経済崩壊後，不動産担保に依存しない金融，担保の手法として着目された具体例の1つとなるのが，動産，債権による資金調達である。他方で，この間，金融機関，企業等のさまざまな業種で，とくにアメリカにおける経験をふまえて，社債の発行，CPの発行等のさまざまな資金調達方法が利用されるようになっていた（これらについては，立法等の動向との関係で，(b)であらためて説明しよう）[21]。

(b) 立法等の動向

そして，動産，債権による資金調達に対する需要，利用が拡大すると，実務では，実体法その他関連する法制を整備して，取引を円滑化することが期待されるようになった。例えば，動産譲渡，債権譲渡の対抗要件制度との関係で，民法上の不都合について特別法で一定の手当てがされたのが，そのあらわれである。また，この間，政府のさまざまの施策を反映して，中央省庁等のさまざまのレベルで，動産，債権による資金調達の普及，活用に向けて取組みが進められてきた。

① 先駆けとしての，債権の流動化・証券化に関連する法制の導入

90年代前半は，とくにバブル経済崩壊直後までの，企業等のさまざまの業種の，さまざまの需要を反映して，先駆けとして，とくに債権の流動化・証券化

---

(20) 法制審議会保証制度部会「保証制度の見直しに関する要綱中間試案（2004年）」別冊NBL99号（2005年）329頁以下，法務省「保証制度の見直しに関する要綱中間試案補足説明（2004年）」同誌332頁以下，中小企業庁「中小企業の再生を促す個人保証等の在り方研究会報告書（2011年）」1頁以下（2015年4月現在，所掲の資料は，http://www.meti.go.jp/report/whitepaper/past_report.html より入手可能である）のほか，金融庁「中小・地域金融機関向けの総合的な監督指針（2014年）」の「項目Ⅱ—11・経営者以外の第三者の個人連帯保証を求めないことを原則とする融資慣行の確立等」（2015年4月現在，所掲の資料は，http://www.fsa.go.jp/common/law/guide/chusho/index.html より入手可能である）。

(21) さしあたり，前掲注（17）所掲の諸文献を参照。

に関連するいくつかの法制が導入された。例えば，90年には，行政指導で金融機関における貸付債権等の流動化が解禁された(22)。そして，流動化の対象について，一般貸付債権に加えて，のちに，地方公共団体向け債権が解禁された。また，流動化の形式について，指名債権譲渡方式に加えて，のちに，信託方式，ローン・パーティシペーション（LP:Loan Participation）方式が解禁された(23)。ただし，ここでは，金融機関等について，主としてBIS自己資本比率規制に対する対応として，貸付債権の流動化による資産のオフバランス化を可能とすることが企図されていた。また，例えば，92年にいわゆる特債法(24)が制定され，93年に同法が施行されて，リース会社，クレジット会社等における，リース債権，クレジット債権等の流動化・証券化に関連する法制が創設された。同法では，流動化・証券化の形式等，（流動化・証券化にかかる）業者等——SPV(25)の許可，業務等に関するスキームが整備された一方，民法467条の債権譲渡の対抗要件の特則として公告制度が創設された。すなわち，同法では，流動化・証券化の形式として，債権譲渡方式，組合方式，信託方式に加えて，96年には，資産担保証券方式が解禁された(26)。その他，業者等の許可等，業務等，監督等に関する規制等の，関連するスキームが整備された。また，同法では，民法467条の債権譲渡の対抗要件の特則として公告制度が創設され，債権譲渡の対抗要件が簡素化された。そして，ここでは，リース会社，クレジット会社等の特定の業種について，不動産融資総量規制に伴う資金需要に対する対応として，リース債権，クレジット債権等の特定の債権の流動化・証券化による資金調達

---

(22) 大蔵省銀行局長通達（平成2年3月22日蔵銀第521号）「金融機関の一般貸付債権の流動化について」銀行局現行通達集平成2年版・前掲注（14）56-57頁。
(23) 信託方式につき，大蔵省銀行局長通達（平成4年12月1日蔵銀第2072号）「金融機関の貸付債権の流動化等自己資本比率向上策について」銀行局現行通達集平成5年版・前掲注（14）43-48頁。LP方式につき，大蔵省銀行局事務連絡（平成7年6月1日各金融機関担当宛）「金融機関の貸出債権に係るローン・パーティシペーションの取扱いについて」銀行局現行通達集平成7年版（金融財政事情研究会・1995年）46頁。
(24) 特定債権等に係る事業の規制に関する法律（平成4年6月5日法律第77号）。
(25) 証券を発行する目的のために設立された特別目的組織（SPV:Special Purpose Vehicle）。例えば，特定目的会社・「特定目的会社」（SPC:Special Purpose Company）。
(26) 特定債権等に係る事業の規制に関する法律施行令の一部を改正する政令（平成8年3月27日政令第67号）。

を可能とすることが企図されていた。他方で，93年には，行政指導で，リース会社，クレジット会社等における，CPの発行が解禁され[27]，99年には，いわゆるノンバンク社債法[28]により，社債の発行が解禁された[29]。

② 本格的な，資産の流動化・証券化，担保化等に関連する法制の導入

90年代後半は，とくにバブル経済崩壊後の，金融システム改革，不良債権処理等のさまざまの政策を反映して，本格的に，資産の流動化・証券化，担保化等に関連するいくつかの法制が導入された。すなわち，98年に，いわゆるSPC法[30]が制定，施行され，00年に，同法が改正され，いわゆる資産流動化法[31]が施行された。同法では，専ら，流動化・証券化の対象，形式等，SPVの設立，機関等，業務等，監督等に関するスキームが整備された。すなわち，流動化・証券化の対象との関係で，改正後の資産流動化法では，資産に関する制限はなく，原則として資産一般に拡大された。また，特定目的会社制度における資産の譲渡形式に加えて，特定目的信託制度における資産の信託方式が創設された。その他，SPVの設立等，業務等，監督等に関する規制等の，関連するスキームが整備された。また，98年に，いわゆる債権譲渡特例法[32]が制定され，04年に，同法が改正され，いわゆる動産・債権譲渡特例法[33]が施行された。同法では，専ら，動産譲渡，債権譲渡について，動産譲渡登記制度，債権譲渡登

---

(27) 大蔵省銀行局長通達・前掲注（14）「コマーシャル・ペーパー等の取扱いについて」のほか，前掲注（17）所掲の諸文献を参照。

(28) 金融業者の貸付業務のための社債の発行等に関する法律（平成11年4月21日法律第32号）。

(29) ノンバンク社債法の附則2条により，出資法2条3項（当時）が削除された。なお，ノンバンクによる社債発行の解禁については，遡って96年に，規制緩和として，大蔵省（当時）の適債基準が撤廃され，財務制限条項が自由化されたことが前提となっている（適債基準撤廃等については，「証券関係年報」証券年報平成9年版（1997年）531頁，小野尚「適債基準および財務制限条項の基本的見直し」商事法務1388号（1995年）47頁以下等を参照）。

(30) 特定目的会社による特定資産の流動化に関する法律（平成10年6月15日法律第105号）

(31) 資産の流動化に関する法律（ここでいう改正とは，特定目的会社による特定資産の流動化に関する法律等の一部を改正する法律（平成12年5月31日法律第97号）によるものをいう）。

(32) 債権譲渡の対抗要件に関する民法の特例等に関する法律（平成10年6月12日法律第104号）

記制度を創設して，登記によって対抗要件を具備することを可能とした。すなわち，改正後の動産債権譲渡特例法では，民法178条の動産譲渡の対抗要件の特則として動産譲渡登記制度が創設され，動産譲渡の対抗要件が簡易化，円滑化された。また，民法467条の債権譲渡の対抗要件の特則として債権譲渡登記制度が創設され，債権譲渡の対抗要件が簡易化，円滑化された。また，この間，とくに01年には，経済産業省・中小企業庁により，とくに中小企業の資金調達手段として，売掛債権担保融資保証制度が創設され[34]，07年に同制度が改正され，流動資産担保融資保証制度が創設された[35]。同制度では，中小企業が金融機関から売掛債権と棚卸資産を担保として融資を受ける場合に，信用保証協会が（部分）保証を行う制度が導入された。すなわち，改正後の流動資産担保融資保証制度では，中小企業の動産，債権による資金調達を支援することが企図されている[36]。他方で，この間，金融機関，企業等のさまざまな業種で，とくにアメリカにおける経験と実績が蓄積され，96年には，産業界からの要請に応えて，証券取引法（当時）の関係政省令で，資産担保証券が解禁され[37]，国内における資産担保CP（ABCP:Asset Based CP），資産担保社債（AB社債:Asset Based社債）による資金調達が可能とされた[38]。

　以上，とくにバブル経済崩壊後の不動産に依存しない金融，担保の手法として，一般に，さまざまな資産の流動化・証券化，担保化等による資金調達を可能とすることが企図されるようになっている[39]。

---

[33] 動産及び債権の譲渡の対抗要件に関する民法の特例等に関する法律（ここでいう改正とは，債権譲渡の対抗要件に関する民法の特例等に関する法律の一部を改正する法律（平成16年12月1日法律第148号）によるものをいう）。
[34] 中小企業信用保険法の一部を改正する法律（平成13年12月7日法律第146号），売掛債権担保融資保証制度要綱（平成13年12月14日中庁第3号）。
[35] 中小企業信用保険法の一部を改正する法律（平成19年6月1日法律第70号）。
[36] 現在では，「ABL融資」と呼称されるようになっている。
[37] 証券取引法施行令第3条の4第3号に掲げる特定有価証券を定める省令等の一部を改正する省令（平成8年2月26日大蔵省令第3号）。同省令により，資産担保証券が特定有価証券に指定された。その他，証券取引法関連政省令を参照。
[38] なお，特債法における資産担保証券方式の解禁（前掲注（26）を参照）については，資産担保証券の解禁が前提となっている。

(c) 補論——資金調達方法が多様化する過程における，側面の1つとしての理解

「交換価値」から「収益価値」へという動きは，当然，企業金融のすべての局面にあてはまるわけではない。「収益価値」へという動向が指摘されるとき，具体例の1つとされるのが，動産，債権による資金調達に対する需要，利用の拡大である。資金調達方法が多様化する過程における，側面の1つに関する指摘であると理解するべきであろう。しかし，前述のように，これらの動向にかかわらず，有担保原則を基礎とした，不動産担保，とくに不動産の交換価値の把握は，なお重要，不可欠で，決して意義が失われたわけではない，というべきであろう。

2　終わらせる担保から生かす担保へという動き

継続的な事業から生じる継続的な収益に着目した資金調達というとき，「交換価値」から「収益価値」へという動きとパラレルにして，「終わらせる担保」から「生かす担保」へという動きとかかわる[40]。

(1) 序　論

前述のように，日本では，従来は，担保の手法として，不動産担保が基本とさ

---

(39)〔補説〕国際的な動向

　国内的な動向に密接に関連し，影響を与えているのが，国際的な動向である。

　国際的な動向として，金融の自由化，グローバル化が進展している。そして，さまざまな態様で，さまざまな資金調達方法が利用されている。例えば，日本の金融機関，企業等は，国内で貸付債権，売掛債権等の流動化が解禁されるまで，アメリカの流動化スキームにおいて取引を組成していた。国内市場，EU域内市場から，国外市場，EU域外市場へと，取引は国境を容易に超える性質を有するわけである。

　また，国際的な動向として，動産，債権による資金調達に対する需要が拡大すると，実体法その他関連する準則を平準化して，取引を円滑化することが期待されるようになった。例えば，担保法，契約法その他との関係で，国際機関等さまざまのレベルで，国際条約，国際的取引原則，モデル法等を制定，作成，公表するという動きがみられるようになったのが，そのあらわれである。

　当時における，その代表例として，私法統一国際協会（UNIDROIT）の2001年の可動物件の国際的権益に関する条約，国連国際商取引法委員会（UNCITRAL）の2001年の国際取引における金銭債権の譲渡に関する国連条約，また，ヨーロッパ契約法委員会（CECL）のヨーロッパ契約法原則2002年版（PECL），UNIDROITの国際商事原則2004年版（PICC），また，欧州復興開発銀行（EBRD）の1994年の模範担保法，UNCITRALの2008年の担保付取引ガイド等をあげることができる。

れてきた。また，担保の意義，概念として，優先弁済的効力が基本とされてきた。他方で，動産，債権の担保化は，添え物（「添え担保」）として捉えられていた。また，最終的な手段として捉えられていた。

これに対して，近時は，企業金融との関係で，「終わらせる担保」から「生かす担保」へという担保概念の転換の可能性が指摘されている。すなわち，動産，債権の包括的な担保化による資金調達に対する需要，利用の拡大を具体例の1つとして，「生かす担保」の概念が提唱されているのである。(2)以下で，これまでの経緯をみていこう。

(2) 実務の動向，学説の動向

(a) 実務における位置づけの変化

① 「危機対応型」から「正常業務型」へという動き

80年代になると，債権の担保化の関係で，「危機対応型」から「正常業務型」へという動きが指摘されるようになった[41]。すなわち，前述のように，当時，とくにリース債権，クレジット債権による資金調達に対する需要，利用が拡大していた。これは，添え担保という位置づけで，最終的な手段として，債務者・担保設定者の危機段階で行われる取引とは，様相が異なる，ということができ

---

(40) この動きについては，池田真朗「ABL等に見る動産・債権担保の展開と課題——新しい担保概念の認知に向けて」同『債権譲渡の発展と特例法』（弘文堂・2010年）320頁以下（初出2006年），同「ABLの展望と課題——そのあるべき発展形態と『生かす担保』論」同書335頁以下（初出2007年），中島・前掲注（5）金法1927号71頁以下，金融法研究28号5頁以下，中村廉平「ABL法制の検討課題に関する中間的な論点整理——実務家の声を反映して」金法1927号（2011年）100頁以下のほか，前掲注（8），注（9）所掲の諸文献を参照。また，ABLの「光」と「影」という観点を含めて，小山・前掲注（6）1-8頁，角紀代恵「米国統一商事法典第9編登録制度と日本法・付記」同『受取勘定債権担保金融の生成と発展』（有斐閣・2008年）197-199頁，Morita, a. a. O. (Fn. 2), S. 48-49, 河上正二「担保の多様化と担保法の展開」法セ56巻11号（2011年）104-105頁，粟田口太郎「報告2・倒産手続におけるABL担保権実行の現状と課題——再生手続における集合動産譲渡担保権の取扱いを中心に」・「前掲注（4）シンポジウム」金法1927号94頁を参照。

(41) この動きについては，椿・前掲注（2）「新しい金融取引と債権の担保化の展開」111頁以下，同・前掲注（2）「新しい集合債権担保論の基礎」143頁以下ほか同書所掲の諸論稿を参照。また，池田真朗「債権譲渡に関する判例法理の展開と債権譲渡取引の変容——危機対応型取引から正常業務型資金調達取引へ」同・前掲注（40）16頁以下（初出2004年）を参照。

る。そこで，不動産担保と同様，定在的，定量的な資産の担保化という位置づけで，通常の手段として，正常段階で行われる取引とみて，新しい金融取引とみるべきであるという主張である。ただ，当時は，従前の担保の意義，すなわち，優先弁済的効力を基本とした，債権回収確保手段としての担保の概念が，なお基礎とされていたように思われる。

　また，この関係で，当時，担保法をめぐる将来の動きが，既に予測，指摘されていた，とみることができる。まとめるとこうである。すなわち，債権の担保化においては，第三債務者の資力その他，目的債権に関するリスクが存在するから，実行による債権回収，優先弁済実現手段としては限界があることになる。これは，不動産担保，とくに不動産の交換価値の把握とは，様相が異なるということができる。このとき，債務者・担保設定者である企業の信用力，事業の収益力等へと着目することにならざるをえない，というわけである[42]。これは，「交換価値」から「収益価値」へという将来の動きに関する，当時としての予測，指摘であったとみることができるだろう。他方で，企業の信用力，事業の収益力等へと着目して，それを強調すればするほど，実行による債権回収，優先弁済実現手段としての担保とは距離をおくことになる。これは，有担保原則を基礎とする，不動産担保，とくに不動産の交換価値の把握とは，様相が異なるということができる。このとき，担保の意義，概念等において変化が生じることが考えられる，というわけである[43]。これは，「終わらせる担保」から「生かす担保」へという将来の動きに関する，当時としての予測，指摘であったとみることができるだろう。

　②「交換価値」から「収益価値」へという動き

　その後，90年代になると，動産，債権による資金調達との関係で，実務において，一方で，「正常業務型」への動きが認識，評価されて，他方で，「収益価値」への動きが認識，評価されて，位置づけが変化することになった（これについては，1で既に説明している）。そして，動産，債権による資金調達が，従来の担保化，流動化・証券化の手法から，近時のABLの手法まで，さまざまの

---

[42] 椿・前掲注（2）「新しい金融取引と債権の担保化の展開」111頁以下，とくに120頁。
[43] 椿・前掲注（2）「新しい集合債権担保論の基礎」143頁以下，とくに148頁。

形態で利用されるようになった。

(b) 「終わらせる担保」から「生かす担保」へという動き

その後，00年代になると，企業金融との関係で，「終わらせる担保」から「生かす担保」へという担保概念の転換の可能性が指摘されるようになった(44)。すなわち，近時，動産，債権の担保化による資金調達に対する需要，利用が拡大している。そして，動産，債権の包括的な担保化による資金調達は，債務者・担保設定者の経済活動を存続させることを通じて，債権者・担保権者，債務者の他の債権者等の，利害関係人の利益の調整を可能とする金融，担保の手法として，期待されるようになっている。これは，債務者・担保設定者の経済活動を終了させることを前提とした，債権を回収するための担保，事業を清算するための担保，すなわち「終わらせる担保」とは，様相が異なる，ということができる。そこで，債務者・担保設定者の経済活動を存続させることを前提として，実行を考えていない担保，事業を継続するための担保，すなわち，「生かす担保」が，「良い担保」であるとみて，新しい担保概念とみるべきである，という主張である(45)。

そして，この関係で親和性が高いと考えられているのが，（政策的な取組みとの関係における）ABLである。また，このABLとの関係で親和性が高いと考えられているのが，（政策的な取組みとの関係における）リレーションシップバンキングである。「対話継続型の動態的な融資形態」として，債務者・担保設定者の，事業の継続を確保することを可能とする手法である，と考えられているからである(46)（これについては，Ⅲ2であらためて説明しよう）。

(c) 補論——資金調達方法が多様化する過程における，側面の1つとしての理解

「生かす担保」といえど，当然，債務者・担保設定者が危機段階——不履行段階，

---

(44) この動きについては，池田・前掲注（40）「ABL等に見る動産・債権担保の展開と課題」320頁以下，同・前掲注（40）「ABLの展望と課題」335頁以下を参照。
(45) 池田・前掲注（40）「ABL等に見る動産・債権担保の展開と課題」320頁以下，とくに323-325頁，332-333頁。
(46) 池田・前掲注（40）「ABLの展望と課題」335頁以下，とくに337-338頁，342-343頁。また，前掲注（8），注（9）所掲の諸文献を参照。

倒産段階に入ることがありうる。債務者・担保設定者，債権者・担保権者，債務者の他の債権者その他，利害関係人の利害とその調整という観点で，通常段階の法律関係から不履行段階，倒産段階における法律関係まで解明することが，なお重要，不可欠であるというべきであろう（これについては，Ⅲ3であらためて説明しよう）。

他方で，「終わらせる担保」から「生かす担保」へという動きは，当然，企業金融にかかるすべての局面にあてはまるわけではない。「生かす担保」の概念が主張されるとき，具体例の1つとされるのが，動産，債権の包括的な担保化による資金調達に対する需要，利用の拡大である。資金調達方法が多様化する過程における，側面の1つに関する主張であると理解するべきであろう。実際，金融機関，企業等のさまざまな業種で，例えば，社債の発行，CPの発行等のさまざまな資金調達方法が利用されるようになっている。しかし，前述のように，これらの動向にかかわらず，有担保原則を基礎とした，不動産担保，とくに不動産の交換価値の把握は，なお重要，不可欠で，決して意義が失われたわけではない，というべきであろう[47]。

Ⅲ 動産，債権の包括的な担保化による資金調達の具体化

1 動産，債権の包括的な担保化の法律関係

（1） 序　論

動産，債権を包括的に担保化するときは，さまざまな法律関係を実現するよう，取引（契約）を組成する。すなわち，その通常段階の法律関係においては，取引（契約）の有効性，他の債権者に対する優先性（第三者に対する対抗可能性），債務者・担保設定者の通常の営業の範囲内における，目的財産の処分等の一定の権限と，担保価値の維持等の一定の義務などが，基本となる。さしあたり，在庫動産，売掛債権，回収金の種類別で，分割的にみていこう[48]。

---

[47]「有担保主義の動揺」という表現（近江・前掲注（2）1頁以下）は，「起債市場」との関係ではあてはまる一方，「貸付市場」その他の金融取引との関係では，「集合債権の担保化などは，担保対象のシフトと拡大を意味するのであって担保自体が不要と考えられる傾向が強まったわけではない」として，「不動産担保中心主義の動揺」とみるべきとするのは，松岡・前掲注（18）75-80頁。

在庫動産に着目すると，在庫動産を包括的に担保化することができること，在庫動産が担保化されていることを，債権者・担保権者が，第三者，とくに他の債権者に対して主張，対抗することができること，在庫が担保化されているのであっても，将来一定の事由が生じるまでは，債務者・担保設定者が，目的動産を通常の営業の範囲内において，目的動産を売却することができることなどが，基本となる。また，売掛債権に着目すると，（在庫動産の売却による）売掛債権を包括的に担保化することができること，売掛債権が担保化されていることを，債権者・担保権者が，第三者，とくに他の債権者に対して主張，対抗することができること，売掛が担保化されているのであっても，将来一定の事由が生じるまでは，債務者・担保設定者が，目的債権を取り立てることができることが，基本となる。また，回収金に着目すると，預金債権（預金口座）を担保化することができること，預金債権が担保化されていることを，債権者・担保権者が，第三者，とくに他の債権者に対して主張，対抗することができること，預金が担保化されているのであっても，債務者・担保設定者が，回収金から弁済をする一方，回収金の全部または一部を原資として，再度，在庫等を仕入れることができることが，基本となる。

（2） 日本法の現在の状況

(a) 序　論

日本では，従来，動産，債権の包括的な担保化，流動化・証券化による資金調達について，動産譲渡，債権譲渡等の，既存の法制，既存の判例を基礎として，取引（契約）が組成されてきた。

そして，現在では，動産，債権の包括的な担保化について，動産であれば動産，債権であれば債権の種類別で，それぞれ，包括的に担保化するよう，取引（譲渡担保契約）を組成することができる。すなわち，例えば，在庫動産については集合動産譲渡担保，（在庫動産の売却による）売掛債権については集合債権譲渡担保の形態で，それぞれ，包括的に担保化することができる。そして，このとき，動産であれば動産，債権であれば債権の種類別で，それぞれ，目的動産，目的債権の範囲を特定して，それぞれ，取引（譲渡担保契約）の組成，公示・対抗要件の具備，実行等を考えることになる。また，動産，債権を包括的に担保化して，両

---

(48) 前掲注（5），注（6）所掲の諸文献を参照。

者を一体として把握するよう，取引（譲渡担保契約）を組成することができる。すなわち，相応の合意があれば，在庫動産の集合動産譲渡担保と，売掛債権の集合債権譲渡担保の，両者を組み合わせて，その意味で，両者を一体として把握することができる。ただし，このとき実現されるのは，あくまで，動産，債権の種類別で組成された，分割的担保（刻む担保）か，その組み合わせでしかない[49]。

また，日本では，従来，こうした取引を直接に規律する，制定法の規定，とくに実体的な側面に関する民事法（民法，民事執行法・民事保全法，破産法・倒産法）の規定が，存在しなかった。

これに対して，近時，動産，債権の包括的な担保化，流動化・証券化による資金調達に対する需要，利用が拡大すると，一方で，判例が集積，展開して，こうした取引について，一定の準則が形成されて，制定法の欠缺が補充されてきた。ただし，あくまで，有体物（動産，不動産）とその取引に関する準則と，その他の財産（債権，無体財産権等）とその取引に関する準則が峻別され，その意味で，動産，債権の種類別による準則がみられるにすぎない。他方で，関連する法制を整備して，こうした取引を円滑化することが期待されるようになった。集合動産譲渡担保，集合債権譲渡担保の形態別で，分割的にみていこう。

(b) 判例の動向

集合動産譲渡担保，集合債権譲渡担保では，有効要件の充足，対抗要件の具備等に関する基準が，一定の程度で明確化された[50]。

---

(49) 動産，債権の種類別による分割的担保（刻む担保）という表現については，森田・前掲注（4）『アメリカ倒産担保法』293-295頁，同「UCCにおける担保物記載と倒産法」金法1927号95-96，98-99頁，金融法研究28号33頁，同「ABLの契約構造」金法1959号34頁。さらに，日本法における，集合動産譲渡担保と集合債権譲渡担保の，両者の組み合わせによる両者の把握という構造については，後掲注（66）所掲の，森田による論稿を参照。

(50) 所掲の判例については，概括的に，粟田口太郎「動産・債権譲渡担保の最新判例分析と法的問題点」事業再生研究機構編・前掲注（2）163-171頁，能見・前掲注（5）2-8頁，中田・前掲注（5）15-33頁のほか，とくに集合動産譲渡担保について，*Morita*, a. a. O. (Fn. 2), S. 35-37，とくに集合債権譲渡担保について，中田裕康「将来又は多数の財産の担保化」・「金融法務研究会報告書・動産・債権等担保化の新局面（2004年）」1-12頁，その他，詳細は，各判例の評釈等を参照。

① 集合動産譲渡担保との関係

集合動産譲渡担保については，以前から，実体的な側面で，取引（譲渡担保契約）の組成，有効要件の充足，対抗要件の具備等について，一定の程度で明確化されていた。すなわち，70年代後半になると，有効要件の充足，対抗要件の具備等について，判例が集積して，それに基づいて一定の準則が形成されていたのである。以下で，簡潔にみていこう。

判例によると，集合動産譲渡担保では，目的財産となるのは，1個の「集合物」である。構成部分が変動する（流動性を有する）「集合物」という概念が認められているのである。そして，このとき，その有効要件として，「集合物」に関する特定性が必要である。とくに物権行為（処分行為）としての側面において，例えば，種類，所在場所，量的範囲などの要素によって，目的動産の範囲が特定されることが必要となるのである。そして，その対抗要件となるのは，民法では，「集合物」に関する引渡し（民法178条），とくに占有改定による引渡し（民法183条）である。「集合物」について，占有改定による引渡しが行われ，対抗要件が具備されると，その後，新たに搬入される在庫動産について，対抗要件具備の効力が及ぶのである（最判昭和54年2月15日民集33巻1号51頁，最判昭和62年11月10日民集41巻8号1559頁）。

② 集合債権譲渡担保との関係

これに対して，集合債権譲渡担保については，最近まで，取引（譲渡担保契約）の組成等，実体的な側面で，不明確な部分が存在していた。すなわち，90年代後半になると，将来債権の譲渡の有効性等，その前提となる問題について，また，00年代前半になると，有効要件の充足，対抗要件の具備等について，判例が集積して，それに基づいて一定の準則が形成されたのである。以下で，簡潔にみていこう。

集合債権譲渡担保については，将来債権の譲渡の有効性（譲渡可能性），将来債権の包括的譲渡の有効性が，その前提となる問題である。

判例は，将来債権の譲渡について，原則として，その有効性（可能性）が認められるとしている。そして，このとき，その有効要件として，目的債権に関する特定性が必要である。とくに物権行為（処分行為）としての側面において，例えば，債権の発生原因，譲渡にかかる額などのほか，（将来債権の包括的譲渡については，）始期，終期などの要素によって，目的債権の範囲が特定されるこ

第V部　債権譲渡人によるリファイナンスと債務者の保護

とが必要となるのである。これに対して，債権発生の可能性の程度等は，リスク分配にかかる当事者の意思等の問題として処理される。その他面として，債権発生の可能性等は，その（固有の）有効要件とはならないのである。そして，その第三者対抗要件となるのは，民法では，確定日付のある証書による通知，承諾（民法467条，とくに2項）である。将来債権について，債権未発生の時点で，確定日付ある通知が行われると，対抗要件が具備されるのである（大判昭和9年12月28日民集13巻2261頁，最判平成11年1月29日民集53巻1号151頁）。

また，判例は，将来債権の包括的譲渡について，原則として，その有効性（許容性）が認められるとしている。そして，このとき，その有効要件として，目的債権に関する特定性が必要である。とくに物権行為（処分行為）としての側面において，例えば，債権の発生原因，譲渡にかかる額などのほか，始期，終期などの要素によって，目的債権の範囲が特定されることが必要となるのである。また，譲渡人や，譲渡人の他の債権者の利益侵害等については，反公序良俗性（民法90条）等の問題として処理される。（前掲最判平成11年1月29日）。

そして，集合債権譲渡担保については，いくつかの形態がみられる。予約型・停止条件型とよばれる形態においては，取引（譲渡担保契約）の時点では，一定の事由が生じたときは，目的債権が譲渡人から譲受人へと譲渡される，と約定され，譲渡人・債務者・担保設定者は，一定の事由が生じるまでは，目的債権の取立等の処分をすることができる（最判平成12年4月21日民集54巻4号1562頁）。以下，予約型で代表させて説明しよう。このとき，その有効要件として，目的債権の特定性が必要である。ただし，目的債権を譲渡人が有する他の債権から識別することができる程度に特定されていればたりる。そして，このとき，その第三者対抗要件となるのは，民法では，確定日付のある証書による通知，承諾（民法467条，とくに2項）である。しかし，債権譲渡の予約について，確定日付のある証書による通知，承諾が行われたのであっても，予約の完結による債権譲渡について，第三者に対抗することができない（最判平成13年11月27日民集55巻6号1090頁）。これに対して，本契約型とよばれる形態においては，取引（譲渡担保契約）の時点で，目的債権が譲渡人から譲受人へと確定的に譲渡されて，当該債権が発生すれば，譲受人が当該債権を担保の目的で取得することができる。他方で，当事者間の特約で，譲渡人・債務者・担保設定者が，目的債権の取立等の，一定の権限を付与されて，取り立てた金銭の債権者・担保権者への

引渡しを要しないとすることができる。そして，このとき，判例によると，その有効要件として，目的債権の特定性が必要である。そして，その第三者対抗要件となるのは，民法では，確定日付のある証書による通知，承諾（民法467条，とくに2項）である。当該通知において，第三債務者に対して，債務者・担保設定者による取立権限の行使への協力を依頼したのであっても，対抗要件の効力を妨げない（最判昭和13年11月22日民集55巻6号1056頁）。

(c) 立法等の状況

他方で，90年代後半になると，動産，債権の担保化，流動化・証券化による資金調達について，技術的な側面で，特別法により一定の制度が創設された部分がある。すなわち，前述のように，04年の改正後の動産・債権譲渡特例法では，動産譲渡，債権譲渡について，民法178条の特則として動産譲渡登記制度が創設され，民法467条の特則として債権譲渡登記制度が創設され，登記によって対抗要件を具備することが可能とされて，集合債権譲渡担保，集合動産譲渡担保では，対抗要件の具備方法が，一定の程度で，簡易化，円滑化されている（これについては，Ⅱ1（2）(b)で既に説明している）。

(3) 諸法の状況

(a) 序 論

諸法の状況をみると，動産，債権の包括的な担保化について，さまざまな手法で，さまざまな取引（契約）が組成されている。

こうした担保の手法，取引（契約）の組成として，一方で，例えばアメリカ法におけるような，動産，債権の種類別に拘わらない担保を可能とする手法をあげることができる。他方で，例えばドイツ法，そして日本法におけるような，動産，債権の種類別による担保を基礎とする手法をあげることができる[51]。

① アメリカ法

アメリカ法では，UCC[52]第9編担保取引（secured transactions）に，関連する法制がみられる。UCC第9編は，在庫動産，設備のほか，売掛債権，有価証券その他，人的財産（personal property）に関する担保取引に統一的に適用さ

---

[51] こうした見方については，前掲注（4）所掲の，森田による諸論稿を参照。
[52] アメリカ統一商事法典（Uniform Commercial Code）

れる (cf. UCC § 9-109 (a)(1))(53)。これは，動産，債権の種類別に拘わらない，単一の担保制度であるとみられている。そして，アメリカでは，UCC第9編に基づいて，動産，債権の種類別で，それぞれ包括的に担保化することができる一方，動産，債権その他，人的財産を包括的に担保化することができる。これによると，動産，債権の種類別に拘わらない，一体的担保（シームレスの担保）(54)を実現することができるとみられている(55)。

② ドイツ法

これに対して，ドイツ法では，所有権留保（BGB 449条〔旧455条〕），動産譲渡（BGB 929条以下），債権譲渡（BGB 399条）の，既存の法制，既存の判例を基礎として，取引（契約）が組成されてきた。その他面として，こうした取引（契約）を直接に規律する，とくに実体的に側面に関する，民事法の規定が，存在しなかった。そして，ドイツでは，現在では，動産，債権の種類別で，例えば，供給される商品について，所有権留保（der Eigentumsvorbehalt），在庫動産について，集合動産譲渡担保（die Sicherungsübereigung von der Sachgesamtheit〔z.B Warenlager〕），（商品，在庫動産の売却による）売掛債権，転売代金債権について，集合債権譲渡担保（die Sicherungsabtretung〔die Globalabtretung（die Globalzession)〕）の形態で，それぞれ，包括的に担保化することができる。また，相応の合意があれば，商品の所有権留保，在庫動産の集合動産譲渡担保と，売掛債権，転売代金債権の集合債権譲渡担保の，両者を組み合わせて，その意味で，両者を一体として把握することができる（延長された所有権留保 der verlängerte Eigentumsvorbehalt, 延長された動産譲渡担保 die verlängerte Sicherungsübereigung）(56)。

---

(53) 森田・前掲注（4）『アメリカ倒産担保法』73-74頁のほか，角紀代恵「米国統一商事法典第9編登録制度について」同・前掲注（40）101-108頁（初出1994年，1996年）。

(54) 動産，債権の種類別に拘わらない，一体的担保（シームレスの担保）という表現については，中田・前掲注（5）34頁のほか，道垣内・前掲注（10）23-25, 28頁を参照。さらに，アメリカ法における，UCC第9編による「初期融資者の優越」の構造については，後掲注（60）所掲の，森田による諸論稿を参照。

(55) 所掲の担保の手法とその特性については，*Morita*, a. a. O. (Fn. 2), S. 30-49, 森田・前掲注（4）『アメリカ倒産担保法』73-132頁，293-295頁，同「UCCにおける担保物記載と倒産法」金法1927号95頁以下，金融法研究28号31頁以下のほか，角・前掲注（40）101-123頁を参照。

ただし,このとき実現されるのは,あくまで,動産,債権の種類別による分割的担保(刻む担保)か,その組み合わせでしかない。そして,日本法では,従来,ドイツ法と同様,分割的担保を基礎とする手法がとられてきたとみることができる(これについては,(2)で既に説明している)。

(b) 手法の対比

アメリカ法におけるような,一体的担保を可能とする手法か,ドイツ法,そして日本法におけるような,分割的担保を基礎とする手法かという観点でみると,動産,債権を包括的に担保化して,両者を一体として把握するよう,取引(契約)を組成することができるというかぎりで,差異を生じない。後者の分割的担保といえど,相応の合意があれば,両者を組み合わせて,その意味で,両者を一体として把握することができるからである。

① 一体的担保における担保の効力

すなわち,アメリカ法では,例えば,在庫動産を包括的に担保化するとき,担保設定合意 (security agreement) において,あらかじめ,新たに搬入される在庫動産等に担保を設定することができる (UCC § 9-204 (a))。こうして,合意で担保権を保全,強化することができるというわけである(爾後取得財産条項 after-acquired property clause の有効性)[57]。また,在庫動産の売却その他,担保物 (collateral) が処分されたときは,担保権は,売却による売掛債権,その弁済による金銭その他,プロシーズ (proceeds)[58] へと,さらにそのプロシーズ (proceeds of proceeds) へと,追及,存続する (UCC § 9-315 (a)(2))。こうして,自動的に担保権が追及,存続して,担保権を保全,強化することができるとい

---

[56] 所掲の担保の手法とその特性については,概括的に,*F. Baur/J. F. Baur/R. Stürner*, Sachenrecht, 18. Aufl. 2009, § 56, 詳細は,§ 57-59を参照。

[57] 森田・前掲注(4)『アメリカ倒産担保法』121-124頁,同「UCCにおける担保物記載と倒産法」金法1927号96頁,金融法研究28号32頁。

[58] 担保物の売却その他の処分によって得られたもの "whatever is acquired upon the sale, lease, license, exchange, or other disposition of collateral" (UCC § 9-102 (a)(64)(A)),担保物について取り立てられたもの,担保物のために配当されたもの "whatever is collected on, or distributed on account of, collateral" (同(B)),担保物から生じた諸権利 "rights arising out of collateral" (同(C)) などをいう。

うわけである(価値追求 value-tracing の可能性)⁽⁵⁹⁾。そして,ファイリング・システム (filing system) において,あらかじめ——担保権の設定,成立に先行して,担保物の記載のある与信公示書 (financing statement) をファイルして (UCC § 9 -502 (d)),記載された担保物について担保権を取得することがあるという地位(「担保オプション」)を表示することができる (UCC § 9 -310 (a))。与信公示書では,担保物を,例えば,「在庫動産」のほか,「全資産」,「一切の人的資産」等まで,きわめて包括的に記載することができる (UCC § 9 -504 (2))。こうして,「担保オプション」が,「在庫動産」のほか,(上述の価値追求の可能性に基づく)プロシーズ等まで,きわめて包括的に表示されるわけである。その後,債務者が担保物の記載のある担保設定合意を認証して,債権者が貸付金を引渡すなど,一定の要件が充足され,担保権が設定される (UCC § 9 -203 (a),(b)) (担保権の成立〔attachment〕) と,記載された担保物について担保権の公示 (perfection) が生じる (UCC § 9 -308)。担保設定合意では,担保物を,個別の表,カテゴリー,UCC の定義する担保物の類型など (UCC § 9 -108 (b)),一定の程度で包括的に記載することができる。こうして,ファイリングの時点を優劣決定基準として (UCC § 9 -322 (a)),債権者・担保権者が優先する担保権を取得するというわけである(「初期融資者の優越」)⁽⁶⁰⁾。

② 分割的担保における担保の効力

これに対して,ドイツ法では,例えば,継続的な供給契約において,商品が所有権留保で供給されるとき,相応の合意があれば,(当該動産,その加工物等

---

(59) 森田・前掲注(4)『アメリカ倒産担保法』116-120頁,同「UCC における担保物記載と倒産法」金法1927号96頁,金融法研究28号32頁。

(60) *Morita*, a. a. O. (Fn. 2), S. 30-49, 森田・前掲注(4)『アメリカ倒産担保法』85-115頁,「UCC における担保物記載と倒産法」金法1927号95-96頁,金融法研究28号31-36頁。

他方で,森田は,「初期融資者の優越」を制約する法理の解明をすすめている(「UCC =包括担保の脱神話化」)。それによると,与信公示書 (financing statement) における包括的な担保物記載 (indication of collateral) (UCC § 9 -504) と峻別された,担保設定合意 (security agreement) における担保物記載 (description of collateral) (UCC § 9 -203) の解釈を基礎として,倒産段階において担保権の効力が縮減される,という構造であるとみられている(同「UCC における担保物記載と倒産法」金法1927号97-99頁,金融法研究28号41-52頁)。

の売却による）売掛債権，転売代金債権へと，担保目的，客体を「延長」することができる（延長された所有権留保）[61]。また，例えば，集合動産譲渡担保の形態において，在庫動産を包括的に担保化するとき，相応の合意があれば，（在庫動産の売却による）売掛債権，転売代金債権へと，担保目的，客体を「延長」することができる（延長された動産譲渡担保）[62]。相応の合意があれば，担保目的，客体を「延長」することができるのである。このとき，商品の所有権留保，在庫動産の集合動産譲渡担保と，売掛債権，転売代金債権の集合債権譲渡担保の，両者を組み合わせて，両者を一体として把握することができるのである。他方で，学説をみると，相応の合意による「延長」（架橋）に対応する，自動的な塡補（ein automatischer Ersatz），すなわち，物的代償，物上代位（die dingliche Surrogation）は認められないというのが，通説である[63]。

(c) 補 論

他方で，分割的担保を基礎とする手法だからこそ，議論を展開することができる論点をあげることができる。日本法における議論との関係で，要点のみ指摘しておこう。

---

(61) *Baur/Stürner*, Sachenrecht, a. a. O.（Fn. 56），§ 53 BIII, Rn. 20-22, § 58 AII, Rn. 8, § 59 AII, Rn. 6, § 59 BV, Rn. 49-55；*H. Westermann/H. P. Westermann/K. H. Gursky/D. Eickmann*, Sachenrecht, 8. Aufl. 2011, § 43 V, Rn. 42-51；*H. Weber/J. A. Weber*, Kreditsicherungsrecht, 9. Aufl. 2012, § 10 II, S. 170-174；*G. H. Roth*, Kommentierung von § 398BGB, in: Münchener Kommentar zum Bürgerlichen Gesetzbuch, Bd. 2, Schuldrecht Allgemeiner Teil, 6. Aufl. 2012, Rn. 135-144. とくに，ドイツの延長された所有権留保については，米倉明「流通過程における所有権留保」同『所有権留保の研究』（新青出版・1997年）１頁以下（初出1965-66年）等に既に紹介がある。
(62) *Baur/Stürner*, Sachenrecht, a. a. O.（Fn. 56），§ 57 BI, Rn. 7, § 57 BII, Rn. 14, § 58 AII, Rn. 8；*Westermann/Gursky/Eickmann*, Sachenrecht, a. a. O.（Fn. 61），§ 44 II, Rn. 13, 14；*Weber/Weber*, Kreditsicherungsrecht, a. a. O.（Fn. 61），§ 8 II, S. 169；*J. Oechsler*, Kommentierung vom Anhang nach §§ 929-936BGB, in: Münchener Kommentar zum Bürgerlichen Gesetzbuch, Bd. 6, Sachenrecht Allgemeiner Teil, 6. Aufl. 2013, Rn. 22.
(63) *Baur/Stürner*, Sachenrecht, a. a. O.（Fn. 56），§ 56 BII, Rn. 7, § 57 BII, Rn. 14, § 58 AII, Rn. 8, § 59 AII, Rn. 6；*Westermann/Gursky/Eickmann*, Sachenrecht, a. a. O.（Fn. 61），§ 44 II, Rn. 13.

① 動産の担保化と債権の担保化の，法律構成等の差異と，取引（契約）の帰すう——とくに倒産段階における，担保の効力

日本法では，とくに倒産段階における，集合動産譲渡担保，集合債権譲渡担保の，目的財産の「固定化」の肯否について，議論がみられる。

そうであるところ，日本法におけるような，分割的担保を基礎とする手法では，動産の担保化と債権の担保化の，法律構成の差異等から，目的物の包括性，流動性をめぐる法律関係について，結論に差異を生じる可能性がある。

このとき，ポイントとなるのは，例えば，集合動産譲渡担保と，集合債権譲渡担保の対比で，とくに倒産段階における，新たに搬入される在庫動産と，新たに発生する売掛債権の，「権利」移転にかかる法律構成に相違が生じるかどうか，また，法律構成に相違が生じるならば，具体的な結論に差異が生じるかどうかである。アメリカ法におけるような，単一の担保制度を前提とする手法とは，異質の議論であるということができるだろう[64]。

② ある目的財産の代償物に対する追及の可能性——とくに，動産の担保化を起点とする，担保の効力

また，日本法では，動産譲渡担保に基づく物上代位（民法304条を参照）の肯否について，議論がみられる。判例は，一定の場合に，物上代位が認められるとしている。例えば，個別動産の譲渡担保における，目的物の売却にかかる売掛債権（転売代金債権）に対する物上代位について，最決平成11年5月17日民集53巻5号863頁を参照。また，例えば，集合動産の譲渡担保における，目的物の滅失にかかる損害保険金請求権に対する物上代位について，最判平成22年12月2日民集64巻8号1990頁を参照[65]。

このとき，ポイントとなるのは，とくに，集合動産譲渡担保の形態における，在庫動産の売却にかかる売掛債権（転売代金債権）について，担保の効力が及ぶかどうか，また，担保の効力が及ぶとすれば，どのような要件において物上代位が認められるかである。アメリカ法におけるような，制度内在的に一体的

---

(64) 日本法における議論との関係で，中島・前掲注（5）金法1927号71頁以下，金融法研究28号5頁以下，粟田口・前掲注（40）金法1927号84頁以下，金融法研究28号18頁以下，中村・前掲注（40）100頁以下を参照。
(65) 所掲の判例については，詳細は，各判例の評釈等を参照。

担保を可能とする手法とは，異質の議論であるということができるだろう[66]。

2　政策的な取組み

前述のように，日本における政策的な取組みにおいて，動産，債権の包括的な担保化による資金調達との関係で親和性が高いと考えられているのが，ABLである。また，ABLとの関係で親和性が高いと考えられているのが，リレーションシップバンキング（地域密着型金融）である。

（1）　親和的なビジネス・メソッド

（a）　ABL

政策的な取組みとの関係では，ABLというときは，債務者・担保設定者が，在庫動産，（在庫動産の売却による）売掛債権等の流動資産を包括的に担保化して行われる金融で，債務者・担保設定者，債権者・担保権者のほか，評価会社，監査法人等の外部の専門業者，機関等を加えて構築された仕組みを基礎として，債務者・担保設定者は，債権者・担保権者から融資を受けることができること，債権者・担保権者は，在庫の市場性や売掛先（第三債務者）の支払能力その他について，必要に応じて外部の専門業者等の評価を参考にして，融資枠を設定することができること，債務者・担保設定者が，一定の財務指標を一定の水準以上に維持し，在庫動産，売掛債権の状況を定期的に報告するなど，コベナンツに基づいて一定の作為義務，不作為義務を履行しなければならならない一方，債権者・担保権者が，必要に応じて外部の専門業者等に委託して，継続的に在庫動産，売掛債権の状況を評価，管理（モニタリング）し，担保価値の評価替えをし，融資枠の変更をすることができること，一定の事由が生じたときは，債権者・担保権者が，実行として，必要に応じて外部の専門業者等に委託して，在庫動産を処分し，売掛債権を取り立てることができることなどが，基本となる（Ⅰ2(3)）[67]。

（b）　リレーションシップバンキング（地域密着型金融）

---

(66) *Morita*, a. a. O. (Fn. 2), S. 40.
(67) 前掲注（8）所掲の諸文献のほか，小野隆一「動産・債権譲渡担保の評価・管理（モニタリング）・処分の実際」金法1770号（2006年）64頁以下，高橋太「在庫・動産の処分・買取り・評価の専門事業者を利用した動産活用による資金調達について」銀法664号（2006年）4頁以下，高木新二郎「アセット・ベースト・レンディング普及のために」NBL851号（2007年）81頁以下を参照。

また，政策的な取組みとの関係では，リレーションシップバンキング（地域密着型金融）というときは，債務者・担保設定者と債権者・担保権者との間で構築された信頼関係を基礎として，債務者・担保設定者に関する諸情報を取得，蓄積する一方，債権者・担保権者が当該情報を基礎として融資等の金融サービスを提供することなどが，基本となる（Ⅰ2(3)）。とくに中小企業について，債務者・担保設定者に関する通常は取得しにくい情報を取得し，通常は確保しにくいガバナンスを確保することができる一方，債権者・担保権者が，債務者・担保設定者の短期的な業績のいかんにかかわらず，長期的な視点で事業の継続，事業の再生を支援することができることが，特徴となる[68]。

(c) 「生かす担保」を可能とする手法

近時は，動産，債権の包括的な担保化による資金調達について，「生かす担保」の概念との関係で期待されるようになっている。この関係で親和性が高いと考えられているのが，上述の意義における ABL である。「事業のライフサイクル」に着目して，原材料，在庫動産，設備等から売掛債権へ，売掛債権から回収金へ，回収金から原材料，在庫動産，設備等へと循環する収益価値を担保化して，一体的に把握する一方，原則としてそれのみを引当てとして一定の融資枠を設定することができるというわけである。また，この ABL との関係で親和性が高いと考えられているのが，上述の意義におけるリレーションシップバンキングである。「対話継続型の動態的な融資形態」として，債務者・担保設定者の，事業の継続を確保することを可能とする手法であると考えられているからである。こうして，債務者・担保設定者，債権者・担保権者，債務者の他の債権者その他，利害関係人の win-win 関係を実現することができるというわけである（Ⅱ2(2)(b)）[69]。そして，現在では，前述のように，実行を考えていない担保，事業を継続するための担保，すなわち，「生かす担保」が，「良い担保」である，という見解がみられる[70]。それどころか，ABL は担保ではない，という感覚すらみられる[71]。

(2) 補 論

上述の意義における ABL の手法を考えるとき，判例，立法において一定の基盤が創出されるだけでは，なお不十分である。そして，日本では，とくに動産の担保化について，評価，管理（モニタリング），処分等にかかる専門業者，市場等，

---

(68) 前掲注（9）所掲の諸文献を参照。

関連する環境が整備されることが期待されるようになっている(72)。

　他方で,「生かす担保」の概念は,企業金融にかかるすべての局面にあてはまるわけではないだろう。また,ABLの手法が,動産,債権の包括的な担保化による資金調達にかかるすべての局面にあてはまるわけではないだろう。しかし,「生かす担保」の概念と,ABLの手法の親和性に着目して,それを強調すればするほど,こうした資金調達に対する需要,利用が,中堅,中小企業等,一定の局面に限定されていくように思われる。

　日本における政策的な取組みにおいて,上述の意義におけるABLの手法と親和性が高いと考えられているのが,中堅,中小企業を中心とする企業金融における資金調達である(73)。これに対して,諸法において,その他の需要,利用が存在するどうか,他の需要,利用が存在するならば,具体的にどのように利用されているのか,将来どのように利用することが期待されているのか,社会的,経済的な視点を交えて分析することが,なお重要,不可欠である。

　ただし,以上はあくまで,動産,債権の包括的な担保化,そして上述の意義におけるABLの,理想的な展開におけるその「光」の部分をみたときの課題である。これと異なる展開において,その「影」の部分をみたときの課題を分析,検討することは,別の問題である(これについては,3であらためて説明しよう)。

---

(69) 前掲注(40)所掲の,池田による諸論稿のほか,木下信行『金融行政の現実と理論』(金融財政事情研究会・2011年)212-215頁を参照。また,ABLの「光」と「影」という観点を含めて,前掲注(40)所掲の諸文献を参照。
　　担保の機能について,角は,不動産担保を例として,債務者破綻におけるリスク回避機能のほか,集合動産譲渡担保,集合債権譲渡担保を例として,従来潜在的には存在したが意識されてこなかった機能として,債務者・担保設定者,また担保目的財産に対するモニタリング等を通じた,破綻防止機能を指摘している(両者は機能する場面がまったく異なる,という)(同・前掲注(40)197-199頁)。また,債権管理と担保管理を巡る法律問題研究会は,優先弁済的機能のほか,従来中心的に論じられることがなかった機能として,担保権の実行において倒産手続に拘束されないという倒産隔離機能(ただし,限定的),情報の非対称性に起因して発生する問題を回避し,債権者が債務者を管理するという管理機能を指摘している(同・前掲注(2)4-29頁)。
(70) 池田・前掲注(40)「ABL等に見る動産・債権担保の展開と課題」323-325頁,同・前掲注(40)「ABLの展望と課題」344-346頁。
(71) 前掲注(8),注(9)所掲の諸文献のほか,中村・前掲注(40)106-107頁を参照。
(72) 前掲注(67)所掲の諸文献を参照。

3 解釈論,立法論の課題——発展と安定

(1) 光と影

前述のように,近時は,動産,債権の包括的な担保化による資金調達について,「生かす担保」の概念との関係で期待されるようになっている(Ⅱ2(2)(b),Ⅲ2(1)(c))。

他方で,動産,債権の流動資産を包括的に担保化するのであるから,債務者・担保設定者,債権者・担保権者,債務者の他の債権者等の,利害関係人の利益の競合が,先鋭化,深刻化することが考えられる[74]。

すなわち,たとえ「生かす担保」といえど,通常段階における取引(契約)の組成,取引(担保)の効力が,利害関係人の利益に決定的な影響を与える可能性がある。例えば,被担保債権と目的財産との関係における「過剰な担保」,債権者・担保設定者の優越的地位の濫用等による「過剰な支配」等を理由として,当該資産を利用した,債務者・担保設定者の経済活動の自由が侵害されるおそれが考えられる。また,当該資産を基礎とした,債務者の他の債権者の利益が(不履行段階,倒産段階との比較で,潜在的に)侵害されるおそれが考えられる[75]。

また,たとえ「生かす担保」といえど,当然,債務者・担保設定者が,危機段階——不履行段階,倒産段階に入ることが考えられる。そして,危機段階におけ

---

(73) 前掲注(8),注(9)所掲の諸文献のほか,中村廉平=藤原総一郎「流動資産一体担保型融資(アセット・ベースト・レンディング)の検討——事業のライフサイクルを主眼とした中小企業の資金調達の新展開」金法1738号(2005年)52頁以下,高木・前掲注(67)81頁以下,中村・前掲注(40)100頁以下。

「ABLの利点と恩恵を受ける企業像」として,池田は,「①優良な商品を作り,優良な売掛先を持ちながら,不動産の保有は特に十分ではなく,業態の維持拡大のための運転資金が不足している中小企業」,「②地場産業として製品の評価は高いが全国展開ができずにいる中小企業」,「③無名ながら専門性が高く国際レベルでの評価が高い中小企業」をあげて,中小企業を中心とする企業金融のほか,商社金融との親和性を指摘している(同・前掲注(40)「ABL等に見る動産・債権担保の展開と課題」321-323頁,「ABLの展望と課題」339-341頁)。

(74) ドイツ法を比較法研究の対象として,将来債権の包括的譲渡(担保)との関係で,藤井徳展「「将来債権の包括的譲渡の有効性——ドイツにおける状況を中心に(一)(二・完)」民商127巻1号(2002年)22頁以下,127巻2号(2002年)190頁以下。また,ABLの「光」と「影」という観点を含めて,前掲注(40)所掲の諸文献を参照。

(75) 債権管理と担保管理を巡る法律問題研究会・前掲注(2)42-45頁。

る取引（契約）の帰すう，取引（担保）の効力が，利害関係人の利益に決定的な影響を与える可能性がある。例えば，債務者・担保設定者の事業の継続，事業の再生を考えるときは，目的財産の流動性を維持して，「担保の実行」が制約されなければ，当該資産を利用した，債務者・担保設定者の事業の継続，事業の再生が困難となるほか，それが他の債権者の利益に影響を与えるおそれがある。これに対して，例えば，債務者・担保設定者の事業の清算を考えるときは，「担保の実行」が遂行されれば，当該資産を基礎とした，他の債権者の利益が（通常段階との比較で，現実的に）侵害されるおそれが考えられる[76]。

（２）　現状と課題

　前述のように，日本では，動産，債権の包括的な担保化による資金調達について，判例，立法において，一定の基盤が創出されている（Ⅱ１（２）(b)，Ⅲ１（２）(b)，(c)）。

　しかし，未解決で，解釈論の展開がなお期待されている部分が存在する。

　すなわち，動産，債権の包括的な担保化について，債務者・担保設定者，債権者・担保権者，債務者の他の債権者等の利害関係人の利益の競合とその調整という観点で，通常段階の法律関係から危機段階の法律関係まで解明することが，課題とされている[77]。

　集合動産譲渡担保，集合債権譲渡担保では，例えば，通常段階における取引（契約）の効力として，現象的にみれば，目的財産の包括性，流動性をめぐる議論，法的にいえば，取引（契約）の組成，取引（担保）の効力，進展に関する法律関係をめぐる議論の展開がこれにあたる。具体的な論点として，取引（契約）の組成という視点では，アメリカ法におけるような，動産，債権の種類別に拘わらない，一体的担保を可能とする場合と比較しながら，ドイツ法，そして日本法におけるような，動産，債権の種類別による分割的担保を基礎とした場合の，法律関係の分析，検討が必要となる。その他，取引（担保）の効力，進展という視点では，既に指摘されている論点として，上述の「過剰な担保」，「過剰な支配」に関する

---

[76] 債権管理と担保管理を巡る法律問題研究会・前掲注（２）38-41頁。また，前掲注（64）所掲の諸文献を参照。

[77] 森田・前掲注（４）「UCCにおける担保物記載と倒産法」金法1927号95頁以下，金融法研究28号31頁以下，同「ABLの契約構造」金法1959号34頁以下。

法律関係(78)のほか，債務者・担保設定者の，「通常の営業」と，「通常の営業」の範囲内，範囲外の処分等に関する法律関係(79)等の分析，検討が必要となるだろう。

また，例えば，危機段階――不履行段階，倒産段階における効力として，とくに，倒産手続開始後の，目的財産の包括性，流動性をめぐる議論，取引（契約）の帰すう，取引（担保）の効力に関する法律関係をめぐる議論の展開がこれにあたる。具体的な論点として，アメリカ法におけるような，動産，債権の種類別に拘わらない，一体的担保を可能とする場合の帰すうと比較しながら，ドイツ法，そして日本法におけるような，動産，債権の種類別による分割的担保を基礎とした場合の帰すう，例えば，倒産手続開始後の，新たに搬入される在庫動産，新たに発生する売掛債権をめぐる法律関係(80)の分析，検討のほか，とくに倒産段階における，「固定化」の肯否，その他，「担保の実行」をめぐる解釈論，立法論(81)の展開が，必要となるだろう。

これらの課題については，今後別稿においてさらに展開することとしたい。

---

(78) ドイツ法を比較法研究の対象として，野田和裕「過剰担保の規制と担保解放請求権――ドイツ法の分析を中心に（一）（二・完）」民商114巻2号（1996年）218頁以下，114巻3号（1996年）427頁以下。

(79) イングランド法，カナダ法を比較法研究の対象として，小山泰史「流動財産担保における『通常の営業の範囲内の処分』その1――イングランド法の検討」同・前掲注（6）123頁以下（初出2000, 2007年），同「流動財産担保における『通常の営業の範囲内の処分』その2――カナダ法の検討」同書177頁以下（初出2002年），同「ある処分が『通常の営業の範囲内』であるかどうかの判断基準と結晶化」同書227頁以下（初出2007年），同「日本法における流動財産担保」同書257頁以下（初出2002, 2007年）。日本法における議論との関係で，道垣内弘人「『目的物』の中途処分」・「〔金融法学会シンポジウム〕集合動産譲渡担保の再検討」金融法研究・資料編（5）（1989年）128頁以下，金融法研究6号（1990年）49頁以下を参照。

(80) 日本法における議論との関係で，前掲注（76）所掲の諸文献を参照。

(81) 日本法における議論との関係で，前掲注（76）所掲の諸文献を参照。

債権譲渡によるリファイナンスと債務者の保護

ロルフ・シュテュルナー
藤井德展（訳）

I 序論

　債権の売買と譲渡というテーマは，技術万能の職人的な水準において扱われるものではない。また，民法と，民法上の債務者保護規定に限定されうるものでもない。そうではなく，債権譲渡は，金融市場と経済社会の全体に対して，極めて重要である。貸金債権の譲渡性は，現代の経済社会において，生物の血液中の酸素含有量と比較できるほど重要である。多すぎても少なすぎても，病因にも死因にもなりうるわけである。本稿では，まず，債権の譲渡性というとき，とりわけ貸金債権の譲渡性の経済的意義と，その経済社会全体における意義と，最近10年間の展開を簡潔に概観する。つぎに，前述の経済的意義を踏まえて，債務者保護の範囲の問題を詳細に検討する。

II 債権譲渡の経済的意義

　債権，とりわけ貸金債権の売買と譲渡は，証券化するとき，投資家が取立てのために取得するとき，そして再生のための措置（Sanierungsmaßnahmen）を講じるとき，重要な役割を果たしている。それと並んで，証券化するとき，協調融資を組成する（Konsortialfinanzierungen）とき，また銀行間でリファイナンス取引をする（interbankmäßigen Refinazierungsgeschäften）とき，貸金債権を担保のために譲渡することが考えられる[1]。重要であるのは，規格化された大量取引の発展であ

（1）これについて，概要は，*Baur/Stürner*, Sachenrecht, 18. Aufl. 2009, § 58 Rn. 15a.；さらに，公刊物として，*Stürner*, ZHR 173 (2009), S. 363ff.

り，そこでは無数の債権が譲渡されるところ，個別の債権が，その債務者との関係でどのような運命をたどるかということは後景に退くのである。とくに貸金債権に関する取引は，さまざまの意味で国境を越える性質を有していて(2)，したがって，譲渡される債権群（zu übertragende Bestände）には，全く異なる法に基づく貸付債権が含まれることがしばしばある。このことは，とりわけ不動産担保権で担保される貸金債権についても意味をもつ。

Ⅲ 大量取引としての流動化にむけた発展の，経済社会全体からみた評価

1 裏づけのある古典的な証券（Klassische gedeckte Wertpapier）

貸金債権の証券化は，次の点で，制限なく積極的に評価されるべきである。それは，証券を発行した銀行が引き続き責任を負うこと，証券化された貸金債権の債権者の資力が高いこと，自己資本の裏づけがあることが認められる点である。この場合，貸金債権の譲渡または担保のための譲渡は，償還財団（Deckungsmassen）の裏づけによって安全性（Sicherheit）が高められた債券（Obligationen）を提供するためにのみ資する。かかる安全性は，資本市場の安定性にとっても，機関投資家と消費者にとっても，不可欠である。制定法上の基本モデルとなるのは，大陸法の抵当証券（Pfandbrief）であり，これまで契約によってさまざまの，抵当証券をモデルとする類似の制度が開発されている(3)。貸金債権の譲渡をまたなければ，これらの極めて手堅い方法における償還財団を形成することはできない。

2 真正売買モデル（True Sale-Modelle）

いわゆる真正売買モデル(4)は，控えめな評価しか受けることができない。これ

（2） 抵当証券に関する取引における，外国資本の関与が顕著であることについて，Der Jahresbericht des Verbands Deutscher Pfandbriefbanken 2012, S. 25 ff. を参照。

（3） 概要は，*Christoph Kern*, Die Sicherheit gedeckter Wertpapiere, 2004, S. 37 ff., 77 ff., *Stöcker* und *Jahn*, in: *Schimansky/Bunte/Lwowski*（Hrsg.）, Bankrechtshandbuch, Bd. I, 4. Aufl. 2011, §87 および Bd. II, 3. Aufl. 2007, §114a。

（4） これについて，*Schwarcz*, Structured Finance. A Guide to the Principles of Asset Securitization, 3. Aufl. 2005; *Kern*, a. a. O.（Fn. 3）, S. 37 ff., 138 ff.; *Linkert*, Insolvenzrechtliche Risiken bei Asset-Backed Securities, 2008, S. 45 ff.

は，銀行（「オリジネーター originator」）を広範にわたって免責するものである。実際には，証券を発行した目的会社（SPV =「特定目的組織 special purpose vehicle」）しか債券について責任を負わず(5)i，貸金債権の債権者が銀行から SPV へと変更するとき，オフバランス化されるからである。真正売買のメリットは，償還財団を銀行の倒産(6)から完全に隔離できること，したがって，倒産法上の不足を填補することができることである。というのは，倒産法は，たいてい，債権者に担保の取戻しを認めていない ── そこに，現代の倒産法立法者の過誤があるといえるかもしれない ── からである(7)ii。倒産法は，契約によって倒産の影響を全く受けないように構成された，銀行の債券と類似の制度を認めていないのである。もっとも，類似の制度が主要国の最高裁判所判例で，実際に認められることになるかどうか，そして［倒産法の］迂回路であるという非難に耐えられるかどうかという問題は，結局のところまた決着がつかない。償還財（Deckungswerte）の資力が高いか，十分である場合は，こうしたモデルによる証券化は，機関投資家による売買が行われるときは，経済社会全体からみて意義のある機能を果たすことができる。資力が比較的に低い場合は，市場の失敗が生じる危険がある。投資家が現実の市場価格を形成するために十分な情報の提供は不可能であって，情報媒体（Informationsintermediäre〔格付機関 Rating Agenturen, メディア〕）は，規格化されない多数の商品を前にして，こうした機能を確実に果たすことができない(8)。

---

(5) EU-Bankenrichtlinie（欧州連合銀行指令）新122a 条を国内法化するにあたって，KWG（銀行法 Kreditwesengesetz）18a 条 1 項は，銀行のポートフォリオにおける証券化ポジション（Verbriefungsposition）について，オリジネーターまたはスポンサーの純経済的利益（Nettoanteil〔訳注 i〕）の10％と定めている。

(6) これについて，詳細は，*Kern*, a. a. O.（Fn. 3），S. 212 ff.; *Stürner*, Deutsche öffentliche Pfandbriefe und Deckungswerte aus Darlehen an U.S.-amerikanische öffentliche Körperschaften, 2005, S. 42 ff.; 最近では，*Linkert*, a. a. O.（Fn. 4），S. 96 ff.（もっとも，銀行の倒産の特殊性を考慮していない）。

(7) 批判として，*Stürner*, in: MünchKommInsO, 3. Aufl. 2013, Einl. Rn. 24a; *ders.*, in: *Eidenmüller/Kieninger*（Hrsg.），The Future of Secured Credit in Europe, 2008, S. 166 ff., 171 f.; *ders.*, NZI 2005, 597 f.

(8) 適切な情報の提供が可能であることに対する期待が非現実的であることに基づいて生じる市場の失敗について，*Stürner*, Markt und Wettbewerb über Alles ?, 2007, S. 89 ff.

第Ⅴ部　債権譲渡人によるリファイナンスと債務者の保護

3　ストラクチャード・カバード・ボンド（Structured Covered Bonds）

　いわゆるストラクチャード・カバード・ボンド[9]による証券化は，典型的には，貸付銀行が償還財を維持し，そのかぎりで債券の債権者の受託者（Treuhänder der Obligationengläubiger）に担保を提供したうえで，その貸付銀行と債券の債権者との間に，発行体であると同時に，それ自体は貸付銀行の貸付債権者である，（銀行の）中間体（〔Banken〕Intermediär）を導入する。この種のモデルは，裏づけのある古典的な債券と同様の安全性（Sicherheit）を作り出さない。関係者の数と，作用ミスのリスクが増大するからである。ドイツにおいてこれに相当するモデルが構想される場合，償還財団としての貸金債権が，たいてい土地債務を除いて受託者に担保のために提供され，不動産担保権は，比較的に低い格付けの場合にはじめて提供されている——これは問題を生じやすい方策である[iii]。

　結論として，［上述の3つの］証券化のモデルを総合的に評価するならば，償還財団の財産が比較的に高い資力で，将来，市場で流通するモデルの水準を実際に形成することになれば，全体として，安全性の水準が高い債券の形態がもつ，経済全体からみた有用性は否定されない。

4　倒産前段階における再生のための措置

　倒産前段階において再生のための措置をとるときは，資産を譲渡することは，流動性（Liquidität）を確保して，とりわけ銀行についてオフバランス化するために意味がある。営業全体を，資産と負債とともに譲渡することも考えられる。立法者が新 KredReorgG（銀行更生法 Kreditinstitute-reorganisationsgesetz）と KWG（銀行法 Kreditwesengesetz）において銀行について2011年に緩和したからといって，危機克服のための事業承継または（一部）組織再編は，常に適合的であるとまではいえないからである。PfandBG（抵当証券法 Pfandbriefgesetz）は，32条以下において，再生のための譲渡を規定している。抵当証券銀行にとって，現在の組織変更法は，融通が利かず利用しにくい再生形態であるからである。銀行を再生する際に柔軟に行動するために，貸金債権の譲渡性は不可欠である。譲渡性のない貸

（9）アメリカのストラクチャード・カバード・ボンドについて，詳細は，*Stürner/Kern*, Deutsche Hypothekenpfandbriefe und U.S.-amerikanische Deckungswerte, 2007, S. 76 ff.。

金債権は商事に属さない事柄（res extra commercium）であり、譲渡性のある債権と比べて銀行にとって高いリスクをはらんでいる。その価値は、売買によってではなく、取立てによってしか実現できないからである。銀行が貸付けにかかる資産を、証券化によって、直接的または間接的に、信用の担保として使用し、担保のために譲渡したり質権を設定したりするかぎり、これは、リストラクチャリングと、流動性の隘路を克服するための重要な手段となりうる。そしてこれは、現在、連邦銀行を相手方として次第に頻繁に実施されているようである(10)iv。全体として、貸金債権の譲渡性は、銀行システムと金融システムにとって、不可欠とはいわないが重要な安定化要素である。

5　履行期到来時における清算のための債権譲渡

　履行期到来時において清算のために金融投資家へ貸金債権を譲渡することで、企業や金融機関は、流動性を迅速に確保して、経営政策上のぞましくないリスクを切り離して、それによって、事業ポートフォリオ（Geschäftsfelder）を即時に転換することができる。経済社会全体からみて、この形態で大量の債権を譲渡することには、評価が分かれざるをえない。この形態における大量の債権の売買と譲渡は、一方で、信用を供与している側の企業や銀行の安定性と、戦略的な可動性に寄与することができるであろう。他方で、銀行取引の分野にこうした取引方法が広がると、受信者（Darlehensnehmer）は、その信用力（Kreditwürdigkeit）が持続しているにかかわらず、さしあたり一時的に、さらなる信用を受けることがはなはだ困難となって、それによって、経済社会全体からみて損害となるような形で、信用力のある受信者が支払不能となるおそれがある。

Ⅳ　受信者の視点からみた評価

　銀行取引の分野では、受信者の視点からみて、与信期間内は契約上合意された

---

(10) これについて、BbankG（連邦銀行法 Bundesbankgesetz）19条1号；Protokoll über die Satzung des Europäischen Systems der Zentralbanken und der Europäischen Zentralbank vom 07.02.1992（欧州中央銀行制度および欧州中央銀行に関する法規を定める欧州共同体条約の付属議定書〔1992年2月7日〕）18条1（BGBl. 1992 II, 1253 および BGBl. 1998 II, 387）〔訳注 iv〕。

条件が継続されることに，保護されるべき利益が存在する。こうした形態における法的安全性（Rechtssicherheit）は，受信者に期限つきで経済的安全性（wirtschaftliche Sicherheit）を確保し，同様に経済社会全体からみた利益となる。

しかし，受信者からみたこうした継続にかかる利益は，貸金債権の譲渡性に関する経済社会全体からみた評価を前にすると，与信者（Darlehensgeber）が分割されず継続して同一性を維持することに関する保護に値する利益を基礎づけるものではない。この同一性は，事業承継，共同経営者の変更，組織再編のみならず，さしあたり，契約による債権者の交替によって変更されうるのでなければならない。経済社会全体からみて貸金債権が譲渡可能な規格化された商品として評価されるとき，債務者からみた継続にかかる利益は，このかぎりでしか正当化されない。

受信者が与信の継続に対して有する信頼は，原則として保護に値しない。そうではなく，受信者は，期間終了後の返済を準備しなければならない。経済社会全体からみて，貸金債務の遅滞のない返済を信頼することを問題としたり，予測できないつなぎ融資のリスクを引き受けることを覚悟したりすることに，利益は存在しない[11]。こうした覚悟は，現在では，国民の幅広い層で存在しており，また企業取引の分野においても，普及している。銀行取引の分野においてすらこうした覚悟があるゆえに，疑問の余地ある長期——短期金融が行われるようになっている。与信の継続が適時に表明されることに対して受信者が有する正当の利益は，本来的には，特別の保護に値しない。こうした表明は，いつでもなされうるからである。逆にみると，こうした利益を保護しても損害をもたらすわけではなく，とりわけ取引上の経験，知識が乏しい債務者にとっては，かかる保護はのぞましい。なぜならば，継続的に信用を受けることができることは，経済社会全体からみても，結局のところ利益となるからである。

---

(11) もっとも，この傾向は，RisikoBegrG（リスク制限法 Risikobegrenzungsgesetz）の議論において，極めて明確な形で顕在化した。これについて，例えば，*Reifner*, BKR 2008, 142 ff., 143; さらに，*Baum-Reiter* 弁護士事務所の立場について，*Baum-Reiter*, Rechtsausschuss des Deutschen Bundestages, Berichterstattergespräch Kredithandel vom 07. 05. 2008, Zusammenstellung der Thesenpapiere, S. 43 ff.

Ⅴ 国際化の評価

 貸金債権に関する取引の国際化は，ヨーロッパ(12)さらに全世界(13)に広がるような資本移動自由化に対応する。われわれは，巨大市場における高度化された価値創造の効率性に説得力があるかについて，他のあらゆる分野と同様，貸金債権に関する商取引の分野においても，とくに次の点で，問い質してもよい。それは，工業化の遅れた地域における与信条件への影響が問題となるかという点である(14)。金融商品市場の規格化と，十分な規制がすすんで，全世界に広がる与信取引のリスクがコントロール可能となるならば，長期的には，貸金債権に関して，ヨーロッパ域内，そして全世界に広がる市場の利点は否定されない(15)。

 ドイツの金融システムを国際市場と結合するとき，貸金債権の譲渡に関する準則についてドイツが独り歩きすることが禁じられる。われわれが現在の金融システムに一部批判的に向き合うときですら，ドイツの固有のやり方で貸金債権の流動化を食い止めることで濫用の危険に対応しようとすることには無理がある。

ドイツの債権譲渡法制に対する帰結

1 貸金債権の譲渡性の原則

 譲渡性の原則は，銀行の貸金債権について，制限なく正当として維持されるべきである。貸金債権の性質から原則として譲渡性が認められないとすること(BGB

---

(12) EU（欧州連合）域内の資本移動自由の範囲と対象について，*Ress/Ukrow*, in: *Grabitz/Hilf*（Hrsg.）, Das Recht der Europäischen Union, Bd. II, Stand Juli 2008, Art. 56 EGV Rn. 16 ff., 19 f.

(13) WTO（世界貿易機関），IWF（国際通貨基金），OECD（経済協力開発機構）の準則の枠組みにおける資本移動自由について，*Ress/Ukrow*, a. a. O.（Fn. 12）, Vor Art. 56 EGV Rn. 4－9．

(14) これについて，代表的であるものとして，とくに，*P.-R. Agénor*, Benefits and Costs of International Financial Integration: Theory and Facts, 26 The World Economy 1089 ff.（2003）；*de Luna Martinez*, Die Herausforderung der Globalisierung für die Schwellenländer: Lehren aus den Finanzkrisen von Mexiko und Südkorea, 2002.

(15) これについて，*Stürner*, a. a. O.（Fn. 8）, S. 111 ff., 264 ff.

399条1項)を拒絶した判例は,完全にかつ強力に支持されるべきである[16]。したがって,刑法またはデータ保護法(Bundesdatenschutzgesetz)における保護規定(StGB 203条,BDatSchG 4条1項)を,処分禁止として位置づけることには消極的であったことは,歓迎されるべきである。正当にも,BGH(連邦通常裁判所)は,BverfG(連邦憲法裁判所)の同意を得て,不当な［データ］提供の場合に純粋な損害賠償上のサンクションを課すにとどめた。その際,［ある銀行から他の銀行への債権譲渡で］譲受銀行への［データ］提供の場合に,譲受銀行自体が予め守秘義務を課されているかまたは新たに守秘義務を課したときは,AGB(普通取引約款)において,銀行秘密とデータ保護の規定から自由であることが明記される,ということが可能でなければならない。抵当証券法改正法の改正の論拠もまた,こうした理解を出発点としていることは,全く明らかである[17]v。

債権が譲渡された場合に受信者に告知権(Kündigungsrecht)を認めることは,2008年のRisikoBegrG(リスク制限法Risikobegrenzungsgesetz)に関する議論の枠内で,消費者保護団体から要請されていたところであるが,立法者はそれを正当にも否定した。これを否定しなければ,譲渡性が多数の事例において完全に奪われて,事実上,譲渡性がないことが原則となってしまうからである。たいてい,取得者は,即時に解約できる貸金債権に何ら利益を有しない。金銭消費貸借契約において,約款で受信者からの告知可能性を排除することが禁止されていること

---

[16] BGHZ 171, 180 ff. = NJW 2007, 2106; これを確認するのが,BVerfG NJW 2007, 3707 および BGH JZ 2010, 791 ff.; 批判として,代表的であるものとして,*Schwintowski/Schantz*, NJW 2008, 472(同所所掲の文献とあわせて);本文と同様であるのが,*Baur/Stürner*, a. a. O.(Fn. 1),§58 Rn. 16a(同所所掲の文献とあわせて)および *Stürner*, JZ 2010, 774 ff.

[17] これについて,Gesetz zur Fortentwicklung des Pfandbriefrechts(抵当証券法の継続形成のための法律),BT-Drucks. 16/11130 Anlage 1(Drucks. 703/08)1条5b号のPfandbriefG 5条1b項の新規定の理由(53頁)は,「［PfandbriefG 5条］1b項の新規定では,データの提供が認められる場合が規律されている。不動産担保権で担保される貸金債権が,受信者の承諾なく…譲渡され,必要なデータが債権譲渡につき権限を有する者(der Übertragungsberechtigte)に開示されるとき,データ保護のための準則に対する違反と,銀行秘密に対する違反が生じる。受信者の事後的な同意を得ることは,時間とコストの浪費の原因である。今後の与信契約では(bei neuen Kreditverträgen),データの提供に対する同意は,既に金銭消費貸借契約の締結時に得られている…。」,となっている〔訳注v〕。

(BGB 309条10号）は，事業譲渡や組織再編による銀行経営者が交替可能であることと，ある意味対照的である。銀行経営者の交替について，われわれは，告知可能性を導入することを決心することは——正当にも——できないであろう。これを決心したならば，銀行分野における事業譲渡と組織再編が，経済的にみて困難，不可能となるであろうからである。これに対して，会社法上の債権者交替と民法におけるそれとではこうした差異が生じることについては，複数の受信者の別異取扱いの禁止と，同一の企業経営者による債権者継続の要請から，かろうじて正当化することができるかもしれない。しかし，こうした正当化は，とくに説得力があるとは思われない。

2　国際的な法発展の基礎となる事情

　債権の譲渡性を原則として維持することに関して，ドイツ法は，国際的な法発展と一致している。商法上の金銭債権について，譲渡禁止特約の効力が排除または制限される（ユニドロワ原則[18]，国連国際債権譲渡条約[19]，ユニドロワ国際ファクタリング条約[20]）というのが，比較的に強い潮流である。これを踏まえてみると，債権譲渡が資本市場にとってとくに重要と思われる分野，とりわけ企業金融のための金銭消費貸借の場合に，HGB 354 a 条 2 項の［2008年の］新規定[vi]が，商法上の貸金債権[vii]について譲渡禁止特約の効力を再承認していることは，立法の瑕疵であることがわかる。このとき，とりわけ中堅の銀行において，はなはだしいリスクを伴う高い与信額が関係する事例が問題になることもまれではない。まさにこうした状況において，主要な受信者が譲渡禁止特約を締結することができて，それはしばしば銀行のリスク状況に長期的にダメージを与えるような結果が伴うのである。

---

(18) *Unidroit* (Hrsg.), Principles of International Commercial Contracts 2004（ユニドロワ原則）9．1．9条，条文は，*Schulze/Zimmermann* (Hrsg.), Europäisches Privatrechts. Basistexte, 3. Aufl. 2005, S. 434 ff., sub III. 15に登載されている。

(19) Übereinkommen der Vereinten Nationen über die Abtretung von Forderungen im internationalen Handel vom 12. 12. 2001（国連国際債権譲渡条約）9 条，条文は，*Schulze/Zimmermann* (Hrsg.), a. a. O. (Fn. 18), S. 314 ff., sub II. 40 に登載されている。

(20) Unidroit-Übereinkommen von Ottawa über das internationale Factoring vom 28. 05. 1988（ユニドロワ国際ファクタリング条約）6 条（BGBl. 1988 II, 172）。

第Ⅴ部　債権譲渡人によるリファイナンスと債務者の保護

3　情報提供義務

　立法者が［2008年に］導入した，債権譲渡における情報提供義務（BGB 496条2項）viii は，さらなる信用の供与の予定と，その条件（BGB 493条）に関する情報提供義務と同様に，消費者である受信者の利益と，継続して信用を受けることができることという経済社会全体からみた利益とを，極めて調和のとれた形で考慮している。この情報提供義務があることから，さらなる信用供与に対する請求権は存在しえないことが明らかとなる。もっとも，旧債権者または新債権者が情報を提供しなかった場合は，損害賠償請求権は発生しうる。しかし，損害賠償の内容として信用供与を継続することは，全く否定される(21)。

4　被担保債権を伴わない不動産担保権の善意取得に関する新規定

　債権譲渡の効果との関係で受信者を保護することについて，次の点で，——もっとも，実際上は意味があるわけではないが——規律に行き届かないところがみられた。それは，不動産担保権で担保される貸金債権の債務者・所有者が，被担保債権を伴わないで不動産担保権の善意取得が成立した後，貸付金を弁済したにかかわらず，不動産担保権に基づいてその譲受人との関係で引き続き責任を負う（BGB 1138条，1157条，892条）こと，また，［不動産担保権の］譲渡後，その譲渡人に支払いをしたときは，弁済としての効力を有しない（BGB 1156条）こととされている点である。このことは，とくに，債務者・所有者が，支払前に，不動産登記簿の閲覧または証券の呈示を通じて，旧債権者の存続を確認しなかったときに生じるだろう(22)。法的状況は，土地債務と抵当権とで，結論として全く同じであって，いわゆる土地債務の無因性（Abstraktheit）とは関係なかった(23)。立法の瑕疵は，次のことにあった。すなわち，善意取得が成立する広範にわたる可能性（BGB 892条1項）が，登記簿に公示される権利関係と実際の権利関係とが一致しないことを例外とみることである。しかし，それは，貸付金の返済の局面における不動産担保権の場合に，ごく普通にみられる(24)。BGB 1192条1a項の［2008

---

(21) *Jauernig/Berger*, BGB, 15. Aufl. 2014, § 493 Rn. 3.
(22) 詳細は，*Baur/Stürner*, a. a. O.（Fn. 1），§ 38 Rn. 58 ff. および Rn. 71 ff.; また § 36 Rn. 80 ff.
(23) これはこれで，*Baur/Stürner*, a. a. O.（Fn. 1），§ 45 Rn. 62 ff.

年の〕新規定[ix]は，土地債務で，保全契約（Sicherungsvereinbarung）[x]が存在するときについて，いまでは対策を講じている[(25)][xi]。これに対して，抵当権は付従性を有するところ，その抵当権については従前の法状態にとどまっている。法体系的にみて，この新規定は成功ではなく，中途半端である[(26)]。物権法自体において，体系的な編纂の時代の終えんを予告しているのである。

5 土地債務における強行規定としての告知期間

　〔2008年の〕新規定[xii]によると，債権担保を目的として設定される土地債務の場合に，強行規定として6ヶ月の告知期間が設けられて（BGB 1193条2項2文），受信者・所有者のために返済のための猶予期間が認められる。新たに情報提供義務が金銭消費貸借契約の平面において認められて，消費者に当該猶予期間が認められるわけである。しかし，新規定は，完全に失敗している。土地債務の無因性と整合しないからである。それと整合するのは，かつての即時の履行期到来と同様に，設定時における即時の告知可能性である。土地債務の場合には，債務法上の保全契約（schuldrechtliche Sicherungsabrede）に関する保護が決定的である。われわれが立法者の目的を達成しようとするならば，強行規定として，次のような内容が規定されるべきであろう。すなわち，土地債務は，弁済のための6ヶ月の告知期間後はじめて，この期間内に履行期が到来した返還債権について利用することができるということである。即時の告知が権利濫用（BGB 242条）にあたるかまたは約款についてBGB 307条に抵触するか，そしてどの時点において保全契約（Sicherungsvertrag）に基づく告知をすることができるかは，まだ決着がついていない。新規定によると，銀行は，遅くとも貸付金の履行期から6か月前に，したがって，債務法上の情報提供義務が生じる3ヶ月前に，土地債務をあらかじめ告知しなければならないとされる。慎重に考慮された結果ではないのであり，予防法学の実務を極めてこずらせることになる[(27)]。

　BGB 1192条1a項であれ1193条2項2文であれ，根拠なく，土地債務の債権

---

(24) *Baur/Stürner*, a. a. O. (Fn. 1), §45 Rn. 67 f.
(25) 個別の事例について，詳細は，*Baur/Stürner*, a. a. O. (Fn. 1), §45 Rn. 67a ff. 〔訳注xi〕；さらに，*Dieckmann*, NZM 2008, 865, 867 ff.
(26) 批判として，詳細は，*Stürner*, Festschrift Medicus, 2009, S. 513 ff.

者を，抵当権の債権者より低い地位においている。したがって，譲渡禁止特約のある土地債務がヨーロッパ抵当権[28]の模範となるという機能は，法政策的にみてはなはだしく損なわれている。善意取得にかかる，土地債務に限定された修正は，土地債務にのみはなはだしい瑕疵があるという印象を呼び覚ますからである。

6 銀行における担保パッケージ

[2008年の] 改正法立法者[xiii]は，土地債務，無因の債務承認（Schuldanerkenntnis）[xiv]，履行期の証明を不必要とするところの，執行力ある債務名義の正本が作成された場合において強制執行を二重の意味で甘受しなければならないことという3つからなる，銀行における担保パッケージをそのまま残した[29]。とくに，迅速な債務履行に関心がある金融投資家への債権譲渡という事例は，担保パッケージがBGB 138条1項，307条と調和するかどうかという10年来にわたる論争を，活性化した[30]。われわれは，次のことに留意しなければならない。すなわち，貸金債権について即時に執行可能な担保は国際的な潮流に対応していること（ロマン

---

(27) 詳細は，*Schmidt/Voss*, DNotZ 2008, 740, 744; *Hinrichs/Jaeger*, ZfIR 2008, 745, 749; *Dieckmann*, a. a. O.（Fn. 25），S. 867 f.; 本文と同様であるのは，*Baur/Stürner*, a. a. O. （Fn. 1），§ 45 Rn. 48.

(28) これについて，die *Commission des Affaires de la Communauté Européenne der Union des Lateinischen Notariats*, La cédule hypothécaire Suisse et la dette foncière Allemande, Etude Comparative, Base d'une future Eurohypothèque, 1988; L'Eurohypothèque, 2. Aufl. 1994; *Wehrens*, ÖNotZ 1988, 181 ff.; *ders.*, WM 1992, 557 ff.; *Kircher*, Grundpfandrechte in Europa, 2004, S. 418 f., 422 ff.; *Stöcker*, Die Eurohypothek, 1992, S. 216 ff.; *Stürner*, Festschrift Serick, 1992, S. 377 ff.; さらに，*Wolfsteiner/Stöcker*, ZBB 1998, 264 ff. および Notarius International 2003, 116 ff.（englischsprachig）; *Drewicz-Tulodziecka*, Basic Guidelines for a Eurohypothec, 2005; *European Communities*, The Integration of the EU Mortgage Credit Market-Report by the Forum Group on Mortgage Credit, 2004, Recommendations 19, 30-39; 概要は，*Baur/Stürner*, a. a. O.（Fn. 1），§ 64 Rn. 76 ff.; 無因性を有する担保について，契約に基づいて形成された付従性を認めることに反対しているのは，*Sparkes*, European Land Law, 2007, S. 398 ff., 401; *Habersack*, JZ 1997, 857 ff.

(29) 詳細な議論は，*Habersack*, NJW 2008, 3173; *Langenbucher*, NJW 2008, 3169; *Schmid/Voss*, a. a. O.（Fn. 27），S. 754 ff.; *Hinrichs/Jaeger*, a. a. O.（Fn. 27），S. 748 f.; *Freitag*, WM 2008, 1813 ff.; *Binder/Piekenbrock*, WM 2008, 1816 ff.; 概要は，*Baur/Stürner*, a. a. O. （Fn. 1），§ 40 Rn. 44-47b, § 45 Rn. 15 ff.; BGHZ 99, 274; 177, 345.

ス法圏における公正証書の自動的な執行可能性[31]、アメリカ法圏における「売買による抵当権実行権（power of sale）」[32]xv、そしてドイツ法は、競争において遅れをとることなしには、執行可能性が低い貸金債権を金融市場に持ち込むことができないということである[33]。RisikoBegrG が段階的に施行されたこと xvi により、流動化を指向する金融投資家の不意打ち的かつ不公正な攻撃に対する十分な安全性を提供することとなった。

譲受人について、執行証書に基づく不当な執行を理由とする損害賠償義務（ZPO 799a条）を制限することは一貫しておらず、賠償義務は全体として妥当するべきであろう。仮執行宣言を付した判決に基づく執行のリスクを一般的に債権者に負わせる（ZPO 717条）のだから、このことは、執行証書の場合にはなお一層妥当すべきはずである[34]。

7　KWG 22a 条以下に基づく簡易の債権譲渡

不動産担保権で担保される貸金債権を大量に譲渡するときは、ドイツ法に基づく債権と担保については、非常に普及している登記法によって、不動産登記簿への登記を要することからコストが高くなる。KWG 22 a 条以下によって、つまり、証券化法 によって、倒産の影響を受けない、また物権的引渡行為を伴わない、信託的な保有を許容するメカニズムが創設された[35]。こうした簡易化は、銀行間取引については全く正当である。債務者についていえば、こうした解決方法は、債権者の同一性が維持されるという利点がある。形式的な権利主体は変更されな

---

(30)　極めて積極的に取り組むのは、LG Hamburg NJW 2008, 2784; *Schimansky*, WM 2008, 1049. どちらの論証とも、次のことを見落としている。それは、立法者が、全く明らかに、既に可決、成立した RisikoBegrG の保護措置に委ねる意思であるらしいこと、そして、広範にわたるサンクションは立法者の意思に対応しないことである。また、BGH NJW 2010, 2041 ff., 2044（その右段で）；*Stürner*, JZ 2010, 774, 775.
(31)　これについて、*Baur/Stürner*, a. a. O.（Fn. 1), § 64 Rn. 11, 19.
(32)　これはこれで、*Baur/Stürner*, a. a. O.（Fn. 1), § 64 Rn. 42, 54.
(33)　詳細は、*Baur/Stüraer*, a. a. O.（Fn. 1), § 40 Rn. 47a.
(34)　この間一貫して通説に反対しているのは、*Baur/Stürner/Bruns*, Zwangsvollstreckungsrecht, 13. Aufl. 2006, Rn. 15. 48（BGH WM 1977, 657に対して）。新規定は、債務者の保護のレベルを低下させる。ZPO 717条の一般的な類推適用を困難とするか、全く遮断するからである。

いからである。

8 不動産担保権で担保される債権と所在地法 (lex rei sitae)

不動産担保権で担保される債権の場合には，不動産担保権に適用される所在地法の準則は実際には排除されない[36]。そうすると，その帰結として，国ごとにさまざまに異なる債権群 (Forderungsbestand) について，さまざまな国の物権法が妥当することとなる。そうすると，さまざまな法に基づく被担保債権が時間間隔を置かずに大量に譲渡される事態は，KWG 22 a 条以下と，PfandBG 35条に基づく上述の信託的方法でのみ可能である。ところが，こうした大量譲渡はとくに重要な役割を果たす。なぜなら，——伝統的なアメリカ法のエクィティー上の所有権[37]と類似して——債権の譲受人に，譲受人として重要な，債権者としての要素すべてを認める一方，譲渡人における債権者の地位は，第三者からみると影響を受けないままとするからである。したがって，債権の譲受人の地位をEU（欧州連合）に属する銀行[38][xvii]すべてに拡張することは，無条件の前進である。

9 譲渡禁止特約のある貸金返還債権の申告について銀行は監査法上の義務を負うか？

立法者は，全く正当にも，銀行に対し，監督法上，譲渡禁止特約のある貸金債権を申告するよう強制することを見合わせた[39][xviii, xix]。しかしそれだけでなく，譲渡禁止特約のある貸金債権に関する，相対的に広い任意の「第2市場 der zweite Markt」が成立することには，より批判的に評価されるべきである。こう

---

(35) 取戻し可能な管理信託の問題と，銀行のための容易化の必要性について，*Stürner*, KTS 2004, 259 ff.; さらに，*Picherer*, Sicherungsinstrumente bei Konsortialfinanzierungen von Hypothekenbanken, 2002（その随所で）.

(36) これについて，*von Bar*, Internationales Privatrecht, Bd. II, 1991, Rn. 571; *Soergel/von Hoffmann*, BGB, 12. Aufl. 1996, Art. 33 Rn. 14; *Wilhelm*, Sachenrecht, 4. Aufl. 2010, Rn. 424 ff.; *Kern*, a. a. O. (Fn. 3), S. 274 f.

(37) これについて，*Stürner/Schumacher/Bruns*, Der deutsche Pfandbrief und englische Deckungswerte, 2000, S. 84 ff.

(38) これについて，Gesetz zur Fortentwicklung des Pfandbriefrechts（抵当証券法の継続形成のための法律），BT-Drucks. 16/11130 Anlage 1 (Drucks. 703/08) 2条11号のKWG 22a条1項1文の新規定（24頁）〔訳注xvii〕。

した第2市場は，もし譲渡禁止がむやみに利用されるならば，銀行のリスク状況を変えてしまう。こうした問題は，本来，一層重視さるべき自己資本の裏づけまたは規制的な規則によって対処さるべきものではないだろうか。銀行実務は，現在では，部分的には次のことで対応している。すなわち，譲渡性がないことを認める一方，約款において，償還可能性に関するリスクを個人情報すべてを通知したうえで他の金融機関に移転する権利を留保して，そうして，形式的には債権者の交替なしに，オフバランス化を実現することである。このモデルは，上述のKWGに基づく信託モデルに類似するが，リスクを移転した側の銀行が倒産局面に入ったとき，リスクを引き受けた側の銀行に十分な保護を与えない。債権は，それとして取戻しの可能性のないままに，財団に帰属するからである。したがって，これは，もともと加入義務が存在する連合組織（Verbundsystem）においてしか実現できない。例えばドイツにおいては，フォルクスバンクがこれにあたる[xx]。貸金債権の債務者にとって，この「隠れた」債権譲渡の形式は，KWGに基づく信託的な債権譲渡と同様に利点が優る。

Ⅶ 結　語

ドイツ法は，金融市場におけるリファイナンスの需要を，債権者の同一性が維持されることにおいて受信者が有する利益と調和させることに努力してきた。このことは，部分的には成功したが，不動産担保権の分野での体系的な改正には失敗している。全体として，債務者は十分に保護されている。しかしそれでも，債権の流動化を排除したままにしておくことはできない。そのはざまで適切に妥協できるかどうかを巡る争いが中心となるであろう。

（39）これに相当するKWG 16条の新規定〔訳注xviii〕で，銀行に譲渡禁止特約のある貸金債権の申告を義務づけるとした立法提言があった。これについて，*Stürner*, Stellungnahme vor dem Finanzausschuss des Deutschen Bundestages zu dem GE der BReg „Risikobegrenzur.gsG" — Drucks. 16/7438 — am 23. 01. 2008, http://www.bundestag.de/ausschuesse/a07/anhoerungen/082/Stellungnahmen/45-Prof__Stuerner.pdf.
〔訳注xix〕。

i EU-Bankenrichtlinie122a 条にいう net economic interest を指す。

ii 資産流動化・証券化取引において，銀行（オリジネーター）から SPV へと資産（典型的には貸付債権）が譲渡された場合に，その法的性質が，「真正売買」と認定されるか，それが否定され「担保」（とくに，譲渡担保）と認定されるかが，決定的な意味をもつ。その後，銀行が倒産したときは，前者であれば銀行（オリジネーター）の資産から当該資産（貸付債権）が切り離され，当該資産は倒産手続きに組み込まれない（「倒産隔離」）一方，後者であれば，銀行（オリジネーター）の資産を構成する当該資産（貸付債権）につき SPV が担保権を有するとされ，倒産手続きに組み込まれるからである。日本における資産流動化・証券化取引について，例えば，小林秀之編著『資産流動化の仕組みと実務』（新日本法規・2002年）3-38頁（小林執筆）を参照。真正売買モデルの基本的な説明として，*Baur/Stürner,* a. a. O.（Fn. 1），§ 17 Rn. 5 を参照。

iii カバード・ボンドとは，金融機関の資産（典型的には貸付債権）を裏づけとして発行される債券で，欧州を中心として利用されている。大別すると，法制化された形態（法制カバード・ボンド）と，法制化を前提とせず証券化の手法を応用した形態（ストラクチャード・カバード・ボンド）の2つに分かれる（カバード・ボンド研究会「カバード・ボンド研究会　とりまとめ」（2011年）10-11頁）。カバード・ボンドの基本的な説明として，*Baur/Stürner,* a. a. O.（Fn. 1），§ 3 Rn. 34, § 17 Rn. 5 を参照。諸法におけるカバード・ボンドと，日本におけるカバード・ボンド導入に向けた議論ついて，前掲カバード・ボンド研究会「カバード・ボンド研究会　とりまとめ」を参照。

iv 原文は，Art. 18. 1 des Protokolls über die Satzung des Europäischen Systems der Zentralbanken und der Europäischen Zentralbank vom 07. 02. 1991（BGBl. 1992 II, 1253 sowie BGBl. 1998 II, 387）であるが，内容からすれば，欧州中央銀行制度および欧州中央銀行に関する法規を定める EC（欧州共同体条約）の付属議定書（1992年2月7日）18条1（マーストリヒト条約とアムステルダム条約を参照）である。

v 所掲の連邦議会議会文書（BT-Drucks. 16/11130）・連邦参議院議会文書（Drucks.703/08）の該当部分（連邦参議院議会文書の通し番号としての53頁〔PDF版の54頁〕）では，本脚注引用部分に続けて，「従前の契約では（bei Altverträgen），これは不可能である。契約にこれに対応する同意が存在しないからである。…」，となっている。

vi 2008年の RisikoBegrG（BGBl. 2008 I, 1666（Nr. 36））10条による改正後の所掲の規定を指す。

vii 原語は，handelsrechtliche Darlehensforderungen であるが，HGB 354a 条2項をみると，債権者が KWG にいう金融機関である貸付債権を指す。

viii 2008年の RisikoBegrG（BGBl. 2008 I, 1666（Nr. 36））6条による改正後の所掲の規定を指す。

ix 2008年の RisikoBegrG（BGBl. 2008 I, 1666（Nr. 36））6条による改正後の所掲の規定を指す。

x ドイツ法において，抵当権は，被担保債権の存在を前提とする（付従性を有する）。

そうであるところ，（制定法で）付従性が緩和される——流通性が高められる場合がある．本文で，「被担保債権を伴わない不動産担保権の善意取得」というのが，これにかかる——不動産登記の公信力（Öffentlicher Glaube des Grundbuchs）に関する規定は，「抵当権について，債権に関しても，適用する」（BGB1138条），というわけである．抵当権の基本的な説明として，*Baur/Stürner*, a. a. O.（Fn. 1），§ 36 Rn. 80 ff. を参照．土地債務は，抵当権との比較で，被担保債権の存在を前提としない（付従性を有しない）．本文で，「土地債務の無因性（Abstraktheit）」というのが，これにあたる．そうであるところ，（合意で）債権担保を目的として設定される場合がある．本文で，土地債務で保全契約が存在するときというのが，これにかかる．土地債務の基本的な説明として，*Baur/Stürner,* a. a. O.（Fn. 1），§ 45 Rn. 1 ff.（Vergleich mit Hypothek, "Übersicht 22" am Ende）のほか，日本における紹介として，中山知己「ドイツ土地債務の担保的機能——抵当権の流通性に関連して（1）～（3・完）」立命館法学185号（1986年）40頁以下，186号（1986年）218頁以下，191号（1987年）188頁以下，大場浩之『不動産公示制度論』（成文堂・2010年）155頁以下（初出2005年）を参照．

xi 原文は，*Baur/Stürner,* a. a. O.（Fn. 1），Rn. 67a ff. であるが，内容からすれば，*Baur/Stürner,* a. a. O.（Fn. 1），§ 45 Rn. 67a ff. である．

xii 2008年の RisikoBegrG（BGBl. 2008 I, 1666（Nr. 36））6条による改正後の所掲の規定を指す．

xiii 2008年の RisikoBegrG（BGBl. 2008 I, 1666（Nr. 36））の立法とその立法者を指す．

xiv ドイツ法において，債務承認とは，債務関係が存在することを契約で承認することをいう．債務承認は，書面によって承認の意思表示をすることを要する（BGB 781条）．ただし，債務者の側で商行為であるときは，かかる方式を要しない（HGB 350条）．例えば，貸金債権について，債務承認の方法で，債務者が無因の債務を負担することとするときは，原因関係である消費貸借契約に基づく債務者の抗弁が切断され，債権者の権利行使がそれだけ容易となる．債務承認の基本的な説明として，*K. Larenz*, Lehrbuch des Schuldrechts, Bd. I, 14. Aufl. 1987, § 18 IV; *P. Schlechtriem/M. Schmidt-Kessel*, Schuldrecht Allgemeiner Teil, 6. Aufl. 2005, Rn. 23を参照．

xv 訳語は，田中英夫編『英米法辞典』（東京大学出版会・1991年）による．

xvi 2008年の RisikoBegrG（BGBl. 2008 I, 1666（Nr. 36））12条による．

xvii 所掲の連邦議会議会文書（BT-Drucks. 16/11130）・連邦参議院議会文書（Drucks.703/08）の該当部分（連邦参議院議会文書の通し番号としての24頁〔PDF版の25頁〕）では，「KWG 22a 条において，『抵当証券銀行』という文言を，『ユーロ圏に所在する金融機関』という文言へと置き換える．」，となっている．

xviii 現在では削除されている．

xix 所掲の文献について，2015年4月現在，連邦議会金融委員会の該当個所へのリンクが失われてしまっている．

xx 国民銀行・ライファイゼン銀行連合会（Bundesverband der Deutschen Volksbanken und Raiffeisenbanken）のことを指すとみられる．同連合会について，2015年4月現在，概要は，http://www.bvr.de より参照可能である．また，ドイツの金融機関に

ついて，山村延郎・三田村智「ドイツ・リテール金融業務における自己資本比率規制とリレーションシップ・バンキングの意義」金融庁金融研究センター『FSA リサーチ・レビュー』2号（2005年）29頁以下，羽森直子「ドイツの銀行構造について」流通科学大学論集（経済・情報・政策編）20巻2号（2012年）131頁以下を参照。

◇ 第VI部 ◇
《自由主義的》な古典的民事訴訟か,それとも《社会的》民事訴訟か？

わが国における「社会的民事訴訟」理論の意義

髙 田 昌 宏

I はじめに

　民事訴訟は，私法関係から生起した私的紛争の解決手段の1つであり，一般的に，私人の権利の実現を主たる目的とする手続である。したがって，民事訴訟は，私人の個人的事件を対象とするが，他方で，民事訴訟制度のもと，非常に多数の民事事件が扱われることから，訴訟は，大量現象としても現れる[1]。すでにその点に，個人の利益を超えた民事訴訟のいわば「社会的」な側面が見出される。

　このように社会的なものと当然には切り離すことのできない面がある民事訴訟について，「社会的」なものを探し求めた場合，まず想起されるのは，「社会的民事訴訟（der soziale Zivilprozess）」の理論であろう[2]。この理論は，「オーストリア民事訴訟法の創造者」といわれるフランツ・クライン（Franz Klein）にまで遡るところの「社会的訴訟観（soziale Prozessauffassung）」に由来し，1970年代に，知っての通り，ドイツのルドルフ・ヴァッサーマン（Rudolf Wassermann）によって展開された理論である[3]。ヴァッサーマンは，『社会的民事訴訟』と題する著書で，ドイツのボン基本法（Grundgesetz）20条1項が定める「社会国家原則（Sozialstaatsprinzip）」に基づき，民事訴訟の領域でこれまで認められてきた訴訟審理原則を

---

(1) *Rudolf Wassermann*, Der soziale Zivilprozeß, Zur Theorie und Praxis des Zivilprozesses im sozialen Rechtsstaat, 1978, S. 85.
(2) 消費者の一般的保護のための訴訟制度としての消費者団体訴訟等において，市場弱者である最終消費者の利益保護と公共利益の実現に着目して，社会的民事訴訟としての位置づけを与えるものも存在する。例えば，*Karl Göbel*, Prozeßzweck der AGB-Klage und herkömmlicher Zivilprozeß, 1980; *Harald Koch*, Verbraucherprozeßrecht, 1990, S. 53 ff.
(3) *Wassermann*, a. a. O. (Fn. 1).

第Ⅵ部　《自由主義的》な古典的民事訴訟か，それとも《社会的》民事訴訟か？

批判的に考察した。とくに，彼は，訴訟資料の収集に際して妥当する弁論主義（Verhandlungsmaxime）を批判的に検討し，最終的に弁論主義を原則とするこれまでの民事訴訟のあり方を問い直し，その再考を促した。

　ところで，ドイツの民事訴訟法は，わが国の民事訴訟法に多大な影響を及ぼしてきただけに，この社会的民事訴訟の理論をめぐるドイツの動向が，わが国の民事訴訟法に及ぼす影響は，けっして小さくないと思われる。現に，ヴァッサーマンの著書は，公刊の翌年にわが国で紹介され(4)，その後，同書の翻訳が出版されてもいる(5)。たしかに，わが国では，ドイツと異なり，ドイツの社会的民事訴訟の理論が基礎に据える社会国家原則が，憲法に規定されているわけではない。しかし，それでも，社会国家または福祉国家の理想に基づき，とくに社会的・経済的弱者を保護し実質的平等を実現するために保障される人権としての「社会権」(6)が認められ，社会国家の理念と無関係ではないことから，その憲法のもとにあるわが国の民事訴訟法も，当然，同理念と無関係ではありえないとも思われる。したがって，社会的民事訴訟という概念を肯定するか否かはともかく，そこで提起されている問題を理解し，それに対して，わが国の民事訴訟制度や民事訴訟法，さらには，民事訴訟理論がどう対すべきかを考察することは，有意義であろう。

　そこで，本稿では，ドイツの「社会的民事訴訟」をめぐる議論を手がかりにしつつ，わが国の民事訴訟における審理のあり方を考察することとしたい。社会的民事訴訟は，民事訴訟に関する様々な局面で問題となりうるが，ここでは，とくに，同理論の提唱者であるヴァッサーマンが取り上げた裁判資料収集の局面での

（4）すでに1979年に，ヴァッサーマンの著書は，森勇教授によって紹介されている（森勇「＜紹介＞ Rudolf Wassermann "Der soziale Zivilprozeß 1978"」民事訴訟雑誌25号250頁以下〔1979年〕）。

（5）ルドルフ・バッサーマン（森勇訳）『社会的民事訴訟　社会法治国家における民事訴訟の理論と実務』（成文堂・1990年）。

（6）日本国憲法25条の生存権，同26条の教育を受ける権利，同27条の勤労の権利，同28条の労働基本権が，社会権として保障されている（芦部信喜著・高橋和之補訂『憲法〔第6版〕』267頁〔岩波書店・2015年〕）。また，同書によれば，社会権が保障されたことにより，国は社会国家として国民の社会権の実現に努力すべき義務を負うとされ，憲法25条2項が，「国は，すべての生活部面について，社会福祉，社会保障及び公衆衛生の向上及び増進に努めなければならない」と規定するのは，その趣旨である，とされる。

訴訟原則としての「弁論主義」をもっぱら考察対象としたい。考察の手順としては、最初に、ドイツの社会的民事訴訟の理論の展開を概観する。そのうえで、わが国の民事訴訟法のこれまでの制度的および理論的な展開を、とくに弁論主義に関わる範囲で考察し、そのあとで、これまでのわが国においてドイツの社会的民事訴訟の理論がどう受け止められてきたかに注目しつつ、それとの関連で、わが国の民事訴訟における裁判資料収集の局面での当事者および裁判所の役割について考えたい。

ドイツにおける「社会的民事訴訟」理論について

1　1877年のライヒ民事訴訟法典の制定

まず、ここでは、考察の手がかりとなるドイツの「社会的民事訴訟」の理論の展開を概観する。

社会的民事訴訟の概念および理論の歴史的背景についてまず触れると、その出発点となるのは、わが国の民事訴訟法が最も強い影響を受けた1877年のドイツのライヒ民事訴訟法典（Civilprozeßordnung〔以下、CPOと略す〕）である。CPOは、フランスを模範とした自由主義的訴訟観によって形づくられていたとされる[7]。自由主義的訴訟観によれば、人間は、その本質上、善良であり、あらゆる人間の行動は、理性によって担われる[8]。CPOの自由主義精神に即して、訴訟追行、とくに事実関係の解明や訴訟進行は、当事者に委ねられた。これは、民事訴訟において、もっぱら私的利益の追求が問題であり、純然たる私的事件が問題であるからである[9]。自由主義的訴訟観の基礎にあったのは、二人の対等な力のある当事者の競争としての民事訴訟の理想像である。そこでの裁判官には、この理想像に即して、受動的役割が認められるにすぎなかった[10]。

---

(7) *Peter Meyer*, Wandel des Prozessrechtsverständnisses–vom »liberalen« zum »sozialen« Zivilprozesses ?, JR 2004, 1.

(8) *Peter Trepte*, Umfang und Grenzen eines sozialen Zivilprozesses, Diss. Regensburg, 1994, S. 35.

(9) *Trepte*, a. a. O. (Fn. 8), S. 36.

2 オーストリアにおける「社会的訴訟観」の形成

ドイツのCPOの自由主義的訴訟観は，すでに19世紀末に，オーストリア人であるアントン・メンガー（Anton Menger）[11]によって，厳しい批判を受けることとなった。彼によれば，当時のドイツの私法制度は，富裕な国民階層によって発展せしめられ，富裕層は，教育の程度と財産に存在するところの格差に基づき，権利追行の際に，無産階級を不利に扱っていたとされる[12]。そして，メンガーは，民事訴訟立法に対して，同立法が，当時の，経済・社会の領域での立法と違い，強者からの弱者の保護を目指していなかったとの批判を加え，富裕でない国民階層に対する不利な扱いを終わらせるために，裁判官に，富裕でない国民に現行法に関する情報を無償で提供し，彼らが権利の保全を行うのを援助する義務を負わせるとともに，訴訟を職権で実施し，彼らの訴訟代理を引き受けるべきことを要求した[13]。

1895年のオーストリア民事訴訟法の創造者と呼ばれるクラインは，「社会的訴訟観」の創設者でもある[14]。彼は，メンガーの影響を受けているが，彼も，すべての市民が，自分に帰属する権利を実現する平等な機会を持っているわけではないとの確信を抱き，それに基づいて自らの見解を根拠づけた。クラインにとって，訴訟目標としては，当事者の権利だけではなく，なかんずく公共の利益が中

---

(10) 背景には，裁判官の権限を制限するとの思考があり，訴訟で国家権力に対峙する市民を，訴訟による裁判官の専横から保護すべきとの思考があった。*Meyer*, a. a. O. (Fn. 7), S. 1 参照。

(11) *Anton Menger*, Das bürgerliche Recht und die besitzlosen Volksklassen, 1. Aufl., 1890（以下では，2. Auflage [1890] の頁数で引用する）。彼の批判の背景は，19世紀終わりごろの工業化の進展と並行して現れた大衆社会（Massengesellschaft）の成立であった。Vgl. *Trepte*, a. a. O. (Fn. 8), S. 38.

(12) *Menger*, a. a. O. (Fn. 11), S. 9.

(13) *Menger*, a. a. O. (Fn. 11), S. 34 f.

(14) *Franz Klein*, Zeit- und Geistesströmungen im Prozesse, 2. Aufl., 1958（本書については，中野貞一郎教授による翻訳がある〔フランツ・クライン「訴訟における時代思潮」中野貞一郎訳『訴訟における時代思潮（クライン）／民事訴訟におけるローマ的要素とゲルマン的要素（キョヴェンダ）』1頁（信山社・1989年）]）。以下につき，*Meyer*, a. a. O. (Fn. 7), S. 1 f. 参照。なお，クラインの訴訟観については，松村和德「裁判官の積極性とフランツ・クラインの訴訟理念」木川統一郎博士古稀祝賀『民事裁判の充実と促進下巻』224頁，とくに233頁以下（判例タイムズ社・1994年）が詳しい。

心にあった(15)。彼は，訴訟を，「不可欠な国家福祉制度（staatliche Wohlfahrtsein-richtung）」，社会的援助の一形式とみなした(16)。それゆえ，当事者の支配は弱められ，裁判官には，公衆の代表者として手続へのより強い影響力が認められるべきとされた(17)。しかし，これによって，社会的弱者の保護が目的とされるだけでなく，新しく生じた商工業にとっても，債権が適切な時間内に，当を得た負担で実現可能であることが重要であり，そのための不可欠な前提は，効果的・機能的な民事司法であった(18)。そのため，彼の目標とするところは，当事者の抑制だけでなく，手続の集中にあった。クラインは，それゆえ，訴訟資料に対する当事者支配が資産のない者を不利に扱い，平等要請に反する，との理由で弁論主義を拒絶した(19)。1895年のオーストリア民事訴訟法は，クラインの強い影響のもとで成立し，同法では，ドイツのCPOに比して裁判官の役割が相当に強化されている(20)。

3　20世紀のドイツ民事訴訟法の展開

一方，ドイツの民事訴訟法も，1909年，1924年，1933年と改正され，オーストリア法と類似の展開を遂げる(21)。すでに1877年のCPOに含まれていた裁判官の釈明義務（Frage- und Aufklärungspflicht）が強化されたほか，1933年改正で当事者の真実義務が導入され，そして，当事者進行が職権進行にとって代わられた(22)。それから，さらに，民族共同体への奉仕が民事訴訟の目的とされた第三帝国のもと，国家社会主義イデオロギーの強い影響下に置かれたが(23)，第二次世界大戦

---

(15) クラインの訴訟モデルの社会的機能（Sozialfunktion）は，とくに，訴訟をできるだけ迅速，簡易かつ低廉に終結することに向けられている。*Hans W. Fasching*, Die Weiterentwicklung des österreichischen Zivilprozeßrechts im Lichte der Ideen Franz Kleins, in: Herbert Hofmeister, Forschungsband FRANZ KLEIN, 1988, S. 102.
(16) *Klein*, a. a. O. (Fn. 14), S. 25.
(17) Vgl. *Meyer*, a. a. O. (Fn. 7), S. 1.
(18) *Klein*, a. a. O. (Fn. 14), S. 28. Vgl. *Meyer*, a. a. O. (Fn. 7), S. 1.
(19) 弁論主義に対するクラインの見解については，*Trepte*, a. a. O. (Fn. 8), S. 41を参照。
(20) *Dieter Leipold*, Zivilprozeßrecht und Ideologie, JZ 1982, S. 444. 本論文については，松本博之教授による翻訳がある（ディーター・ライポルド（松本博之編訳）『実効的権利保護・訴訟による訴訟における権利保護』45頁以下〔信山社・2009年〕）。
(21) *Leipold*, a. a. O. (Fn. 20), S. 444.
(22) *Leipold*, a. a. O. (Fn. 20), S. 444.

後は，民事訴訟も，第三帝国以前の状態に再び復し，訴訟制度の目的を個人の権利保護と解する立場が復活することとなる。そして，弁論主義のもと当事者の意思を尊重することが，この民事訴訟の制度目的に合致するということに，疑いは持たれなかった(24)。

しかし，その後，1976年のいわゆる簡素化法 (Vereinfachungsnovelle)(25)による民事訴訟法改正を契機に，ヴァッサーマンらにより，弁論主義それ自体の正当性が問題とされることとなった。

4　ヴァッサーマンによる「社会的民事訴訟」理論の提唱

ヴァッサーマンは，簡素化法による民事訴訟法改正の2年後の1978年に発刊した著作において，「社会的民事訴訟」の理論を根拠づけた。彼は，同理論の根拠づけを試みるにあたり，1877年のCPOが自由主義の所産であるとの理解から出発した。その際，彼は，自由主義的な民事訴訟における訴訟当事者の概念が，何らの社会的関連，社会的関係もない純粋に理性的な実体としての市民を指す，との見解を主張した。彼によれば，これにより，自由主義的民事訴訟は，社会的現実を無視しているものとされる。そこで，ヴァッサーマンは，これに反対して，「社会的民事訴訟」を持ち出すとともに，社会的民事訴訟の基盤を，ボン基本法上の社会国家原則に求める。彼によれば，「社会的」という付加語は，すべての国家権力行使の際の社会的弱者の保護や強者と弱者の間の調整の意味での，社会的基本姿勢の義務づけを意味する(26)。それゆえに，民事訴訟は，当事者だけでなく，社会にとっても重要であり(27)，社会的法治国家の要請に応えられる訴訟モデルは，現実に存在する人間の不平等を斟酌しなければならないとされる。このような論

---

(23) 国家社会主義の下でのドイツ民事訴訟およびそこでの弁論主義について，*Leipold*, a. a. O. (Fn. 20), S. 445 f. 参照。民事訴訟制度の目的は，個人の権利保護ではなく，民族共同体への奉仕，法秩序の保護とされ，当事者の態度が裁判官を拘束する弁論主義の廃止が要求された。しかし，この間，民事訴訟の抜本的な改革には至らなかった。

(24) *Leipold*, a. a. O. (Fn. 20), S. 446.

(25) 簡素化法は，訴訟促進のために，口頭弁論の集中化・合理化を図り，当事者と裁判所に訴訟促進義務を課すとともに，義務違反に対する制裁として失権強化を行った。Vgl. *Rosenberg/Schwab/Peter Gottwald*, Zivilprozessrecht, 17. Aufl., 2010, § 81 Rn. 2 ff.

(26) *Wassermann*, a. a. O. (Fn. 1), S. 73.

(27) *Wassermann*, a. a. O. (Fn. 1), S. 85.

証に基づき，ヴァッサーマンは，弁論主義について無制限の通用を拒否し，「協働主義（Kooperationsmaxime）」をこれに代える。

つまり，弁論主義の通用場面における裁判官の任務を，当事者とのコミュニケーションだけでなく，当事者の不平等から結果する格差の調整としての「補償（Kompensation）」にあるとする[28]。もっとも，この補償的機能を果たすために，ヴァッサーマンは，職権探知主義を民事訴訟に導入することまでは要求しない。前述の協働主義の理念のもと，釈明義務，法律上の討論（Rechtsgespräch）などの裁判所の義務および真実・完全陳述義務といった当事者の義務を通じての，裁判所と当事者との訴訟上の作業共同体（Arbeitsgemeinschaft）[29]として民事訴訟を捉えようとする。

ベンダー（Rolf Bender）[30]も，裁判所の機能変化を確認したうえで，民事訴訟の中心的使命がもはや法的平和の擁護や紛争解決ではなく，具体的な紛争状況にある各弱者の保護であるとして，裁判官は，形式的平等から実質的平等へと目を転じなければならないとする。結果，彼によれば，弁論主義は，裁判所の面前での当事者の平等との仮定から出発する以上，妥当しえないこととなる。

5　ヴァッサーマンの「社会的民事訴訟」理論に対する反応

ヴァッサーマンによる「社会的民事訴訟」の観念は，ドイツの民事訴訟法学界において，必ずしも肯定的に評価されず，むしろ，多くの学者から，あるいは批判され，あるいは拒絶されている[31]。

たとえば，ライポルト（Dieiter Leipold）は，社会的民事訴訟の考え方を，これまでの自由主義的民事訴訟の理想像に対するアンチテーゼとして理解し，それをイデオロギーの観点から批判する。ライポルトにとって，弁論主義は，当事者の自由および当事者責任の発露であり，民事訴訟の法治国家性と同義である[32]。

---

(28)　*Wassermann*, a. a. O.（Fn. 1），S. 89.
(29)　*Wassermann*, a. a. O.（Fn. 1），S. 88.
(30)　*Rolf Bender*, Funktionswandel der Gerichte ?, ZRP 1974, 235, 236 f.
(31)　もっとも，社会的民事訴訟に対する批判があることから，社会的民事訴訟が，民事訴訟のすべての領域で見たときに，一定の役割を果たしていることが見落とされてはならない。例えば，権利追行に要する費用や裁判所へのアクセスについて想起するとよい。Vgl. *Trepte*, a. a. O.（Fn. 8），S. 49 ff.; *Leipold*, a. aO.（Fn. 20），S. 447.

その際，ライポルトは，自由で平等かつ自己責任のある市民の像を念頭に置いているが，これに対し，社会的民事訴訟の理論は，原則として，社会的に不利な扱いをされている訴訟当事者を念頭に置く[33]。ライポルトは，この社会的民事訴訟による理解を，原則と例外関係の転換と見て，ヴァッサーマンのように弱者支援を民事訴訟の中心的使命と解そうとするのを，受け容れることはできないとし，協働主義の導入を拒否する[34]。

社会的民事訴訟は，他の観点からも批判される。たとえば，ヴァッサーマンは，経験不足，不器用，怠慢などに基づき訴訟関係人が不利に扱われるのを調整するものとして，裁判官の積極的役割に期待をかけるが，これに対しては，訴訟代理人たる弁護士の補償能力への一切の信頼が欠けているとの批判がなされた[35]。

また，社会的民事訴訟に対するより根本的な疑念として，協働主義という形で裁判官の積極性に事実関係の探知を合わせていくと，たとえ，ヴァッサーマンが弁論主義を職権探知主義に代えるとは主張していなくても，当事者の自由が抑圧され，職権探知主義への傾斜が生ずる，との危惧が表明されている[36]。

そのほか，社会的民事訴訟の理論が社会的弱者保護の手段として補償（的訴訟指揮）を提唱することに対しても，それは，社会的弱者である当事者のためにの

---

(32) *Leipold*, a. a. O. (Fn. 20), S. 448.

(33) 社会的法治国家が資力の乏しい人々の裁判所へのアクセスに配慮することは当然で，訴訟救助法の改革が司法政策上重要な課題であったことは認められうるとしても，勝訴すべき者の保護ではなくして弱者の保護を民事裁判の中心的課題に据える論者は，一般事例について，二当事者のうちの一方が，自分の権利を自ら有効に主張するためには弱者にあたるということを前提にする。いわゆる社会的思想は，次第に社会秩序の全域に及び，最後には，自由・平等かつ自己責任ある市民に代えて，ただ多数の社会的事件のみが想起されることになる，とライポルトは批判する（*Leipold*, a. a. O. (Fn. 20), S. 447)。

(34) *Leipold*, a. a. O. (Fn. 20), S. 447.

(35) *Leipold*, a. a. O. (Fn. 20), S. 447. ライポルトによれば，当事者が経験未熟や怠慢によって，弁論主義により認められた可能性を有効に利用できない事態は，CPO制定時においてもすでに認識されており，それに対する手立てとしては，弁護士を利用する権利が考えられていたにもかかわらず，ヴァッサーマンには，この弁護士の補償力への信頼について何も感知することができない。そのため，彼の言うように裁判官の活動に事実解明のすべてを依存する場合，弁護士強制の制度はどのような意味をもつのかとの疑問が提起される。

(36) Vgl. *Leipold*, a. a. O. (Fn. 20), S. 447

み要求されることではなく，具体的な訴訟で助けが必要とされる者のために求められるもので，裁判所の釈明義務の目的は，正しい権利追行・権利保護を追求することにあり，社会的に低階層の者を援助することにはないとの異論が唱えられている(37)。また，そもそも，「社会的」という概念にどのような意味が盛り込まれているかが明確でなく，たとえば，裁判官の役割を左右する具体的な釈明義務規定の解釈という方法論的使命からは遠ざかるとの指摘や，むしろその多義性ゆえに人を誤った方向に導くとの批判もある(38)。

わが国の民事訴訟法の歴史的展開——弁論主義との関連で

1 わが国の民事訴訟法の沿革

わが国の近代民事訴訟法は，ドイツ法を継受した1890年の民事訴訟法典（明治23年法律第29号）（以下，「旧々民事訴訟法」という）の制定に始まる（1901年1月1日施行）。しかし，同法は，制定直後から，手続の煩瑣，運用上の不備な点が多いことを非難され，改正を望む声も上がったことから，施行後4年にして，同法の改正に向けた作業が開始された(39)。そして，判決手続に関する部分は，1926年に全面的に改正されることとなり（大正15年法律第61号民事訴訟法中改正法律として公布），実質的に，この改正法が，その後，1996年の新民事訴訟法制定まで，わが国の民事訴訟法として通用してきた（この大正改正法を，以下，「旧民事訴訟法」という）。この改正により，とくに訴訟進行の面について職権主義が強化され，弁論主義に関しても，261条に職権証拠調べの規定が置かれた(40)(41)。もっとも，第二次世界大戦中は，手続の簡素化および審級の省略のため，「戦時民事特別法」が制定された（同法は，戦後廃止されている）。

---

(37) *Peter Gottwald*（笠原毅彦訳）「市場経済における社会的民事訴訟」法学研究67巻9号80頁（1994年）。ゴットヴァルトは，当事者の権利追行の機会平等を保障し，その不足を補うのは，有資格代理人たる弁護士の役割で，中立たる裁判官の役割でないとする（したがって，裁判所がもし社会的弱者である当事者のみを導き，補充的弁論指揮により相手方に対抗するための手助けを与えるとすれば，当事者およびその弁護士の機能の縮小だけではなく，裁判所の独立性・中立性の喪失が懸念されるとする）。
(38) *Egbert Peters*, Richterliche Hinweispflichten umd Beweisinitiativen, 1983, S. 107 f．
(39) 本間義信「大正期の民事司法」静岡大学法経研究23巻2・3・4号117頁（1975年）。

第Ⅵ部 《自由主義的》な古典的民事訴訟か，それとも《社会的》民事訴訟か？

　戦後，1948年に，民事訴訟法は，一部改正を経験した。これによって，新憲法のもと一新された裁判所法と歩調を合わせて，区裁判所に代わる簡易裁判所手続の特則が置かれ，違憲法令審査の機会を最高裁判所に認めるための特別上告・特別抗告制度が創設された。また，弁論主義を徹底するため，職権証拠調べが廃止され（旧261条）[42]，証人尋問にも当事者による交互尋問制が採用される[43]など，アメリカ法の影響を受けた改正が行われている。

　このあとも，民事訴訟審理の促進を図るための法改正が行われていたが，その一方で，社会経済の変化は著しく，民事紛争も複雑多様化してきたため，現行の民事訴訟手続では，それらの変化に十分に対応できなくなってきていた。とりわけ裁判に時間と費用がかかりすぎるとの批判は，強いものがあり，このままでは国民の司法離れが助長され，司法への信頼が低下するとの懸念が広まった。訴訟運営の改善を目指した活動が，裁判所においても弁護士会においても活発となり，これら各層の知恵とエネルギーが，「利用しやすく，分かりやすい民事訴訟を」というスローガンのもと，民事訴訟法の全面的見直しに注がれ，それが，1996年の「新民事訴訟法」の制定に結実することとなった。

　新法は，とりわけ，争点および証拠の整理手続の整備（民訴164条以下）と，当事者照会制度の導入（同163条）および文書提出義務の一般義務化（同220条）に代表される証拠収集手続の拡充により，早期に争点を明確にし，そのうえで集中証拠調べ（同182条）を行うことを可能にし，もって審理の充実・促進を図った。その後も，司法制度全体についての改革が進められるなかで，いくつかの重要な部

---

(40) 笠井正俊「弁論主義の意義」鈴木正裕先生古稀祝賀『民事訴訟法の史的展開』393頁（有斐閣・2002年）参照。旧民訴261条は，「裁判所ハ当事者ノ申出タル証拠ニ依リテ心証ヲ得ルコト能ハサルトキ其ノ他必要アリト認ムルトキハ職権ヲ以テ証拠調ヲ為スコトヲ得」と規定する。また，自白した事実は証明を要しないことが明文化された（257条）。

(41) 主な改正点は，本文で言及した職権進行主義の採用，職権証拠調べの導入のほかに，地方裁判所での準備手続の採用を原則的なものとしたこと，欠席判決制度を廃止したこと，上訴制限をしたこと，事件の移送の範囲を広げたこと，為替・証書訴訟を廃止したこと，上訴期間を短縮したことなどである（本間・前掲（注39）119頁）。

(42) 兼子一原著・松浦馨ほか『条解民事訴訟法〔第2版〕』3頁（弘文堂・2011年）。

(43) 証拠調べにおける当事者の権限と責任が拡張された。笠井・前掲（注40）397頁参照。

分改正を経験している(44)。たとえば，計画審理（同147条の2）の導入，訴え提起前の照会および証拠収集処分の制度の導入による証拠収集手段の一層の拡充（同132条の2以下）など，民事裁判のさらなる充実および迅速化を図る諸方策が導入された。

2 弁論主義をめぐる状況

上記のような民事訴訟制度および民事訴訟法の展開のなかで，弁論主義によって表現されるところの訴訟資料収集をめぐる裁判所および当事者の役割分担について，わが国の学説および実務の動向を概観することにする。

（1）弁論主義概念の定着

ドイツ民事訴訟法を継受した当時すでに，我々が今日「弁論主義」と呼称する原則の一般的内容は，訴訟原則として認知されていたようである。ただ，それを表すのに，弁論主義という概念が一般的に用いられたわけではなく，また，今日いうところの処分権主義との区別も明確ではなかった(45)。これは，ドイツにおける弁論主義概念の創造者ゲンナー（Nikolaus Thaddäus Gönner）による弁論主義概念(46)を想起させる。たとえば，当時のわが国では，弁論主義と処分権主義，それに当事者進行主義といった区別をせず，「不干渉主義」とか「放任主義」と呼ぶ者が存在した。笠井教授の考察によれば，弁論主義という術語が整理された形で現れるのは，明治時代の終わりから大正時代初頭にかけてである(47)。そこで弁論主義の根拠として挙げられるのは，論者によって異なり，民事訴訟が私権保護の手続であることから当然とするものや，民事訴訟がその保護を目的とする私権の処分が当事者に委ねられていることを根拠とするものがある一方で，今日のいわゆる手段説のように，訴訟材料を豊富かつ迅速に収集するには訴訟に直接

---

(44) この司法制度改革の中で，民事訴訟に関わる改革として，法曹養成制度が改革され，法曹人口の増大が図られたことが重要である。
(45) 笠井・前掲（注40）385頁参照。
(46) ゲンナーの見解について，たとえば，E・ベッカー＝エーベルハルト（髙田昌宏訳）「弁論主義の基礎と限界」比較法学35巻1号143頁（2001年）参照。
(47) 笠井・前掲（注40）387頁参照。例として，仁井田益太郎を挙げる。これに対して，本間義信「弁論主義理論の展開過程——旧法時代」阪大法学39巻3・4号886頁（1990年）は，ようやく大正年代後半から，今日的な弁論主義概念が用いられてくるとする。

の痛痒を感じる当事者の責任にするのがよいとするものが存在した。さらには，1910年には「社会的民事訴訟法」の見地から国家的保護を要する階級者のために区裁判所の手続に糾問主義を採り入れることを提唱する論稿も現れており[48]，すでに1895年のオーストリア民事訴訟法が注目されていたことが窺える[49]。

(2) 職権主義的思想の隆盛

前述の通り，民事訴訟法は，1926年に大改正を経験したが，その背景には，1890年の民事訴訟法のもとでの訴訟遅延の問題があると言われる。1890年の民事訴訟法では，母法ドイツの民事訴訟法典と同様，当事者主義が支配していたが，そのもとで生じた訴訟遅延の問題を打開する道が，職権主義の強化に求められた[50]。1926年改正での職権主義の強化がとくに顕著に現れるのが，すでに触れた職権証拠調べ規定の新設である[51]（旧民訴法261条）。もっとも，これは，基本原則として弁論主義を前提としつつ，補充的に裁判所が証拠調べをすることを認めたものにすぎないと受け止められたようである[52]。

さらに，1930年代に入ると，わが国の民事訴訟法に大きな影響を及ぼした兼子

---

(48) 清瀬一郎「民事訴訟法ニ於ケル弁論主義ヲ論ス」法学志林11巻2号23頁，35頁，36頁以下（1909年）。笠井・前掲（注40）387頁以下参照。

(49) 1926年の大正民事訴訟法改正の際にオーストリア民事訴訟法が果たした役割について，鈴木正裕『近代民事訴訟法史・日本』282頁以下（有斐閣・2004年），上田理恵子「大正期の法律家によるオーストリア民事訴訟法の受容過程——大正15年における民事訴訟法改正と雉本朗造」一橋研究23巻1号67頁（1998年）参照

(50) 本間・前掲（注39）119頁。本間教授によれば，当時の民事訴訟の実態が，規定とは異なり，書面審理主義に逆行し，かつ裁判官の更迭・担当事件数も多かったことから，訴訟遅延の問題が重大な問題となっていたとされる。しかし，本当に訴訟遅延が緊急の問題となっていたかは疑問なところもある一方（本間・前掲（注39）122頁参照），当時の資本主義の発展に伴う階級的諸矛盾が激化したところに（同108頁），労働争議や小作争議をはじめとする争いが頻発したことや，また当時の市民の文明の程度，主体性に不十分な点があり，それが当事者主義のもとでの訴訟遅延を深刻化させた面があるとされる（同125頁注5）。

(51) 村松俊夫「終戦後の民事訴訟の一面」同『民事裁判の諸問題』1頁（1954年〔初出1952年〕）によれば，旧民事訴訟法261条は，円滑な進捗と審理の適正を図ることを目的として新設された規定である。

(52) 笠井・前掲（注40）393頁参照。しかし，笠井・前掲によると，大正改正後，糾問主義とは異なるが，職権主義を加味して弁論主義を制限する主義として，「釈明権主義（Instruktionsmaxime）」を挙げ，職権証拠調べもその表れと位置づける文献も存在した（たとえば，山田正三『改正民事訴訟法第3巻』705頁〔弘文堂書房・1930年〕）。

一博士の手になる体系書『民事訴訟法概論』が現れ，手段説が支持された(53)。
1940年代に入ると，当時の支配的なイデオロギーを反映した弁論主義論として，弁論主義の意義を，当事者の優位を認めて裁判官の干渉を排除する自由主義的側面にあるとする一方，社会状態が変化しつつある現在大いに批判される必要があるとして，裁判官の職権を強める方向の解釈論を説き，弁論主義の自由主義的側面を改正すべきと説く論説が登場するにいたる(54)。

この関係での裁判所の職権行使としては，とりわけ釈明権の制度(55)について言及しなければならないが，大審院は，古くから，釈明は裁判所の義務であり，その違反は上告理由となるとの立場に立っており，当事者の主張が不明瞭なときに裁判所が釈明をしないのは違法であるとして釈明不十分を理由に原判決を破棄した例はきわめて多い(56)。また，いずれの当事者を勝訴させるべきかの点で正しい結論を出すために，裁判所は新たな申立てや主張をも提出させるよう釈明すべく（「訴訟材料新提出の釈明」），そうしないときは上告理由になるとする判例もしばしば見られた(57)(58)。

---

(53) 兼子一『民事訴訟法概論』227頁（岩波書店・1937年）。兼子博士は，（裁判所が積極的に）事実の探知に乗り出すよりも，争いの主体たる当事者をして事案について弁論せしめ，その利益追行を利用し，自己の責任において審理に協力せしめるのが得策であるとする。

(54) 熊谷弘「民事訴訟と真実発見（1）～（7・完）」法曹会雑誌18巻5号1頁（1940年）～19巻6号35頁（1941年）。三ケ月章「弁論主義の動向」同『民事訴訟法研究第1巻』52頁（有斐閣・1962年〔初出1954年〕）は，このような流れに，ドイツと同様，弁論主義の補充・補完としての職権主義の加味，裏からいえば弁論主義の古典的形姿よりの脱却という大きな流れを看取する。三ケ月博士は，戦前まで，この面について日本とドイツはきわめて密接な関係を保ち，併行的な歩みを続けてきたといってよいとする（同53頁）。

(55) 旧々民事訴訟法112条2項は，「裁判長ハ問ヲ発シテ不明瞭ナル申立ヲ釈明シ主張シタル事実ノ不十分ナル証明ヲ補完シ証拠方法ノ申出テ其他事件ノ関係ヲ定ムルニ必要ナル陳述ヲ為サシム可シ」と規定していたが，旧民事訴訟法は，127条1項に，「……問ヲ発シ又は立証ヲ促スコト得」と規定するにとどまった。これら両者の規定方式の違いについて，磯村義利「釈明権」民事訴訟法学会編『民事訴訟法講座第2巻』491頁（有斐閣・1954年）は，民訴法は当事者主義弁論主義を強化し釈明が上告理由にならないことを明定したものと解すべきであっただろうが，しかるに制定の際にこの点は論じられなかったので，127条1項は，旧112条と趣旨を異にしないとされた，とする。

(56) 磯村・前掲（注55）479頁以下。

(3) 戦後のアメリカ法の影響

第二次世界大戦後は，民事訴訟法も，1948年の一部改正により，職権証拠調べ規定が廃止される一方，証人の交互尋問制が採用されるなど，結果として，証拠調べにおける当事者の権限と責任が強化された[59]。

このうち，前者の職権証拠調べ規定の廃止は，民事訴訟において証拠の提出の責任が当事者にあるのは当然で，裁判所の責任でも義務でもなく，当事者の立証が不十分であるからといって裁判所がこれを補充すべき義務はないと考えられたからであり，後者の交互尋問制の採用は，訴訟の提起とその維持は当事者の意思と責任においてなすべきであるとの当事者主義の現れである[60]。1950年に施行された民事訴訟の継続審理に関する規則が，その第2条で，当事者は裁判所の釈明をまつまでもなく主張および立証の義務を尽くさなければならぬとの規定を設けた[61]ことも，このような一般的傾向を表現するものである[62]。

これらの法律上現れた当事者主義の強化は，占領下の立法として英米法の影響を強く受けたものである[63]。アメリカ合衆国では，いわゆるアドヴァサリー・システム（Adversary System）が妥当しており，そこでの裁判官は，あくまでアンパイヤーであって，専ら本来の仕事である判断のみを役目とし，裁判資料（主張

---

(57) 磯村・前掲（注55）485頁以下。
(58) 奈良次郎「訴訟資料収集に関する裁判所の権限と責任」新堂幸司編集代表『講座民事訴訟④審理』141頁（弘文堂・1983年）によれば，大審院時代の裁判例は，不明瞭を正す釈明，訴訟材料補完の釈明，訴訟材料新提出の釈明のすべてについて，事実審の釈明権不行使を理由に破棄しているとされる。
(59) 笠井・前掲（注40）397頁。磯村・前掲（注55）476頁・490頁，村松・前掲（注51）1頁は，当事者主義（Parteiherrschaft）の強化として捉え，三ケ月・前掲（注54）52頁は，「弁論主義の強化乃至その古典的形態への復帰」と見る。
(60) 村松・前掲（注51）1～2頁。また，村松は，交互尋問を民事訴訟の民主化の1つと言うべきであるとする。
(61) 1950年には，民事訴訟の促進のため，民事訴訟法等の一部を改正する法律が公布されるとともに，「民事訴訟の継続審理に関する規則」が公布され，民事訴訟の促進の目的の達成のためとして，準備手続と集中審理に相当の重点が置かれている。しかし，その目的達成のために前提となる精神が，「当事者が，あらかじめ証人その他の証拠について事実関係を詳細に調査し，裁判所の解明をまつまでもなく，主張及び立証の義務を尽くさなければならない」として規定されている。村松・前掲（注51）2頁以下。
(62) 三ケ月・前掲（注54）51頁。

や証拠の提出）はすべて当事者に任されるという同システムの思考から強い影響を受けたものと推察される[64]。このような思考のもと，裁判所の釈明権行使に関する規定（旧民訴127条，128条等）には何ら変化がなかったにもかかわらず，実務における釈明権行使に対する裁判所の態度には，戦前の大審院と比べて大きな変化があり，釈明権不行使を理由として上告に対する破棄差戻しをした例が著しく減少した[65]。これは，当事者主義が戦後，強化された結果，従来の裁判実務に行過ぎがあったとの批判的観点から，釈明権行使に非常に消極的な態度がとられるにいたったためであるとみられる[66][67]。

こうした展開を好意的に捉える論者[68]が存在する一方で，戦後もわが国のように当事者主義への著しい転回をしなかったドイツ法との比較を基礎にして，このようなわが国の民事訴訟の姿勢が世界的視野に立ったときに甚だ孤立的な現象であって，この傾向を戦後の異常事態の産物として捉え，それを恒常化することに批判的な見解も現れるにいたった[69]。

このような批判が受け入れられたのか，あるいは戦後の異常事態[70]が一段落したためなのか，上記の傾向は，実務上しだいに変わっていった[71]。1954年に

---

(63) 村松・前掲（注51）3頁。三ケ月・前掲（注54）53頁は，「理念的な面において司法の民主化ということが唱えられ，その1つの範型として英米的訴訟観の導入が試みられる反面，過去の権威主義的裁判制度の払拭が要請された」とする。

(64) 村松・前掲（注51）3頁以下参照。磯村・前掲（注55）491頁以下も参照。

(65) 具体例をも示しつつ，この点を指摘するものとして，村松・前掲（注51）7頁以下，奈良次郎「釈明権と釈明義務の範囲」鈴木忠一＝三ケ月章監修『実務民事訴訟講座1』212頁以下（日本評論社・1969年）。

(66) この裁判所の消極性は，当事者の申請した証拠（とくに証人）はほとんど全部取り調べ，（159条によって）不必要と認めて取り調べない証人がほとんどない裁判実務にも現れているとの指摘もあった（村松・前掲（注51）18頁以下）。

(67) 戦後，最高裁の発足当時，釈明権不行使で破棄している例はないとされる（奈良・前掲（注58）141頁，同・前掲（注65）212頁）。同旨，磯村・前掲（注55）486頁。もっとも，磯村氏（弁護士）は，民事上告事件の民事審判特例法により，最高裁は，法令の解釈に関する重要な主張についてのみ調査すれば足りるとされ，釈明は，重要な主張でないとせられる場合が多いためもあって，最高裁に対する釈明についての上告が多いにもかかわらず，これに対する判例は少なく，しかもその内容は大審院後期のものと対照的で，釈明権不行使を理由に破った判例はないようである，と述べられる（前掲486頁）。

(68) 磯村・前掲（注55）490頁以下。

なると、釈明という用語を用いて原判決を破棄している事例（不明瞭を正す釈明に分類される）が出てくる(72)。そして、しだいに、不明瞭を正す釈明のみならず、訴訟材料補完の釈明や訴訟材料新提出の釈明についてもそれを怠ったとして違法とみる判例も見られるようになる(73)。

（4）その後の展開

以上のように、弁論主義自体をめぐる状況は、ドイツからの民事訴訟法継受以降、同原則の根拠を私的自治に求める見解と真実発見のための合目的的考慮に求める見解との対立こそあったものの、けっして弁論主義だけを問題とするのではなく、それとならんで存在する裁判所の釈明権制度などと相まって、裁判所との積極的な関わりをも強めながら発展してきた。しかし、戦後のわが国の民事訴訟は、当初、上記ドイツ法と異なり、英米法の強い影響のもと、弁論主義を含む当事者主義の強い影響下にあった。それもあって、弁論主義の原則の、当事者主義の一発現としての位置づけは、強力であり、その流れは、現在も基本的に妥当するように思われる。これは、ドイツのヴァイヤース（Hans-Leo Weyers）の分類によるところのイデオロギー的理由づけ（ideologische Begründung）と技術的理由づけ（technische Begründung）の対立に類似する本質説（私的自治説）と手段説の対

---

(69) 三ケ月・前掲（注54）73頁、同『民事訴訟法〔法律学全集〕』165頁以下（有斐閣・1959年）。三ケ月博士は、戦前までは古典的弁論主義（紛争当事者の自己責任の思想に立脚するもの〔三ケ月・前掲『民事訴訟法〔法律学全集〕』161頁〕）からの脱却（古典的弁論主義の修正）に進んできたのが、戦後占領政策の影響を受け、これに逆行する現象（古典的弁論主義への復帰の傾向）が実定法上に登場し、それが実務上にも反映していると見、このような現象は、戦後の異常事態（裁判所の異常な負担の増加）に対処する処方箋としてやむをえなかったとみられる面がないではないが、それがむしろ民事訴訟の正しい姿であるとして本質的な問題にすりかえられていったという傾向も指摘されないではないとする。

(70) これは、最高裁判所の負担軽減のための上告に関する特別規律に現れている。

(71) このような変化の理由としては、たとえば、アメリカの民事訴訟手続との基盤の相違や、その手続の下でも訴訟資料の補正整理につき裁判官がある程度の指導的役割を果たしうる余地のあることが認識されてきたことなども、指摘されている（中務俊昌「釈明義務」『民事訴訟法判例百選』82頁（有斐閣・1965年）。

(72) 奈良・前掲（注65）212頁以下。同220頁は、不明瞭を正す釈明については、大審院と同じく違法とする判例が多いとする。

(73) 奈良・前掲（注65）219頁以下。同220頁、奈良・前掲（注58）141頁は、かかる傾向は強まることはあっても、弱まることはあるまいとする。

立における「本質説の優越」と見ることもできなくない(74)。もっとも，本質説を基本としても，裁判所の釈明による積極的な関与は，戦後の一時期後退したものの，その時期を除けば現在まで一貫して維持されてきたといえる。

　そのなかで，弁論主義をめぐっては，裁判所の積極的関与との緊張関係よりはむしろ，弁論主義それ自体の根拠について議論が活発に展開されてきた(75)。弁論主義の根拠論は，当初は，本質説と手段説に分かれていたが，その後，不意打ち防止に根拠があるとする説（不意打ち防止説），私的自治の原則，効率的な真実発見および不意打ちの防止のほか，裁判の公平さへの信頼の確保の要請等を加えた多元的な根拠に基づいてできあがった一個の歴史的所産と見る多元説，争点を当事者が自ら相互間の対話的作用によって作成し具体化していくという手続過程そのものに普遍的価値があるとする手続保障説（第三の波説）など，ドイツよりもはるかにバラエティに富んだ見解が登場している。もっとも，これらの見解は，これまでのところ，いずれも幅広い支持を得るにいたっていない。

　このような弁論主義の正当化に関する議論の意義については，必ずしも，実践的な意義がないとは言えない。たとえば，本質説のように弁論主義の通用を私的自治，当事者の実体法上の処分自由や当事者の自由と関連づけるとすると，実体法上私的自治の原則が妥当しうる以上，弁論主義を制限することは，弁論主義の正当化を真実発見に向けた合目的的考慮に求める手段説よりも難しくなるという面がある(76)。そういった弁論主義の正当化根拠の存在意義は，三ケ月博士が戦後，手段説を主張して，釈明権行使に消極的となった裁判実務を批判したことに，その例証を見ることができる。このように，弁論主義の根拠論は，訴訟資料の収集をめぐる当事者と裁判所との間の役割分担におけるそれぞれの役割の比重を考えるうえで，重要な意味を有することは否定できない。とはいえ，この役割分担の

---

(74) *Hans-Leo Weyers*, Über Sinn und Grenzen der Verhandlungsmaxime im Zivilprozeß, in: Dogmatik und Methode, 1975, S. 200. もっとも，私法における私的自治の原則，そして権利に関する実体法上の処分の自由に対応する弁論主義としての理解は，現代私法の内容を前提とするものである以上，ヴァイヤースのようにそれをイデオロギー的な正当化と見てよいかは疑わしい面がある。Vgl. *Leipold*, a. a. O. (Fn. 20), S. 442.
(75) 笠井・前掲（注40）398頁。
(76) また，不意打ち防止説を前提にすれば，不意打ちにならなければ，当事者の主張がない事実を裁判の基礎にしても弁論主義に違反しないといった形で，弁論主義の諸命題の緩和を図ることも可能となる。

あり方は，弁論主義がどのような基礎に基づき正当化されるかという点に左右されるだけではない。弁論主義と裁判所の釈明との関係という形で典型的に現れる当事者と裁判所の間に存在する緊張関係を解明するためには，訴訟資料収集の際の裁判官の権限および義務の役割・機能を明らかにすることも不可欠である。それゆえ，弁論主義との関連において，弁論主義と，釈明権行使としての裁判所の権利義務との間の関係を解明することが民事訴訟法学上重要な課題となる(77)。

弁論主義については，さらに，1970年代以降，その根拠論と合わせて，あるいはそれとは別に，弁論主義の構造論の精緻化(78)が試みられており(79)，そのため，弁論主義の内容自体が考察対象となっている。通常3つのテーゼで説明される弁論主義の内容について，弁論主義の基礎にあるとされる当事者の自由および責任と，個々の命題との関係を掘り下げる試みや，弁論主義と職権探知主義との限界を相対化する試みが進められている(80)。

以上のような，わが国の民事訴訟における弁論主義をめぐる理論および実務のもとで，ドイツの社会的民事訴訟をめぐる議論がどのような意味をもち，またはもちうるかを次に考察することとする。

「社会的民事訴訟」理論とわが国の民事訴訟法

1　わが国の民事訴訟理論へのドイツ「社会的民事訴訟」理論の影響

わが国の民事訴訟は，前章で見たような展開を遂げてきたのであるが，そのなかで，独墺のいわゆる社会的民事訴訟や社会的訴訟観が何らかの役割を果たし，何らかの影響力を有してきたのか，かりにそうであるなら，どのような役割や影響かを見ることにする。

社会的訴訟観という大括りで，ドイツやオーストリアの民事訴訟法の，わが国の民事訴訟法に対する影響について考えると，すでに触れた1926年の改正前に，「社会的民事訴訟法」という概念が文献に見いだされる(81)。それによると，当時の法が対象とする社会として，貧富賢愚を含む一般社会が前提とされ，社会的民事訴訟法とは，簡易・迅速・低廉という3条件を具備することが要求されるのに，当時のわが国の民事訴訟制度は，国家的保護をとくに要すべき階級者に向かっては少しも保護を与えることがなく，社会に適する良法とは言えないとされ，その関連で，ことごとく弁論主義でもって一律に支配させたことにも批判が加えられ

(77) これについては，髙田昌宏「訴訟審理の実体面における裁判所の役割について——釈明権の法理に関する序論的考察」栂善夫・遠藤賢治先生古稀祝賀『民事手続における法と実践』299頁以下（成文堂・2014年）参照．

　弁論主義と釈明との関係については，釈明が，弁論主義の形式的適用による弊害や不合理を除去するために裁判所に認められた権能および職責であると一般的に説明され，また，弁論主義を補充し，また修正ないし制限するものと説明されることが多い（山木戸克己「弁論主義の法構造」同『民事訴訟法論集』21頁（有斐閣・1990年〔初出1970年〕参照）．

　一方，釈明の目的はとなると，様々な見解がある．主なものとしては，次のものがある．まず，①事案の真相を把握し，事案に即した適切妥当な判断を得ることを目的とする立場で，真相に合致した適切・妥当な解決を図るとの裁判所の公共的使命を果たすことに釈明の目的があると解する（奈良・前掲（注58）131頁以下）．次に，②裁判所が事件の解決に重要と考える論点を指摘し，当事者にこの点につき充実した弁論を尽くさせるところにあるとして，弁論権の保障に釈明の目的があるとする立場（竹下守夫「釈明義務」新堂幸司＝青山善充編『民事訴訟法判例百選〔第2版〕』169頁〔有斐閣・1982年〕），③両当事者に形式的に平等に保護されている提出の機会を現実化して，両当事者の法的地位の実質的平等をはかる裁判所の義務と解する見解（上田徹一郎『民事訴訟法〔第7版〕』338頁〔法学書院・2011年〕），さらには，④裁判所と当事者双方との情報交換を図ってその整除をし，共通のインフォームド・シチュエーションを形成して事案解明のための基礎作業を行うことを目的とする見解（菊井維大＝村松俊夫原著『コンメンタール民事訴訟法Ⅲ』264頁〔日本評論社・2008年〕）などである．判例には，①のように真相の発見を強調するものもあり（最判昭和45・6・11民集24巻6号516頁），この立場を貫くと，真相把握のために釈明権行使をしても，それにしすぎはないとの結論にいたる可能性がある．弁論主義を前提としても，このような釈明権の行使に問題がないとされる理由は，どのように（積極的に）釈明権を行使しても，それに応じて新しい事実を主張するかどうかは当事者の判断に留保されているという点にある（髙田・前掲307頁）．しかし，この点については，釈明権行使に行過ぎがあると，実質的に当事者の自由の範囲は狭められ，当事者の自由を基礎とする弁論主義と間に緊張関係が生ずるとの見方もありうる．

　このような見解状況を背景に，釈明権行使や釈明義務の範囲をめぐっても，現在のわが国の学説・判例は，一様ではない．問題は，弁論主義を基礎にどこまで釈明権行使が要求されるべきか　という点にあり，裁判官の積極性をどこまで認めるかについては，定説がないのが現状である．もっとも，実務は，勝つべきものが勝訴するという志向が裁判官に強いためか，釈明権行使には積極的な傾向が強いと言われる．ただ，1996年制定の現行民事訴訟法においては，文書提出義務の一般義務化，当事者照会制度の導入などがあり，その後の部分改正でも，訴え提起前の証拠収集処分の新設など，当事者の情報収集の機会が拡充され，当事者が主体的に裁判資料を提出することにより審理の促進および充実が進められてきた．それによって，当事者の主体的な訴訟追行，すなわち，当事者主義的訴訟運営が期待されているが，近年は，法曹人口の増大により経験の不十分な弁護士が増加したことも関係して，裁判所の積極的関与の度合

第Ⅵ部　《自由主義的》な古典的民事訴訟か，それとも《社会的》民事訴訟か？

いが益々大きくなり，裁判所の負担が増大しているとの指摘もある（たとえば，酒井博行「当事者主義的民事訴訟運営と制裁型スキームに関する一考察（１）――日本民事訴訟法の当事者照会とアメリカ連邦民事訴訟規則の質問書を素材として」北海学園法学研究45巻４号653頁，とくに657頁以下〔2010年〕）。
(78) 笠井・前掲（注40）399頁以下。
(79) そのすべてに言及する余裕はないが，主なものとして，次のようなものを挙げることができる。

　まず，山木戸博士の見解がある（山木戸・前掲（注77）６頁，23頁以下）。すなわち，訴訟当事者に訴訟資料を提出する権能――これは「弁論権」と呼ばれる――が十分に保障されていることを前提に，その弁論権の積極的効果として，当事者が陳述した主要事実で認定されたものは裁判所が必ず裁判について斟酌し，当事者が申し出た証拠は必ず顧慮しなければならないとし，また「当事者の提出した訴訟資料のみを裁判の基礎として採用すべきこと，換言すれば，裁判所は職権によって訴訟資料を収集すべきでないということ」をその消極的効果と捉える。そして，弁論権の消極的効果を認める訴訟主義が弁論主義であるとする。しかし，この見解に対しては，なぜ通常の民事訴訟ではこのような弁論権の強い消極的効果が保障されるのかの解答が用意されていないとの批判が加えられうる（山本克己「弁論主義論のための予備的考察」民訴雑誌39号173頁〔1993年〕）。

　次に，弁論主義概念を，訴訟資料の収集を当事者の責任かつ権能とする「本来的弁論主義」と，当事者の主張しない事実を裁判所が認定できないことを意味する「機能的弁論主義」とに区別する見解がある（小林秀之「弁論主義の現代的意義」同『民事裁判の審理』27頁以下〔有斐閣・1987年・初出1985年〕）。これは，裁判所の釈明義務の限界や職権証拠調べの可否は前者の問題で，当事者の主張の擬制や主張と認定の食違いといった弁論主義違反が問題となる事柄は，後者の問題であると考える。そして，後者は，不意打ちのおそれがない場合には，妥当しないとする。しかし，この見解については，この２つをなぜ切り離して考えることができるのかについて疑問があるように思われる。この見解の問題点について，山本・前掲178頁以下参照。

　さらに，これを発展させて，訴訟資料の収集・提出を当事者の責任に委ねる当事者提出主義としての狭義の弁論主義と，当事者の審問請求権を保障する裁判官と当事者との法律上の討論を中核とする協同主義（協働主義）とを含む広義の弁論主義を想定する見解もある（吉野正三郎「訴訟審理における裁判官の権限と責任」同『民事訴訟における裁判官の役割』19～21頁〔成文堂・1990年（初出1988年）〕）。協同主義において不意打ち防止機能を負わせる結果，不意打ちのおそれがなければ，当事者の主張しない事実を裁判の基礎にしてはならないとの命題が妥当しないこととなる。これについては，ドイツ民事訴訟でいうところの協同主義（Kooperationsmaxime）と必ずしも一致しないうえに，なぜ弁論主義に審問請求権保障を内実とする協同主義が取り込まれなければならないか理解できないところもある。この見解については，あとで検討する。
(80) 畑瑞穂「弁論主義・職権探知主義（等）」民事訴訟雑誌57号94頁以下（2011年）参照。

ている。このような前提での訴訟制度改革論が1926年改正にいかに反映されているかは明らかではないが、法改正自体は、前述の通り、職権主義的要素の導入に向かったことは、客観的事実として確認できる。

戦後は、ドイツの1976年の簡素化法の改正よりも前に、すでにわが国でも、社会的民事訴訟に近い発想が現れる。例えば、染野義信博士[82]は、市民法が契約自由といった形式的平等のうえに成り立っているように、訴訟の面においても両当事者は平等であるという形式の上に成り立っているとする一方で、市民法一般が、そこに内在する自由と平等という理想がその実質を欠くものとして批判されてくるに及んで、多くの修正つまり社会法を生み出したのと同様に、弁論主義そのものの発現においても、その構造の変化を余儀なくされるにいたる、とされる。博士によれば、形骸化し形式化した平等を、実質的平等に移しかえていくための手段として釈明権の行使が問題となってくる。そして、これは弁論主義を修正するものではなく、弁論主義の新しい発現の役割を担うものとみるべきとされる。

1978年、ドイツで、ヴァッサーマンによる社会的民事訴訟の理論が登場すると、

---

(81) 清瀬・前掲（注48）37頁以下。この論稿は、弁論主義を原則とするか職権探知主義（糾問主義と称する）を原則とするかは、「政策便否」の問題であるとしたうえで、1895年ないし96年制定のオーストリア民事訴訟法が糾問主義を加除したこと、その後、ドイツでもオーストリアの制度に倣おうとする動きが現れていることが言及されている。そのうえで、次にように述べる。すなわち、法律が社会を対象とし、社会に適する法をもって良法であるとする。ここでいう社会とは一般社会で、貧富賢愚を含む。したがって、社会的民事訴訟法は、①簡、②廉、③速という3条件を具備することを要する。①については、現行民事訴訟法は、事実および証拠の提出を当事者の行為とするが、これには種々の煩瑣な方式があり、また市民は法律生活に詳しくなく、簡ではない。やむをえず、弁護士などに諮るため、②の廉ではない。また審理の妨害遅延もあり、③の速やかではない。このようにわが国の訴訟制度は、大いに国家的保護を要すべき階級者に向かっては少しも保護を与えることがない。これがどうして良法となろうか。訴えを提起できない者、提起しても高い費用に苦しむ者、審理の長期化を嘆く者が多い。このような病弊の原因は、少額事件と重大事件とを区別せず、ことごとく弁論主義でもって一律に支配させたことにある。区裁判所の事物管轄を拡張し、区裁判所の手続を地方裁判所の手続と截然と区別し、前者には大いに糾問主義の妙を活用させることを希望する。「しかるときは、細民、またなお、司法制度の保護に均霑することを得む。是、裁判所をして国家有用の機関たらしむる一方なり。」と。
(82) 染野義信「釈明権の行使」小室直人編『判例演習講座民事訴訟法』128頁以下（世界思想社・初版1973年〔3版1977年〕）

第Ⅵ部 《自由主義的》な古典的民事訴訟か,それとも《社会的》民事訴訟か?

翌年には,わが国にヴァッサーマンの著書が森勇教授によって逸早く紹介された[83]。また,80年代には,吉野正三郎博士が,ヴァッサーマンの著書を契機にドイツで展開されたライポルト,さらにはベンダーの議論を紹介され,そのなかでヴァッサーマンに好意的な立場を表明されたほか[84],上村明広教授も,ヴァッサーマンの見解の多くの部分を支持されるにいたった[85]。それから,1990年には,ヴァッサーマンの社会的民事訴訟の著作が日本語で翻訳されて公刊された。内容的には,わが国では,ヴァッサーマンの見解のうち,「協働主義」と「法律上の討論」の概念に少なからぬ反響があった。

すでに紹介したところでもあるが,ヴァッサーマンは,社会国家原則下の民事訴訟において[86],裁判官の使命を「補償(Kompensation)」,すなわち,当事者間に実際に存在する不平等から生ずる格差を調整することに求める。そして,この視点から,彼の提唱する協働主義(Koperationsmaxime)に対立するところの弁論主義を拒絶して,協働主義でもってそれに代えるべきとする。これにより,彼は,民事訴訟を,裁判所と当事者の作業共同体として捉え,そこでは,当事者と裁判所の間の法律上の討論に重要な意味を認める。たしかに,ヴァッサーマンは,職権探知主義の導入こそ要求しないものの,ライポルトは,この点に,職権探知主義への傾斜を認め,弁論主義のもとでの当事者の自由および責任に対する抑圧を危惧する。しかし,吉野博士によれば,弁論主義は,ライポルトが強調する当事者の自由および責任の原則によるだけでは,十分に機能しない[87]。弁論主義を

---

(83) 森・前掲(注4)250頁以下。このほかに,社会的民事訴訟の理論を紹介する主な邦語文献としては,以下のものがある。栗田陸雄「ドイツの民事訴訟法学の近時の傾向について——社会国家原理と民事訴訟」杏林社会科学研究3巻1号39頁(1986年),松本幸一「わが国の民訴学界における近時の潮流とそれに対する批判」法律時報61巻9号78頁(1989年),山本克己「民事訴訟におけるいわゆる"Rechtsgespräch"について(3)」法学論叢119巻5号15頁(1986年)。

(84) 吉野正三郎「西ドイツにおける弁論主義論争——ライポルト・ベンダー論争を中心に」同・前掲(注79)『民事訴訟における裁判官の役割』173頁以下,とくに192頁以下(初出1983年)。

(85) 上村明広「社会的弁論主義について」染野義信博士古稀記念論文集『民事訴訟法の現代的構築』142頁(勁草書房・1989年)。

(86) ベンダーは,社会国家原則を持ち出さないものの,真の(実質的な)正義を実現するために,訴訟手続における相対的な弱者を救済することに民事訴訟の課題があるとする。

十分に通用させるには，ヴァッサーマンが重要視する「法律上の討論」が重要であり，「法律上の討論」が 当事者に真の意味での主張・立証の機会を付与し，当事者を不意打ち裁判から防御する役割を果たすことによって，弁論主義の形式的適用からくる欠陥が是正されるとする。そして，吉野博士は，ヴァッサーマンの見解に触発されて，法律上の討論を中核とする「協同主義」という考え方を唱えられる[88]。もっとも博士自身は，結果的には，弁論主義に代えて協働主義を原則とすることを唱えたヴァッサーマンの立場を採用しない。吉野博士は，ヴァッサーマンの唱えた協働主義，さらには法律上の討論にとくに着目して，協働主義（協同主義）を法律上の討論を中心に再構成し，そして，それを弁論主義とならぶ手続原則にすべきと唱えられた[89]。したがって，ヴァッサーマンが協働主義というときに，弁論主義と両立しない原則として同原則を想定しているのとは異なるという点で，吉野博士の協同主義（協働主義）は，博士独自の再構成がなされている。

　吉野博士の場合，協同主義（協働主義）の把握の仕方や位置づけこそ，ヴァッサーマンとは異なるものの，社会的民事訴訟の理論において強調されるところの裁判所の積極的訴訟指揮（ヴァッサーマンでは補償的訴訟指揮）の必要性が強調される。そういう形で博士が社会的民事訴訟の理論を採り入れる背景には，高度に技術化し専門化した現代の消費社会のもとで当事者間の構造的な武器不平等の状況が固定化しつつあるわが国の現状がある[90]。そこに，吉野博士の見解における，ヴァッサーマンが社会的民事訴訟の前提とした経済的・社会的弱者の存在，あるいは訴訟当事者の中心像との共通点があり，また，博士の見解は，積極的・補償的訴訟指揮の必要を強調する点においてライポルトとは一線を画する。

　それに対して，上村教授は，吉野博士と異なり，協働主義（協同主義）の採用

---

(87) 吉野・前掲（注84）193頁以下。吉野博士は，このライポルトの見解に対して，弁論主義が当事者の自由と自己責任によって十分に機能すると解するのは，あまりに楽観主義的・非現実的にすぎると見る。
(88) 吉野・前掲（注84）194頁，同・前掲（注79）32頁。吉野博士は，「協働主義」ではなく，「協同主義」という表現を用いられる。
(89) 吉野・前掲（注79）29頁以下。
(90) 吉野正三郎「手続保障における裁判官の役割」同・前掲（注79）『民事訴訟における裁判官の役割』80頁以下（初出1985年）。

に反対される。もっとも、注意しなければならないことは、協働主義に含まれる裁判所の積極性自体に反対されるわけではないということである。むしろ、それを積極的に評価・支持される。ただ、その「協同」という観念が、訴訟主体間の対立・緊張のモーメントを軽視し、各訴訟主体の権限や責任を軽視するおそれがあることを危惧される[91]。そのため、協同主義（協働主義）の代わりに、裁判官の積極的関与を伴う社会的民事訴訟の指導理念に即した弁論主義を据え、それを「社会的弁論主義」と称された[92]。上村教授によれば、わが国も、生存権の保障を基礎にしつつ、具体的な人間の尊厳を尊重すべき義務をすべての国家機関にも負わせるという建前をとる社会的法治国家であり、民事訴訟においても、「人間の尊厳を尊重する立場から当事者の実質的自律性と実質的平等を保障しうる弁論主義」の構築が必要であるとされる[93]。

以上から、全体的に、わが国の民事訴訟法において、社会的民事訴訟の理論は、『社会的民事訴訟』というヴァッサーマンの著書自体が日本語訳で公刊されたわりには、それが得た反響は比較的小さいものにとどまったように思われる。その理由がどこにあるのかは明らかではないが、社会的民事訴訟の理論が、ライポルトが指摘するとおり、イデオロギー的側面が強く、また抽象的であることは否めない。また、わが国の民事訴訟法学者の多くは、これまで、どのような性格のものであれイデオロギー的なものと、民事訴訟法との間に、正面から関連性を見出してこなかった。そうした点にその反響が大きくない主な理由の１つがあるように思われる。また、社会的民事訴訟の基礎に置かれた社会国家の概念は、わが国の民事訴訟法学者にとって馴染みのない概念であり、あまり普及した概念とはいえないことにも原因の一端があるように推察される。実際、わが国の民事訴訟理論の近時の展開を見ると、社会的民事訴訟自体よりもむしろ、その具体的内容と

---

(91) 上村・前掲（注85）140頁。
(92) 上村・前掲（注85）142頁。上村教授は、ヴァッサーマンの社会的民事訴訟の理論を取り入れ、現代社会のように社会的強者と弱者が争う状態が広く見られる社会では、当事者の実質的自律性の確保を基礎にした武器平等を実現させるために、裁判所の後見的協力が一層強く要請されるとして、裁判所の後見的協力の強化という社会的民事訴訟の指導理念に即した弁論主義を確立すべきとされ、そのような弁論主義を「社会的弁論主義」と呼ばれる。
(93) 上村・前掲（注85）157頁。

して提唱された「法律上の討論」や「協同（協働）主義」といった個々の概念に対する議論が発展していき，社会的民事訴訟自体は，取り残された感もなくはない。

2 わが国の民事訴訟における「社会的民事訴訟」理論の意義
（1）社会的民事訴訟における補償の概念

既述の通り，吉野博士ら，わが国の一部の民事訴訟法学者は，ヴァッサーマンに依拠して，裁判官による積極的訴訟指揮の必要性を強調する。その点に，彼らが注目する理由は，社会的民事訴訟の理論が，社会的に不利に扱われている訴訟関係人の保護を目的としており，その種の不利な取扱いが，高度技術化あるいは専門化した消費社会としてのわが国において徐々に増加してきているからである。すでに言及したわが国の民事訴訟法学者も含め，これまでのところ，社会的民事訴訟の観念を明確に支持する民事訴訟法学者は，わが国では見あたらない。しかし，他方で，その観念または理論のもつ積極的・肯定的な側面が，一定程度認められているように思われる。たとえば，吉野博士は，社会的民事訴訟が「補償（Kompensation）」の方法で，当事者間に現に存在する不平等の調整を追求する点をとくに肯定的・積極的に評価される。それゆえ，社会的民事訴訟の観念は，わが国の民事訴訟法理論への影響力を，なかんずく，積極的な裁判官による「補償」の領域において有してきたと言える。

ドイツでの社会的民事訴訟の観念の主唱者は，とりわけ，自由主義的訴訟観に対し批判の目を向けてきたが，自由主義的訴訟観によれば，訴訟における当事者は，自由かつ対等で分別ある個人として対峙しあう。そして，同訴訟観によると，民事訴訟は，禁止された自力救済の代用物であり，「訴訟事件に対する国家・国家機関・裁判官の無関心」によって特徴づけられる[94]。したがって，弁論主義の適用のもとで，訴訟資料の収集は，個々の訴訟当事者の自由および責任に委ねられる。ドイツの社会的民事訴訟論者は，このような自由主義的訴訟理解に対して，現実に存在する当事者間の不平等が顧みられない点を問題視する。このような不平等が存在する場合に，弁論主義の適用のもと資料収集が完全に当事者に委ねられると，訴訟は，必然的に，社会的強者に有利な結果となる[95]。そこで，

---

(94) *Carl Baudenbacher*, Der Zivilprozeß als Mittel der Wirtschafts- und Sozialpolitik, Zeitschrift für schweizerisches Recht, Bd. 102（1983），S. 162 f.

社会的民事訴訟の理論は，当事者間の武器対等の確立の必要性に基づいて，現実に存在する不平等を補償の方法で調整しようと試みる。

この補償または補償的訴訟指揮は，ヴァッサーマンによれば，まず，裁判官の釈明義務および法律上の討論を含む裁判官の役割の積極化によって行われる。裁判官のこの任務を考慮して，ヴァッサーマンは，弁論主義のかわりに「協働主義」を据えることを提案した。しかし，協働主義の概念は，しだいに監護的になる司法（裁判）によって当事者に対する「社会的保護監督化」の危険が結びつくとして厳しい批判を受ける[96]。だからこそ，ヴァッサーマンは，裁判官の権限の強化を強調するものの，職権探知主義への傾斜までは要求しない。彼の協働主義の概念によれば，裁判官は，自分が発問や指摘を行っても行わなくても，当事者が提出していない事実を裁判の基礎にすることはできない。その意味では，ヴァッサーマンも，弁論主義を完全には拒否していないとも言えよう[97]。

（２）弁論主義の適用下での裁判官の役割

「社会的民事訴訟」，「協働主義」および「法律上の討論」の諸概念が，新しい構想として現れるとしても，ヴァッサーマンが要求するところの裁判官の役割の強化は，すでに1877年のドイツ民事訴訟法典の成立の際に議論されていた。今日，ドイツとわが国の両国において，たとえ弁論主義の適用のもとであっても，裁判官の一定の積極性が不可欠であることは，真面目に疑われることはない。それゆえ，民事訴訟における資料収集に関する諸規定は，もはや弁論主義の適用だけでは説明できない。したがって，今日，ドイツでもわが国でも，「制限された弁論主義」や「修正された弁論主義」といった言い方がなされる。そうした弁論主義の修正の最も重要な例が，裁判所の釈明義務である[98]。この義務は，当事者に対する補助または当事者間の武器対等の確立の手段として考えられている[99]。しかし，裁判官の釈明義務のこのような形成は，本質的に，ヴァッサーマンが求

---

[95] *Baudenbacher*, a. a. O. (Fn. 94), S. 166.

[96] *Christian Katzenmeier*, Arzthaftung, 2002, S. 389.

[97] それに対して，ペーター・ギレスの協働主義の概念の場合は，ヴァッサーマンの場合よりも弁論主義との差異が，明らかに大きくなる。ペーター・ギレス＝井上正三＝小島武司「座談会・協同主義をめぐって」判例タイムズ533号35頁以下（1984年）参照。

[98] *Egbert Peters*, Zivilprozeßrecht, 4. Aufl., 1986, S. 39.

めるところの当事者間の実質的武器対等と符合する。したがって，ヴァッサーマンの見解は，弁論主義を原則的に承認する場合でも，擁護することは不可能ではないと言える。なぜなら，今日の民事訴訟においても，裁判官の積極的役割は，当事者の訴訟上の機会平等の擁護のために不可欠であると認められるからである。結局ここで重要なことは，「調整されるべき不平等」をどう解するかである。ヴァッサーマンは，これを明らかに，社会的弱者と社会的強者との間の格差と解する。しかしながら，この見解に従うことは難しいように思われる。なぜなら，民事訴訟は，社会的弱者の保護それ自体ではなく，社会的弱者であろうとなかろうと，各個人の権利の保護を目的としなければならないからである。

　たとえ，ヴァッサーマンが要求する裁判官の積極性が「裁判官支配」の意味での裁判官による後見・操作のおそれを伴うとしても，ヴァッサーマンが訴訟上の機会平等の確立の必要性を強調するところに，民事訴訟に対する彼の功績が認められることは否定しがたいように思われる。たとえば，吉野博士は，とくにヴァッサーマンの「法律上の討論」の観念を積極的に評価するが，ヴァッサーマンとは異なり，法律上の討論を協同（協働）主義によって捉え，それを，広義の意味での弁論主義に組み入れる[100]。これによって，彼は，法律上の討論の機能である不意打ち裁判からの保護や法的審尋の付与を弁論主義のなかに取り込む。本来弁論主義とは関係のないこれらの機能を弁論主義に積極的に組み入れる点には，吉野博士の見解の理論的弱点も存在するように思われる。とはいえ，吉野博士が，原則として弁論主義を堅持し，弁論主義の限界を，資料収集への裁判官の積極的関与によって克服しようとすることは，肯定的に評価されうる。

　ドイツでは，社会的民事訴訟の観念をきっかけとして，再び，裁判官の権能と当事者支配（当事者主義）との間の緊張関係が学問的議論の注目するところとなった。この緊張関係は，歴史的にみれば，もっぱら，両者の調整（Ausgleich）という意味で解決されてきた[101]。今日，ドイツにおいても，わが国においても，弁論主義の基礎としての当事者の自由および責任の原則の通用を疑う契機は存在し

---

(99) *Egbert Peters*, in: Münchener Kommentar zur ZPO, 3. Aufl. 2008, § 139 ZPO Rdn. 3.
(100) 吉野・前掲（注79）19頁以下。吉野博士によれば，協同（協働）主義は，狭義の意味での弁論主義とならんで存在する訴訟原則である（吉野・前掲（注90）71頁，同・前掲（注84）196頁以下参照）。

ないように思われる[102]。それでも、弁論主義の基礎にある当事者の自由は、実際には、形式的な関連でのみ存在し、実質的な関連でも存在するとは限らない。したがって、今日の民事訴訟法学の重要な使命は、当事者の自由と責任を実質的意味においても保護し、具体化することにあると考えられる。

(3) 社会的民事訴訟の観念とわが国の現行民事訴訟法

すでに述べたとおり、1996年制定の現行民事訴訟法典は、旧法が抜本的に見直された結果として成立している。たとえば、民事訴訟手続の促進のため争点および証拠の整理手続が導入され（現行民事訴訟法164条以下）、相手方当事者や第三者から事実および証拠を獲得する訴訟上の可能性が拡大され（たとえば、文書提出義務の一般化による拡充〔220条〕）、当事者照会の制度（163条）が導入された。とくに、争点および証拠の整理手続については、今日、3種類の争点等整理手続が用立てられている。そのなかで最も重要なものが、いわゆる弁論準備手続である（168条以下）。この手続は、口頭弁論とは異なり、原則として、当事者にのみ公開され（169条）、法廷ではなく、比較的小さい空間で実施される。この手続では、当事者と裁判所は、協同で、争点を明らかにし、その争点の解明に役立つ証拠方法を特定するよう努めなければならないとされる。その際、裁判官は、当事者に釈明することによって積極的に手続に関与しなければならない。実務上、わが国の裁判官は、訴訟資料を口頭弁論ではじめて収集するのではなく、弁論準備手続で収集するよう努める。これによって、手続の第1段階である弁論準備手続で裁判上重要な事実が提出され、次の段階である口頭弁論では、集中的に証拠調べが行われる（182条）。したがって、訴訟資料収集への裁判官の協力は、現行法のもとでは、改正前の旧法よりも一層重要である。これは、裁判官の役割の積極化をもたらす[103]。

他方で、たとえば、アメリカ法の「質問書（interrogatories）」を模範として導

---

(101) *Rolf Stürner*, Die richterliche Aufklärung im Zivilprozeß, 1982, S. 5.
(102) もっとも、社会的民事訴訟の理論の提唱後、ドイツでは、その理論とは無関係にではあるが、裁判所の実体的訴訟指揮（ZPO 139条〔materielle Prozessleitung〕）というかたちで釈明権や法的観点指摘義務などの規律を整備するなど、裁判所の権限および責任の強化につながる改正（2002年）が行われている。その概要について、髙田・前掲（注77）314頁以下参照。
(103) 徳田和幸「弁論主義と新民事訴訟法」法学教室223号29頁（1999年）。

入された当事者照会(104)の制度では，当事者同士が裁判所の協力や関与なしに書面で照会しあうことが可能であり，また，これによって得られた情報は，当事者が口頭弁論の準備のために活用することができる(105)。この規律によって，当事者照会の枠内では，重要な情報および証拠方法の収集に向けた当事者の主体的努力が期待されている。しかし，現在のところ，当事者照会制度は，実務ではあまり利用されておらず，当初期待された成果をあげるにいたっていない。

　片や裁判官の権能を強化し，片や当事者のイニシアティヴを拡大することにより，現行民事訴訟法は，手続の促進と審理の充実を図る。ところが，今日，実務においては，訴訟進行への裁判官の積極的関与が益々必要となり，当事者には，しだいに，裁判官から協力を得ることをあてにする状況が見られるようになってきていると言われる。とりわけ，弁論準備手続では，裁判官と当事者の協同作業に向かう傾向が見られる。そこから裁判所の過剰負担が現れ，最近では，手続の当事者主義的運用を強化すべきとの声が裁判所を中心に大きくなっている。弁論主義が当事者の自由と責任を基礎にし，当事者のイニシアティヴを尊重する原則であることから，当事者主義的運用を強化することは妥当な方向を指し示しているようにも見えるが，反面，裁判官が自らの負担を軽減するために受動的な態度をとることにも疑問が存在しうる。安易な当事者主義の強調は，当事者間の実質的平等の確保の要請を後退させるおそれがあり，最終的に弁論主義の基礎にある当事者自由の原則の実質的な実現を難しくするおそれがあるからである。ライポルト(106)が強調した，民事訴訟に不可欠な当事者の自由と責任の原則が実質的にも実現されるためには，裁判官による実質的な武器対等への配慮が必要不可欠である。それゆえに，社会的民事訴訟の理論がそのために引き合いに出した社会国家原則の要請は，この実質的平等を支える原理として，わが国の民事訴訟の審理のあり方を考えるうえで重要な意味を持っており(107)，その点をたえず顧みるよう促したところに，社会的民事訴訟の理論の意義も肯定できるように思われる。

---

(104) 2003年の一部改正以降，当事者照会は，一定の要件の下，提訴前でも可能となった（132条の2・132条の3）。

(105) *Hiroyuki Matsumoto*, Zur Struktur des japanischen Zivilprozesses nach der Zivilprozessordnung von 1996, ZZP Int. Bd. 2 (1997), S. 348 ff.

(106) *Leipold*, a. a. O. (Fn. 20), S. 448.

Ⅴ　おわりに

　以上，社会的民事訴訟の理論の意義をとくに弁論主義が妥当する領域で考察した。そこでは，社会的民事訴訟の理論の意義は，訴訟という場面での当事者間の手続上の平等を顧みる契機となったということではないかと思われる。とはいえ，社会国家原則は，手続場面での形式的平等から実質的平等の確保へと，とりわけ裁判所の積極的取組みを根拠づけるものの，抽象的であるがゆえに，具体的な場面での裁判官の行動規範の具体化には直ちにつながらないきらいがあることも否めない。また，手続上の当事者の平等といっても，法の下の平等の手続場面での適用，あるいは他の手続基本権の適用との関係も問題となる。したがって，武器対等要請という形で現れる手続上の当事者平等自体のいわば内なる考察が今後は必要になろう。

　また，民事訴訟法も民事訴訟制度も，現実の社会の場にあって存在意義のある制度である以上，社会的民事訴訟が強調する現実の社会における人間像，それを前提とした権利や法的価値の実現過程としての民事訴訟のあり方を考える取組みの必要性自体は，否定できないであろう。また，民事訴訟の周辺を見渡すと，わが国の民事司法には，裁判所が主宰する手続に限っても，民事調停，家事調停，家事審判，非訟事件手続，借地非訟，さらには労働審判など，訴訟に代替しうる紛争解決手続が幅広く存在する。それらのなかには，本来訴訟事件として裁判所の判決で解決すべきところ，職権探知主義が妥当する調整型の手続で解決が目指される手続も存在する。そういう場面では，場合によっては，当事者間の現実の地位における様々な格差が裁判官の積極的介在を促すだけに，社会的民事訴訟の理論がよりよく活かされる可能性があり，それらと社会国家原則との関係なども今後は検討に値するものと思われる。

　※本稿は，科学研究費補助金（課題番号23530105）による研究成果の一部である。

（107）社会国家要請と実質的武器平等の間の緊密な関係については，*Annett Kwaschik*, Die Parteivernehmung und der Grundsatz der Waffengleichheit im Zivilprozess, 2004, S. 192; *Karl August Bettermann*, Verfassungsrechtliche Grundlagen und Grundsätze des Prozesses, in: ders., Staatsrecht-Verfahrensrecht-Zivilrecht, 1988, S. 422等参照。

21世紀における社会的民事訴訟,訴訟の諸原則および訴訟基本権

ディーター・ライポルド

松 本 博 之（訳）

I テーマについて

　私の講演のタイトルにおいては，このシンポジウムの統一テーマをなす，社会国家原則との関係でよく呪文的に招き寄せられるグローバル化について，はっきりとは述べられていない。しかし，グローバル化は，いわば背景にある。なぜなら，当然のことながら，民事訴訟は国境，市場および文化の世界規模での開放と結びついた挑戦に応じなければならないからである。その際，重要なのは，一方において国境を越えた民事法上の紛争の処理であり，他方において，ヨーロッパ，否，世界における可能な法統一に鑑みても，自国の伝統的な民事訴訟法と他の諸国の民事訴訟システムとの競争である。かかる幅の広い考察の前提として，自国の民事訴訟の発展と現状を確認しておくことは有益であり，多分必要とさえいえるように思われる。

II 19世紀末の原則志向的当事者訴訟[1]

　1877年に施行されたドイツ帝国民事訴訟法（CPO）は，本質的に，同時期に全く新たに形作られた日本の民事訴訟法のための模範であった[2]。ドイツの立法者

（1）（1950年までの）訴訟原則の発展について包括的なのは，*Damrau,* Die Entwicklung einzelner Prozessmaximen seit der Reichscivilprozeßordnung von 1877 (1975)。弁論主義については，*Zettel,* Der Beibringungsgrundsatz (1977)。弁論主義の妥当と訴訟原則による民事訴訟の型押しに対しすでに批判的なのは，*Bomsdorf,* Prozessmaximen und Rechtswirklichkeit (1971). その他の文献については，*Stein/Jonas/Leipold,* ZPO, 22. Aufl., Bd. 3 (2005), vor §128, Rdnr. 138の文献リストを見よ。

第Ⅵ部 《自由主義的》な古典的民事訴訟か，それとも《社会的》民事訴訟か？

によって，様々な先行法律（たとえば北ドイツ連邦の民事訴訟法）を基礎にして選択された訴訟方式は，原則志向的当事者訴訟と特徴づけることができる。その後の発展をその全範囲において把握するためには，当時の訴訟の姿が少なくとも若干の重要な構成要素において再構成されなければならない。私は，当事者運営（Parteibetrieb），口頭主義，弁論主義および処分権主義ならびに当事者宣誓を取り上げる。

1 当事者運営（der Prteibetrieb）

当時の訴訟は，当事者運営によって特徴づけられている。その際問題となるのは，送達という形式事項だけではない。遥かに決定的なのは，裁判所が訴訟の開始段階において純然たる形式的活動に限定されていたことである。期日の呼出は，CPO 191条1項によれば，本案についてであれ，中間の争いについてであれ，口頭弁論をしようとする当事者によって行われなければならなかった。呼出しと共に同時に訴状が送達されるべきであったが，呼出しはこの書面に記載されるべきであった（CPO 191条2項）。当然，当事者は裁判所の期日簿の主ではなかった。呼出状は期日指定のために裁判所書記に届けられるべきであり（CPO 193条1項），裁判長は24時間内に期日を指定しなければならなかった。したがって，裁判官は，訴状を呼出状と一緒に期日の指定のためにのみ受け取った。書面の実質的な審査は，何らかの準備的な裁判官の命令と同様に，してはならなかった。ついで，当事者は期日の付記を含む呼出状を受け取りに行き，送達を惹起しなければならなかった。

2 口頭主義（der Grundsatz der Mündlichkeit）

訴訟の諸原則のうちで，新たに作られるべき法をめぐる議論において，最大の注目を集めたのは，もちろん口頭主義であった。普通法訴訟の書面主義を優先させるか，とりわけフランスモデルに従って，口頭主義を原則的に優先させるかの二者択一の前に立たされていたのだから。民事訴訟の中心にあったのは，口頭弁

---

(2) これについて詳しくは，*Matsumoto*, Die Rezeption des deutschen Zivilprozessrechts in der Meiji-Zeit und die weitere Entwicklung des japanischen Zivilprozessrechts bis zum Zweiten Weltkrieg, ZZP 120 (2007), 3．

論である。口頭弁論の内容を決めたのは，当事者であった。その際，弁論（Verhandlung）とは相手方との討議（Aussprache）を意味する。このことは，「当事者は受訴裁判所の面前で訴訟につき口頭で弁論する」といわれる場合，CPO 128条の文言(3)の中に明瞭に表現されている。当事者は，裁判所とではなく，裁判所の面前で弁論するのであって，まさに裁判所は当事者と弁論するのではないのである。このことは，法律においては今日まで変わっていないが，関係人の役割は，後に示すように，完全に変わってしまっている。書面は，言葉の厳格な意味において準備的な性格を有していた。書面は，裁判所が口頭弁論前にすでに書面の内容に基づき活動することを許すものではなかった。

　口頭弁論は，終局判決だけでなく，あらゆる裁判のための必要的な要件であった。とくに証拠決定は，口頭弁論に基づいてのみすることができた。当事者本人の出頭命令も，口頭弁論に基づいてのみすることができたのであり，最初の口頭弁論期日の準備のために，前にすることはできなかった。

3　弁論主義と処分権主義（die Verhandlungsmaxime und die Dispositionsmaxime）

　訴訟の内容と経過に対する当事者の決定的な影響は，そのドグマーティッシュな表現を弁論主義に見出した。この概念は，当初は訴訟全体を処分する当事者の自由のみならず，訴訟資料を決定する当事者の自由，したがって訴訟において論じられるべき，係争事案において解明されるべき事実を陳述し，そのための証拠方法を提出する当事者の権利を包含した。処分権主義の概念は，もともと弁論主義と同義のものとして用いられた。処分権主義には訴訟全体についての当事者の処分が割り当てられるのに対し，弁論主義は事実資料にのみ関係するという，今日まで普通に行われている概念理解が発展したのはようやく後になってのことである。両原則が一緒になって当事者自由と当事者責任の表現であったことは，後の両者の概念的区別を越えて，忘れられるべきではなかろう。

　当事者の真実義務は，CPOがその当初の法文において定めたものではなかった。裁判所の質問義務を，この法律は初めから知っていた（CPO 130条）。だが，それは，当時の形式においては当事者自由に介入するための道具ではなかった。むしろ，

（3）　もともとのCPO 119条は，「受訴裁判所の面前における訴訟についての当事者の弁論は，口頭である」というものである。

裁判官の質問義務の目標は，もっぱら主張の明確化であった。当事者が提起すべき申立てについての質問または指摘は，ラント裁判所の手続においては，裁判所には全く許されなかった。ラント裁判所の手続は，訴訟の原則型であって，その当事者関連的な特徴（Prägung）をとりわけ弁護士強制によって得た。*Friedrich Stein* による指導的な注釈において，この点につき次のようにいわれた。「因みに，質問は弁論主義の限界内にとどまらなければならず，したがって，目的適合的でないにせよ，それ自体明瞭な申立ての改善（当事者訴訟についての503条は別）および事実陳述の実質的な変更を惹起し，または当事者に私法上の意思表示をするよう促すために用いられてはならない」[4]と。

このことは，実際，区裁判所の手続（したがって弁護士強制のない手続）においてはいささか異なっていた。ここでは，裁判官は当事者にすべての関連性のある事実を陳述し，適切な申立てを提起するよう促すことができた。この点についても，*Friedrich Stein* は限界を強調した。曰く「これによって，区裁判官が ── 弁論主義から離れて ── 事実主張または申立てを当事者の手に与えることが考えられているのではない」[5]。

裁判官の質問義務について弁護士訴訟と当事者訴訟とで異なった記述がなされていることが同時に明瞭にするのは，いかにCPOの訴訟が通常手続において弁護士の協力と弁護士の知識への信頼によって特徴づけられていたかということである。

4　当事者宣誓（der Parteieid）

CPOは，当事者を証人として尋問することを許さなかった。CPOは，むしろ当事者宣誓の制度を有していた。争いのある事実について証明責任を負っていた当事者は一定の要件[6]の下で相手方に対し宣誓を要求すること，つまり，相手方が宣誓したうえで，その事実の真実であるか真実でないかについて述べるよう申し立てることができた。この宣誓の実施は，条件付き終局判決によって命じられ

（4）*Gaupp/Stein*, Die Civilprozeßordnung für das Deutsche Reich, 8. u. 9. Aufl. (1906), § 139 Anm. II.

（5）*Gaupp/Stein*（vorige Fn.), Anm. zu § 503.

（6）宣誓要求は，CPO 410条によれば，相手方，その前主または代理人の行為に存し，またはこれらの者の知覚の対象であった事実についてのみ適法であった。

(CPO 425条1項)，そこでは宣誓が行われまたは行われなかった場合の効果がすでに確定された（CPO 427条1項）。宣誓が行われた場合には，その結果は裁判所を拘束した。なぜなら，宣誓が宣誓された事実の完全な証明をしたからである（CPO 428条1項）。今や，宣誓の実施または不実施の効果が終局判決によって宣言されるべきであった（CPO 427条2項）。自由な証拠評価の形での裁判官の判断余地は，ここには存在しなかった。むしろ，当事者の影響が全く前面に出た。

Ⅲ 理想的観念としての社会的民事訴訟

1　正面攻撃：Anton Menger（アントン・メンガー）

　社会的民事訴訟についての議論は，ドイツでは20世紀の70年代に頂点に達した。しかし，民事訴訟の社会的ディメンションを顧慮し，より弱い当事者の保護のために訴訟を当事者の処分自由から取り上げるという要求は，すでにずっと以前から聞かれるところであった。ラジカルな形で，すでに1890年に *Anton Menger* は有名な論文「民法と無産階級」において意見を表明した。彼の印象によれば，弁護士，公証人，執行吏の協力は，資産があり教育のある層に「無産階級に対する途方もない優位」[7]を作り出した。訴訟における「裁判官の不自然な受動性」[8]と結びついて，かくて，資力のない当事者のための権利追求は，破滅的な影響を受けた。*Menger* は，是正手段を，当事者の平等を生み出し，否まさに「貧しい訴訟当事者の代理」[9]を引き受けなければならない積極的裁判官に期待した。実際的な細目については，*Menger* は殆ど述べなかった。しかし，彼の論述は，裁判官の権能の強化とともに，とりわけ職権運営（Amtsbetrieb）と職権探知主義への移行が考えられていたと理解されなければならないであろう[10]。

---

(7) *Anton Menger*, Das bürgerliche Recht und die besitzlosen Volksklassen（1. Aufl. 1890, 4. Aufl. 1906, zitiert Nachdruck 1968), S. 31.
(8) *Menger* aaO S. 32.
(9) *Menger* aaO S. 35.
(10) これについて詳しくは，*Leipold*, Zivilprozessrecht und Ideologie, JZ 1982, 441, 443（この論文の翻訳は，ディーター・ライポルド（松本博之編訳）『実効的権利保護』（2009年・信山社）45頁以下に収録されている）。

第Ⅵ部 《自由主義的》な古典的民事訴訟か，それとも《社会的》民事訴訟か？

2 Franz Klein（フランツ・クライン）：福祉制度としての訴訟

Menger の考え方は――すでに社会主義的な理念所産に係留されているため――実際的な影響力を殆どもたなかったのに対し，まずは，そしてなかんずくオーストリー法の改正に際し，しかし彼の故国の国境を超えても広く，理論と実務において民事訴訟法の形成に最大の影響を及ぼした民事訴訟法学者にわれわれが出会うのは，*Franz Klein* その人においてである。民事訴訟法の理想像は，*Klein* にとって――たとえば *Rudolf von Jhering* の権利のための闘争の意味での――闘争としての，あるいは当事者の戦争としての民事訴訟ではなかった。むしろ *Klein* は，訴訟に国家の福祉制度を見た[11]。激烈に，*Klein* は，訴訟資料を当事者の所有物だと言明する弁論主義と戦った[12]。社会的な考え方が見られるのは，裁判官に押し付けられた受動性がとりわけ法に無知な無資力者の不利になるという確定においてである[13]。*Klein* は，それゆえ，事実の確定における当事者と裁判所の協同を要求する[14]。彼は，彼が裁判官の糾問に賛成しているという非難に対して抗議するが，しかし自ら事実を訴訟に導入する権利や，当事者の申出がなくとも証人を尋問する権能のように，裁判官の権能の著しい拡大を要求する[15]。彼にとって，とくに重要なことは，挙証にとって重要なすべての文書の提出を相手方に要求する当事者の権利を生み出すことである[16]。

3 前世紀の70年代の社会的民事訴訟（der soziale Zivilprozess）

20世紀の70年代にドイツ連邦共和国において声高になった社会的民事訴訟の要求においては，種々の理由付けが混ぜ合わされていた[17]。(当時)――1968年の学生の反乱の結果としても――無資力者の権利追求を初めから困難ならしめ，またはこれを拒みさえするいわゆる「階級司法」に対する，イデオロギー色の強い

---

(11) *Franz Klein*, Zeit- und Geistesströmungen im Prozesse (Vortrag 1901), in: Reden, Vorträge/Aufsätze, Briefe, Bd. 1 (1927), S. 117, 134.
(12) *Franz Klein*, Pro Futuro, Betrachtungen über Probleme der Civilproceßreform in Oesterreich (1891), S. 10.
(13) *Franz Klein* (Fn. 12), S. 19.
(14) *Franz Klein* (Fn. 12), S. 23.
(15) *Franz Klein* (Fn. 12), S. 34 f.
(16) *Franz Klein* (Fn. 12), S. 49.
(17) 詳しくは，*Leipold*, JZ 1982, 441, 446 f. を見よ。

批判があった。その際，いくつかのグループ（Kreisen）には，たとえDDRの法＝社会秩序が他の東側諸国のそれと同じく民主的社会主義の考え方を実現できなかったことを見通すことに困難であったにせよ，社会主義的社会秩序への明瞭な共感が見られた。DDRの民事訴訟法では，弁論主義は職権探知主義によって取って代わられ，当事者処分に検察官の相当な権能によって制限された。要求された西ドイツの「社会的民事訴訟」においても，弁論主義は協同主義によって取って代わられるべきであるとされ，裁判官には「補償」の使命が，すなわち，当事者の不平等から生ずる乖離を補償するという使命が割り当てられるべきだとされた[18]。さらに進んで，裁判所の中心的な使命はもはや法的平和の維持ではなく弱者の保護であるべきであり[19]，裁判官の釈明はその限りで決定的な意味を持つべきで，したがって原則として裁判官の釈明主義（eine richterliche Aufklärungsmaxime）が当事者支配に取って代わらなければならないとして，裁判所の機能転換を要求する者もいた[20]。

　民事訴訟は弱者の保護に奉仕しなければならないという思想において見逃しようがないのは，70年代以来，消費者保護が絶えずより強い意味を獲得した実体法の発展とのパラレルである。しかし，民事訴訟にとっては，このことが意味するのは，同時的な裁判官権能の強化の際の当事者自由の制限に他ならない。これは，たとえば，裁判管轄の合意の改革（ZPO 38条以下）の際に明らかになった。それは，1974年に（普通取引約款法の消費者保護的改正と平行して）行われ，原則的な管轄合意の禁止が以前の管轄の合意の自由（Prorogationsfreiheit）に取って代わった。

　国際的には，民事訴訟法を社会的に刻印づける考えは，なかんずく裁判所へのアクセス運動（die Access-to-Justice-Bewegung）において現れた。裁判所へのアクセスを資力のない人々にも可能にすることは，実際，社会国家原則から引き出されうるもっともな（その正当性においても争い得ない）要求である。ドイツでは1980年に，裁判所への道を国家の太っ腹な援助により容易にするという傾向の中で，訴訟費用援助法がかつての救貧権（Armenrecht）に取って代わった。

---

(18) *Rudolf Wassermann*, Der soziale Zivilprozess (1978), S. 89, 109.
(19) *Rolf Bender*, Funktionswandel der Gerichte？, ZRP 1974, 235, 236.
(20) *Bender/Schumacher*, Erfolgsbarrieren vor Gericht. eine empirische Untersuchung zur Chancengleichheit im Zivilprozeß (1980), S. 118.

第Ⅵ部 《自由主義的》な古典的民事訴訟か，それとも《社会的》民事訴訟か？

現在の，原則のない裁判官中心的民事訴訟（der maximenfreie richterzentrierte Zivilprozess）への道

　民事裁判手続を全体としてラジカルに社会的訴訟へと根底から変えるという考えは，成功には恵まれなかったのに対し，20世紀全体を通して，ドイツの民事訴訟にCPOの時代とは全く異なる刻印をその間に与えた発展が看取される。言わんとしているのは，ますます進展する裁判官権能の強化である。社会的民事訴訟の要求の中でむしろ改善方法（Korrektiv）として現れるもの——裁判官の弱者保護権能——は，そのような補償思考と全く無関係に，今日の民事訴訟の中心的な標識になった。必然的に，これに伴ったのは当事者自由と当事者の諸権利の切り詰めである。同時に伝統的な訴訟原則は，その打刻力（Prägungskraft）を失った。

1　当事者運営の廃止と裁判官による口頭弁論の準備

　当事者運営は，徐々に職権運営に取って代わられた[21]。これは，まず1909年に区裁判所手続について，ついで1943年に第二次世界大戦の時代にラント裁判所の訴訟についても行われた。職権運営に有利な決定は，1950年の法浄化（Rechtsbereinigung）の際にも維持された。当事者運営の最後の残滓として，当事者による判決の送達は，1976年に同じく職権運営に取って代わられた（現在ZPO 317条）。

　訴訟進行の責任は，職権運営に基づき初めから裁判所が担う。同時に，それによって，裁判所が訴訟促進のための処分を早期に行う可能性が開かれた。口頭弁論前の裁判所の準備命令は，先ずは（再び1909年に）区裁判所の手続について導入され，次いでラント裁判所の手続に拡張され，（1924年に）一般的な裁判所の義務として法律に定着した。後に（1976年），証拠決定を口頭弁論前にすでに発し，一定の要件の下でこの段階において証拠調べをも実施する裁判所の権能が，これに加わった。

　口頭弁論の性格は，このようにして，大きく変えられた。裁判所の面前での当事者による事実上および法律上の提出の自由な交換に代えて，口頭弁論は裁判所

---

(21) 詳しくは，*Stein/Jonas/Schumann*, ZPO, 20. Aufl., Bd. I (1984), vor § 166 Rdnr. 4 を見よ。

による争訟状態の説明と当事者に対する裁判所の質問を内容とする。

2　当事者尋問による当事者宣誓の代置と当事者聴聞（Parteianhörung）

　オーストリーのモデルに従い，1933年に当事者宣誓が当事者尋問によって置き換えられた(22)。裁判官を形式的証拠法則に拘束することによる，当事者宣誓と結びついた当事者処分はなくなった。当事者尋問は，純然たる証拠方法である。それは，他の証拠方法と同じく，裁判官の自由な証拠評価に服する（ZPO 286条1項）。裁判官の裁判権能は，このようにして著しく拡張された。加えて，当事者尋問は狭い要件の下でのみ当事者の一方から申し立てることができる（ZPO 445条）のに対し，その他の点では裁判官の裁量が当事者の一方または他方の尋問を決定する（ZPO 448条）ということが加わる。

　だが，それにとどまらなかった。すなわち，裁判実務は，当事者本人の聴取によって（ZPO 141条）当事者尋問の準則による限定を回避し，当事者の発言を任意に証拠評価の際に利用する無方式で要件もない方法を創り出した(23)。当事者本人の呼出しは，準備処分として口頭弁論前にすでに命じることができた。実際には，当事者本人を早期に聴聞することは，裁判所には，訴訟の内容に対する訴訟代理権を有する弁護士の影響を殺ぐことにも役立ちうる。当事者聴聞と裁判所の職権による事案探知（eine amtswegige Sachverhaltermittlung）の境は，流動的である。

3　裁判所による実体的訴訟指揮（die materielle Prozessleitung）の強化

　今述べた現状に決定的に貢献するのが，実体的訴訟指揮を行う裁判所の権能の拡張である。1909年に先ず区裁判所手続に関して，事実および争訟関係について当事者と論じる裁判所の義務が加えられた後，1924年に，この規律のみならず，適切な申立てをするよう働きかける裁判所の義務も，ラント裁判所の手続にも拡張された。2001年には，区裁判所ならびにラント裁判所の手続に適用される139条は，訴訟資料の取得の際の裁判所の役割をなお強く強調する意図をもって，種々

---

(22) これについては，*Stein/Jonas/Schumann/Leipold*, ZPO, 19. Aufl., Bd. I（1972），vor §445 Anm. I und II.

(23) これに対して加えられた批判に，実務は影響されなかった。詳しくは，*Stein/Jonas/Leipold*, ZPO, 22. Aufl., Bd. 3（2005）§141 Rdnr. 3 ff., Bd. 5（2006），vor §445 Rdnr. 3 ff. を見よ。

の点において新たに起草された⁽²⁴⁾。ラント裁判所の面前では，弁護士強制によって強制さえされる弁護士による当事者の代理は，当事者を —— 裁判所の見解によれば —— 適切な訴訟行動に向ける裁判所の努力に対する限界とはならない。裁判官の釈明権能が，裁判官の中立義務(die Pflicht des Richters zur Unparteilichkeit)によって限界づけられうるか，いかなる要件によってそうであるかという点につき，適切に議論を戦わすことはできる。また，適切な申立てをするよう裁判官が働きかけることに対し，たとえば裁判官の努力は当事者の提出した係争利益の範囲内にとどまらなければならないというテーゼによって，限界を引くことを試みることもできる。だが，裁判所の釈明および示唆可能性は，実際には大幅に無制限である。——偏頗を理由とする，理由づけられた裁判官の忌避までは，長い道のりがある。

4　職権証拠調べの拡張 (die erweiterte Beweiserhebung von Amts wegen)

職権により証拠調べをする裁判所の権能（ZPO 142条乃至144条）は，2001年の改正によって著しく強化された。以前は当事者に対してのみ発することができた文書提出命令は，今や，第三者に対しても適法であり，その遵守は，裁判所が制裁手段をもって強制することができる。当事者に文書その他の書類または検証物の提出を命ずる可能性も，著しく拡張された。たとえば裁判所は，相手方がその文書を引用しただけですでに，当事者によるその文書の提出を要求することができる。当事者の申立てによる書証の場合とは異なり，その有利に証明が行われるべき当事者が相手方に対して文書の返還請求権を有するかどうかは重要ではない。職権による証拠調べと当事者申立てによる証拠調べのこの緊張関係を142条（職権による命令の法的基礎）の制限的な解釈により除去する試み⁽²⁵⁾に，連邦通常裁判所⁽²⁶⁾は従わなかった。むしろ，連邦通常裁判所は，職権による証拠調べは当事者の申立てによる証拠調べとは異なり，裁判所の裁量であるという確定で満足した。それによって，事実の探索における裁判官の権能は著しく強化される。同時に明らかになるのは，改正論議の枠内で何人かの者が恐れたアメリカ合衆国法上

---

(24) 詳しくは，*Stein/Jonas/Leipold*, ZPO, 22. Aufl., Bd. 3（2005），§ 139 Rdnr. 5 を見よ。
(25) *Stein/Jonas/Leipold*, ZPO, 22. Aufl., Bd. 3（2005），§ 142 Rdnr. 20 f.
(26) BGH NJW 2007, 2989.

のディスカヴァリへの接近は生じなかったことである。強化されたのは，当事者の権利ではなく，裁判所の権能だけであった。

5　当事者義務の強化

　裁判官の権能の拡張と密接な関係にあるのは，当事者義務の強化である。1933年に，当事者の真実義務が法律に採用された（ZPO 138条1項）。何が真実であるかは，裁判官が判断する。1976年の簡素化法によって，すでに以前から存在している規律に連結して，訴訟促進，すなわち，すでに口頭弁論前に攻撃防御方法を書面により適時かつ包括的に提出することが当事者の包括的な義務とされた（ZPO 282条）。裁判官には，当事者の提出を期間の裁定により時間的に制限する広範な権能が付与された。かかる期間が遵守されない場合，その提出を許しても訴訟が遅延せずまたは当事者が十分弁明する場合を除き，通常，この提出は裁判所により却下されるべきである（ZPO 296条1項）。期間の裁定がなくとも，提出の遅延が当事者の重大な過失による場合には，裁判所の裁量によって却下することができる（296条2項）。

6　最上級の訴訟目標としての和解（die gütliche Einigung）

　長い間続いている裁判官権能の強化が最高潮に達するのは，当事者の合意による民事訴訟の終結をできるだけ促進するという今日的な志向の脈絡においてである。たしかに，すでに長い間，民事訴訟法（現在では278条1項）には，裁判官は手続のいかなる段階であれ，訴訟または個々の争点の和解を熟慮すべきだとある。また，訴訟を和解により終了する当事者の権利は，処分権主義の構成要素として長い間争われていない。しかし近時の改正によって，和解を惹起する裁判官の権能は新たな局面に達した。このことは，政治家，（ラントおよび連邦の）司法省および少なくとも裁判官層の一部によってあたかも上から下へと生み出された，裁判のない，あらゆる可能な訴訟処理形式に有利な基調（Grundstimmung）と密接な関係にある。民事訴訟の目的は第一に権利の保護にあることが，忘れられるおそれがある。これには，引用されることの多い連邦通常裁判所の表明，すなわち当初争いのある問題状況が意見の一致による解決によって克服されることは法治国家においても，裁判官による争訟裁判に対して原則として優先に値するという表明[27]も寄与した。

第Ⅵ部 《自由主義的》な古典的民事訴訟か，それとも《社会的》民事訴訟か？

　2001年の改正によって，民事訴訟における和解弁論が導入された（ZPO 278条2項乃至5項）。それは，和解を目的として口頭弁論に先行する。そこから口頭弁論の機能が影響を受けないと推論することは，しかし，皮相な見方であろう。むしろ，伝統的な口頭弁論の内実で，残るものは何もない。なぜなら，すでに和解弁論において裁判所は事実＝争訟状態について，しかも法律に言うように，「あらゆる事情を自由に評価して」，当事者と論じなければならない（ZPO 278条2項2文）。当事者は弁論するのではなく，証拠方法を提出するのではなく，裁判所に自己の法的立場につき説得するよう試みるのではなく，裁判所が，事件をどう評価するかを，訴訟の開始後すぐに当事者に説明する。このことは，なかんずく事実状態と証明問題につき妥当する。証拠調べ手続についての厳格の民事訴訟法の準則への拘束なしに，裁判所は意見を表明してよい。裁判所は，たとえば係争事実関係を証拠調べによって解明する困難を強調し，ある証人の考えうるあれこれの主張を信頼することができるであろうかという彼の疑問を全く具体的に指摘することもできる。証拠調べを求める当事者の権利とあらかじめ証拠方法を評価することの禁止は，ここでは役割を果たさない。しかし当事者の事実陳述および申立てへの裁判所の拘束のうち，自由な評価の枠内に残るものは何もない。裁判所は「必要な限り」質問をし，本人出頭をした当事者に問うこともできる。

　法律によって利用に供された道具が裁判所によって通常利用されることも，自明である。裁判官が上述の「自由な評価」に基づき和解提案をする場合，当事者がこれを拒否することは困難である。なぜなら，当事者は後の判決によっても，この裁判官の手からより良い結果が得られないことを計算に入れなければならないのだから。

　当事者を和解に動かそうとする裁判官の努力は，常には法律上の基準の枠内にとどまっていない。法廷活動をする弁護士は誰でも，何人かの裁判官の側の和解圧力[28]の出来事について説明したがる。そして，ある上級ラント裁判所の裁判長が，2，3週間前に出た論文において，「良心に反して法律状態を確実または不確実と思われると述べることや，『和解圧搾器』として弁護士の間で恐れられ

---

(27) BVerfG NJW-RR 2007, 1073, 1074.
(28) これにつき，*Steinberg*, Richterliche Gewalt und Mediation, DRiZ 2012, 19, 20 mit weiteren Nachweisen.

ている当事者に対する他の形式の圧力行使は裁判官に禁じられている」という指摘が必要であると見なす場合，それは実務に関しては，自明のことである[29]。

　裁判官の和解圧力が時たま，いかに行き過ぎているかを非常に明瞭に示すのは，連邦労働裁判所の最近の1つの裁判[30]である。この裁判では，裁判官による違法な強迫（BGB 123条1項）による訴訟上の和解の取消し可能性が肯定された。同裁判所は言う，違法な強迫は，たしかに裁判官による訴訟リスクの明瞭化にすでに存在するのではないが，裁判所の和解提案を拒否すると公正な訴訟の続行を見込むことができないとの印象を当事者に呼び起こす場合には肯定されるべきである，と。具体的なケースでは，裁判官の全く誇張された表現（「あなたは，すぐに銃殺される」「理性的になりなさい。さもなければ，われわれはあなたを殴って和解させなければならない」等）によって，どうしても当事者にこの恐れを惹き起こしえた。

　すでに従前の法文は，判決裁判所に判決裁判所の面前での和解弁論と並んで，当事者の和解を促進するための種々の方法を利用に供した。たとえば裁判所は，裁判所外での調停を提案すること，したがって当事者をいわば裁判所から一度追い出すことができた。和解弁論のために当事者を受命裁判官（すなわち管轄部の単独裁判官）または受託裁判官（すなわち別の裁判所）にやる権能はそれほど役に立たなかった。

　民事訴訟の実施を避けるための新種の方法としてかなり前から特別の関心の的になっているのが，「裁判所内メディエーション（die gerichtsinterne Mediation）」である。メディエーションとは，この概念をまじめに受け取るならば，両当事者にとって満足のいく解決を自ら作成することを紛争当事者に可能にすべき対話の方法と解すべきである。メディエーターは，当事者に法律状態ないしは法的枠組みを説明し，または合意の提案を提出する使命を有しない。原則としてメディエー

---

(29) *Probst*, Zivilprozess und Verhandlungskultur - Mut zur Zukunft ! JR 2011, 507, 510. *Probst* 自身はなるほど民事訴訟の「伝統的な」——実体法の貫徹——を視野から失わないよう努力している。しかし，調停とメディエーションは争訟裁判と「たとえ優先的でないにせよ，少なくとも同じランク」の裁判所の使命として全く前面に出る（前掲510頁）。最後に *Probst* は，ドイツの民事訴訟は当事者主義と裁判官の訴訟指揮によって比較的優秀であることが証明されていると強調する（512頁）。しかし，本文においては前に（手続原則については前掲509頁を見よ）当事者原則（Parteimaxime）ないしは弁論主義・処分権主義は全く述べられていない。

(30) BAG NZA 2010, 1250.

第Ⅵ部 《自由主義的》な古典的民事訴訟か，それとも《社会的》民事訴訟か？

ションを裁判官の和解努力から区別するのは，これである。メディエーションを法から離れた対話促進と解する場合，なぜメディエーションは裁判官の仕事であるべきなのか，権利保護の獲得のためにすでに裁判所に赴いた当事者に一度この方法を指示することがどのようにして正当化されるかは，容易に理解することができない。もっとも今日の用語法においては，メディエーションと調停（Schlichtung）の違いは除々に消えている[31]。ドイツのメディエーション法の草案——この法律はヨーロッパ指令によって必要になった——においては，裁判所内メディエーションの導入が予定されていたが，この規定は最後の瞬間においてドイツ連邦議会によって和らげられた。その背景にあったのは，その多くが自らメディエーターとして活動しており，裁判所がこの領域においていわば彼らと競争してよいとすることを受け入れたくない弁護士の異議であった。もともと計画された裁判所内メディエーションに代えて，（ZPO 278条5項に）「和解裁判官（Güterichter）」が加えられた。これは，訴訟を担当する裁判体が事件を和解弁論またはその他の和解の試みのために移送することができる，同じ裁判所の裁判権限のない裁判官である。ドイツ連邦参議院は，車輪を元の草案の方向に押し戻そうと努力し，そのために調整委員会の設置を求めた。ラントの司法大臣らは，裁判所内メディエーションに非常に積極的な立場に立っている。それにもかかわらず，裁判所によるメディエーションは草案に含まれていた形では法律[32]に採用されなかった。調整委員会の提案に基づき278条5項に，和解裁判官はメディエーションを含む紛争解決のあらゆる方法を投入することができるとする第2文が付加された[33]。徐々に裁判官による調停が争訟弁論（Streitverhandlung）および争訟裁

---

[31] *Steinberg*, DRiZ 2012, 19, 21 は，理論と実務において，裁判官メディエーターは法律知識を持ち込むという意味で，広いメディエーションの理解が支配していると指摘する。*Stürner*, Parteiherrschaft versus Richtermacht. Materielle Prozessleitung und Sachverhaltsaufklärung im Spannungsfeld zwischen Verhandlungsmaxime und Effizienz, ZZP 123（2010），147, 160は，法を志向するこのような裁判官によるメディエーションの長所を強調する。

[32] Gesetz zur Förderung der Mediation und anderer Verfahren der außergerichtlichen Konfliktbeilegung vom 21. Juli 2012, BGBl. I 2012, S. 1577.

[33] 詳しくは，*Leipold*, Schlichtung, Mediation und Zivilprozess, Ritsumeikan Law Review 2013, Intrernational Edition, Juni 2013, 35, 156 ff.（ディーター・ライポルト〔出口雅久訳〕「調停，メディエーション，民事訴訟」立命館法学353号（2014年）324頁，348頁以下）を見よ。

判（Streitentscheidung）にとって代わり，また裁判官によるメディエーションまたは類似物が裁判官による調停にとって代わるならば，この発展が一層古典的民事訴訟から離れることは疑いのないところである(34)。

7　結　論

　民事訴訟法の改正立法の経過は，キーワード的に「すべての権能は裁判官へ（alle Macht dem Richter）」(35)という命題によって，難なく要約することができる。伝統的な訴訟の諸原則は，立法のためのガイドラインとして，および法律の実際的な扱いのための基準として，もはや役割を果たさない。

　たしかに，口頭主義の原則は今後も法律の中にある。しかし，口頭弁論の内容は，示されたように，基本的に変更を受けている。すでに言及したように，先行する口頭弁論のない証拠決定および証拠調べの許容によるのであれ，また他の決定を口頭弁論の要件から解放することによるのであれ，最初は個別規定により，最後はもはや例外のない原則的な（口頭弁論からの）解放により（ZPO 128条4項），立法者は一貫して口頭弁論の必要性を大幅に制限した。訴訟上の和解も今日，口

---

(34) 裁判官によるメディエーションに対し，（訴訟理論の観点からも）非常に批判的なのは，*Steinberg*, DRiZ 2012, 19, 23 である。彼は最後に「メディエーションについての裁判官の経験報告を読んでいるときに，いかに伝統的な，歴史的にまさに勝ち取られた訴訟原則がしばしば評価されないのか，それらが，いかに容易に訴訟経済や新たなモードの魅力の犠牲にされるかということに，疑問がある」とコメントしている。裁判所内メディエーションについての論争的な文献から，2010年ウイーンでの民事訴訟法担当者会議における *Burkhard Hess*（賛成）と *Hanns Prütting*（反対）の討論を挙げさせていただく。*Hess*, Perspektiven der gerichtsinternen Mediation in Deutschland, ZZP 124（2011），137; *Prütting*, Ein Plädoyer gegen die Gerichtsmediation, ZZP 124（2011），163を見よ。

(35) この発展に対しより控え目で肯定的なのは，*Stürner*, ZZP 123（2010），147 ff. である。彼の分析によれば「国際的な近時のトレンドは，弁論と証拠調べを1つの期日に集中することと結びついて裁判官の実体的訴訟指揮の強化の方向に向っている」（aaO S. 152）。*Stürner*（シュテュルナー）は，大陸民事訴訟，したがってドイツ民事訴訟を「官僚的で，ヒエラルヒー的」と特徴づけることに反対する（aaO S. 152）。*Stürner* 自身は，現代の民事訴訟を対話訴訟と特徴づけ，これについて，「裁判官の実体的訴訟指揮は，現代のヨーロッパ社会との関係において，先ずは裁判官の権力行使の形式というよりは，手続緩和の形式である。訴訟指揮は，法的審問付与の手段であり，したがって訴訟上の対話の道具である。訴訟指揮は対話的(…)民事訴訟の表現形式である」（aaO S. 153）と述べる。

頭弁論なしに締結することができる（ZPO 128条6項）。

弁論主義および処分権主義は，実際上，今日の裁判官による訴訟指揮に対する遮断機ではない。弁論主義の妥当のためのもっとも重要な論拠の1つを挙げれば，たしかに裁判所は今日でもなお当事者の自白に拘束される（ZPO 288条2項）。実際には，これは重要ではない。なぜなら裁判所は，問題となっている事実が実際に争われるべきではないか，という疑問を質問によって通知することは阻止されないからである。しかし当事者の争わない態度に変わりがない場合あるいは事実の自白のままである場合，もともと最大の確実性をもって，その争いのない主張の真実性から出発することができる。同様に処分権主義も，すでに述べたように，裁判所による影響可能性の背後に大幅に退く。形式的には，訴訟上の和解の締結について決定するのは当然，今後も当事者であるが，当事者の態度を操縦するのは通常，今日では，裁判所である。まさに今（2012年春），メディア企業 Kirchno の相続人のドイツ銀行に対する訴訟で生じたような，裁判所による和解提案の拒絶というセンセーショナルな事件は例外である。

当事者の防壁としての訴訟基本権（die Prozess-grundrechte als Schutzwehr der Parteien）

ドイツ民事訴訟の伝統的な諸原則にドグマーティシュな観点から取り組むことは，裁判官中心的な手続の時代にあっては，大幅に意味のないこととなった。まさに，このテーマをほぼ50年以上にわたって扱ってきた1人の法学者の口からこのようなレジュメがなされるのは，驚きかもしれない。しかし，私自身のコンメンタール[36]においても，すでに重点の移動が見られる。手続諸原則に関する節において，今日，法的審問請求権がもっとも広いスペースを占めている。その際，伝統的な意味での訴訟の諸原則は重要ではない。なぜなら，訴訟原則は斯く斯くでありうる手続のあり方を問う。その際，口頭主義・書面主義，当事者処分・職権原則，当事者提出・職権探知主義というアルタナティヴが問題であった。それに対し，審問請求権にはアルタナティヴがないことは，訴訟上の基本権としてのその性格から生ずる。これによって，私の最終的なテーゼへのアクセスが発見されている。すなわち，今日非常に強化された裁判官権能に対する対重（Gegengewicht）

---

(36) *Stein/Jonas/Leipold*, ZPO, 22. Aufl., vor § 128 Rdnr. 3 bis 206.

として，訴訟基本権（Prozessgrundrechte）が，最強の顧慮に値する。当事者権の保護と民事訴訟の権利保護課題の維持は，訴訟基本権の活性化によってのみ期待することができる。今日，そのような裁判所関連的なまたは訴訟関連的な一束の訴訟基本権が供されている。すなわち実効的な権利保護請求権，法定裁判官を求める権利，法的審問請求権，公正手続請求権および裁判官の面前での平等を求める権利である。これらの憲法的な権利は，ドイツ基本法によってのみならずヨーロッパ法によっても，とくにヨーロッパ人権条約6条によっても保障され，その発展分化（Ausdifferenzierung）は内国レベルでもヨーロッパレベルでも重要な課題である。

近時の立法において当事者権の強化に仕える諸改正が見られる限り，それらは訴訟基本権によって示された評価に根ざすものである。そのために，3つの例をあげることができる。

1　聴聞異議（Anhörungsrüge）の導入

2001年改正法律によって付加されたZPO 321a条（他の手続法も同様の規定を有している）によれば，当事者は，もはや不服申立てができない裁判に対し，裁判所は当事者の法的審問請求権を侵害したという異議を申し立て，そしてこの理由から手続の続行を要求することができる。

聴聞異議は，最初，第一審の判決に限定された。しかし2004年の法律改正以来，手続を終結する決定を含む全審級の裁判に対して提起することができる。立法者は，聴聞異議の導入によって，なかんずくいわゆるミス事例（たとえば，適時に提出された書面が裁判所内において裁判官に回されず，そのため裁判において顧慮されないケース）において，連邦憲法裁判所に憲法抗告の方法で訴える必要なく，是正することができることを目的とした。しかし，この規定は，それを超えて一般的にも，注意深く法的審問請求権の擁護を顧慮し，実行可能性の考量からこれを無視しない裁判所の義務をも強調している。

2　決定による控訴却下の改革

2001年の民事訴訟法改正法は，裁判官の見解によれば控訴が勝訴する見込みがなくかつ事件が原則的な意義を有しない場合には，控訴審の裁判所が口頭弁論なしに控訴を決定により理由なしとして棄却する権利を与えた（ZPO 522条2項旧条

文)。当事者は、意図される控訴棄却とその理由を事前に指摘されるべきであった。決定に対する不服申立ては、ZPO 522条3項旧規定により明文で排除された。この規律に対しては、初めから重大な法政策上の疑念が、しかし憲法上の疑念も表明された(37)。連邦憲法裁判所に対する憲法抗告は、不成功に終わった(38)。立法者が最終的に親当事者的改正(parteifreundliche Änderung)に進んだことは、権利保護の不平等な形成——判決による控訴の棄却は一定の要件のもとで上告または不許可抗告によって不服を申し立てることができたのに対し、決定棄却に対しては一般的に不服申立てができない——に対する憲法上の疑念に基づくのみならず(39)、実務が決定棄却の可能性を非常に区々に用い、一部はもっぱら裁判所の負担軽減を志向した裁量権の濫用的な扱いを推認させるような頻度で用いたことによるものであった。ある上級ラント裁判所の地区の控訴裁判所は控訴事件の6,4パーセントでのみ控訴を不服申立てのできない決定によって棄却したのに対して、別の上級ラント裁判所の地区では、それは27.1パーセントであった。個々の裁判所では、50パーセント以上の事件ですら決定棄却が用いられた(40)。2011年には、この規律は全体として緩められた(41)。一方では、決定棄却は厳格な要件に結び付けられていた。控訴は明らかに理由のないものでなければならず、かつ口頭弁論が必要(たとえば、控訴人にとっての事件の特別の意味ゆえに)であってはならなかった。しかし、とりわけ、いまや判決による裁判であれば適法であるのと同じ上訴が、決定に対して供されている(ZPO 522条3項)。この当事者権の強化は、全く歓迎できるものである。

---

(37) これについて詳しくは、*Weller*, Rechtsfindung und Rechtsmittel: Zur Reform der zivilprozessualen Zurückweisung der Berufung durch Beschluss, ZZP 124（2011), 343（自らは当時の規律の憲法適合性を肯定し、上訴の明確性の観点のもとでのみ疑問を表明する)。

(38) BVerfG NJW 2009, 137; NJW 2005, 659.

(39) これについては、とりわけ、*Krüger*, Unanfechtbarkeit des Beschlusses nach § 522 II ZPO, Ein Zwischenruf, NJW 2008, 945.

(40) 数字は、*Greger*, Die ZPO-Reform — 1000 Tage danach, JZ 2004, 805, 813; *Weller* ZZP 124（2011), 343, 353.

(41) Gesetz zur Änderung des § 522 der Zivilprozessordnung vom 21. Oktober 2011, BGBl. I S. 2082, in Kraft getreten am 27. Oktober 2011. これについて詳しくは、*Meller-Hannich*, Die Neufassung von § 522 ZPO — Unbestimmte Rechtsbegriffe, Ermessen und ein neuartiges Rechtsmittel, NJW 2011, 3393.

3　手続期間が長すぎる場合の権利保護

　すでに述べたように，裁判官の権能の強化は，円滑な訴訟の進行を促進するための当事者義務の強化を伴った。裁判所が責任を負わなければならない不当な訴訟遅延に対する制裁は，ごく最近の改正に至るまで，諸法律の規定するところではなかった。国際的な比較においては，ドイツの民事裁判所は，平均的な訴訟の継続期間に関しては，全く良好な結果であった。しかし，手続が不相当に長引く事件があることも，同様にまた確かである。それは，繰返しヨーロッパ人権裁判所への抗告を招いた。ヨーロッパ人権条約6条の1項は，適切な期間における裁判上の権利保護を保障している。40以上の判決において，同裁判所はドイツの（種々の裁判権部門における）裁判手続の過度の継続による条約違反を肯定した。同裁判所は，同時に，ドイツではヨーロッパ人権条約の13条に反して長すぎる民事裁判所および行政裁判所の手続に対する有効な救済手段がないことを確定した。だが，そのような救済手段の創設が何年にもわたって放置されたのち，ヨーロッパ人権裁判所は2010年9月2日の判決[42]において，ドイツ連邦共和国に対して遅くとも一年以内にこの間隙を塞ぐよう命じた。この期間自体は少し経過したが，最終的に，改正法が成立し，2011年12月3日に施行された[43]。この改正は裁判所構成法（GVG）に位置を占め，同法に新しい第17節が加えられた。選ばれたのは，補償による解決である。今や不適切な訴訟継続によって損害を蒙った当事者は，財産的損失および非財産的損失について国に対し適切な損失補償を請求することができる（GVG 198条）。要件は，その当事者が事件を担当する裁判所に対して，手続が長いことを責問したことである。新しい定めには，生じた不利益の補償とならんで，裁判所に手続の促進を動機づける予防的効果が期待されてよい。

---

(42) EGMR NJW 2010, 3355.

(43) Gesetz über den Rechtsschutz bei überlangen Gerichtsverfahren und strafrechtlichen Ermittlungsverfahren vom 24. November 2011, BGBl. I S. 2302. これについて詳しくは，*Althammer/Schäuble*, Effektiver Rechtsschutz bei überlanger Verfahrensdauer — Das neue Gesetz aus zivilrechtlicher Perspektive, NJW 2012, 1 ; *Magnus*, Das neue Gesetz über den Rechtsschutz bei überlangen Gerichtsverfahren und strafrechtlichen Ermittlungsverfahren, ZZP 125（2012）, 75; 前史および法律への道については，*Matusche-Beckmann/Kumpf*, Rechtsschutz bei überlangen Gerichtsverfahren - nach langem Weg ins Ziel ?, ZZP 124（2011）, 173.

第Ⅵ部 《自由主義的》な古典的民事訴訟か，それとも《社会的》民事訴訟か？

Ⅵ 要　約

　ドイツ民事訴訟は，1877年における帝国民事訴訟法の施行以来その顔を変えてきた。原則志向的当事者訴訟（ein maximenorientierter Parteiprozess）から，原則から解放された裁判官中心的訴訟（ein maximenfreier, richterzentrierter Prozess）が生成された。社会的民事訴訟の要求は，エピソードにとどまった。社会国家原則は──費用＝手数料法および訴訟費用援助を除くと──民事訴訟のあり方に対する中心的な意義を有しない。

　裁判官権能の強化に平行して，伝統的な訴訟原則はその打刻力（prägende Kraft）を失った。その代わりに，訴訟上の基本権が当事者権の保護のために益々意味を獲得する。このことは，若干の新しい立法行為にも現れている。多分，伝統的な訴訟法ドグマーティックではなく憲法上の基本価値を志向する民事訴訟の見方の方が，ドイツ民事訴訟法が国際的な比較においてもずっと顧慮されるのに寄与することができる。

市場社会における社会的民事訴訟の発現形式としてのグループ訴訟？

アレクサンダー・ブルンス

髙田昌宏（訳）

I 課題の設定

　資本蓄積が事情によっては大きな経済的権力（wirtschaftliche Macht）を付与しうるということは，けっして新しい認識ではない[1]。自由主義的民主主義における経済的権力の帰結は，社会的権力（gesellschaftliche Macht）である。経済および公共団体への資本の影響力は，第二次世界大戦後，とくにこの25年間の世界的資本市場および金融フローに鑑み，著しく増大した。20世紀後半に新しい第四権力（neue vierte Gewalt）としてのメディアに関する議論が，当初は三権分立国家（Dreigewaltenstaat）として構想された民主主義法治国家において芽生え，そして一部で，注目すべき激しさをもって行われたのに対し，今日，政治的な市場開放および社会の競争思考に直面して，資本力のある金融投資家の形で第五権力の問題がどうしても浮上してくる。彼らの投資戦略は，経済政策を共同形成するだけではなく，一部では，それどころか国家の行為を――とくにギリシャの例で，それからイタリア，スペインおよびポルトガルでも見られるとおり――ごく一般的に共同決定する。社会にとって重要な制度規模（gesellschaftsrelevante Systemgröße）としての権力ファクターである資本（Kapital）の影響力が増すにともない，異なった社会モデルにおいて構造および強さの点でまったく異なった形成を経験するところの企業家の権力（unternehmerische Macht）の社会的拘束（soziale Bindung）の問題が，ますます差し迫って現れる。このような背景を前にして，「グローバル化と社会国家原則」という全体テーマは，民事訴訟の関連で，集団的権利保護（kollektiver Rechtschutz）の基本問題，基本問題でなければ集団的権利保護の一

（1） 全体について，*Stürner*, Markt und Wettbewerb über alles ?, 2007, S. 123 ff.

第Ⅵ部 《自由主義的》な古典的民事訴訟か,それとも《社会的》民事訴訟か?

問題を,すなわち,グループ訴訟（集団訴訟〔Gruppenklage〕）が市場社会（Marktgesellschaft）において社会的民事訴訟（sozialer Zivilprozess）の発現形式として性格づけられるかを究明するのに都合のよい機会を提供する。

　グループ訴訟,とくにアメリカ合衆国のクラス・アクション（class action）のモデルによるグループ訴訟は,数年来,法学上の議論の対象である[2]。比較的最近およびごく最近,EU委員会(EU-Kommission)は,EUカルテル法におけるグループ訴訟[3]および消費者のための集団的権利実現手続の導入の発議[4],ならびに,集団的権利保護のための公開協議（Öffentliche Konsultation）[5]を通じて,法政策的な論議を活気づけてきた。ドイツ連邦議会は,2011年5月26日に,法務委員会の助言[6]に基づき,とくにEU委員会で検討されているヨーロッパ次元での集団的権利保護手段の導入に,めったにないくらいはっきりと拒絶を与えた[7]。しかしながら,大きなヨーロッパ共通の解決可能性は,当分さらに遠のいたように見えるとしても,これによって,ヨーロッパの改革の勢いも,学問的な改革の勢いも,砕かれてはならない。グループ訴訟の問題性の多様さと法学的議論の寄稿の量は,この基本問題への集中をとくに得策なものと思わせる。なぜなら,グループ訴訟の制度の基本的理解は,機能の関連を,比較によって明らかにし,法政策的な改革提案のための,負担に耐えうる評価基礎を据えるからである。これによっ

---

(2) たとえば, *Basedow* (Ed.), Private Enforcement of EC Competition Law, 2007; *Meller-Hannich* (Hrsg.), Kollektiver Rechtsschutz im Zivilprozess, 2008; *Casper/Janssen/Pohlmann/Schulze* (Hrsg.), Auf dem Weg zu einer europäischen Sammelklage?, 2009; *Basedow/Terhechte/Tichý* (Eds.), Private Enforcement of Competition Law, 2011.

(3) Europäische Kommission, Grünbuch Schadensersatzklagen wegen Verletzung des EU-Wettbewerbsrechts, KOM (2005) 672 endg. vom 19. 12. 2005; Weißbuch Schadensersatzklagen wegen Verletzung des EU-Wettbewerbsrechts, KOM (2008) 165 endg. vom 2. 4. 2008.

(4) Europäische Kommission, Grünbuch über kollektive Rechtsdurchsetzungsverfahren für Verbraucher, KOM (2008) 794 endg. vom 27. 11. 2008.

(5) Europäische Kommission, Arbeitsdokument der Kommissionsdienststellen, Öffentliche Konsultation: Effektiver Rechtsschutz: Hin zu einem kohärenten europäischen Ansatz, 4. 2. 2011, SEK (2011) 173 endg.

(6) Beschlussempfehlung und Bericht des Rechtsausschusses (6. Ausschuss) zu dem Arbeitsdokument der Kommissionsdienststellen, BT-Drucks. 17/5956 vom 25. 5. 2011.

(7) Amtliches Protokoll der 111. Sitzung des Deutschen Bundestages vom 26. 5. 2011 (TOP 31 lit. c).

て，同時に，社会的民事訴訟（sozialer Zivilprozess）の問題が触れられる。すなわち，民事訴訟法は社会的目的に奉仕することができ，そして奉仕しなければならないのか，また，いかなる形でか。グループ訴訟が社会的制御機能をもつならば，グループ訴訟は，事情によっては，出発点においてもともと比較的強く社会的調整に合わされている民事訴訟に，統一的に統合することができる。法学上の手段は，まず第1に，機能的な比較法から供給される。機能的な法比較なくしては，出発問題の答えは，あまりに性急に，誤って実用的と考えられた「積み木箱」の解決（Baukastenlösungen）の意味で，表面的な法技術で終わってしまうおそれがある。

集団的権利保護の概念および意義の解明（Ⅱ）のあとで，考察の出発点をなすのは，集団的権利保護の理念史的根源と異なった社会モデルへのその埋めこみである（Ⅲ）。これに基づいて，グループ訴訟の社会的意義が詳細に検討される（Ⅳ）。そのあとで，グループ訴訟およびその他の集団的権利保護形式による社会政策的制御の問題が答えられる（Ⅴ）。

Ⅱ 集団的権利保護の概念および意義

集団的権利保護（kollektiver Rechtsschutz）の標語のもとで，ヨーロッパおよび世界規模で，様々な手段および基本状況が議論される。EU委員会の公的協議文書は，集団的権利保護の概念のもとで，「多数の原告に不利な効果を伴う不法な取引行為の不作為（差止め）もしくは防止，または，その種の行為によって生じた損害の賠償が実現される」すべての手続を捉える。この定義は，少なくとも，2つの点で狭すぎる。すなわち，第1に，集合訴訟（Sammelklage）の場合の権利保護は，無条件に取引行為に向けられる必要はなく，第2に，集団的確認訴訟が把捉されないからである。その際，たしかに，集団的権利保護は，原則として，官庁の行政手続上の介入または行政訴訟上の団体および官庁による訴え（Verbands- und Behördenklagen）の形式でも考えることができる。それに対して，グループ訴訟は，一般に，民事訴訟の手段として理解される。したがって，考察の対象は，集団的な不作為（差止），確認および損害賠償の訴え，ならびに民事訴訟上の団体訴訟（Verbandsklagen）である。

集団的権利保護手段としてのグループ訴訟の意義は，アメリカ合衆国の民事訴訟に端を発する。合衆国の民事訴訟は，もともとのイギリスのグループ訴訟（group

第Ⅵ部 《自由主義的》な古典的民事訴訟か,それとも《社会的》民事訴訟か?

action) のモデルに,現代的なクラス・アクションの形で,自らに特有な特色を与えてきた[8]。合衆国のクラス・アクションは,とくにカルテル法(反トラスト法)の訴訟,株主代表訴訟(証券訴訟〔securities litigation〕),製造物責任および消費者保護事件,人権侵害および人種分離または性差別を理由とする訴訟,ならびに,環境訴訟において現れる[9]。合衆国クラス・アクションは,民事訴訟上の権利保護が個人の権利の実現とならんで,とくに超個人的目標の追求と,それとともに法秩序全体の強化(Bewehrung)にも奉仕する,との基本理念に基づく(ところの)私人による法の執行(private law enforcement)の典型事例として認められる。この基本理念の引継ぎから,学問的な改正論議およびEU委員会の改正イメージ[10]が現れるだけではなく,ドイツおよびヨーロッパの企業は,他の経済国所在の会社におけると同様,くりかえし,国際的な合衆国クラス・アクションと直面する。事情によっては広範囲に及び,なかんずく費用のかかる内容に鑑みて,これが被告サイドに十分に威嚇的なシナリオとして感じられるのは,理由がないわけではない[11]。それゆえ,グループ訴訟は,現在,学問的および法政策的に非常に重要であるだけでなく,実際上もきわめて重要である。

Ⅲ 経済的権力と社会的拘束の関係の理念史

1 アメリカ合衆国の経済・社会モデル

1776年の独立宣言(Declaration of Independence)は,生命および自由とならんで,「幸福追求(pursuit of happiness)」をもって,自ら定義された個人の幸福を中心的

---

(8) 歴史的な生成発展について,*Friedenthal/Kane/Miller*, Civil Procedure, 4th ed. 2005, S. 759 f.

(9) *Friedenthal/Kane/Miller*, Civil Procedure (Fn. 8), S. 758.

(10) Europäische Kommission, Arbeitsdokument der Kommissionsdienststellen (Fn. 5), S. 2 (ad. 4):「私的サイドから(ヨーロッパ)連合法を実現するためには,……」;競争法の私的執行(private enforcement)については,*Basedow/Terhechte/Tichý* (eds.), 2011の同一タイトルの大会冊子を見よ。

(11) 訴訟上のモンスターという隠喩は,Chief Justice Lumbard によって,Eisen v. Carlisle and Jacquelin, 391 F. 2 d 555, 572 (1968) 事件で,彼の反対意見において作られた。これにつき,*Miller*, „Of Frankenstein Monsters and Shining Knights: Myth, Reality and the ‚Class Action Problem'", 92 Harvard Law Review 664 (1979).

な国家目的であると宣言した(12)。それに基づいて，社会，経済，および国家が，一貫して構築されている。国家の使命は，できるだけ多数のまたはすべての市民にとって有益な奉仕に見出される。個人の幸福の質的な把握の不可能には，一般的基準として社会秩序を実質的に基礎に置くことが対応する。そのことには，制限（eine Reduktion）と，「幸福の曲解（Glücksperversion）」の危険が，もちろん内在している。なぜなら，お金と富は，たしかに個人の幸福を促進することができるが，それだけでは，知ってのとおり個人の幸福を生み出すことができないからである。実質的な基本理解は，効率向上の観点の下での法の経済的分析の意義と調和する(13)。アメリカ合衆国の社会的基本モデルは，首尾一貫して，競争社会の理想像に基づく。その理想像は，立法と行政に，一定の程度で，市場機能の保障のための基本ルールを与えるが，その際，ドイツの社会モデルにおいて実現されているような規制の程度に達していない。同様に，労働組合の組織度は，ドイツやヨーロッパ大陸と比較して，むしろ低い。機能する市場は，力の自由な勝負の中で，最適な資源配分とともに，最大限の豊かさといわば最適な個人の幸福をもたらすものとされる。首尾一貫しているのは，社会の進歩および公共の福祉との，個人の幸福および幸せの市場・競争理論的な結びつきである。合衆国建国の父（Gründerväter）は，能力のある議会，機能する行政機構および職業化した司法を用いることができず，まず第1に，私的イニシアティヴに賭けなければならなかった。政府と議会による規制への信頼は，今日，小さい。アメリカ合衆国における経済危機——それは当然，同時に社会システムの危機である——が，権威に基づく制御要素のより一層の強調につながるのであろうか，そしてどの程度でか，あるいは，市場および私的な自己イニシアティヴに基づく経済・社会モデルの優位が，くじけることなく危機を耐え抜いて生き残るかは，待たなければならない。

2 ドイツの経済・社会モデル

ドイツの経済・社会モデルは，絶対主義（Absolutismus）をその出発点とした。

---

(12) これと以下については，*Stürner*（Fn. 1）S. 33 ff. m. N.
(13) *Posner*, Economic Analysis of Law, 7 th ed. 2007; *Shavell*, Foundations of Economic Analysis of Law, 2nd ed. 2006; これにつき，*Stürner*（Fn. 1）S. 36.

第Ⅵ部 《自由主義的》な古典的民事訴訟か, それとも《社会的》民事訴訟か?

ドイツの連邦国家は, 多数の中央集権化した絶対主義の小国の分立の結果であり, それが相対的に遅れて民主主義体制となったのである[14]。絶対主義国家は, 18世紀に, 国家目的を, 絶対君主の権力欲と彼の利益——すなわち, 安全, 平和的な商取引, および繁栄した経済——に基づいて定義した。公共の福祉 (Gemeinwohl) に対する責任の形成および顧慮は, 啓蒙的絶対主義の遅れた事象である。ドイツの諸国家における発展は, 公共の福祉とならんで市民の自由の擁護を同等の国家目的として実現することを目標とした。個人の自由は, 絶対君主に対する防御権 (Abwehrrecht) として発展した。この国家目的の理解は, 公共の福祉がいわば自動的に供給されるところの個別判断 (Individualentscheidung) に基づくというものではなく, 個人的判断 (individuelle Entscheidung) の適合と順応に基づきかつその実現のためにより高度の規律を要求するところの, 共同の連帯した行為の必要を, より一層強調する。資本は, 公共福祉の利益の顧慮を担っているところの, 解き放たれた私的権力行使の手段であるというよりはむしろ, はじめから, 個人の自由の手段として, 十分に自由を制限する作用を有しうる公共の福祉に対置されている。基本法が正典化するような所有権の憲法上の社会的拘束 (Sozialbindung) は (基本法14条2項), この歴史的展開に符合する。集団的拘束 (kollektive Bindung) は, 高性能の社会的安全と労働組合および経営者団体の高い組織度の形で現れ, それらの保障は, 中核において憲法的地位を享受する。個人の自由と, 公共の福祉の拘束との対置は, さらにまた, 出発点においてより一層予防的な行政的経済監視による, 私法と公法との間の一層明確な理論的区分に現れる。ドイツ人は, 社会的拘束の実現の際に伝統的に重要な役割が与えられる議会および行政府に対して, アメリカ人よりもはるかに強い信頼を有する。市場の機能能力と, 最後に社会協調性は, たとえば, とくにカルテル法, 合併規制 (Fusionskontrolle), 普通取引約款の内容規制に現れるように, 調整的に勘案された力関係の結果であるとされる。ドイツの社会秩序は, 公益的な市場力についての確信に基づくのではなく, むしろ, 市場力と公共の福祉との間の緊張関係の中での, 規範的に制御された調整の理念に基づく。

---

(14) これと以下について, *Stürner* (Fn. 1) S. 48 ff. m. N.

3 ヨーロッパの経済・社会モデル

　ヨーロッパの経済・社会モデルが，現在，そもそも存在するのか，あるいは，将来存在しうるかの問題については，各人の意見が分かれるかもしれない。一方で，EUは，その始まりから今日まで，明白かつ第1に，経済政策的に形づくられている。すなわち，商取引の障壁撤廃と，市場の自由によるヨーロッパ域内市場の実現である。もっとも，この市場自由主義の始まりは，アメリカ合衆国におけるように，いわば市民の個人的イニシアティヴによって下から育ってきたものではなく，出発点において構成国の合意に基づき国家機関から執行により課されてきた。市場の自由と，権威に基づく市場形成は，互いに独特の緊張関係のなかで出会う。その際，EUによる市場の実現と市場の形成は，本質的な経済政策および社会政策的な制御権力が留保されている構成国の主権のために，権限が制限されている。たしかに，市場経済的な端緒が内容的にアメリカ合衆国の模範に方向づけられていようとも，社会経済的および法的な枠組条件の相違は，やはり明白である。

　さらに一層明確なのは，EUの構成国間の社会的および文化的な多様性である。社会モデルおよび社会システムの形成における一部明確な差異に鑑みると，同質のヨーロッパ社会モデルは最終的に確認できない。ヨーロッパ共通のメディア公開（Medienöffentlichkeit）と同様，共通の言語は存在しない。たしかに，歴史的な展開は，フランスにおいても，イギリスにおいても，市民の自由の保障を，同格の国家目的として，公共の福祉の擁護という伝統的な国家目的と同列に扱う努力によって特徴づけられている[15]。けれども，具体的な民族国家の強調と形成は，まったく個別的に推移した。個人の自由と公共の福祉の関係の，規範的・調整的な規定を目指す努力は，アムステルダム条約と基本権憲章（Grundrechtecharta）にも反映しており，後者は，公共の福祉による所有権の拘束（Allgemeinwohlbindung des Eigentums）を定めるだけでなく（17条1項2文），連帯的および社会的基本権（Solidar- und Sozialgrundrechte）を明示的に保障し（27条〜38条），その基本権のなかで，消費者保護が，それはそうと最後の順位を占めている。細部における一切の相違にもかかわらず，ヨーロッパ共同の基本的考え方の共通分母として，市場の力と社会的拘束とのバランスについての特徴的な努力が確認できる。そこでは，

---

(15) *Stürner* (Fn. 1) S. 49 m. N.

第Ⅵ部 《自由主義的》な古典的民事訴訟か，それとも《社会的》民事訴訟か？

アメリカ合衆国の経済・社会モデルとの基本的な相違が明らかになる。

Ⅳ　グループ訴訟と社会的民事訴訟

1　アメリカ合衆国の民事訴訟

（1）　私人による法の執行とクラス・アクションの基本理念

　アメリカ合衆国および個別の州の民事訴訟に現れてきた私人による法の執行（private law enforcement）の基本理念は，法秩序全体の強化のための個人の私的イニシアティヴの活性化を狙っている。アメリカ合衆国の社会モデルが結局意識的に避けるところの，信頼できる官庁または議会による規制がないために，社会的拘束の意味での，経済的および，対応する社会的な権力に対する必要な制限を実現するための鍵は，個人的利益の実現に限らず，同時に超個人的な目的を追求する私的な権利実現にある(16)。訴訟法上の枠にはめること（Rahmung）を，幅広いプリトライアル・ディスカヴァリー（pre-trial discovery）や，アメリカ費用規則（American rule of cost）および陪審審理（jury trial）の可能性との協調下での訴訟物の割合（quota litis）による弁護士の成功報酬が提供し，実体法上の支援を，可能な懲罰的または倍額損害賠償（punitive oder multiple damages）が果たす(17)。社会的な制御機能は，とくに公民権訴訟（civil rights - Klagen）と，それから——たとえばアスベスト汚染，製造物の瑕疵，または瑕疵ある医薬品ならびに喫煙による——大規模な健康被害を理由とする訴えの際にはっきりと現れる。

　クラス・アクションは，個人の訴訟では実現不可能な，または効果的に実現できない権利を実現するのを助け，そうして公共の利益（allgemeines Wohl）において法の制御機能を実現するため，利益を束ねることに奉仕するものとされる。そ

---

(16) 歴史的脈絡について，たとえば，*Carrington*, The American Tradition of Private Law Enforcement, Bitburger Gespräche 2003, S. 33 ff.; 競争法の観点から，これについて *Stürner*, Duties of Disclosure and Burden of Proof in the Private Enforcement of Competition Law, in Basedow (Ed.), Private Enforcement of EC Competition Law, 2007, S. 163 ff.; *ders.* (Fn. 1) S. 34; *Bruns*, Private Enforcement of Competition Law: Evidence, in Basedow/Terhechte/Tichý (Eds.), Private Enforcement of Competition Law, 2011, S. 127.

(17) *Brockmeier*, Punitive damages, multiple damages und deutscher ordre public, 1999; *Mörsdorf-Schulte*, Funktion und Dogmatik US-amerikanischer punitive damages, 1999.

こでは，社会政策的目標の達成のための実体法と訴訟法の連結が，特別な注目に値する。クラス・アクションとしての名称は，少なくとも，内包（Konnotation）の意味で社会的意義をすでに自らに担っている[18]。実体法と訴訟法の，原告に好意的な形成は，官庁による効果的な規制が欠けているために克服されなければならないであろうところの，企図された規制による制御の空転を回避しなければならない刺激システム（Anreizsystem）を補充する。実際には，事実的基礎の完全な一致が，とにかく，ごくまれにしか存在しない以上，クラス・アクションの実用性および適法性は，事実状態と権利保護要求における細部の違いの無視を許容しうる程度にかかっている。手続を束ねること（Bündelung）は，同一の訴え目標の場合，したがって，たとえば，十分に同一の事実基礎に基づき特定の取引行為の不作為または違法な侵害の確認が訴求される場合，傾向として，より適切である[19]。とくに損害賠償訴訟の場合，片や，個人的な損害のイメージおよび，個人の権利として想定された実体法上の賠償請求権と，片や訴訟上束ねること（prozessuale Bündelung）との相違の問題が現れ，訴訟上束ねることには，体系に適合した訴訟法学に役立つような細分化を行う精確さの喪失のもとで，総計し均質にする標準化が，必然的に内在する。そこから，束ねられたクラスの内側での個々の原告（の間）または原告グループの間で利益衝突が現れる。クラス・アクションの可能性がひき起こすような，「モンスター手続（Monsterverfahren）」の和解による終結の実務は，個別事例の関連した区別を平準化する傾向を強める。そのうえ，クラス・アクションの形での訴訟の結束は，時間的な画一化を前提とする。個人的権利実現を支配する優先主義（Prioritätsprinzip）は，倒産類似の集団主義（Gruppenprinzip）と交代させられ，後者は，実現の機会をより活発にし，不活発な債権者を平等にする[20]。原告サイドにとって典型的に主たるハードルであるところの，裁判所によるクラス・アクションの認証の後，実務では，和解によ

---

(18) これについて，Webster's Third New International Dictionary, 3rd ed. 1993における「クラス」の概念の第一定義，すなわち「社会的地位，政治的もしくは経済的類似性，または共通の利益もしくは生活様式による人々の，通例は社会的広がりのある一団にまとまったグループ」。

(19) *Stürner*, The Role of Judges and Lawyers in Collective Actions. Equality Among Parties. Conflict of Interests (forthcoming), S. 3 (ad 2 A).

(20) *Stürner* (Fn. 19) S. 4 (ad 2 A).

る紛争終結の明確な傾向が現れる。結果的には，クラス・アクションに内在する，大量手続における個人的権利実現の抽象化の傾向は，最終的に，一種の，裁判所による賠償立法もしくは和解締結に帰着し，そして，これにより，議会の立法者の任務領域における干渉を生じさせる。

（2）　クラス・アクションの類型と利益衝突

クラス・アクションのための一般的な基本要件が存在するならば[21]，訴えの3つの基本類型が考慮される。すなわち，両立しないまたは事実上他の債権者を不利にする裁判の回避のため（FRCP 23［b］［1］〔不利益阻止クラス・アクション（anti-prejudice class action)〕)，終局的な差止要求または終局的確認の実現のため（FRCP 23［b］［2］〔終局的差止めまたは宣言による救済を目的とするクラス・アクション（class action for final injunctive or declaratory relief)〕）および共通の争点の裁判のため（23［b］［3］〔共通問題クラス・アクション（common question or damages class action)〕）の三者である。特別な規定が，束ねられた株主代表訴訟に妥当する（FRCP 23. 1〔derivative class action〕）。合衆国最高裁判所（US Supreme Court）は，Ortiz v. Fibreboard 事件[22]で，不利益阻止クラス・アクション（anti-prejudice class action）の形での第1類型のクラス・アクションの事例と関わった。クラス・アクションの対象は，アスベスト製造業者 Fibreboard に対する，世界中のアスベスト被害者の将来の賠償請求権であった。合衆国最高裁判所は，クラス・アクションが少なくとも部分的な損害賠償を可能にしうるのに対し，相次ぐ個別訴訟は，すべての被害者が自己の権利を得る前に，被告の財産を使い尽くしうる，との原告の立論をはっきりと拒否する。合衆国の最上級裁判所は，代表原告（lead plaintiff）が，処分可能な被告財産の額を，争いのない事後的な責任財産（beschränkte Vermögensmasse）の分配と同様に，真実に即して証明しなければならないことを要求し，締結された和解に，必要な裁判所の承認を与えなかった。そのほかに，最高裁判所の裁判官の多数は，主に，適用可能な実体法の相違から生じ，小グループ（Untergruppen）の形成によってのみ取り除くことができるであろうところの，クラス内部の争いが，

---

(21) 多数性（Numerosity），共通性（commonality），典型性（typicality），代表性（fair and adequate representation）。F. R. C. P. 23 (a)。

(22) Ortiz v. Fibreboard Corp. 527 U. S. 815 (1999)；これにつき，*Mullenix* ZZPInt 5 (2000), 337, 350 ff.; *Stürner* (Fn. 19) S. 4 (ad I 2 B).

和解の承認の妨げになるとの見解であった。

　合衆国最高裁判所は，同裁判所のごく最近の裁判において，最終的差止判決または最終的確認に向けられたクラス・アクションの第2類型をも制限的に取り扱う。Dukes v. Walmart 事件では，性差別（Geschlechterdiskriminierung）を理由とする合計約150万人の現・旧職員のクラス・アクションが問題となり，当該クラス・アクションによって，差止め，確認，懲罰的損害賠償（Strafschadensersatz）および賃金後払いが要求された(23)。最高裁判所は，クラス・アクションの認証の法適合性を，主に，2つの理由から否定した。まず第1に，個々の差別があまりに多様であるがゆえに，証明可能な一般的な差別方針（policy of discrimination）が欠けているため，原告の請求に関する争点の共通性（commonality）の要件が欠缺している。第2に，提起された後払請求と損害賠償請求は，異なったものであり，厳密には同一でないというのが，その理由である。多数説の見解に従えば，差止め（不作為）または確認の訴えが損害賠償の訴えと組み合された場合，同一であることがクラス・アクションの必要要件である。それゆえ，より小さいクラスまたは小クラスの形成が望ましいように思われる。

　合衆国最高裁判所の慎重な基本姿勢は，AmChem v. Windsor の裁判(24)，すなわち，実務上最も多く，最も議論の余地のあるクラス・アクションの第3類型，共通問題クラス・アクション（common question or damage class action）の事例においても現れる。最高裁判所は，世界規模の影響をもつアスベストによる侵害を理由とする将来の原告の請求を解決しようとするクラス和解（class settlement）の，合衆国第3巡回区控訴裁判所（US Court of Appeals for the Third Circuit）による取消しを確認した。アスベストによる健康侵害に存する共通性は，それ自体としては，共通問題クラス・アクション（common question class action）の正当化には不十分である。あまりに多くの個別的争点が未決定のままであるからである。たとえば，異なった作用の形式，激しさおよび時間，異なったアスベスト製品，現在のもしくは可能な将来の侵害の異なった形式および重大さ，個々の州法の規準による異なる実体法上の請求権の要件および法律効果。クラス内部の利益対立は，最終的にあまりに大きかったため，強制的に訴訟上利益を束ねることが正当化で

---

(23) Dukes v. Walmart, 546 U. S. ___ (2011).
(24) AmChem v. Windscr, 521 U. S. 591 (1997).

きなかった。

クラス内部の利益対立は,原告と弁護士との間の利益対立によって,より激しくなる。アメリカ合衆国のクラス・アクションのモデルは,連邦民事訴訟規則 (Federal Rules of Civil Procedure) が要件とするように (FRCP 23 [a] [4], [g]) [25],クラス訴訟代理人に代理されたクラス代表者が,実際に自分自身と被代表のクラス構成員にとって最良の利益において訴訟する場合にのみ,正しく機能する。しかし,アメリカ費用規則 (American rule of cost) と成功報酬制度は,利益状態を複雑にし,弁護士の営利上の利益が法的および訴訟的な観点と混ざり合うことによって,衝突可能性を高める[26]。弁護士は,一方で,より高い結果を出すことに,たいてい歩合計算で直接関与するがゆえに,クラスの成功代理へのインセンティヴを有するが,事情によっては,純粋にビジネス的な計算から,その先の結果が不確実な訴訟追行をさらに行うことよりも,比較的早い手続段階でのクラスに不利な和解を優先するかもしれない。そこには,制度に順応してほとんど裁くことのできない誤った機能 (Fehlfunktion) が存する。

（3）評 価

合衆国最高裁判所の慎重な基本方針は,クラス・アクションの社会政策的制御機能の限界と同様,訴訟法の手段による利益の合同 (Vergemeinschaftung) の困難さを示している。アメリカ合衆国のクラス・アクションは,実際上,まず第1に,予防的権利保護よりもむしろ既に生じた損害の賠償を狙った抑止的な制御の手段である。実体法と正義の要請は,訴えの原因,訴えの目標および訴えの内容ならびに手続構造および手続経過に関して,多様な区別を要求する。クラス・アクションは,必然的に,処分の自由および個別事例正義の喪失を伴い,それらの喪失は,個人の権利保護に適合した法制度では,事情によってはほとんど正当化できない。勝ち取られた,または,和解に基づき設置された基金の分配が行われる場合に,問題は増大する。なぜなら,適正な分配は,権利者の確認,および,個人的権利資格の証明が可能であること (Beweisbarkeit) を前提とし,両者は,新たな紛争の対象となりうるからである。それゆえ,アメリカ合衆国産のクラス・アクショ

---

(25)「代表の十分性〔adequacy of representation〕」について, *Degnan*, 60 California Law Review 705, 716 (1972) 参照

(26) *Stürner* (Fn. 19) S. 8 ff. (ad II 3, 4).

ンは，総じて，多くの不備，短所および問題を抱えた，著しく不完全で，苦難の多い社会的制御手段であるが，そうした点は，ドイツとヨーロッパの改革論議において，ときどき，望ましい明確さをもって表現されず，承知されていないことがある。

2 ヨーロッパにおける競合する解決モデル
（1） 不作為または確認を求める団体または官庁の訴え

EU 構成国の集団的不作為（差止め）および確認の訴えの領域における規律は，不作為の訴えの領域において，一次法的に（primärrechtlich），一部，消費者利益の保護のための不作為の訴えに関する EU 指令（EU-Richtlinie über Unterlassungsklagen zum Schutz der Verbraucherinteressen）によって，先に形づくられている[27]。不作為の訴えについての指令法の規律の適用範囲は，不正競争，訪問販売，消費者信用取引，テレビ事業，パッケージ旅行，医薬品広告，消費者契約における濫用的条項，タイムシェアリング，隔地販売取引（Fernabsatzgeschäfte），消費財売買，電子商取引，金融サービスの隔地販売，ならびに，域内市場におけるサービスを包含する[28]。提訴権は，官庁または消費者保護組織に認められなければならない。不作為の訴えは，とりわけこの指令によって，ヨーロッパにおける最も広範に普及した集団的権利保護の救済である。

フランスでは，不作為訴訟指令が消費法典（Code de la consommation）において国内法化されており，そこでは，ヨーロッパ法上要求されている最低基準を超えて，団体または職業組織の不作為の訴えが，加害者の態度が処罰可能な場合[29]，資本市場での投資家の保護のため[30]，家族の利益の擁護のため[31]，労働組合による労働者の保護のため[32]，ならびに職業団体による職能階級の利益の保護の

---

(27) Richtlinie 98/27/EG des Europäischen Parlaments und des Rates vom 19. Mai 1998, ABlEG Nr. L 166 vom 11.6.1998, S. 51; *Hess*, Europäisches Zivilprozessrecht, 2010, S. 588 ff. に，わかりやすい概観；分類は，*Stürner* (Fn. 19) S. 13 ff. m. N. auch zum Folgenden (ad III). の比較法的分析に従う。

(28) Anhang zu Art. 1 der Unterlassungsklagenrichtline (Fn. 27).

(29) Art. L 421-1 ff. Code de la consommation.

(30) Art. L 452-1 ff. Code monétaire et financier.

(31) Art. L 211-3 No. 4 Code de l'action sociale et de la famille.

(32) たとえば，Art. 1134-2, 1144-2, 1154-2, 1247-1 Code du travail.

ために(33)開かれている。これに，違法な活動の回避のための官庁による公共的な訴え（öffentliche Klagen）の可能性が加わる(34)。

イギリス法では，官庁による不作為の訴えが長い伝統に符合し，それに対し，消費者団体の訴えの可能性は，EUの不作為訴訟指令の国内法化ではじめて，新設された(35)。許される不作為の訴えの範囲は，ヨーロッパ法の基準を超えて，とくに競争法上の訴訟を包含する。そうであるとしても，そこでは，団体訴訟は，実務において，これまで，ごくまれにしか現れない。

ドイツの民事訴訟法は，不作為訴訟法（差止訴訟法〔Unterlassungsklagengesetz〕）においてヨーロッパの最低基準を充足するが，消費者保護規定に対する違反が一般的に不作為の訴えによって追及できる点で，とくに違法な資本市場取引，著作権侵害，競争およびカルテル法違反の領域でも追及することができる点で，その基準を超える(36)。その際，集団訴訟と個別訴訟の併合は，連邦通常裁判所（Bundesgerichtshof）の見解によれば，原則として不適法である(37)。イタリアにおける法状態は，傾向として，ドイツ法に似ており(38)，スペインでは，状況は，まったく見通しがきかない(39)。

（2）　金銭給付もしくは金銭賠償を求める団体訴訟

主要なEU諸国は，大半，許容された団体または職業組織による，集団的利益のためや不利益を受けた者または構成員の利益のための金銭給付もしくは金銭賠償を求める訴えを知っている。**フランス**では，実際，消費者団体および類似組織の提訴権（pouvoir d'agir）は，個人の損害賠償請求権に関して非常に重要である(40)。

---

(33) 例えば，Art. 2132-2, L 7423-2 Code du travail; Art. 470-7 Code de commerce.

(34) Art. 422, 423 Code de procédure civile; これにつき，*Guinchard/Chainais/Ferrand*, Procédure Civile, S. 165 f.（Rn. 146 ff.）；*Cadiet/Jeuland*, Droit judiciaire privé, S. 264 ff.（Rn. 372 ff.）.

(35) Sec. 213（2）and（4）Enterprise Act 2002; *Stürner*（Fn. 19），S. 15（ad III 2 A b）m. N. これと区別されるのが，確認を求めるグループ訴訟（代表的訴訟手続）である。例えば，Equitable Life Insurance Society v. Hyman [2002] 1 AC 408（House of Lords）；これにつき，下記（3）を見よ。

(36) § 2 I, II Nr. 6 und 7, § 2 a UKlaG, § 8 UWG, § 32 GWB.

(37) BGH NJW-RR 2011, 907.

(38) 詳細は，*Stürner*（Fn. 19）S. 16 f.（ad III 2 A d）.

(39) Ibid. S. 15 f.（ad II 2 A c）.

債権者らの損害は，同一の加害者の態度に，その共通の原因を有していなければならず，団体は，個々の被害者による明示的な委任（instruction）を必要とし，それは，公的な募集措置（ラジオ放送メディア，ポスター，ビラ等），または，個人的な回状（personalisierte Rundschreiben）によって獲得されてはならない[41]。委任の詳細は，たいてい，契約で定められる。労働組合は，事前の同意なくして労働者の代理をする権能を付与されているが，オプト・アウト（opt-out）処理の意味での異議権が存在する[42]。影響を受ける労働者は，集団手続において参加することができ，これは，法律上規定されていない複雑な多数当事者訴訟に帰着しうる。裁判所は，各個の個別損害賠償請求について判断しなければならない。授権に基づくこの集団訴訟（Kollektivklage）の可能性とならんで，フランスの民事訴権（action civile）が現れる。それによって，消費者組織が，消費者保護規定の違反によってひき起こされた集団的被害（Kollektivschäden）を主張することができる[43]。もっとも，法律上の規定の意味での集団的被害は，合計された個別被害ではなく，むしろ，裁判外の負担に対する消費者組織のためのどちらかといえば象徴的な性格の費用補償方式が問題である[44]。

イタリア民事訴訟法は，出発点において，フランスの模範に沿っている。すなわち，団体または組織による，実際はあまり重要でない固有の集団的被害の主張，それとならんで，実務上著しく重要な，個別請求権の束ねられた主張である[45]。手続上束ねられた個別請求権の主張は，2007年に，まず，原告の役割なきオプト・イン（opt-in）のモデルの形で債権者が，同じく許容された消費者組織に委ねるべ

---

(40) Art. L 422-1 Code de la consommation; im Überblick *Cadiet/Jeuland* (Fn. 34) S. 278 ff. (Rn. 390 ff.)；*Stürner* (Fn. 19) S. 21 f. (ad III 3 B).
(41) Art. L 422-1 (2) Code de la consommation.
(42) *Cadiet/Jeuland* (Fn. 34) S. 276 ff. (Rn. 388 ff.).
(43) Art. L 421-1 und 421-6 Code de la consommation; *Cadiet/Jeuland* (Fn. 34) S. 271 ff. (Rn. 383).
(44) 2000年に，集団的損害の賠償を求める464の請求がなされ，言い渡された総額は37万1337ユーロにのぼった。*Longuet des Diguères*, in Micklitz/Stadler (Hrsg.), EU-Harmonisierung des Wettbewerbsrechts, 2002, S. 23 f.; s. ferner *Beuchler* ibid. S. 57 ff., 93, 115 ff. スペインにおける比較可能な法状態について，*Stürner* (Fn. 19) S. 25 f. (ad III 3 D).
(45) これと以下について有益なものとして，再び，*Stürner* (Fn. 19) S. 22 ff. m. N. (ad III 3 C).

きとされた。同等の未登録団体や，個別債権者からなるアドホックな委員会は，同列に置かれていた(46)。改正の発効前に，立法者は，2009年，規定の文言を次のように変更した。すなわち，個人消費者およびクラス構成員は，手続を開始することができ，その際，彼は，単独で行動するか，または，適法な団体または組織の1つに授権することができる。この新しい手続の意義および法的性質は，非常に議論の余地がある(47)。文言は，団体訴訟とならんで，アメリカ合衆国を範としたクラス・アクションの可能性を支持する。手続に連結しなかったクラス構成員は，訴訟結果に原則として拘束されず，第三者として参加することはできない(48)。総計された損害算定は，適当な事例において許される。

　ドイツ法は，とくに際立って控え目な態度で，個別利益における団体または組織による金銭賠償の主張の可能性に対応する(49)。一般的な法律上の規定は存在しない。連邦通常裁判所は，たしかに，消費者団体が消費者の個別賠償請求権を主張する権能を否定するが，旧法の助言法（Rechtsberatungsrecht）のもとで消費者保護組織への個別請求権の譲渡（Abtretung）の際の訴訟追行を，これが集団的消費者利益のために，当該利益のより効果的な実現を可能にする場合に，適法とみなした(50)。新しい法的サービス法（Rechtsdienstleistungsgesetz）は，その種の手続方法を，今や，一定の留保のもとで，消費者保護組織には一般的に，そして職業団体には，その構成員に限定して許容する(51)。裁判所の手続は，相対的に複雑でない二当事者訴訟のままである。集団的権利保護の特別形式が，競争法上の訴訟における消費者組織の，国庫のための利益剥奪の訴え（Gewinnabschöpfungsklagen）である(52)。商業または工業の利益を代表する団体および商業会議所には，類似の，カルテル法上の性質の利益剥奪請求権が認められている(53)。利益剥奪

---

(46) Art. 140-bis Codice di consumo; これにつき，*Caponi* ZZPInt 13（2008），S. 13 ff.

(47) *Consolo* Corriere Giur. 2009, 10, 1297; *Punzi* Rivista di diritto processuale civile 2010, 253 ff.; sehr kritisch *Stürner*（Fn. 19）S. 23 f.（ad III 3 C b）.

(48) Art. 140-bis（10）Codice di consumo.

(49) 概観の方法で，*Hess* JZ 2011, 66 ff.; *Stürner*（Fn. 19）S. 26 ff.（ad III 3 E）; 競争法との関連において，*Stadler*, in Basedow（Hrsg.），Private Enforcement of EC Competition Law, 2007, S. 195 ff.

(50) BGHZ 170, 18 ff.

(51) §§ 7 I, 8 I RDG.

(52) § 10 UWG; これにつき，*Stadler*（Fn. 49）S. 206.

の両方の形式は，競合する個別的損害賠償請求権もしくはカルテル庁の介入の優先によって，その実際上の実現を妨げられる。

イギリス法では，金銭賠償を求める団体訴訟は，ほとんど実際に用いられない。ある組織が不利益を受けた個人の利益において損害賠償を訴求する，代表訴訟（representative proceedings）[54]の可能性は，通常，代表者自身の利益も被告によって侵害されていたという要件で挫折する[55]。代表者の固有の利益の要件を撤廃する改正提案は，法律になっていない[56]。集団的権利保護の特別形式は，官庁が，刑事手続において大量の少額被害もしくは利益剥奪の主張をする権能である[57]。

特別に言及に値するのは，新しい**オランダのモデル**である[58]。オランダ法は，出発点において，個別利益のために賠償請求権を主張する消費者保護組織の一般的な法律上の権能を知らず，任意的な譲渡または取立授権の可能性に限られる。2005年の新しい規律により，承認された消費者保護組織は，被害者の利益において和解を締結することができ，両当事者は，アムステルダム控訴裁判所の面前で，共同で和解の確認を申し立てることができる。裁判所は，和解の公正さと実効性を審査し，変更を申し立てることのできるすべての利害関係人の審尋の後，当該和解を，期限付きで可能な事後的なオプト・アウト（opt-out）を留保条件として拘束力あるものと宣言する。結局のところ，裁判所の訴訟手続なきクラス・アクションである。

（3）　金銭給付を求めるグループ訴訟またはクラス訴訟

金銭給付を求める真正のグループ訴訟またはクラス訴訟（Gruppen- oder Klassenklagen）は，特色あるヨーロッパの諸モデルの法比較において，例外である[59]。

---

(53) § 34a GWB; *Stadler* (Fn. 49) S. 207.
(54) これにつき，*Andrews* English Civil Procedure, 2003, S. 987 ff. (Rn. 41. 57); *Stürner* (Fn. 19) S. 28 (ad III 3 F).
(55) 例えば，Chocosuisse Union des Fabricants Suisse des Chocolat v. Chadbury Ltd., The Times, 15. 3.1999 (Court of Appeal).
(56) *Hodges*, 11 Duke Journal of Comparative and International Law 321 ff. (Rn. 9. 27).
(57) Sec. 130, 134 Criminal Courts (Sentencing) Act 2000; *Hodges*, The Reform of Class and Representative Actions in European Legal Systems, 2008, S. 207 ff.
(58) これにつき，*van Boom*, in Casper/Jansen/Pohlmann/Schulze (Hrsg.), Auf dem Weg zu einer Europäischen Sammelklage?, 2009, S. 171 ff., 179 ff.; *Stürner* (Fn. 19) S. 29 f. (ad III 3 G).

第Ⅵ部　《自由主義的》な古典的民事訴訟か，それとも《社会的》民事訴訟か？

アメリカ合衆国のクラス・アクションの，ヨーロッパでの原型は，イギリスの代表訴訟（representative proceedings）である[60]。ある当事者が，同一の利益（same interest）を有する者すべての代表者として訴えを提起することができる。判例は，利益の同一性の要件を厳格に取り扱い，損害賠償は，個別に正確に算定される。裁判は，同一の利益を持つすべての当事者にとって拘束力を持つ。第三者に対する執行は，裁判所の同意を得て行われる。より大きな実際上の意義を持つのは，現代のグループ訴訟（group action）である。それは，手続に加入したグループ構成員にのみ拘束作用を及ぼし，それによってオプト・イン（opt-in）モデルを体現する[61]。グループ訴訟は，共通の事実的および法的な基礎を有する多くの訴訟が同一の争点の判断に依存する場合に適している。グループ手続の命令は，当事者の申立て，将来の当事者の申立てに基づき，または，職権により行うことができる。グループ構成員は，登録をしてもらう必要がある。裁判所は，主任事務弁護士（lead solicitor）を決定するのみならず，1個ないし複数のテスト請求と，共通の争点および別々に審理されるべき個別争点をも決定する。テスト請求に関連する共通の争点の裁判は，他のすべてのグループ構成員に対して拘束力を有する。小グループ（sub-groups）の命令は，手続の分離または併合と同様，可能である。

　ドイツの民事訴訟法では，投資者ムスタ手続（Kapitalanlegermusterverfahren）の形式でグループ訴訟の特別形式が見られる[62]。ムスタ手続の対象となりうるのは，違法な資本市場情報または資本市場情報の不提供を理由とする損害賠償請求，または，有価証券引受法（Wertpapiererwerbs- und Übernahmegesetz）による買付申入れに基づく契約による履行請求であり，請求の要件または請求を排斥する事由が確認され，または裁判上重要な法律問題が解明されなければならない場合である（KapMuG〔投資者ムスタ手続法〕1条1項1文）。適法なムスタ確認申立ては，訴え登録簿において公告され（KapMuG 2条），それによって手続の中断が生じる（Kap-

---

(59) 概観において，*Stürner*（Fn. 19）S. 31 ff. m. N.（ad Ⅲ 4）．イタリアにおける不明瞭な法状態について，すでに上記（2）。

(60) CPR Part 19. 6; *Andrews*（Fn. 54）S. 987（Rn. 41. 57 ff）．

(61) CPR 19. 10-19. 15; *Andrews*（Fn. 54）S. 974 ff.（Rn. 41. 10 ff.）; *Zuckerman*, Civil Procedure, 2nd ed. 2006, S. 515 ff.（Rn. 12. 35 ff.）．

(62) 概観の方法で，英語で，*Stadler*（Fn. 49）S. 203 ff; *Halfmeier/Rott/Feess*, Kollektiver Rechtsschutz im Kapitalmarktrecht, 2010における査定評価。

MuG 3条)。受訴裁判所は、最初のムスタ確認申立ての公告後4カ月以内に、当該裁判所または他の受訴裁判所で、少なくとも9個の申立てがさらになされたときは、同一方向のムスタ確認申立てを上級ラント裁判所に上程する (KapMuG 4条1項)。受訴裁判所は、職権により、ムスタ手続で解明されるべき争点にその裁判が依存するすべての手続を中止する (KapMuG 7条)。上級ラント裁判所は、衡平な裁量により、上程した受訴裁判所の原告の中からムスタ原告を特定し (KapMuG 8条2項)、第一審手続 (Ausgangsverfahren) のその他の原告および被告は、ムスタ手続に呼び出されなければならず、補助参加に比肩できる法的地位を有する (KapMuG 8条3項、12条、ZPO〔民事訴訟法〕67条)。ムスタ裁判は、解明されるべき争点に自らの裁判が依存するすべての受訴裁判所を拘束し、ムスタ手続の訴訟物に関して既判力を及ぼし、そして、すべての被呼出人を拘束する (KapMuG 16条1項)。2005年の投資者ムスタ手続法の発効以来、ようやく、若干数の比較的小さい手続が終結している。ムスタ手続の創設の契機となった非常に複雑なテレコム事件の手続は、今日まで、確定力をもった終結にいたっていない[63]。2010年と2012年に延長がなされたあと、同法は、今度は2020年11月1日に失効することになる[64]。

（4）評　価

ヨーロッパの法比較は、比較的明確な姿を明るみに出す。最も広く普及しているのは、団体および官庁による不作為（差止め）または確認の訴えである。金銭給付もしくは金銭賠償の訴えは、大半が、同じく、団体訴訟として見かけられる。それに対して、真正のグループ訴訟は、まれな例外であり、アメリカ合衆国のモデルによる純粋形式での真正クラス・アクションは、実際には、ヨーロッパのどこにも見出せない。団体訴訟または官庁の訴え (Verbands- oder Behördenklagen) は、そこでは、超個人的な社会的目的を追求し、それゆえ、まったくグループ訴訟またはクラス・アクションと同様、社会的民事訴訟の発現形式とみなされうる。その際、団体訴訟および官庁の訴えは、格段に少ない利益衝突の可能性と、最終的

---

[63] Vgl. OLG Frankfurt a. M., NZG 2012, 747; BGH における法律抗告 (Rechtsbeschwerde), Az. XI ZB 12/12.

[64] 2012年10月19日の資本市場法上の争訟におけるムスタ手続に関する法律 (Gesetz über Musterverfahren in kapitalmarktrechtlichen Streitigkeiten, vom 19. Oktober 2012, BGBl. 1 S. 2182)。

によりよい実用性を利点とすることができる。なぜなら，それらの訴えは，個別の権利保護を侵害することなく，かつ，訴訟上および実体法上必要な区別をならすことなく，通常の二当事者訴訟として展開できるからである。それだけではなく，団体訴訟および官庁の訴えのモデルは，グループ訴訟に内在するところの疑わしい傾向，すなわち，自らにとって，公共の福祉よりも大規模な原告グループの代表の独占が一層重要である市場志向の弁護士法人の金儲けによる権利追行の経済化に向かう傾向を回避する。

Ⅴ 市場社会における制御手段としてのグループ訴訟

比較分析は，クラス・アクションの形態でのグループ訴訟が，市場社会における社会的制御の真正な発現形式であり，それが，限られた成功でもってアメリカ合衆国の社会モデルを満たしていることを明らかにする。それに対して，大陸ヨーロッパは，伝統的に，より強く現れた議会および官庁の予防的な規制によって実現されるところの，個人的利益と公共の福祉の調節的調整に，より強い信頼を置く。集団的権利保護は，ヨーロッパにおいては，ヨーロッパの法的伝統および法文化に沿うように，団体訴訟または官庁の訴えの形式で，効率がよく，かつ，体系に適合した形成を経験してきた。ヨーロッパの場でアメリカ合衆国のクラス・アクションのモデルによりグループ訴訟を導入する試みは，幾つかの点で疑問が生ずる。なぜなら，グループ訴訟は，集団的権利保護にとって数えられるメリットをもたらすことなく，アメリカ合衆国のデメリットおよび複雑さを必然的に伴うからである。アメリカ合衆国を模範として市場社会にヨーロッパをつくりかえることを欲するならば，クラス・アクションの導入は，論理的な帰結として現れる。この無理な要求がヨーロッパにおいて歴史的，社会的および政治的な実状に適合するかどうかは，当然，疑われる。常にはっきり理解する必要のあることは，私人による法の執行（private law enforcement）の方向での改正措置が，どちらかといえば技術的，付随的に重要な立法者の道具箱に手を伸ばすこと（ein Griff in die gesetzgeberische Werkzeugkiste）以上のことであるということである。むしろ，法政策的な慎重さ，法体系的思慮分別，および，政治家としての展望をもって考慮されるべき，法体系，法文化および社会秩序にとっての決定的な方向転換（Weichenstellung）が問題である。それゆえ，ドイツの立法者は，とくに投資者ム

スタ手続による経験の後も，国内の場であれヨーロッパの場であれ，グループ訴訟の導入に対してさらに引き続き控え目な態度をとるならば，正しい行動をとっているのである。

◇ 第Ⅶ部 ◇
グローバルな影響下に立つ労働市場と労働法規制

社会法的規制と労働市場の弾力化

根 本 　 到

I 序　論

　1980年代から1990年代初頭にかけて日本企業は，その成功の面から世界市場において賞賛された。しかし，1990年代中頃からその状況は大きく変わった。いわゆるバブル経済の崩壊は多くの日本企業の倒産をもたらしたからである。その結果，日本企業はますます自信を失い，日本的雇用システムを再構築しなければならないと考えるようになっていった。日本政府も，労働市場の弾力化を支持するようになり，労働法の規制緩和を進めていった。その後，日本企業は，特に1990年代以降，非正規雇用を利用しやすくするよう労働市場の弾力化を強力に推し進めたため，派遣労働や有期雇用などの非正規雇用が求人市場の大部分を占めるようになったのである。

　しかし，2008年の経済危機以来，非正規雇用の増大の観点から労働法政策の転換が避けられなくなった。なぜなら，多くの非正規雇用労働者が真っ先に職を失い，貧困化していったからである。日本政府は，非正規労働関係に伴うリスクへの対処を考慮せざるをえなくなった。ただし，経済危機が保護の強化を要請したにもかかわらず，競争能力の保持の点から雇用安定性のみを改善することに強く反対する見解も存在している。とくに，2012年の政権交代後は，労働法政策を規制緩和する動向がますます強まっている。このように，労働法政策の方向性は，ある時期は規制強化に向かい，ある時期は規制緩和に向かったりしているように，現在でもその基本的な原則がまったく定まっていない。

　本稿は，こうした事情を考慮し，労働法の規制のあり方を定める試みとして，労働法と社会保障法の規制をトータルに捉えた社会法的規制と労働市場の弾力化との関係をめぐる議論状況を考察したものである。この考察を通じ，結論的には経済のグローバル化されたもとで，日本の労働法の将来をどのように描くことが

できるかを考えてみたい。

　なお，国際的に貿易が自由化されたもとで，労働者保護がどのように位置づけられるかという論点も重要である。日本でも，近い将来，労働者保護と国の枠組を超えた商品，役務（サービス），資本の自由取引との関係が問題となろうとしている。なぜなら，日本政府は，太平洋地域に自由貿易圏を成立することを目的とした，いわゆる TPP（環太平洋戦略的経済連携協定）を，アメリカやオーストラリアなど太平洋に接した国々との間で締結する可能性を有しているからである。現時点では，アジアには EU や NAFTA（北米自由貿易協定）のような自由貿易圏は存在しない。また，日本の裁判所は，ILO（国際労働機関）の条約や国際人権規約のような国際労働法を国内に直接適用することを限定的にしか認めていない。このため，本稿では，世界市場の競争圧力を受けた中で，とくに非正規雇用に関して，日本の労働市場における規制緩和の要請と労働者保護との国内的関係がどのようなものであるかを考察したことを最初にお断りしておきたい。

1990年代以降の展開

1　労働法の規制緩和の動向

　日本において規制緩和を支持する見解は，行政改革委員会[1]が発足した1994年以降大きな影響力を持つようになった。この委員会は1997年に包括的な改革提案を提示したが，これはドイツの1991年の規制緩和委員会の提案と類似している。

　雇用と労働関係の領域について弾力化が要請された課題は以下の点であった。すなわち，

＊民営（有料）職業紹介の規制緩和，

（1）　1994（平成6）年12月19日（規制緩和小委員会は1995年4月19日発足）。1995（平成7）年3月31日に規制緩和推進計画が閣議決定され，同年12月14日には，行政改革委員会の意見として，「規制緩和の推進に関する意見（第1次）」が公表され，1997年12月12日には，行政改革委員会の最終意見が公表された。
　　http://www3.grips.ac.jp/~kanemoto/gyokaku/iken/index.html
　　なお，この最終意見は，その後，1998年2月5日には行政改革推進本部規制緩和委員会が発足し，1999年には規制改革委員会に改称された。2001年には総合規制改革会議が設置されている。

＊労働者派遣事業の規制緩和，
＊有期労働契約の規制緩和，
＊労働時間規制の規制緩和（1年単位の変形労働時間制の規制緩和，裁量労働制の規制緩和，女性の時間外・休日・深夜労働規制の撤廃）

　これらの規制緩和提案は，その後，日本の労働法においてはすべて実現された。以下では，とくに非典型雇用形態に関係する民営職業紹介制度，労働者派遣及び有期労働契約の規制緩和をめぐる議論状況を紹介することとする。

2　民営（有料）職業紹介の規制緩和

　日本では，ドイツと同様，第二次大戦以来，職業紹介は国家が独占する形態を採用してきた。1947年職業安定法は，極めて限られた範囲に限り，労働大臣の許可を条件に職業紹介を認めていた。しかし，規制緩和圧力を受け，1997年と1999年に職業安定法及び同法施行規則は，二つの点において変更を余儀なくされた。

　第一に，特定の職業に関する例外を除き，原則として民営（有料）職業紹介（に許可すること）を原則として認めたことである。1997年にILO96号条約を改正する181号条約が採択されたことを契機に，職業紹介の対象業種について，従前のポジティブリスト方式を改め，ネガティブリスト方式を導入した。これによって一部の例外業種（港湾運動業務と建設業）を除き，職業紹介が許される業種が大幅に拡大した（職安法施行規則24条の3）。

　第二に，職業紹介手数料の規制を緩和したことである。職業紹介事業者は，改正前，許可を受けたとしても，紹介手数料を徴収することはまったくできなかった。改正によって許されるようになった紹介手数料の上限額は，期間の定めのない労働者として採用された場合，採用後6か月以内に支払われた賃金の10.5％までとなった（職安法施行規則20条2項）。また，職業紹介業者は，労働省（現在の厚生労働省）に許可を受ければ，付加的な相談，助言などのサービスがついた職業紹介を受けるための付加的な手数料も求めることができるようになった[2]。

3　労働者派遣の規制緩和

　1985年に定められた労働者派遣に関する日本の規制は，ドイツの法規範（労働者派遣法）とは二つの点で異なっていた[3]。まず，日本では特定の限定された領域（業務）に限り労働者派遣が許容されていたことである。つぎに，派遣会社が，

派遣労働者を派遣先会社の業務期間に合わせて有期で雇用すること（登録型派遣）も許されている。すなわち，ドイツにおいて2002年まで存在した派遣期間（派遣元と派遣先の間の労働者派遣契約の期間）と雇用期間の一致の禁止規制（Synchronisationsverbot）が日本では存在しないのである。

しかし，労働者派遣の法規制は，1985年以降段階的に，二つの点で変更されていった。第一に，労働者派遣が許可される業務の範囲が拡大されたことである。1996年の改正時まで，労働者派遣が許可された業務は26業務に限定されていた。この業務の数も，従前13であったものを26に増やしたものであった[4]。1999年改正法によって，労働者派遣は一部の例外[5]を除き，あらゆる業務について許されることになった（原則自由化）。2004年からは，製造業における労働者派遣も利用

（2）従前は画一的な上限手数料の規制が定められていたが，手数料の上限以上の手数料を払っても，付加的なサービスのついた職業紹介を得られるメリットを認めるべきという議論があり，1999年改正で導入された。しかし，年収の50％超の手数料を届け出ると，著しく不当と判断され，受理されない（平11・11・17職発815号）。1999年改正前は，上限以上の手数料の約定は無効になると解されている。東京エグゼクティブ・サーチ事件・最判平6・4・22労働判例654号6頁。

（3）労働者派遣は，労働者派遣法が制定され，それを遵守することを条件に認められるまで，職業安定法44条の労働者供給に該当することを理由にして禁止されてきた。1970年代末頃から労働者派遣の禁止を解禁する方向で検討が始められ，1985年に解禁が実現した。

（4）26業務とは，①ソフトウェア開発，②機械設計，③放送機器等操作，④放送番組等演出，⑤事務用機器操作，⑥通訳，翻訳，速記，⑦秘書，⑧ファイリング，⑨調査，⑩財務処理，⑪取引文書作成，⑫デモンストレーション（機械の性能や操作方法に関する紹介や説明を行う業務），⑬添乗，⑭建築物清掃，⑮建築設備運転，点検，整備，⑯案内・受付，駐車場管理等，⑰研究開発，⑱事業の実施体制の企画，立案，⑲書籍等の製作・編集，⑳広告デザイン，㉑インテリアコーディネーター，㉒アナウンサー，㉓OAインストラクション（事務用機器・電子計算機の操作方法，またはプログラムの使用方法を習得させるための指導業務），㉔テレマーケティングの営業，㉕セールスエンジニアの営業，金融商品の営業関係，㉖放送番組等における大道具・小道具の業務である。このうち，1986年の施行時は13業務（①⑤⑥⑦⑧⑨⑩⑪⑫⑬⑭⑮⑯），同年10月には16業務（②③④が追加）にすぐに拡大されたが，1997年まではこれに限定されていた。16業務が26業務に拡大されたのは1996年12月で，1999年には原則自由化された。

（5）労働者派遣法に基づく労働者派遣が禁止された業務である（派遣法4条1項）。港湾運送，建設，警備，医師・看護師等医療業務である。1999年から2003年までは製造業も禁止業務であった。

可能となっている[6]。

　第二に、労働者派遣が対象業務が拡大されるに伴い、労働者派遣の派遣可能期間に関して新しい規制が導入されたことである。当初から認められていた26業務については、派遣可能期間を原則として1年とする上限期限が定められていたが[7]、これは2003年改正法によって、廃止された[8]。ただし、派遣可能期間の規制は廃止されたが、派遣先が同一の就業場所・業務において、同一の派遣労働者を、3年を超えて利用した場合には、派遣先は派遣労働者との間で労働契約を直接締結するための申込みをすることが義務づけられた（派遣法40条の5）。

　これに対し、新たに許容された派遣業務については、当初、派遣先は1年を超えて同一の業務で利用してはならないと定められていたが、2003年改正法によって、それが3年まで延長された[9]。この場合、派遣先が、同一の業務について、派遣可能期間（2003年以降は3年）を超えて、（派遣労働者を交替としても）労働者派遣を利用し続ける限りは、派遣先は派遣労働者との間で直接労働契約を締結するための申込みをすることが義務づけられたのである（派遣法40条の4[10]）。

　しかし、派遣先が、こうした派遣可能期間や直接雇用申込義務に違反した場合でも、法律上は、私法的な制裁が明記されておらず、行政による公法上の指導、

（6）当初は、他の業務における労働者派遣と異なり、派遣可能期間が1年と短く設定されていたが、2006年からは上限3年となった。

（7）派遣法26条2項（「派遣元事業主は・・・労働者派遣の期間については、労働大臣が・・・定める期間を超える定めをしてはらない」という規定）に基づき定められた、昭和61年労働省告示38号、平成2年同告示83号、平成11年同告示140号に、「1年」と定められていた。ただし、建築物の管理関係業務とテレマーケティングの営業については期間制限が設けられなかった。また、「1年」の対象になった業務では、派遣元と派遣先がその都度合意した場合には、1年を越えて契約を更新することは可能であった（ただし、3年を越える場合は行政指導の対象となった。根拠規定は業務取扱要領）。しかし、派遣法26条2項に違反しても、「民事上当然無効」にならないという解釈を行政は示していた。安西愈『新・労働者派遣法の法律実務』（総合労働研究所、2000年）376頁以下。

（8）同一の派遣労働者に同一の就業場所・業務の派遣を、3年を超えて行うことのないよう指導するとされていた業務取扱要領が改正され、26業務について期間制限がないことになった。

（9）1999年改正時は、派遣先の直接雇用の申込みは努力義務であったが、2003年改正により義務として定められた。ただし、この義務規定は私法的効力がないと解している。

助言，勧告を受けることだけしか規定されていない（派遣法48条1項，49条の2第1項）。これは，ドイツ労働者派遣法9条，10条[11]のような私法的効果が定められていないことを意味する。日本の判例は，労働者派遣法違反について，無効または（労働関係成立の）擬制のような私法的効果を認めていないのである[12]。「特段の事情のない限り」は，このような点が争われた多くの事案で無効になるという効果を認めなかっただけでなく[13]，損害賠償責任さえ認めなかったのである[14]。

ただし，2012年に労働者派遣法が改正されたことにより，2015年10月からは，派遣先と派遣労働者の間に労働契約関係の成立が認められる効果が成立することになった。この点は，「5　労働法規制の強化」のところで論じることにする。

---

(10) 正確にいえば，派遣先が，派遣元から派遣可能期間を超えて派遣を継続しない旨の事業通知（派遣法35条の2第2項）を受けた場合において，その抵触日以降も継続して派遣労働者を利用するときは，抵触日の前日までに，当該派遣先との直接雇用を希望する派遣労働者に対し，労働契約の申込みをしなければならないとしている。

(11) ドイツ派遣法は，第一に，9条1項において，以下の場合には，契約（派遣元と派遣先との間及び派遣元と派遣労働者との間の契約）が無効となるとしている。①派遣元が必要な許可を有していない場合（1号），②派遣先労働者と派遣労働者との間の平等取扱義務を履行しない場合（2号。最初の最長6週間は適用除外），③派遣元との労働関係がもはや存在しない時点で派遣先に派遣労働者を雇用することを禁止する約定がある場合（3号），④派遣元と派遣労働者との間に労働関係がもはや存在しない時点で派遣労働者に派遣先との間で労働関係を成立されることを禁止する約定がある場合（4号）。第二に，同法10条1項は，派遣元と派遣労働者との間の契約が同法9条1項により無効になれば，「派遣先と派遣労働者との間に労働関係が，派遣先と派遣元との間で労働の開始が予定された時点で成立したものとみなされる」と定められている。この10条1項は，労働契約の成立の擬制という効果を認めたものである。

(12) パナソニックプラズマディスプレイ事件（松下PDP事件）・最判平21・12・18労働判例993号5頁は，「労働者派遣法の趣旨及びその取締法規としての性質，さらには派遣労働者を保護する必要性等にかんがみれば，仮に労働者派遣法に違反する労働者派遣が行われた場合においても，特段の事情のない限り，そのことだけによっては派遣労働者と派遣元との間の雇用契約が無効になることはないと解すべきである」と判示した。

(13) マツダ事件・山口地判平25・3・31労働法律旬報1795号51頁は，派遣後にサポート社員と呼ばれる有期契約社員として直接雇用をし，その後さらに派遣として同一業務に従事させるという形態を用いていたことに対し，常用雇用の代替防止という派遣法の根幹にふれ，パナソニックプラズマディスプレイ事件・最判のいう「特段の事情」にあたり，派遣先との間で黙示の労働契約が成立すると判断した。しかし，これ以外の多くの裁判例では，派遣先との間で労働契約の成立を認めない判断をしている。

4　有期契約に関する規制の緩和

1回の契約期間の上限について，使用者は重要な関心を示してきた。労働基準法は，従前，1年を超える労働契約の締結を禁じていた（14条）。しかし，1998年と2003年の改正により，この上限期間は3年に延長され，60歳を超える労働者などのような特定の場合には最大5年の有期契約の締結も可能になった。

これに対し，日本では，有期労働契約の締結それ自体については使用者の自由となっている。ドイツにおいては存在する有期労働契約の締結に際して，合理的な理由（sachlicher Grund）のような正当化事由を求める規制は日本では存在しない。日本の判例[15]は，解雇権濫用法理の観点から（解雇権濫用法理を類推適用することによって），有期労働契約の反復更新を制約するだけにとどめてきた（雇止め法理）。有期労働契約が何度も延長され，雇用が継続されることについて期待が認められる場合，使用者は解雇規制に従い，契約更新をただちに拒んではならないと命じている。

ただし，2012年に労働契約法が改正され，まずは改正法の公布と同時に雇止め法理が立法に規定され，施行された。また，2013年4月からは，契約期間の総合期間数が5年を経過した後に無期契約に転換することを認める権利と，期間の定めがあることによる不合理な労働条件の禁止を求めた規範が創設された。この点も，「5　労働法規制の強化」のところで論じることとする。

---

(14) パナソニックプラズマディスプレイ事件・最判で判示されたように，派遣法が単なる取締法規であるというのがその理由である。トムソン事件・神戸地姫路支判平23・2・23が，派遣先の雇用責任を否定したものの，不法行為責任を認めたのに対し，控訴審・同事件・大阪高判平23・9・30労働判例1039号5頁は，「直ちに不法行為上の違法があるとは言い難」いという判断が示されたように，多くの事案で損害賠償責任さえ否定する傾向にある。

(15) 東芝柳町工場事件・最判昭49・7・22民集28巻5号927頁や日立メディコ事件・最判昭61・12・4労働判例486号6頁である。このうち日立メディコ事件は，「ある程度の継続が期待されていた」場合には，「労働者を契約期間満了によって雇止めにするに当たっては，解雇に関する法理が類推され，解雇であれば解雇権の濫用，信義則違反又は不当労働行為などに該当して解雇無効とされるような事実関係の下に使用者が新契約を締結しなかったとするならば，期間満了後における使用者と労働者間の法律関係は従前の労働契約が更新されたのと同様の法律関係となるものと解せられる」と判示した。ただし，判例は，類推適用される解雇規制の内容を，正規労働者に対する解雇規制と区別している（「合理的な差異」があると判示している）。

5　労働法規制の強化

　日本の労働法改正の動向は，労働者側からみて，すべて規制緩和ばかりだったわけではない。規制強化された法改正も存在した。とくに，その動向は，2008年のリーマン・ショック後に強まり，労働者派遣法や労働契約法上の有期契約法制の改正に結びついた。以下では，この内容について紹介してみたい。

　第一に，男女平等の促進である。日本の男女雇用機会均等法（以下では均等法とする）は制定当時，採用や昇進などの均等取扱いについて，使用者に，いわゆる努力義務を課していた。しかし，均等法は，1997年に（1999年4月施行），全般的に改正された。改正された基本的な点は，募集，採用，配置，昇進，福利厚生，定年，退職の勧奨及び解雇について女性を理由として差別すること（2007年4月以降は性別を理由として差別すること）を禁じたのである（均等法6条）。また，2006年の改正により（2007年4月施行），こうした規制は強化されたことに加え，はじめて男女の間の間接差別禁止規定（均等法7条）[16]が導入された。

　第二に，2007年に短時間労働者の雇用管理の改善等に関する法律（通称，パートタイム労働法）が改正された。この重要な改正点は，パートタイム労働者とフルタイム労働者（法律上は「通常の労働者」）の間の均等待遇が実施されたことである（当時のパートタイム労働法8条。2015年4月以降は同法9条）[17]。しかし，この均等待遇規制の適用範囲は極めて限定されたことにも留意しなければならない。なぜなら，通常の労働者と同一の職務内容を遂行しているだけでなく，同一の負担や義務（責任）を負っていて，原則として無期労働契約を締結しているパートタイ

---

(16) 表面的には性中立的な慣行や基準だが，実質的に性差別につながる行為や慣行をいう。均等法7条は，①性別以外の事由を要件とする措置であって，②比率その他の事情を勘案して，他の性の構成員と比較して，一方の性の構成員に相当程度の不利益を与えるもので，③合理的な理由がない措置をいうと定義されている。この規定を受けて，均等法の施行規則2条は，イ．労働者の募集または採用にあたって，労働者の身長，体重または体力を要件とすること，ロ．コース別雇用管理における「総合職」労働者の募集・採用にあたって，転居を伴う転勤に応じることができることを要件とすること，ハ．労働者の昇進にあたり，転勤の経験があることを要件とすることの3つを挙げている。

(17) 改正前の同法は，3条において，事業主に「その就業の実態，通常の労働者との均衡等を考慮して，適正な労働条件の確保」等の雇用管理の改善を図ることを，義務ではなく努力義務としていた。

ム労働者に対してだけ差別的取扱いをしてはならないとしたからである。なお，同法は，2014年にも改正を行い（2015年4月施行），均等待遇の規制の要件として，無期労働契約の締結を削除したことに加え，通常の労働者の待遇との相違は，職務の内容，人材活用の仕組み，その他の事情を考慮して，不合理と認められるものであってはならないという規定（8条）や，雇い入れたときに，雇用管理について事業主が説明しなければならない規定（14条）などを追加した。

　第三に，2008年3月から労働契約法が施行されたことである。同法には，すべて従前から判例法理として認められてきたものばかりであるが，使用者の解雇権，懲戒権及び出向命令権（出向とは，ある企業との労働契約関係を残しつつ，他の企業で働かせること）の濫用禁止（14条から16条）や就業規則の法的効力（7条から13条）が定められた。

　もっとも，就業規則に関する判例法理によれば，使用者は一方的かつ画一的に就業規則を変更することにより，労働者にとって不利益に変更することができた。したがって，労働契約法の制定によって法的状態は変更されたわけではなかったが，それは使用者に柔軟な労働条件変更権限を与えることを立法府が承認したことを意味したのである。

　第四に，労働契約法が2012年にさらに改正され，有期契約に関して，①労働者に無期転換申込権を付与する規定，②雇止め法理，③期間の定めがあることによる不合理な労働条件の禁止の3つの規制を加えたことである。まず，①の無期転換申込権とは，それぞれの有期契約と有期契約の間の空白期間が一定数（原則6か月だが，「最後の契約期間が一年に満たない場合は，その2分の1以上の期間で，厚生労働省令で定められた期間」と定められている）に達しない限りは，2013年4月以降に新たに交わした有期契約の総数が5年を超えた場合には，労働者に無期労働契約の申込権を与えるというものである。ただし，無期転換した場合でも，別段の定めがない限りは，申込時点の有期労働契約と同一の労働条件になると定められている。

　つぎに，②は，東芝柳町工場事件の場合を「当該有期労働契約が過去に反復して更新されたことがあるものであって，その契約期間の満了時に当該有期労働契約を更新しないことにより当該有期労働契約を終了させることが，期間の定めのない労働契約を締結している労働者に解雇の意思表示をすることにより当該期間の定めのない労働契約を終了させることと社会通念上同視できると認められるこ

と」とし，日立メディコ事件の場合を「当該労働者において当該有期労働契約の契約期間の満了時に当該有期労働契約が更新されるものと期待することについて合理的な理由があるものであると認められること」としたうえで，判例法理を立法化したものである。ただし，解雇権濫用法理の類推適用というかたちは明記せず，「使用者が当該申込みを拒絶することが，客観的に合理的な理由を欠き，社会通念上相当であると認められないとき」と表現し，「労働者が当該有期労働契約の更新の申込みをした場合又は当該契約期間の満了後遅滞なく有期労働契約の締結の申込みをした場合」と定められた。この申込みは，判例ではまったく課されなかった要件であるため，労働契約法の施行通達「労働契約法の施行について」（基発0810第2号）によれば，「要式行為ではなく，使用者による雇止めの意思表示に対して，労働者による何らかの反対の意思表示が使用者に伝わるものでもよい」とされている。

そして③は，有期雇用で働く労働者の労働条件が，無期雇用の労働者の労働条件と比較して相違する場合，「当該労働条件の相違は，労働者の業務の内容及び当該業務に伴う責任の程度（以下この条において「職務の内容」という。），当該職務の内容及び配置の変更の範囲その他の事情を考慮して，不合理と認められるものであってはならない」とするものである。その対象は，「賃金や労働時間等の狭義の労働条件のみならず，労働契約の内容となっている災害補償，服務規律，教育訓練，付随義務，福利厚生等労働者に対する一切の待遇」が含まれるといわれている。ただし，職務や責任の内容が同一であればよいのではなく，パートタイム労働法にも類似して，「当該職務の内容及び配置の変更の範囲その他の事情を考慮して」となっている。しかし，パートタイム労働法9条が，職務の内容だけでなく，職務の内容および配置の変更の範囲等が全部一致した場合に限り完全に平等になるという規制の仕方であるのに対し，労働契約法20条はバランス論を射程に入れているとも言われる。例えば，無期の社員と職務内容が同じだが，当該職務の内容および配置の変更の範囲等を考慮すると少し差があるとしても，100対80を超えた差があってはならないという規制のされ方もする可能性がある条文だということである。

第五に，2012年に労働者派遣法が改正されたことである。まず，①日々または30日以内の期間を定めた労働契約を締結して雇用する派遣労働者の労働者派遣の原則禁止（35条の3），②離職後1年内の人を元の勤務先に派遣することの禁止（35

条の4，40条の6），③グループ企業内派遣の8割規制（23条3項，23条の2），④有期雇用派遣労働者の無期雇用への転換推進措置の努力義務（30条），⑤マージン率などの情報公開の責任，⑥派遣元に対する均衡考慮の配慮の努力義務などを課したが，これらは2012年10月施行された。これらは，⑤のマージン率は情報公開を課すだけで，上限規制を設けず，⑥も努力義務であるなど，規制内容に限界はあるが，規制強化の方向でなされた改正であった。また，施行日が2015年10月からになったが，(a)派遣労働者を派遣禁止業務に従事させること，(b)派遣元事業主以外の事業主から労働者派遣を受けること，(c)派遣可能期間を超える期間，継続して労働者派遣を受けること，(d)派遣法等の適用を免れる目的で，請負その他労働者派遣以外の名目で契約を締結し，また，労働者派遣契約の締結において派遣法26条1項に掲げる事項を定めないまま労働者派遣を受けることの4つの派遣法違反に限っては，派遣先に対し，派遣労働者を直接雇用する責任を課すという私法的効果も明記された。パナソニックプラズマディスプレイ事件のような事件が起きた場合でも，判例とは異なり，派遣先の雇用責任が生じるとしたのである。ただし，その行為が「該当することを知らず，かつ，知らなかったことにつき過失がなかつたとき」に該当すれば，法違反とはいえないと定められている。また，2012年の政権交代後，派遣法のさらなる改正に向けた動きが急になり，常用雇用の代替防止の原則をはずすことなども検討課題になろうとしている。

6　規制緩和の帰結

　以上のように規制緩和と規制強化の双方が行われてきたが，全体としては規制緩和政策の方が大きな影響力を及ぼしてきたことは否めない。日本における規制緩和の内容はドイツと類似するが，労働者派遣の拡大や有期労働契約の上限期間の拡大は，日本の雇用システムに大きな影響を及ぼしてきた。

　日本の雇用システムは，いわゆる終身雇用によって特徴づけられてきた。その制度のもとで日本企業は，毎年新卒の学生を従業員として採用し，ローテーション人事に基づいて様々な業務を担当させて雇用してきたのである。その結果，多くの正規労働者は，当該企業内または企業グループ内で，定年に達するまで働くことができたのである。

　しかし，1990年代以降，企業は従業員を削減する一方で，実際には重要な労働力を提供している多くの非正規労働者を従業員に準じた者として採用するように

なった。その結果，1985年には約430万人であった有期雇用労働者は，2007年には約750万人にまで増大したのである。

　また，パートタイム労働者は，1991年には802万人で，雇用者の16.3％，1996年には1015万人と1千万人を突破し，1997年には労働者の20％を超えた（21.1％）。2000年以降，その数は約1100万人前後となり，労働者の約23％程度となっている。労働者の5人に1人強はパートタイム労働者であるとの計算になる[18]。

　パートタイム労働者は，日本においては，中年層の既婚女性労働者が最も多く，高齢者層や若年層にも見られる。こうした特徴にこれまで大きな変化はみられない。これに対して，業種別にみると，当初は，卸売り・小売，サービス，飲食店等の第三次産業や製造業に多いという傾向がみられた。その後，販売・営業職，専門・技術職や役職に就いている者の割合が増加し，業種や職務内容が多様化してきている。それとともに，補助的・一時的労働力としてだけでなく，勤続年数が長く定着する者や基幹労働力化する者が増加する等の変化がみられる。

　派遣労働者については，厚生労働省の報告書（労働者派遣事業報告集計結果）によると，労働者派遣が解禁されて間もない1988年に31万人であったが，1992年には68万人と倍増している。その後，1995年に61万人に減少したものの，1997年には増加に転じて86万人となり，2008年には約400万人に達しており，年々大幅な伸び率を示してきたのである。こうした事情をみると，派遣労働者の数は，法改正により派遣が許される業種が拡大されたことに伴い増加してきたといえる。ただし，2008年の経済危機以降はドイツと同様，派遣労働者の数は大幅に減少し，約100万人減ったとされている。

◆III　社会法的規制の再構築

1　規制緩和による貧困の増大

　前述のように，有期雇用や労働者派遣などの非正規雇用は大幅に増大し，近年

---

(18) 厚生労働省は，パートタイム労働者（週35時間の労働時間）に，「その他（週労働時間が通常の労働者と同等かそれより長い労働者で，パートと呼称されている者）」を加え，「パート等」という項目を設けているが，それに該当する者をここではパートタイム労働者としている。

の労働経済白書によれば，非正規労働者が労働者全体の3分の1に達したとされている。日本では，働いているにもかかわらず貧困[19]を脱しきれない労働者が数多く存在する，いわゆる「ワーキングプア（working poor）」が大きな社会問題となっている。

しかし，非正規労働者の増大が生じ，それが大きな社会問題になったにもかかわらず，日本では，労働市場の効率性を重視した見解は依然として大きな影響力を持っている。非正規労働者の保護を強化すれば，世界市場の中での厳しい経済競争のもとで，敗者になると考える企業は多いのである。

こうした状況も気にして，日本の労働法学においても，労働法的規制の具体的内容をどのようにすべきかの議論が続けられている。

2　規制の再構築

日本の新自由主義的な経済学者は，解雇規制を緩和すべきだと主張している。その中心的な論拠は，解雇規制を緩和すれば，使用者は採用が容易になり，雇用を促進するというものである。こうした考え方は，失業率が高かった1990年代から2000年代にかけて強く唱えられた。最近では，解雇規制が正規労働者を過剰に保護しているため，規制緩和すべきだという見解も主張されている[20]。

これに対し，多くの労働法学者は，こうした経済学者の規制緩和論を支持して

[19) 国民一人ひとりの所得を順番に並べ，中央の値の半分より低い人の割合を相対的貧困率という。厚生労働省が2011年7月に発表した2010年調査によれば，年収等112万円未満が貧困になった。相対的貧困率は16％で，前回の2007年調査より0.3ポイント上昇し，1986年調査以降で最悪となった。OECDの調査によれば，日本の相対貧困率の高さはメキシコ，トルコ，米国に次ぐ4番目の高さである。

(20) 八代尚宏『雇用改革の時代——働き方はどう変わるか』（中公新書，1999年），福井秀夫・大竹文雄編『脱格差社会と雇用法制——法と経済学で考える』（日本評論社，2006年），大竹文雄「正社員の既得権にメスを入れよ」WEDGE（ウェッジ）2009年2月号，八代尚宏「日本的な労働市場の流動化で，目指すは『同一労働・同一賃金』」アスキー新書編集部編『雇用崩壊』（アスキー新書，2009年）52頁以下。「正規雇用は，情報の非対称により，解雇規制の下では常にリスクが大きい雇用類型となるため，これを回避するため，期限付き雇用，派遣労働，パートタイマーなどのいわゆる非正規雇用の採用が増加する」，あるいは「既存正社員の解雇規制の強化という既得権の強化は，既得権をもたない労働者に対して不安定雇用を増加させるという非常に皮肉な結果をもたらしてしまう」と書かれている。

いるわけではない。解雇規制を緩和しても雇用が促進される証拠が存在しないからである。しかし，労働法学においては，労働法的規制の将来について，次のような様々な見解が主張されている。

第一に，現代の労働者は，画一的で強行的な規制に適合した「集団としての労働者」ではなく，「個人としての労働者」であるという理由から，労働者を強行的な規制によって保護するのではなく，労働市場においてサポートするという見解が唱えられている[21]。この見解は労働者を保護（庇護）することよりも，労働者を主体的存在とみてサポートすることに重点を置くのである。具体的な規制方法に着目すれば，労働基準の強行的法規定よりも任意規定を，そして事前規制よりも事後規制を重視する傾向にある。

また，この見解は，1990年代以降の規制緩和に基づく労働法の改正に一定の影響を与えた見解でもある。この見解は，これまで非正規雇用とされてきた各雇用形態が正規雇用とならぶ選択肢の一つとなるための手当が必要であり，そのためには，労働者派遣や有期雇用の利用に対する規制をできる限り外し，労使双方にとって選択の幅を広げる必要があるとする。現行の規制をはずして選択肢を拡大することが，使用者側だけでなく，労働者側のニーズに対応し，労働者の自発的な選択を可能にするというのである。

第二の見解は，内省（reflexivity）[22]を重視するという考え方である[23]。具体的には，国家的な法規制を労働組合や従業員代表委員会などの労働者の集団的代表による規制に置きかえることが提言されている。この見解は，第一の見解と異なり，規制を緩和し，労働世界において個人の自由を重視することについては批判的である。これに対し，国家的な規制は画一的な規制となるという点に欠点があるという理由から，労働者の集団的代表が規制の主体となるべきだとしている。集団的規制であれば，個々の状況に柔軟に適合した規制になるとみているのである。

---

[21] 菅野和夫・諏訪康雄「労働市場の変化と労働法の課題——新たなサポート・システムを求めて」日本労働研究雑誌418号（1994年）2頁以下など。

[22] 労働法の「手続化」と呼ばれることもある。労働法において内省（reflexivity）を問題にするということは，問題に直面している労使が主体的に問題の解決や予防に取り組むことであると説明されている。水町勇一郎『労働法入門』（岩波新書，2011年）211頁。

[23] 水町勇一郎『労働法（第5版）』（有斐閣，2014年）478頁以下。

第三に，国家法による規制の再強化を求める見解も唱えられている[24]。個人としての労働者を重視しつつ，労働者の自己決定を支えるためには，むしろ国家法が必要不可欠であるとする見解が一定の影響力を持っている。国家法による規制の目的を「弱者としての労働者の保護」ではなく「労働者の自己決定」の前提条件と位置づけるのである。

　それでは，ここで紹介した3つの見解を比較してみたい。第一の見解が指摘するように，労働市場で主体的に動ける強い労働者がたくさん現れたことは事実である。日本の労働者の状態は多様化している。しかし，「ワーキングプア」問題を抱えた非正規労働者のように，日本の労働市場においては，依然として国家による強行的な規制を必要とする労働者が存在することは否定できない。また，正規労働者の中にも使用者に従属しているため，保護を必要とする労働者は数多く存在している。労働者のサポートという規制手法が，実質的にみて法の規制緩和を意味するのであれば，日本の現在の労働市場に適合した構想ではないと思われる。

　つぎに，第二の見解に対しては，ドイツにおける「協約に開かれた法（協約による強行規定の解除を認める法規定）」のように，国家法による規制を労働者集団による規制に置きかえるのであれば，集団的な規制の範囲と規制主体の能力が問題となることを指摘しなければならない。しかし，労働者集団の現実的状況をみると，労働者集団の規制に期待することはできない。まず，日本では，労働組合の組織率は20％を下回っており，労働協約の影響する範囲も小さい。また，組織された労働組合も企業別組合であるため，使用者に対する対抗力を十分持っていない。そして，ドイツのような従業員代表委員会制度を創設したとしても，ドイツの判例が指摘するように，従業員代表委員会はストライキ権を持たないのであるから，使用者に対する対抗力は企業別組合よりも劣るだろう[25]。したがって，従業員代表委員会などの労働者代表による規制を，国家法に代えて位置づけることは適切ではないと考えるのである。

　以上のことから，日本の現在の状態を前提とする限り，国家法に基づく労働法的規制を重視する第三の見解が適切である。規制の目的は，労働者生活の保護や

---

(24) 西谷敏『規制が支える自己決定――労働法的規制システムの再構築』（法律文化社，2004年）399頁以下など。

自己決定の前提条件の確保にある。また，労働者の主体的な面をより一層重視するのであれば，国家法による規制は，労働生活や労働市場において活動していくための能力（capability）[26]を保障する制度だと位置づけることも可能であろう。

ただし，将来的には，国家による法規制，労働者の集団的規制，労働者個人の意思による規制の適切な組み合わせ[27]を絶えず探求していかなければならない。国家的規制が欠かせないという認識は，労働者の集団的代表や労働者個人の規制に委ねることができない現在の状況や法規制の現状を前提とすると考えるべきなのである。

3　労働法と社会保障法の協働

各国の労働市場が，グローバル化した世界市場の競争下にあるので，国内の労働法だけで労働者保護を図ることには限界がある。今後再び，ある国で起きた事象に基づいて他国に経済危機を生じさせることは避けがたいのである。このため，今後は，労働法と社会保障法の協働が大きな課題とならざるをえない[28]。

OECDの報告によれば，2008年経済危機の影響の現れ方は様々であった。例えば，スペインのように経済危機後に失業率が高くなった国もあれば，ドイツのように2008年に一時的に失業率が上昇したが，むしろ2009年からは失業率が下がった国もある。こうした差異を生じさせた原因の一つは，経済危機時の社会保

---

(25) ドイツでは，労働組合でさえ，争議行為をするだけの能力や社会的規制力を有していなければ，労働協約の締結能力（Tariffähigkeit）を否定するという理論が支配的であるが，こうした理論は労働組合の交渉・協約締結能力をリアルに見つめようとしたものと評価できる。ドイツでは従業員代表制度や共同決定制度が発達しているが，民主制の要件が充足され，主体の独立性が十分確保されていても，従業員代表は争議権が保障されていないとして，使用者と対等に交渉できる主体でなく，その交渉結果には内容上の正統性がないことを前提にした制度設計がなされている。BAG v. 14. 12. 2010, 1 ABR 19/10.

(26) イギリスの労働法学者であるディーキン（S. Deakin）と，フランスの労働法学者であるシュピオ（A. Supio）は（彼らの『Capacitas』という著書は），ノーベル経済学者のアマルティア・セン（A. Sen）の「capability（潜在能力）」という概念を社会的規制の正当化のために活用することを提案している。

(27) 国家的規制，労働者の集団的規制，労働者個人の意思による規制の3つの相互関係を明らかにした文献が，西谷・前掲書380頁以下である。

(28) 労働法と社会保障法の連携は，2010年の第68回ドイツ法曹大会（der 68. Deutsche Juristentag（Berlin）2010）のテーマの一つとなった現代的課題である。

障の相違にあると評価されている。ドイツでは，操業短縮手当制度のような社会保障制度が，失業の拡大の抑制に大きな影響を及ぼしたといわれているからである。

これに対し，日本では，操業短縮時の制度が十分整えられるとは言い難い。操業短縮時に受けとることのできる雇用調整助成金は，企業しか受け取ることができないのである。また，雇用保険の適用対象も極めて限定されている。ILO の2009年報告書（The financial and economic crisis: a decent work response, p. 17）によれば，日本では失業しても保護を受けられない労働者の比率が77%にのぼると報告されているからである。

さらに，経済危機は，日本ではとくに多くの非正規労働者の失業や貧困に直結したが，非正規労働者の多くが社会保障（とくに社会保険）による保護を享受できなかったことに注目せざるをえない。日本では今後，社会保険の適用範囲[29]を拡大することに加え，ドイツの労働者送りだし法1条に明記されているように，「社会保険加入義務のある雇用を保持していくこと」が大きな課題となるのである。

雇用政策の国際状況を考察してみると，多くの国で，次のような手段の効果的な結合が問題とされているが，A：労働市場に対する規制と弾力化（これを担うのが労働法である），B：失業者と求職者の基礎保障（雇用保険のような社会保障制度），C：職業能力の促進などを目的とした積極的労働市場政策を組み合わせたものが参考となろう。ただし，その重点のおき方には各国で違いがある。デンマークのように，労働法の弾力化を通じて雇用促進を図ろうとしている国もあり，こうした国の連携策は，フレキシキュリティ（flexicurity = flexibility + security）と呼ばれている。

失業者と求職者の基礎保障が拡充され，改善されたとしても，労働法の規制緩和はただちに正当化されるわけではない。労働法は，労働者の雇用を一定程度安定させ，労使の間の対等性を促進するという独自の課題を有しているからである。また，労働市場にいる失業者と求職者の包括的な保護を社会保障法上の規制だけで達成しようとすることは，財政の観点から非効率であるし，実現可能でもない。

---

(29) 日本の雇用保険は，従来「1年」以上の雇用見込みが適用要件とされてきたが，2009年に「6ヶ月」以上の見込みに変更され，2010年4月からは「31日」以上の見込みで足りることになった（契約期間が31日以内でも更新の実績等があれば条件を充足する）。ただし，雇用保険の基本手当を受給するには，離職の日以前2年間に被保険者期間が12ヶ月間あることが求められる。

まさに社会保険加入義務のある雇用を労働法の強化を通じて増大させることは、社会保障法を基礎づけるうえでも欠かせない。職業能力の向上を目的として、在職時に操業短縮手当や社会給付を支給することにより解雇を減らすようなかたちで、労働法と社会保障法を効果的に協働させることが重要になるからである。ただし、給付の条件として教育訓練等を積極的に位置づけるアクティベーションにとどまらず、就労等を給付の条件として過度に強制するワークフェア[30]という考え方をとることには賛成できない。日本の憲法においては、憲法27条1項で労働権を保障しているが、就労等をしないことを理由に生活保障を打ち切れば、前提条件として保障されている憲法25条の生存権を否定することになるからである。

図：労働法と社会保障法の協働のモデル
A：労働市場の規制と弾力化（労働法）
B：失業者と求職者の基礎保障（雇用保険制度のような社会保障法制度）
C：積極的労働市場政策

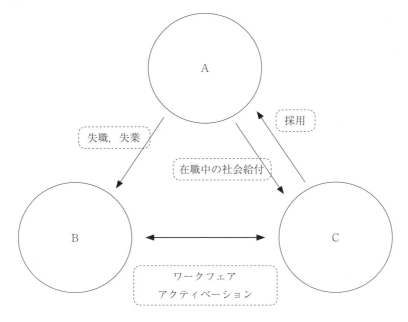

(30) 宮本太郎『生活保障――排除しない社会へ』（岩波書店，2009年）120頁。

自由化された世界取引における労働者保護
—— 多層的規制の問題として

セバスティアーン・クレバー
守矢健一（訳）*

Ⅰ 問題設定

経済法は，商品，役務（サービス）及び資本の交換の法的規律を行う。産業化は，経済法成立を基礎づけた。産業化はさらに，労働者を保護すべきという観念も発展させ，20世紀を通じてそれを貫徹させた。経済法と労働法は，それぞれ国家法として発展してきた。経済法と労働法の目標は，対抗的な性質を持つこともあるし，少なくとも互いに緊張関係に立つこともあり得る。こうした場合には相互の調整が為されねばならない。国内における労働法と経済法の調整は，国家内部の様々な主体によって行われ，さらにまた国外の様々な主体から一様に影響を受ける。さらにこの調整は，さしあたり従来の産業諸国家においては，法の全領域を包括し，高度に発展し相互に首尾一貫した法秩序，すなわち実際上も法的にも特定の価値観に刻印された法秩序の内部において，行われる。このような法秩序の中では，経済法と労働法によって追求された諸利益は調和がとれた関係にある。こうした例としては，次のようなものがある：

- 費用を生み出す状況を，使用者を均等に拘束する労働者保護の強行的な法律上の規制に組み込むことを通じた，立法者による労働費用の中立化[1]。
- 詳細にみれば質量ともにさまざまであるが，とにかく労働協約を独占禁止法と切り離すことによって可能となる，労働協約による労働費用の中

---

*本稿の翻訳にあたっては，根本到教授の多大なるご協力を戴いたことを記して，謝意を表したい（訳者）。

(1) *Krebber*, JZ 2008, 53 (56).

立化⁽²⁾。
- 労働協約または法律上の最低賃金規制⁽³⁾などによる賃金の法的規律。
- 個々の使用者及び国民生活に重大な損害を生じさせる労働争議の適法性の，労働争議法⁽⁴⁾による制御。
- 労働者の健康を保護する労働保護法が，その目的のために必要な費用を，使用者が選ぶ諸々の生産方法および職場環境形成に係る費用として要請すること⁽⁵⁾。

労働法は個々の国家が扱ってきたのに対して，国家間の交易の規制と自由化に資する経済法は，国家の枠組を超える法（überstaatliches Recht）であった。こうした超国家的な法（supranationales Recht）の基礎⁽⁶⁾となっているのが，それを締

（2）この点については，以下の比較法的論述を参照，GA〔= Generalanwalt. ヨーロッパ裁判所の裁判官による判決を補佐する（訳注）〕*Jacobs* verbundene Schlussanträge zu EuGH, Rs. C-67/96, C-115/97 bis C-117/97, C-219/97, Slg. 1999, I-5751, Rn. 80 ff.（Albany）; *Bruun/Hellsten*（Hrsg.）, Collective Agreements and Competition Law in the EU, 2001.

（3）ドイツにおいては，2009年4月20日の，「最低賃金は，通常は国内で雇用されしかし国外に送り出される労働者のための強行的労働条件についての法律」（労働者送り出し法 Arbeitnehmer-Entsendegesetz-AEntG）（BGBl I 2009, S. 799）および，1952年1月11日の，「労働最低条件確定法」（労働最低条件法 Mindestarbeitsbedingungsgesetz — MiArbG）（BGBl III 1952, Gliederungsnummer 802-2）により法定されている。フランスにおいては最低賃金は法律で定められている（Salaire minimum interprofessionnel de croissance, Art. L 3231-1 ff. および remunération mensuelle minimale, Art. L 3232-1；スペインにおいては2012年に，農業，産業，サーヴィス業について，一般最低賃金が定められた，Art. 1 Real Decreto-Ley 1888/2011（30.12.2011）por el que se fija el salario mínimo interprofesional para 2012, BOE Nr. 315.

（4）スペインのストライキ法は，以下の法によって規律されている，Real Decreto-Ley 17/1977 vom 4.3.1977 sobre relaciones de trabajo, BOE 9.3.1977（RDLRT）。また，フランスでは Code du travail in Art. L 2511-1 ff. によって規律されている。さらに，ドイツでは，労働争議法は判例による。これについては *Konzen*, Fünfzig Jahre richterliches Arbeitskampfrecht — Grundlagen, Bilanz, Weiterentwicklung, in: Oetker/Preis/Rieble（Hrsg.）, FS 50 Jahre Bundesarbeitsgericht, 2004, S. 515 ff. イタリアでも労働争議法は基本的には判例によって発展した。この点については *Falasca*, Manuale di diritto del lavoro, 3. Aufl. 2011, S. 541 ff. und *Giugni*, Diritto sindacale, 2010, S. 231 ff.

結した両国家の諸利益に限り調和をもたらす二国間協定であれば，経済法と労働法の間の国内における調和をかかる協定においても顧慮することを想定できる。とにもかくにも実務上，二国間のさまざまの交易協定を締結する際，労働法に関係する事項は，特別な役割を演じうることがこれまでにも示されている[7]。しかし，自由化され，国境を超える交易を規律する法は，領域の次元[8]または普遍的な次元[9]で，多国間で合意された諸規範によって，相当程度の特徴を与えられる。経済法と労働法の調和のあり方は，様々な国家において多様なかたちで形成されており，商品，役務（サービス）及び資本を巡る低賃金国と高賃金国の間での交易の場合，相いれない諸利益が対立することが避け得ないので，経済法と労働法の自国内における調和を多国間の次元においても，部分的にではあれ貫徹できるなどという期待は，現実的でない。

　労働法が個々の国家の事柄である一方，国際的な経済法の規律は国際法の次元で複数国が関係する仕方で定立されるので，経済法と労働法の国内的調和は引き裂かれかねない。本稿の課題は，労働法と経済法の多元的規制を労働法的な観点から探求することである。まず，労働者保護と国境を越えた経済法が，それぞれ

（5）19世紀初頭の例については *Bauer*, Stichwort: „Arbeiterschutzgesetzgebung", in: Elster/Weber/Wieser（Hrsg.）, Handwörterbuch der Staatswissenschaften, Band I, 4．Aufl. 1929, S. 434 ff.（Deutschland）, 490 ff.（Schweiz）, 506 ff.（Österreich）, 520 ff.（Russland）, 534 ff.（Finnland）, 536 ff.（Skandinavien）, 551 ff.（Niederlande）, 562 ff.（Belgien）, 570 ff.（Ungarn）, 575 f.（Luxemburg）, 576 ff.（Bulgarien）, 578 ff.（Italien）, 586 ff.（Spanien）, 590 ff.（Rumänien）, 594 ff.（serbo-kroatisch-slowenische Königreiche）, 597 ff.（Griechenland）, 600 ff.（Polen）, 602 ff.（tschechoslowakische Republik）, 607 f.（Litauen und Estland）.
（6）北米自由貿易協定（North American Free Trade Agreement（NAFTA））については，http://www.nafta-sec-alena.org/en/view.aspx?conID=590.
（7）この一例としては，北米自由貿易協定の付属労働協定（North American Agreement on Labor Cooperation＝NAALC〔http://www.naalc.org/naalc/naalc-full-text.htm〕）。さらに，米カンボジア二国間繊維協定（US/Cambodia Bilateral Textile Agreement（1999）〔http://cambodia.usembassy.gov/uploads/images/M 9 rzdrzMKGi 6 Ajf 0 SIuJRA/uskh_texttile.pdf〕）。
（8）南米南部共同市場（Mercosur＝Mercado Común del Sur〔http://www.sice.oas.org/trade/mrcsr/mrcsrtoc.asp〕）。
（9）世界貿易機関（ドイツ語では Welthandelsorganisation＝WHO）。その法的基礎については，http://www.wto.org/english/docs_e/legal_e/legal_e.htm.

別の次元において規制されねばならないといえるか（Ⅱ）という点と，国際的な世界貿易と国内の労働法とを結びつける法的メカニズムがあるいは存在するのではないか（Ⅲ），という点を，考察する。そのうえで，最後の章において（Ⅳ），多次元的規制の前提を受け入れ，労働法にこれがどのような効果を及ぼし，このことに対してそもそも対抗的措置があり得るか，あるとすればどの部分においてか，という論点を研究したい。

Ⅱ 労働法規制の次元における適応：国際法における労働者保護

1 国際法による労働者保護の理論モデル

労働法を国際法次元で形成することができれば，理論モデルとしてはここでも労働法と経済法の調和をただちに構築できるであろう。国内の法秩序と同様，国際法の次元においても，経済法上及び労働法上の目標の相互的調整は，その細部がどのようになるかはひとまず措くとして，可能であろう。

こうした考え方は，すぐに思いつくものであり，最初の労働法保護規範と言ってよいものが誕生して以来，国境を越えた経済取引と労働法の関係の考察にあたって絶えずついて回る想定であった。すなわち，19世紀末から第一次世界大戦の始まりまでの間に経済の最初のグローバル化がもたらされた[10]。この最初のグローバル化は，産業化の進行とそれほど時を経ずに生起した。実のところこのグローバル化のさらに少し後に発展してきたのが，労働法の最初の形態であった。今日の体系化に従うなら，いわゆる（社会的）労働保護に属し，女性や年少者の保護を目的とする法律が，当時非常に重要になっていたのであった[11]。

経済の面でリードしていたヨーロッパ諸国では，労働法の発展と国際交易との関係が直ちに認識された。こうした国々は，国際的な競争の中にある新興産業に労働者保護に係る諸規律の負荷をかけることに躊躇した。国家はかように国境を超える領域に妥当する労働者保護枠組を知らない以上，そのような保護枠組にかかる費用を国家が賄ってくれることを労働者は期待できないから，そうした費用は新興産業が引き受けなければならなくなるためである。ここから引き出される

---

(10) *Conrad*, Globalisierung und Nation im Deutschen Kaiserreich, 2006, S. 33 f.
(11) 前注 5 。

理論的帰結は，すべての国に強行的に定められた労働保護の最低基準を設定することであった(12)。こうした考え方の最初の成果は次のようなものであった。

- ヴィルヘルム2世の招待により実現した1890年の労働者保護会議(13)，
- 20世紀初頭にバーゼルにおいて設立された国際労働局(14)，
- 第一次世界大戦の終了後にベルサイユ条約13編により創設された，国際労働機関（International Labor Organization ＝ ILO）(15)。

ヨーロッパの諸制度の創設期においても，この構想が援用された。すなわち，

- ヨーロッパ石炭鉄鋼共同体条約68条2項により，「企業が，同一領域に係る労働賃金と比較して当該企業における賃金を著しく低い水準に設定したうえで商品の価格を異常に低く抑えた場合」，高次の行政機関（後のヨーロッパ委員会）は，該当企業または政府に対して，勧告することができた
- ヨーロッパ経済共同体設立条約（Vertrag zur Gründung der Europäischen Wirtschaftsgemeinschaft＝EWG-Vertrag）119条及び120条により，女性労働者の賃金の均等待遇を実現することと，有給休暇に関する規制において認められる男女平等取扱を維持するよう努めることが定められていた(16)。

多次元的問題を理論モデルに従って解決することはこのように容易に見えるの

---

(12) *Mahaim*, Recueil des Cours 1924, III, 69（75 f.）.
(13) この点の詳細は *Krebber*, JZ 2008, 53（55）.
(14) この点については *Brinkmann*, Der Anfang des internationalen Arbeitsrechts. また，国際労働機関の前身である1890年のベルリン国際労働者保護会議については BMAS/BDA/DGB（Hrsg.）, Weltfriede durch soziale Gerechtigkeit: 75 Jahre Internationale Arbeitsorganisation, 1994, S. 25.
(15) 平和会議の準備と実施については James T. Shotwell（Hrsg.）, The Origins of the International Labor Organization, 1934, S. 83 ff. に公表された Beiträge von *Charles Piquenard, Leifur Magnusson, Edward J. Phelan, Ewald Kuttig* sowie die Materialien in Band 2 des von Shotwell herausgegeben Werks. さらに，次の文献も参照。*Bauer*（Fn. 5）, S. 695 ff.; *Mahaim*, Recueil des Cours 1924, III, 69（77 ff.）.

だが，時を経るに従い，こうしたやり方の持つ実際上の限界がはっきりしてきた。以下では，ヨーロッパ労働法，最低賃金，労働協約という3つの論点について，この問題を素描する。また，国際労働法を実現することが難しいという新たな障害については，Ⅲで扱う。

2　具体的実現に際しての限界

（1）　ヨーロッパ労働法の場合

右に紹介した諸規定は，ヨーロッパ連合法（EU法）が展開するその当初において，ヨーロッパ全体拘束力を持つ労働法上の最低基準を定立するという構想の実現を狙っていたが，それらの規定は当初から広がりのない個別的性質を有していた。また，ヨーロッパ石炭鉄鋼条約はすでに失効した[17]。ヨーロッパ経済共同体設立条約120条は，EU運営条約（AEUV = Vertrag über die Arbeitsweise der Europäischen Union〔ヨーロッパ連合の運営方法に関する条約〕）158条として存在し続けたが，EU法の発展過程のどの時点においてもその意義を獲得することはなかった[18]。ただし，これと大きく異なるのは，かつてのヨーロッパ経済共同体設立条約119条，現在のEU運営条約157条であり，この規定はヨーロッパ裁判所によって，EU法の中心的規範のひとつにまで彫琢され，ヨーロッパ基本権保護の基礎を与えただけでなく，ヨーロッパ平等取扱保護法の支柱となった[19]。ただしこうしてこの規範は，女性労働者に同一の賃金を支払うことによって生じる費用負担を，国の枠組を越えて平準化させるというもともとの文脈から切り離されるということにもなった。

緊密な自由取引圏であるEUにおいては，当初は個別的にのみ示されてきた構想が強化され，普遍化され，ヨーロッパ全体を包括する労働法という形態へと転

---

(16) ヨーロッパ経済共同体条約119条については，Schlussantrag von GA *Dutheillet de Lamothe* zu EuGH, Rs. 80/70, Slg. 1971, 445（Defrenne I）; *Schnorr*, Das Arbeitsrecht als Gegenstand internationaler Rechtsetzung, 1960, S. 316. また，同120条について *Krebber*, JZ 2008, 53（56）.

(17) ヨーロッパ石炭鉄鋼条約（Vertrag über die Gründung der Europäischen Gemeinschaft für Kohle und Stahl = EGKS-Vertrag vom 18. 4.1951）79条については，BGBl II 1952, S. 448 ff.

(18) *Krebber*, in: Calliess/Ruffert（Hrsg.）, EUV/AEUV, 4. Aufl. 2011, Art. 158 AEUV.

(19) 起点になるのはEuGH, Rs. 80/70, Slg. 1971, 445（Defrenne I）.

換することも想像できないわけではなかった。しかし実際にはEUは，労働保護(20)という例外を除けば，こうした針路を歩むことはまさになかったのである。むしろ一方で，ヨーロッパ裁判所の判断を通じて，基本的自由iが継続的に拡充されていった。その拡充過程を如実に示すものとして，出自国原則（Herkunftslandprinzip）および自由移動制限禁止原則（Beschränkungsverbot）がある。この二つの原則を通底するのは，ある連合構成国の市場に合法的に流通している経済的財（商品，役務〔サービス〕，そして限定的には労働者も）は，まさにその当該構成国内部市場におけると同じ形態で，別の構成国の市場にも参入できなければならないとする考え方である(21)。なるほど，一般的利益に基づく強行的な諸根拠に基づいてであればこの二つの原則に留保をつけることが正当化できるとされてはいる(22)けれども，ヨーロッパ裁判所は，このような例外を限定的にしか機能させようとしなかったのである(23)。

　他方で，ヨーロッパ労働法の任務を構想として定義することは，条約においても実務においても，真剣に試みられることはなかった。唯一の試みは，1964年の社会政策行動計画の策定である(24)。この社会政策行動計画とヨーロッパ労働法の今日的状態を比較すると，依然としてこの行動計画が立法実務を刻印していることを看て取ることは難しくない(25)。1970年代の法状態と比較すると特に変わったのは，EU運営条約153条(26)により，労働法の領域において法の調和化を目指

---

(20) Richtlinie 89/391/EWG des Rates vom 12. 6. 1989 über die Durchführung von Maßnahmen zur Verbesserung der Sicherheit und des Gesundheitsschutzes der Arbeitnehmer bei der Arbeit, ABlEG 1989 Nr. L 183/ 1 （その16条Iに，個別の多数の指令によって補完されることになる枠組指令が定められている。）.

(21) EuGH, Rs. 8/74, Slg. 1974, 837, Rn. 5 （Dassonville）; Rs. C-55/94, Slg. 1995, I-4165, Rn. 37 f. （Gebhard）. また，就労の自由については EuGH, Rs. C-76/90, Slg. 1991, I-4221, Rn. 12 （Säger）; Rs. C-275/92, Slg. 1994, I-1039, Rn. 43 （Schindler）.

(22) EuGH, Rs. 120/78, Slg. 1979, 649, Rn. 8 （Cassis de Dijon）.

(23) ヨーロッパ裁判所の確立した判例によれば，経済的な諸論拠は基本的自由の制限を正当化しえない。この点について，*Krebber*, IPrax 2001, 22 （24）; EuGH, Rs. C-398/95, Slg. 1997, I-3091, Rn. 23 （Syndesmos ton en Elladi Touristikon kai Taxidiotikon Grafeion/Ypourgos Ergasias）.

(24) 社会政策の行動計画に係るヨーロッパ理事会の1974年1月21日決議（ABlEG 1974 Nr. C 13/1）。

(25) *Krebber*, CLLPJ（39）2009, 875（881）.

す指令を EU が発することを正当化する基盤ができた点である。ただし，この正当化基盤が有効に利用されていないのは，次の理由による。労働法の基本構造について合意が存在しても，構成国間に存在する労働法秩序の差異が極めて広範に存在するため，全構成国を包括して法の調和化を進めるならば，個々の構成国において耐え難い帰結をもたらしてしまいかねないのだ[27]。このことはとくに労働関係終了規制（Beendigungsschutz）において言える。というのも加盟諸国は最近15年にわたり，それぞれの国内の労働市場の発展に主として反応してきており，従って各々の構成国の内部に見出せる諸条件に相応しい規模の法律的な手当てを行ってきたに過ぎないからである[28]。集団的労働法の領域における構成国ごとの相違となると，これはあまりにも大きいゆえ，連合構成国は，この領域に関しては EU の立法権限から外すことに決定したほどである（EU 運営条約153条5項）。また，ヨーロッパ労働法がなかなか形成されないさらなる理由として，ヨーロッパ裁判所が，既存のわずかな指令について，構成国の側からみれば古典的な法学方法論によればもはや正当化できないような解釈を行ってきたこともある[29]。連合構成諸国は疑心暗鬼に陥り，連合法による規整など端から阻止するために努力を傾けている。

（2） 最低賃金の場合

ある国内において，協約上及び法律上の最低賃金，あるいはこれらと機能的に等価の法的措置として例えば公共入札の際の協約遵守宣言といったものは，費用競争との関係を排した賃金費用の下限を確定するものである。賃金費用のこのような別枠化[ii]（Neutralisierung）は，国を越えた次元でも可能だろうか？

国際法上の労働者保護を巡る理論モデルはここでは実務上最も重大な限界に直面している。EU 運営条約153条5項により，ヨーロッパ連合において，労働賃金に関する排他的な管轄権をもつのは連合構成国だけの状態が続いている。従って，国を越えた次元で賃金を設定するあらゆる試みは，そもそもそれ自体として

---

(26) *Krebber*（Fn. 18）Art. 153 AEUV, Rn. 1.

(27) *Krebber*, Der einzelstaatliche Charakter der mitgliedstaatlichen Arbeitsrechte, in: Rieble/Junker（Hrsg.）, Das Grünbuch und seine Folgen — wohin treibt das europäische Arbeitsrecht?, 4. Ludwigsburger Rechtsgespräch/ZAAR 2008, 33（57）.

(28) *Krebber*（Fn. 27）, 33（49）.

(29) EuGH, Rs. C-144/04, Slg. 2005, I-9981, Rn. 74 f.（Mangold）.

禁ぜられている。国際法によって数字を明示した最低賃金を設定することなどおよそ考えられない——これに類する試みが，国際労働機関により，国際的性格が顕著である海運については為されてはいるものの[30]。一般国際法の次元においては従って，国内の最低賃金を定めるための手続に向けて国家を義務づける試みが行われていることを記しておく必要があろう（ILO〔国際労働機関〕26号条約[31] 1条，ILO 99号条約[32] 1条）。さらに，世界人権宣言[33] 23条3項，国連人権A規約〔経済的，社会的及び文化的権利に関する国際規約〕[34] 7条及びILO 131号条約[35] 3条は，人間の尊厳，適正性及び経済的条件に顧慮しつつ，該当諸国に対して間接的ではあれ，賃金額の準則を与えた。ヨーロッパ社会憲章[36] 4条1番2番はこの規整モデルを受け入れている。具体的な最低賃金を国内的諸条件に結びつけて定めることには，一方では納得がいく。最低賃金は経済全体の構造のなかに組み込まれねばならないからである。ただし他方においてこのやり方では，高賃金国と低賃金国の労働費用格差は是正され得ない。このような決定方法による，低賃金国の内部では「公正」な賃金は，高賃金国の賃金を常に大幅に下回るほかはないのである。

（3）労働協約の場合

細部においては多くの相違があるものの，また多くの国が一般的にあるいは個別的に最低賃金を法律で定めている状況はあるものの，賃金およびその他の費用のかかる労働諸条件には 原則としては労働協約による合意が為されている[37]。労働組合，使用者及び使用者団体は，国境を越えた次元で労働協約を締結するこ

---

(30) 船員雇用，船内労働時間及び船員数に係るILO 109号条約（1958年改訂），2013年5月14日発効。なお，国際労働機関のすべての条約は，次のインターネットサイトで検索可能，www.ilo.org，から *labour standards* の欄に行くとよい。

(31) 最低賃金確定手続創設に係るILO 26号条約（1928）。

(32) 農業における最低賃金確定手続に係るILO 99号条約（1951）。

(33) Resolution 217 A (III) der Generalversammlung vom 10. 12. 1948。以下のサイトから参照可能：http://www.un.org/depts/german/gv/fs_gv_zwischenseite.html.

(34) 経済的，社会的及び文化的権利に関する国際規約（1966年12月19日）については，BGBl II 1973, S. 1569 ff.

(35) 開発途上にある国を特に考慮した最低賃金の決定に関するILO131号条約（1970），1972年4月29日発効。

(36) ヨーロッパ社会憲章（1961年10月18日）については，BGBl II 1964, S. 1262.

(37) http://www.eurofound.europa.eu/eiro/2005/07/study/tn0507101s.htm.

とももちろん可能ではある。しかし，こうしたことの例は実際にはほとんどみられないであろう[38]。労働組合は予てより国境を越えた共同作業を行ってきたが，このことが却って本来的な労働協約の国際的実現を阻害する[39]。こうした現象はヨーロッパ連合内部においても見られる。ここで重要な，グローバル化と関係を持つ諸問題に取り組んできたのは労働組合とその国際的活動を担う職員たちであるが，その際かれらの念頭に置かれていた問題は枠組合意であるに過ぎない[40]。この枠組合意は典型的には，供給チェーンを含むコンツェルンを対象としており，このタイプの企業を，企業の住所とは関係なく労働法上の最低基準の遵守へと義務づけようとするものである。ただしこの義務づけの具体的内容の確定に際して，国際労働法に特徴的な限界が待ち受けている[41]。

Ⅲ 多様な規制次元の噛み合せ：自由化された世界貿易への参画の前提としての労働者保護最低限度規律

1 理論モデル

高賃金国があれば低賃金国もあり，両者の相違が移動の誘引といった帰結をもたらしているということは既に述べた通りだが，この基本的な問題は，決して新しいものではない。こうした相違を高賃金国の観点から平準化するための重要な法的道具立てとして，過去には，特定の製品に係る関税や輸入率といった形式に代表される貿易障壁の設定が存在していた[42]。このような貿易障壁によるならば，高賃金国には，費用面での利点を一方的な仕方で高めたり，または物品がある一国に向けて流れるように意識的に仕向けたりすることが，可能になる[43]。さて現在では貿易障壁を除去することが世界貿易の中心的課題のひとつとなっている[44]。ならばしかし，ある一定の，労働法上も意義のある最低基準の維持の有

---

(38) *Krebber*, in: Schwarze（Hrsg.）, Globalisierung und Entstaatlichung des Rechts, Teilband 1，2008, S. 143（152 f.）= EUZA 2008, 141 ff.（Teil I), 315 ff.（Teil II).

(39) *Krebber*（Fn. 38）, S. 143（165 ff.）.

(40) *Felkl*, Rechtliche Bedeutung der Internationalen Rahmenvereinbarungen, 2010.

(41) *Felkl*（Fn. 40）, S. 83 ff. 及び Fn. 46から50までの脚注および本文を参照。

(42) *Krebber*, JZ 2008, 53; *Koch*, Internationale Wirtschaftsbeziehungen, 3. Aufl. 2006, S. 123 ff.

(43) *Beise/Oppermann/Sander*, Grauzonen im Welthandel— Protektionismus unter dem alten GATT als Herausforderung an die neue WTO, 1998, S. 61 ff.

無を，貿易障壁のない世界貿易への参画の前提とすることができるか，そしてその反対に，そうした参画の前提を欠いた国家に交易上の制裁を課すことが許されるだろうか。

　Ⅰで述べておいたモデルとは違って，ここでは国際法により拘束力を与えられた労働法基準を定めればよいというのではない。自由化された世界貿易システムに参画するために国家が満たさねばならない条件を，複数の国家が関与する次元で確定せねばならない，ということなのである。第一に，国際法的には十分な定めを置くことのできない賃金のような領域をも視界に入れねばならない。第二にこうしたシステムは，国際法において優れて労働法的な最低基準が定められており，しかも国家のなかにはその基準を満たしていない，というような政策を考えることができる。国際法のメカニズムというものは，係る基準を自ら進んで遵守することを担保するための方法としては，本来的に向いていない[45]。第三に，労働者保護に向けた最低基準を自由化された世界貿易への参画の前提条件として要求する方法は，国家ごとに労働者保護のためにかかる費用のあまりに大きな相違を（部分的にせよ）平準化するため，そのメカニズムを十分柔軟に実施できるという利点がある。

2　実際の実施に際しての限界

　多様な規制次元の噛み合せモデルもまた実のところは，実際上の重大な障害に直面する。一方で，国際労働機関の活動においても，また自由化された世界貿易における労働法上の最低基準を巡る学問的な取組においても，その遵守が世界貿易参画の前提となるような項目の確定は問題を孕まないどころではないことが知られている[46]。国際労働機関は自ら，1990年代にいささか別の文脈において[47]，労働法における 4 つの領域に係る諸条約のうちの 8 つの条約を労働に係る重要規

---

(44) *Herdegen*, Internationales Wirtschaftsrecht, 9. Aufl. 2011, § 4 Rn. 1; *Tietje*, Internationales Wirtschaftsrecht, 2009, § 1 Rn. 82 ff.; *Niedrist*, Präferenzabkommen im Europarecht und Welthandelsrecht, 2009, S. 17.

(45) *Krebber*, JZ 2008, 53 (58).

(46) *Krebber*, The Search for Core Labor Standards in Liberalized Trade, in: Benvenisti/Nolte (Hrsg.), The Welfare State, Globalization and International Law, 2003, S. 175 (181 ff.).

範と定めた。4つの領域にあたるのは，① 結社の自由と団体交渉権[48]，② 強制労働の撤廃[49]，③ 児童労働の廃絶[50]，④ 雇用と職業における差別の禁止[51]，である。目につくのは，賃金のこと，それから労働法上はとりわけ重要でもあり費用もばかにならない労働保護に係る論点，この二つがここから脱落していることである。

　労働法の核となるものについて，国際労働機関が行ったそれよりもより意義があるカタログを構想するということは，十分考えるに値するであろう。ただこのカタログの実施可能性という点ではやはり問題がでてこよう。労働基準の核心部分の遵守を自由化された世界貿易へ制裁なしの参加を可能にするための前提とする場合，そのような中核的労働基準の多次元における確定というものは，高賃金国と低賃金国の対立のために挫折してしまう。どちらかと云えば高賃金国より低賃金国のほうが数が多いが，これら低賃金国は，労働費用の低廉であることを以て，自由化された世界貿易システムのなかで低賃金国が高賃金国と比較して利用し得る唯一の競争上の利点だと見るのが普通である[52]。中核的労働基準の定義を実際に試みているのは，従って，二国間関係においてのみである[53]。それで

---

(47)「労働における基本的原則と権利に係る宣言」に従い，全ての連合構成国は，条約に批准していない場合でも，労働に係る重要規範の尊重を表明している。即ち宣言の第2において次のように云う：「[国際労働機関は以下のことを]宣言する。即ち，全ての国際労働機関加盟国は，関連する諸条約を批准していない場合であっても，機関に加盟しているだけですでに，該当諸条約の客体となっているところの，基本的な諸権利に係る諸原則を誠実かつ各自の憲法に合致した仕方で遵守し促進し実現する義務を負う」としている。宣言は http://www.ilo.org/public/german/region/eurpro/bonn/download/ilo-erklaerung.pdf. で参照できる。その背景については *Servais*, International Labour Law, 2005, S. 38.

(48) 結社の自由及び団結権の保護に係るILO87号条約（1948）と団結権及び団体交渉権についての原則の適用に関するILO 98号条約（1949）。

(49) 強制労働に関するILO 29号条約（1930）と強制労働の廃止に関するILO 105号条約（1957）。

(50) 就業の最低年齢に関するILO 138号条約（1973）と最悪の形態の児童労働の禁止及び遅滞なき除去措置に関するILO 182号条約（1999年。[2000年の] 発効にもかかわらず漸く1999年に中核的労働規範の構成要素になった）。

(51) 同一価値の労働についての男女労働者の同一報酬に関するILO 100号条約（1951）と雇用及び職業についての差別待遇に関するILO 111号条約（1958）。

(52) *Krebber*, JZ 2008, 53 (58); *Koch* (Fn. 42), S. 190, 194.

もなお，賃金額を含む中核的労働法の定義の可能性が多国間の場合でも十分に測定されたわけではないようにも思える。

労働法が国家法であることと国家領域を超える交易を巡る超国家的法規制

1 階層関係システム（Hierarchiesystem）としての多層的システム

労働法を国際法の次元で設定することが実現できない，または厳しい限界を抱えたままでしか実現できないゆえ（Ⅱ），または，個々の国内の労働法と世界貿易の国際法とを，労働者保護の最低基準を自由化された世界貿易に参画するための前提条件とするというかたちで噛み合せることができないゆえ（Ⅲ），一方に国内的な労働法が，他方に超国家的な世界貿易法が対峙することになる。国内の法秩序内部で構築されていた労働法と経済法との内容的な調和が，乱される。経済法と労働法とは国内においては並列関係にあったのだが，この関係が，国境を超える交易の自由化を推し進める超国家的法と，依然として個々の国家が規律する労働法との間の階層関係（Hierarchieverhältnis）へと変化してゆく。労働法と経済法の関係が一種の階層関係になってゆくのは，より上位の水準の規整がより下位の水準の規整を押しやる形で実現してゆくからである。ただ超国家的水準が個々の国内法をどの程度の強度で破って貫徹するかには，超国家的法は国際法である以上，濃淡がある。もっとも強力なのはヨーロッパ連合法妥当領域における上位法規範である。EU法は国内法に対し優先的に適用されるから(54)。

階層関係というものはしかし，階層間の内容の相互調和を排除せねばやまないというわけではない。ただ，法技術的に見るなら，内容的な調和は内容的な摺合せによって実現するものとは限らない。むしろ，階層関係における上位規範もやはり，国内法による構築の余地を与えねばならないのである(55)。階層関係の場合，内容的調和は，国内法と超国家的法との管轄領域の定義によって，また超国家的

---

(53) 北米自由貿易協定の付属労働協定（前注7）や米カンボジア二国間繊維協定（前注7）。

(54) EuGH, Rs. 6/64, Slg. 1964, 1253 (Flaminio Costa/E.N.E.L.).

(55) *Krebber*, Das Verhältnis von Arbeitsrecht und Binnenmarktrecht, in: Ruffert (Hrsg.), Dynamik und Nachhaltigkeit des Öffentlichen Rechts, FS für Professor Dr. Meinhard Schröder zum 70. Geburtstag, 2012, S. 203 (215 ff.).

規整の射程と深度とによって，統御される。

2　労働法からみた齟齬の特定：EU 域内市場の経験に即して
（1）　出発点
以下では EU という最も強力な自由取引領域の経験を踏まえて，国家管轄に属し，したがって超国家的自由交易法による手入れの対象とならないような，労働法上の論点を定義することを試みる。世界貿易は法的に見ればたいてい自由化されており，商品・サーヴィス・資本の自由なやりとりは，システム間競争，費用競争，そして移動競争を帰結するということは，以下の叙述では甘受するとしよう。法的発展の現状において，こうした点に原則的疑問を投げかけても，所定の成果をもたらすことは難しい。

（2）　労働者保護と自由化された国際的交易の間に存する齟齬の成立の実質的背景
かつてのヨーロッパ共同体法そして現在のヨーロッパ連合法の展開を観察するなら，自由貿易領域が労働者保護にとって帰結をもたらすにいたるのは，就中賃金費用について，相互に張り合う連合構成諸国の枠組条件が相当異なっている場合だけである，ということが，まず事実として，認識できる。こんにちのヨーロッパ連合は，こうした状況とは長いこと無縁であったが，このことはひょっとすると，域内市場に通底する基本思想枠組を相俟って刻印してきたのかもしれない。費用上の相違がヨーロッパ連合に見られるようになったのはしかし，ヨーロッパ連合が東欧に拡大した後になってから[iii]というわけではない。すでに1990年代半ばから，建築業の領域では，建築労働者がポルトガルや英国から多く「送り出し(Entsendung)」されてきておりその問題と取り組むようになっていた[(56)]。一般にグローバルな領域では，労働者保護と自由化され国境を越える取引との間に生ずる齟齬の発生にはかならずついて回る費用上の相違というのが実際に存在することは論を俟たない。

（3）　自由移動の制限禁止，出自国原則，基本的自由の第三者効
次に法的な観点から見てみると，EU において労働者保護と自由化され国境を

---

(56) *Hanau*, Lohnunterbietung (»Sozialdumping«) durch Europarecht, in: Due/Lutter/Schwarze (Hrsg.), FS für Ulrich Everling, 1995, S. 415 ff.

超える交易との間の齟齬が生ずる原因は，はっきりと特定できる。すなわち自由移動の制限禁止[57]，出自国原則[58]，基本的自由の第三者効[59]。

自由移動の制限禁止は出自国原則の基盤である。EU 法においては，いわゆる Keck 判決[60]に定められた限界内における自由移動制限禁止としての基本的自由理解によれば，結局，構成国において合法的に市場にもたらされた製品はそのままのかたちでその他の構成諸国の市場にも参画できる。受入国（Bestimmungsstaat）が自国の法を，したがってまた自国の労働法を適用すると，これは基本的自由の制限になる。自国法の適用が基本的自由と両立可能なのは，一般利益（Allgemeininteresse）という有無を言わせぬ論拠ゆえに自国法の適用が要請される場合だけである[61]。出自国原則は枠組条件についても国ごとに存する相違の自在な活用を許容しまた促進すると言ってもよい。ヨーロッパ裁判所およびヨーロッパ立法権者は労働法にとって重要な以下の問題に取り組んできた：

- ある連合構成国出身の使用者が，サーヴィス給付の自由を行使して，別の構成国において，ただしそこに居住することはないままで，サーヴィスを提供する，ことを「送り出し（Entsendung）」という。サーヴィス提供者が自ら労働を行うわけではない。サーヴィス提供者はかれの雇用する労働者を一時的に（vorübergehend）他の構成国に連れてゆくだけである。出自国原則があるので，この被雇用者は受入国においても，出自国の労働条件に適合的に労働することになる[62]。さらに，一回の送り出しについて24か月を上限として，

---

(57) 前注21。

(58) 前注21。

(59) EuGH, Rs. C-438/05, Slg. 2007, I-10779, Rn. 33 (Viking); Rs. C-341/05, Slg. 2007, I-11767, Rn. 98 (Laval).

(60) EuGH, Rs. C-267/91 und C-268/91, Slg. 1993, I-6079, Rn. 15 f. (Keck und Mithouard); Rs. C-384/93, Slg. 1995, I-1141, Rn. 36 ff. (Alpine Investments BV/Minister van Financiën).

(61) EuGH, Rs. 120/78, Slg. 1979, 649, Rn. 8 (Cassis de Dijon).

(62) 契約に基づく債権関係に適用される法（ローマⅠ，ABlEG 2008 Nr. L 177/6, ber. 2009 Nr. L 309/87）についての EU 議会およびヨーロッパ理事会による規則（2008年6月17日，Nr. 593/2008）の8条Ⅱにより，一時的送り出しに過ぎない場合，準拠法転換は発生しない。

- 出自国の社会保障法が妥当する(63)。
- ドイツのいくつもの州において，いわゆる協約遵守宣言を通じて(64)，公共入札の場合には協約賃金額を最低賃金と定め，こうして協約を下回る賃金に基づく入札競争を禁ずることにつとめている。協約遵守宣言はドイツ連邦共和国の内部でも政治的にも法的にも論争の的となっていた(65)。ヨーロッパ法の次元では協約遵守宣言は出自国原則の前に潰えた(66)。
- 居住自由（Niederlassungsfreiheit）について，ヨーロッパ裁判所は自然人と法人のそれぞれの場合での国境移動を比較し，ヨーロッパにおいて通説であった事務所所在地法主義（Sitztheorie）に基づくために法人が引き受けねばならなかった手間（出自国の法に基づく清算と，受入国法に基づく新たな設立）は，住所を定める自由の制限にあたると捉えた(67)。出自国原則は国際会社法における設立地法主義（Gründungstheorie）を帰結することとなった(68)。設立地法主義は，会社法に基礎づけられた，また会社法が創設する法人の法的構造に基礎づけられた，企業の共同決定と関連を持つことから，労働法上の意義を持つ。設立地法主義によって，企業組織における共同決定を予定していない，あるいは共同決定の関与の程度の低い連合構成国で法人を設立し，しかる後にこの法人をこの形式のままで，企業における共同決定の比重の高い国家への住居移転を行うことができるようになった(69)。

ヨーロッパ裁判所は，大方の注目を集めた二つの判決において，サーヴィス提

---

(63) 社会保障を巡るさまざまの体系の調整に係るヨーロッパ議会およびヨーロッパ理事会による，規則（Nr. 883/2004, 2004年4月29日，ABlEG 2004 Nr. L 166/1）12条Iを見よ。

(64) 州委託法における協約遵守宣言の概観については DFL/*Krebber*, 5. Auflage 2012, § 5 TVG Rn. 4.

(65) BVerfG, 1 BvL 4/00, NJW 2007, 51 ff. これにつき *Preis/Ulber*, NJW 2007, 465 ff.; *Rieble*, NZA 2007, 1 ff.

(66) EuGH, Rs. C-346/06, Slg. 2008, I-1989（Rüffert）.

(67) EuGH, Rs. C-212/97, Slg. 1999, I-1459（Centros）; Rs. C-208/00, Slg. 2002, I-9919（Überseering）; Rs. C-167/01, Slg. 2003, I-10155（Inspire Art）.

(68) *Weller*, ZGR 2010, 679（691）; *ders.*, Europäische Rechtsformwahlfreiheit und Gesellschafterhaftung, 2004, S. 55.

(69) これにつき *Weiss/Seifert*, ZGR 2009, 542 ff.

供の自由と居住自由について第三者効を認めて労働組合を敗訴させた[70]。こうして構成国の国内法によれば合法的な労働争議が，サーヴィス提供の自由と居住自由にとっては制限となり得ることになる[71]。

3 国境を超える交易に係る超国家的法規範に制限を加えることによる階層的システムの調和：域内市場法からの教訓

（1） 労働法上の問題状況の概観

以上の諸状況に通底するのは，その国の労働法はもはや適用されてはならないとされるおそれのあるその連合構成国との関係が，緊密だということである。そのような状況として例えば，送り出された労働者の実際の労働場所とか，実際に公共委託が実施される（協約遵守宣言）場所，法人の居住地がある。居住自由についておこる第三者効にあたる事例の典型は，企業が労働者の居住する構成国から脱出することを労働者が防ぐ，ということであり，サーヴィス給付自由の場合には，労働者が実際に労働を行っている構成国において，労働者の労働条件に影響力を行使しようという試みである。

こうした事実関係が超国家的な域内市場法の扱う客体となるのは，基本的諸自由が制限禁止の方向で拡充され，基本的諸自由の第三者効が組合に対しても認められると判ぜられたためにほかならない。ただ，以上の問題は，国境を超える交易を統御する法の観点からみると，自由貿易領域における経済の流れの全体像のなかでは，極めて限定的な状況であるに過ぎない。したがって第一に，制限禁止や出自国原則，第三者効，といったものの全体を問題とするほどには，労働者保護との関係での齟齬の数々は重要とは言えない。逆に，域内市場法の行き過ぎを是正するといった措置を取ったとしても，域内市場にとって取るに足る効果を期待することはできないとも云える。

（2） 超国家法に対する個別的な制限

　（a） 人の自由移動（Personenfreizügigkeit）／送り出し　　　送り出しと

---

[70] 前注59。
[71] こうした諸判決のドイツ労働争議法に対する影響につき *Blanpain/Swiatkowski* (Hrsg.), The Laval and Viking Cases, Freedom of Services and Establishment v. Industrial Conflict in the European Economic Area and Russia, 2009, S. 63 ff.

いう状況は，グローバルの水準ではそもそも相対化されたものであってよいはずだ。労働者の移動自由というのが一方であり，労働者はある連合構成国において使用者に雇われこの国の労働法に従うものとされている。他方には送り出しというのがあって，労働者は使用者とともに一時的に別の連合構成国に滞在している。この両者をEU法上区別するという考え方を，そもそもグローバルな次元で世界貿易法が人の自由移動を認めている状況があるのなら，展開させていっても構わない。がしかし，世界貿易法は人の自由移動を認めているとは到底言えない(72)。

(b) 消極的な事例としての，送り出し指令　　グローバルな考察であっても，やや抽象的な次元においては，送り出し問題の法的取扱は，問題をどのように解決してはならないかということを考える際の例として資するところがある。出自国原則の適用の帰結のいくつかを認めないという判断を，ヨーロッパ裁判所自身がいくつかの事例において傍論（obiter dicta）で述べており，ある連合構成国に一時的に滞在するにすぎない人々のすべてに対し，当該構成国の法律または労働協約を適用することを禁ずるものではない，と論じている(73)。受入国主義による出自国主義のかような抑制は1996年の送り出し指令（Entsenderichtlinie）が取り入れるところとなった(74)。しかしその後の展開が示すのは，出自国主義が基本的に強化されるなかこの論点についてだけ例外を設けても説得力を持ち応用可能な解決になるわけではないということである。一方において，基本的自由の理解について齟齬が生じてしまった。最低価格は，商品流通自由（Warenverkehrsfreiheit）との関連で送り出し指令を補完する措置であるが，

---

(72) 条約の枠内でサーヴィスを提供する自然人が国境を越えて移動する場合を規律する付属文書第二版（"Anlage zum grenzüberschreitenden Verkehr natürlicher Personen, die im Rahmen des Übereinkommens Dienstleistungen erbringen"）第一文に，労働者移動自由に係る規律を見ることができるかどうか，という点について，*Wiegemann*, Die Liberalisierung des Dienstleistungshandels im Recht der Europäischen Union und der Welthandelsorganisation, 2009, S. 94 ff.

(73) EuGH, Rs. 62/81 u. 63/81, Slg. 1982, 223, Rn. 14（Seco／EVI）; Rs. C-113/89, Slg. 1990, I-1417, Rn. 18（Rush Portuguesa）; Rs. C-43/93, Slg. 1994, I-3803, Rn. 23（Van der Elst）.

(74) 1996年12月16日の，調達と就労の枠組に関する労働者送り出し指令（Richtlinie 96/71/EG, AblEG 1997 Nr. L 18/01）3条1項。

これが基本的自由に矛盾するものと位置づけられることとなった(75)。他方で，ほかならぬヨーロッパ裁判所自身が，自らが構築する基本的自由に係る法解釈構成（Dogmatik）に送り出し指令を留保なく組み込むようになっており，こうして，送り出しの場合であって労働法が問題となる領域の場合でも受け入れ国原則を妥当させないための道具立てへと送り出し指令を変えてしまった。すなわち，労働者保護を目指す規律であっても，送り出し条例の要件を満たすものについてのみ，送り出された労働者に適用可能だとしたのである(76)。送り出し指令は労働協約遵守宣言のような道具立てを想定しておらず，従って，労働協約遵守宣言は基本的自由に違背するとされる。

　（c）　解決の試みのいくつか　　　第一に，制限禁止の原則は，[国際的には] せいぜいヨーロッパ連合の内部にしか見られないような自由貿易領域に参画する国家をかくも厳格に拘束するものではなく従ってこの制限禁止原則という法解釈構成上の形象を世界貿易法に応用すべきではないのではないか，と問うことができる(77)。地球全体でみた場合にそれでも制限禁止原則が大事だというなら，受入国の法の適用を可能にするためには，現在のEU法が認めているよりもより広範な例外が認められねばならないのではあるまいか。例えば，受入国の国内法の適用の正当化を，一般利益という強行的論拠に基いて行う場合，この論拠を，これまでヨーロッパ裁判所が伝統的に行っていた程に基本的自由の意味にひきつけて解釈することはしない，ということは可能であろうと思う(78)。ケック判決によると，基本的自由は，市場参画権に係る制限禁止を定めてはいるが受入国の市場における行動について制限禁止を定めているわけではないとされており(79)，従ってこの判決はそれに先行するいくつかの判決と同様，今後に利用可能でまた強固にすることのできる，ある手掛かりを含んで

---

(75)　EuGH, Rs. 82/77, Slg. 1978, 25, Rn. 13/15（Niederländische Staatsanwaltschaft/van Tiggele）; Rs. 231/83, Slg. 1985, 305, Rn. 23（Cullet/Leclerc）; Rs. 229/83, Slg. 1985, 1, Rn. 25 f.（Leclerc/Au Blé Vert）.

(76)　EuGH, Rs. C-341/05, Slg. 2007, I-11767（Laval）; Rs. C-346/06, Slg. 2008, I-1989（Rüffert）; Rs. C-319/06, Slg. 2008, I-4323（Kommission/Luxemburg）.

(77)　*Wiegemann*（Fn. 72）, S. 235 ff.

(78)　Fn. 23.

(79)　Fn. 60.

いる。すなわち,「ある国内の,あるいは地方の社会的文化的特殊性に対応するため」,差別をもたらさない限りにおいて基本的自由の適用を除外する効果を持つ,そのような定めがあるが,それは「ある特定の政治的経済的諸決定の表現」である,という考え方である[80]。さらに,ストライキ権の意義とストライキ権の行使による基本的自由の実際上の侵害とを区別するならば,組合に対する第三者効という法形象は,EUの領域内でも不要である。一般的に言って,EU設立条約4条2項に見られるように,国家のアイデンティティ維持のためにいくつかの例外を定めることができるのであって,協約自治や労働争議法もその例外に数えることができる[81]。

Ⅴ 結 語

1.超国家的経済法を超国家的労働法によって補完することができれば理論上は最も説得力がある。具体化にあたってしかしこの道は克服がほとんど不可能な困難に逢着する。他方,このモデルの潜在力が労働法の具体的領域について考察し尽くされたとは言えない。なかでも,労働保護法のように費用がかかる要因について,国際労働法の領域で探究が深められていくことが望ましい。

2.労働法上の定められた基準の遵守を,国境を超える自由化された交易への参加の前提とするという考え方もまた,将来を約束されたものである。こうした最低基準を順守しない場合に交易上の制裁を課する可能性があれば,低賃金国と高賃金国の利益の調和化をもたらすに相応しい柔軟な装置となるであろう。

3.多元的システムにおいて,労働者保護と世界貿易の自由化との調和化はなにより,国境を超える交易を規律する超国家的法制に対する個別論点的限定によって達成されるべきであろう。国境を超える交易を規律する超国家的法制が労働者保護に係る国内法に優位することの問題は,当該国家の労働法の適用が許されないとされているその国家において,実際の事実関係の主なものが生じている場合

---

(80) *Krebber* (Fn. 55), S. 203 (216).
(81) *Krebber* (Fn. 55), S. 203 (216).

である。出自国原則が，国境を超える経済取引というグローバルな観点からみて必要であるとされる以上，受入国の国内労働法の適用を認めるような広範な例外が設定されなければならない。

訳注
i　ここでは「基本的自由」とは，いわゆる人権ではなく，域内市場における商品取引の自由，人の移動の自由，住所を定める自由（企業の所在地を含む。情報技術の発達による国境を越えたサーヴィス提供の自由も含まれる）から，資本移動と決済の自由に及ぶことがらを意味している。
ii　Neutralisierung は中立化と訳したくなるが，賃金費用を競争の影響から除外するという意味で Neutralisierung という言葉を用いているので，本文のような訳語を用いた。
iii　東欧への拡大が顕著だったのは2004年のことで，キプロス，チェコ，エストニア，ハンガリー，ラトヴィア，リトアニア，マルタ，ポーランド，スロヴァキア，スロヴェニアの十か国が一気に連合に加盟した。

◇ 第Ⅷ部 ◇
刑罰観の《社会的》・《国境横断的》変容？

日本の行刑改革と社会復帰理念

金澤真理

I はじめに

　従来，刑事制裁制度をめぐる問題は，一国の領域内で「ドメスティックに」取り扱われてきた。刑事制裁が国家の刑罰権に基づいて科されることに加えて，その態様，方法が固有の歴史的，文化的背景をもつが故に，刑事制裁制度もまた，かかる独自の背景の影響を多分に受けるという理解がその根底にあると思われる。しかし，一定の行為を犯罪と定め，これに刑罰という制裁を加えることは，むしろ世界に普遍的に見られ，今日，各国の刑罰の執行方法も似通ってきている。さらに，犯罪者を刑事施設内に拘禁するのではなく，社会内で処遇したり[1]，社会奉仕命令や電子監視装置の着用を科したりする等の，刑罰に代替する措置を命じる最近の改革の方向性も共通している[2]。この傾向は，西欧社会のみならずアジアにも見られるものである[3]。必ずしも犯罪者を施設に拘禁しないで社会内で処遇しようとする最近の改革の方向性は，従来から存在する保護観察のような伝統的な法制度とは若干の相違がある[4]。惟うに，一定の条件の下に拘禁を回避しよ

---

(1) 後述のように，社会内処遇はしばしば更生保護と同義と解され，また，非拘禁的措置と内容的に重複する部分がある。それ故社会内処遇を一義的に定義することは困難であるが，本稿では施設内処遇との対比で社会内処遇の語を用いる。
(2) 非拘禁的措置の活用を促進するための諸原則を定め，その利用を「非刑罰化，非犯罪化への努力の一部分」とするよう求める国連最低基準規則（東京ルールズ）が1990年採択された。これ以降，拘禁刑をできる限り避け，自由刑に替わる非拘禁的措置を適用する方向を目指すべきことが国際的にも承認された。
(3) 例えば，韓国の例について，金炯局「韓国における『特定性暴力犯罪者に対する位置追跡電子装置装着に関する法律』施行による位置追跡電子装置装着に対する考察」刑事立法研究会社会内処遇班『非拘禁的措置と社会内処遇の課題と展望』(2012年) 365頁。

うとする動向は，刑罰執行即ち行刑における一種のグローバリゼーションの文脈で捉えられよう。犯罪現象自体がグローバリゼーションの影響を受けることには疑いがない。いまや犯罪行為は国境を越えて行われ，刑事施設の中に諸外国の被収容者が収容されている。それにも拘らず，その対策たる刑事制裁のみがグローバリゼーションと無縁ということはあるまい。そこで，まず，この点に関して問題の位相を概観しておこう。

犯罪の対策として，自由刑中心主義がとられて久しい。近代的刑事政策においては，刑事制裁としての刑罰の重点は，かつての身体刑に替わり，施設に拘禁して行う自由刑に置かれている。その理念も，刑事施設に拘禁してもっぱら被収容者に苦痛を与えるという発想によるのではなく，被収容者に再犯防止等の教育目的の処遇を施すことを目指すものである。自由刑の執行には，多額の費用を要する。多くの国では，刑事施設の設置，運営にかかる膨大な支出が国費でまかなわれ，時に費用対効果の観点で検証にさらされる[5]。その際，単に経済的視角からのみならず，行刑目的及び人権保障への，国際的基準を踏まえた法政策的，及び法理論的観点からの検討が不可欠であることは当然である。この意味においても，刑事制裁制度の構想及び運用の問題は，単に一国内の制度であるにとどまらず，グローバルな問題の一つとして取り扱われるべきなのである。

自由刑を中心とした行刑の問題を考える際に重要な役割を演ずるのが社会復帰(Rehabilitation)，ないし再社会化((Re-)Sozialisierung[6])の概念である。犯罪を犯した者の社会への再定着は，共生的環境をとり戻す本人の利益であるのみならず，社会の側の関心事でもある。今日，犯罪者処遇の一つの目的として社会復帰を掲

（4）最近は，伝統的な更生保護とは異なり（厳密に言えば刑罰代替措置とも異なる），社会内で監視を付するような施策も含んだ，より広い意味の社会内処遇（若しくは非拘禁的措置）の概念が用いられている。もっとも，東京ルールズの趣旨（前注2）に鑑みれば，社会内処遇（若しくは非拘禁的措置）は，非刑罰化，非犯罪化を目指すべきであり，ネット・ワイドニングの方向で用いられることには疑問があろう。土井政和「日本における非拘禁的措置と社会内処遇の課題」刑事立法研究会社会内処遇班・前掲（前注3）8頁以下（特に15頁）。なお，染田惠『犯罪者の社会内処遇の探求——処遇の多様化と修復的司法』（2006年）も参照。

（5）かかる問題への対策の一環として，刑務所の民営化の試みがあるが，その目指す方向，態様は極めて多様である。これに関する近時の包括的な研究として，刑事立法研究会『刑務所民営化のゆくえ——日本版 PFI をめぐって』（2008年）。

げることは，殆ど共通の認識となっている。そのため，社会復帰を目指し，犯罪を犯した者に対しても施設に拘禁しないで行われる，或いは，刑罰に代替して行われる社会内処遇ないし非拘禁的措置が模索されるようになった[7]。社会復帰を第一義的目標に据えるならば，あえて社会との関係を絶つ刑事施設への拘禁を選択すべきでないからである。

日本では，施設内に拘禁しないで施される処遇を指す広義の社会内処遇と更生保護という語がほぼ同義で用いられてきた。更生保護は，広くは犯罪者の社会復帰を促進する公共的活動一般を指すが，より狭い，法定の更生保護（保護観察，仮釈放，更生緊急保護—権力的なものと非権力的なものに区分される）は，刑罰ないしこれに代替する措置とは異なる，犯罪者若しくは釈放者への援助を指す。社会復帰支援を旨とする，この意味の更生保護は，古く民間に委ねられ，その反面，国家による行刑の局面では社会復帰理念が必ずしも語られず，また，組織的にも矯正と保護とが分離していることから，両者を貫く保護や援助の理論的検討が不十分なものにとどまっている。

この点につき，ドイツ行刑法は，基本法の法治国家原則（Sozialstaatsprinzip）から導き出された再社会化を行刑目的に据え，以下のように規定する。「自由刑の執行において，受刑者は，将来，社会的責任において，犯罪を犯すことなく生活できるようになるべきである（行刑目的）」（第1条），と[8]。この行刑目的の下で，釈放者に対してのみならず，施設に拘禁されている者に対しても社会的援助（第71条以下）が施されている。他方，日本では近年刑事施設，更生保護に関する大

（6）社会復帰が問われる場合，厳密な意味では「再」社会化のみならず，（未だ十分達せられていない）社会化のプロセスそのものが問題となる局面がある。本稿では，これらを総じて再社会化と称するが，ドイツ語訳としては，(Re-)Sozialisierung をあてている。

（7）当初は，短期自由刑の弊害が問題視され，その対策として注目された。後述のように，弊害は短期の場合に限らず，拘禁刑に一般的に見出される。他方，最近諸外国において，あえて短期自由刑を活用する動向も見受けられる，注目を要する（*S. Laun*, Alternative Sanktionen zum Freiheitsentzug und die Reform des Sanktionensystems, 2002, S. 34 f.）。

（8）これをさらに具体的な形成規準とするために，行刑目的に向けた基本原則が以下のように定められた。①社会同化の原則，②弊害排除の原則，③社会復帰の原則である（第3条）。

幅な法改正を相次いで行ったが、ドイツ行刑法のような目的規定は設けられなかった。日本の改正法の下で、社会復帰に資する施設内・社会内処遇が可能か、またそうであれば如何にして可能か、日独法の相違も踏まえて考察を加えよう。まず、日本の現況の特徴を指摘したうえで（Ⅱ）、改正動向を概観し（Ⅲ）、しかる後に行刑の理念を機軸として日独法を比較して、展望を得たい（Ⅳ）。

◆ Ⅱ 日本における行刑の動向と分析

　日本の刑事施設の収容人員は、90年代半ば頃から増加し始め、その後増加の一途をたどり、2000年に入ると収容定員を上回る過剰収容状態となったものの、近年は過剰収容状況が緩和した[9]。ただし、刑事施設の収容人員のみを治安状況の指標とすることはできない。欧米と比較すると犯罪発生率は低いうえ[10]、有罪判決を受けた者が実刑となり自由刑の執行を受けるに至るまでは段階があるからである[11]。自由刑を言い渡されても執行猶予に付される場合が少なくないことも、実際に刑事施設に収容される割合が低い理由である。この点について、従来は、伝統的な社会内処遇制度たる執行猶予が機能していたと見る余地もある[12]。

　もっとも、一時期より落ち着いたとはいえ、依然として収容率は高いと評されている[13]。刑事施設の収容人員が多くなればなるほど、収容者のストレスは増し、発生する抗争に対応する施設職員の負担もまた増大する。被収容者と職員との人的関係を機軸に、被収容者の生活全般を画一的規則により、隅々まで規制する「日本型」行刑と称される広く用いられてきた包括的な処遇は[14]、多様で処遇困難な被収容者に直面して機能不全を起こし、名古屋刑務所事件をはじめとする人権

（9）矯正統計による年末収容人員数は、2011（平成23）年に7万人を切り、69876人となり、翌2012（平成24）年には、67008人となった（http://www.e-stat.go.jp/SG1/estat/List.do?lid=000001112208）。収容定員90547人に対して、収容率は77.2％である。

（10）警察庁統計によれば、最近10年の日本の刑法犯の発生率（人口10万人当たりの認知数）は、1200ないし1300の間で推移しており、2000年当初の2000台より減少している（警察庁平成24年の犯罪情勢：http://www.npa.go.jp/toukei/seianki/h24hanzaizyousei.pdf）。一般刑法犯に限定しても、2010年には1239であり、最近はさらに減少傾向に拍車がかかっている。ドイツ、フランス、英国、アメリカ合衆国と比較しても顕著に低い（平成24年犯罪白書36頁参照）。

（11）また、有罪判決に占める罰金刑の割合が高いことも看過してはならない。

侵害事件が発生する一つの契機となった。従来の行刑の実施方法自体に反省が迫られている。被収容者が施設の規律を守り，施設内生活を大過なく過ごしたとしても，必ずしも通常の社会生活に円滑に復帰できるとは限らないからである。その問題を示唆するのが高い再犯率である。

　再犯の概念は一義的ではない。警察犯罪統計上の再犯者とは，前に道路交通法違反を除く犯罪により検挙されたことがあり，再び検挙された者を指す。再犯者の人員は，90年代後半から増加し続けてきたが，近年は若干減少している。これに対して，検挙人員に占める再犯者の人員比率である再犯者率は，90年代後半から一貫して増加傾向にある[15]。再犯者率が高いことは，一見，治安状況の悪さや矯正の不十分さを示しているようにも思えるが，新たに犯罪に赴く者が比較的少ないとも解釈し得る。特に，自由刑の効果の観点からは，単に再犯を問題にするよりも，矯正施設への再入受刑者の動向を見ることに意義がある。

　刑事施設の再入者とその構成比を見ると，近年，入所度数が２度以上の者が多数を占めるとともに，５度を上回る者も少なくないことが判明する。2004年以降，再入者率は増加傾向にある。特に，無職の者が再入所する傾向が顕著であり，無職者の占める割合は入所度数を重ねるに従い上昇している[16]。また，今日あらゆる場面で社会問題化している高齢化の問題は，特に刑事施設において顕著であ

---

(12) 司法統計年報の通常第一審終局処理人員に関する統計によれば，近時の執行猶予率は，概ね58〜59％で推移しており（2007年59.1％，2008年59.3％，2009年59.3％，2010年59.0％，2011年58.2％），裁判確定人員中の有期懲役確定者については，56-58％，有期禁固確定者については，94〜96％が執行猶予となっている（平成24年版犯罪白書49頁）。なお，執行猶予制度導入の経緯と実体法的意義については，拙稿「刑の執行猶予の実体法的考察」刑事立法研究会社会内処遇班・前掲（前注３）136頁。立法経緯の詳細に関しては，三田奈穂「明治38年『刑ノ執行猶予ニ関スル法律』（法律第70号）について」成蹊法学81号（2014年）１頁以下も参照。
(13) 平成24年犯罪白書58頁。
(14) 監獄は，人を「仁愛」故に懲戒し，「残虐痛苦」を与えるところではないとする，出発点におけるその精神自体は，人道的なものであった（1872（明治５）年の「監獄則並図式」緒言）。
(15) 平成23年版犯罪白書176頁。
(16) 2013年の矯正統計（http://www.e-stat.go.jp/SG1/estat/List.do?lid=000001120338）による再入受刑者の前刑出所事由別再犯期間，入所度数別再犯期間，前刑出所年別及び出所事由別再入状況を参照。平成23年版犯罪白書183頁も，入所度数を重ねるにつれ，改善更生の困難さが増すと分析する。

る。例えば，65歳以上の高齢受刑者は，入所人員，割合共に増加している[17]。高齢受刑者の問題は，刑事施設での処遇の問題にとどまらず，各方面に影響を及ぼす深刻な問題となる。例えば，仮釈放の問題がそれである。仮釈放の可否において最も重要視される要素は，引受環境や帰住先である。かつて引受先となっていた家族や地域は，社会構造の変化，高齢化に対処しきれず，その役割を果たせなくなってきた。それ故，高齢で犯罪を繰り返し刑事施設への入所を繰り返す者は，仮釈放の対象となりにくい。これらの者が満期を迎えれば，保護観察に付されることなく出所することとなる。そのため，行き場を失い，最低限の起臥飲食の場がある刑事施設へ再度戻る者が後を絶たないと考えられる。

　世界で同時進行的に生ずる不況やそれに伴う世界規模の格差の拡大は，急速に進展した高齢化と相俟って，社会のあらゆる場面で波紋を引き起こしているが，特に刑事施設に頻回出入所する者に関しては，社会復帰に伴う深刻な困難を発生させる。核家族が一般化した現代においては[18]，（特に高齢）累犯者の引受先に乏しい。産業構造の変化やグローバリゼーションが，彼らの復帰を引き受けてきた雇用主に打撃を与えた点も看過できない。ほかにも本来治療が必要な精神障害者等が累犯となり，刑事施設に繰り返し入所している事実が夙に指摘されている[19]。矯正の場としての刑事施設に本来収容を予定していない者[20]が多数収容され，その結果機能不全を起こしている状況を，日本の福祉国家政策の限界を示すものと捉えることもできよう。従来，セーフティネットとしての役割を果たしてきた家族や地域が弱体化し，社会復帰困難者の増加の原因の一端となっている。つまり，日本の刑事施設は，本来入所を予定していない，社会の構造変動に対応できない者まで収容し，そのこと故に本来的に刑事施設で施されるべき処遇が十全に実施できなくなっているばかりか，刑事施設に一旦入所すると社会復帰が極めて困難になるという皮肉な結果を招いている。では，近時の法改正は，現状の課題を解決し得るのだろうか。

---

(17) 矯正統計による新受刑者の年齢別入所度数及び累犯・非累犯（前注16）参照。
(18) 総務省統計局家族類型別一般世帯数（http://www.stat.go.jp/data/nihon/02.htm）。
(19) 事例を挙げて紹介するものとして，山本譲司『累犯障害者』（2006年）。
(20) 刑罰ではなく，他の処分の対象となり得る。なお，この点に関しては，ヴォルフガング・フリッシュ「国際的法規範によって吟味を受ける保安監置」（次章）も参照。

Ⅲ 行刑改革の推移

　日本の行刑改革は，明治時代以降，近代化の一環として[21]開始された。その嚆矢となったのが1872年「監獄則並図式」である。これに引き続き，1908年に制定された監獄法が，欧米諸国の立法をモデルとして成立した。総合的な刑事施設法として当時は先駆的な法律であったが，時代の経過により，不備が指摘され，改正の気運が高まった。明治監獄法の特色は，施設の規律運営を定めた抽象的規定が多く，実際には，命令，通達により運用されていたこと，しかも，その運用の際の施設長の裁量範囲が大きいことである。これに対して，刑事施設における処遇の指針を定めていたのが，1931年に定められた行刑累進処遇令である。その内容は，行状に応じて分類級を定め，級を上げるにつれ施設内における自由の程度も上げるというものであり，あたかも飴とムチのように優遇措置と抑圧措置とを使い分けるものとの批判がなされた[22]。この制度が一定の成果を上げるためには，被収容者の均質性及び被収容者と施設職員との間に一定の特殊な関係があることが前提であったが，大規模収容においては，その前提は失われ，処遇困難者の存在がさらに施設職員の負担を増すこととなった。

　法務大臣は，行刑の近代化，国際化，法律化のスローガンを掲げて，1976年，法制審議会に監獄法改正を諮問し，法改正を進めようとした（1982年拘禁二法案の国会提出）。これに対する研究者や弁護士会の動きは際だっていた。中でも，刑事立法研究会は，改革理念として，刑務所の人道化，法律化，社会化，国際化を掲げて対案を作成して対抗した[23]。しかし，拘禁二法案は，未決拘禁施設の代用として警察署の留置場に被疑者を収容する慣行を容認した留置施設法案に対する反対が大きく，ついに成立しなかった。ところが，時を経て，2001年に発覚した名古屋刑務所事件をはじめ，刑事施設における人権侵害事件の発生を契機として，再度監獄法改正の必要性が高唱され，法務大臣の指示により民間の有識者をも交

---

(21) 不平等条約撤廃のため国内法の近代化，整備が喫緊の課題であった。
(22) 本来保障されてしかるべき外部交通の権利についても，分類級が上がらなければ自由に交通できない等，単なる恩恵と位置づけられていた。刑事立法研究会『入門・監獄改革』（1996年）44頁（水谷規男執筆部分）。
(23) 刑事立法研究会「刑事拘禁法要綱試案」法律時報63巻6号（2001年）54頁以下。

えた行刑改革会議が設置され，行刑改革の検討が委ねられた。

　行刑改革会議で指摘されたのは，いわゆる「日本型」行刑と呼ばれる従来の手法の限界である。たしかに，この手法が奏効する素地が当初はあった。欧米諸外国に比べて必ずしも犯罪発生率が高くない日本においては，刑事施設に拘禁されるのは，一握りの選び抜かれた犯罪者ばかりである。これらの者に対しては，個別的処遇を前提としつつ，分類をすることにより，画一的な統制が可能であると考えられた。これが「日本型」の一つの特色である。刑務官１人当たりの担当被収容者を多数に設定し得る「日本型」行刑では，欧米諸外国に比べて施設内処遇にかかる予算が抑えられた。法律には規定されない所内規則による規律秩序維持が優先され，段階的に自由度をあげる累進処遇令の運用により，刑務所生活を無難に過ごせば分類級があがり，自由度が上がるため，専ら規律を守り，無事に過ごすことに専心する者が少なくない。そこには，被収容者が自律的に社会との関係を結ぶようにする，という視点が決定的に欠ける。個別の被収容者が自律的に社会復帰を目指すという理念を掲げても，その実践は，むしろ画餅に帰すであろう。それに加えて，刑事施設での生活が一般国民生活より快適であってはならないといういわゆる「劣等処遇」ゆえに，待遇に対する不服を申し立てることが困難であった[24]。刑事施設の組織においては，広い裁量権をもつ施設長の下で，担当刑務官と被収容者との「特別権力関係」が依然として支配的であった。その隙間を埋めてきた個別の人的な関係が有意義に機能している場合なら格別，被収容者に占める外国人受刑者，高齢受刑者が増えるなど，被収容者が多様化し，画一的処遇が困難になると，個人的関係を前提とした組織運営は，秩序維持に支障を来す等の機能不全を起こした。かつての狭い社会を反映した「顔が見える関係」の上に成り立つ柔軟な処遇は，情緒主義としてなお残存したが，それが問題を生じると，一転して官僚主義が支配的になった。その問題性は密行主義ゆえに明るみに出ることは稀であったが，一連の人権侵害事件により，問題が顕在化したのである。これを契機として，法務大臣の指示により設置された行刑改革会議の「提言」[25]の下，2005年に受刑者処遇法が成立し，次いで2006年には未決施設や海上保安施設に関する規定も含んだ刑事収容施設処遇法の形で成立，施行された。

---

[24] 本来の不服申立て制度ではなく，情願の申請ができるに過ぎなかった。

[25] http://www.moj.go.jp/content/000001612.pdf

行刑改革会議は、以上のような「日本型」行刑の問題点を鋭く指摘したが、社会復帰を目的に据えるときに看過することができない刑罰執行段階での社会復帰理念の確認、就中行刑段階から示されるべき社会復帰への道筋については十分に論じ尽くされなかった[26]。

　これと同時期、保護観察中に再犯を犯した事件が大きく報道された事を契機として、更生保護に関する諸規定が整備され、2007年更生保護法が成立した。日本の更生保護の起源は、1882年の監獄則に規定された別房留置であるとされるが、実質的な端緒は、1888年、静岡で金原明善により創設された出獄人保護会社である[27]。ドイツにおけるのと同様、日本の更生保護も、時代を通じて民間の篤志家の社会復帰援助事業によって支えられてきた。そのため、本格的な法整備は、戦後になってからようやく緒に就き、更生保護法の前身である犯罪者予防更生法が成立したのも、1949年になってからであった。法制度が整ってもなお、更生保護の担い手は民間主体であり、現在も民間の更生保護施設に対して保護の委託が行われる事例が少なくない。民間篤志家の主導で更生保護事業が盛んに行われた頃とは産業構造が大きく転換し、刑事施設出所後の雇用先として期待されてきた建設、製造業が不況の影響を受けている昨今、社会復帰理念との関連で更生保護の機能や担い手を見直す意義は大きい[28]。法整備は、まさにその時をとらえたものであった。

　かかる状況を背景に成立した更生保護法は、「犯罪をした者及び非行のある少年に対し、社会内において適切な処遇を行うことにより、再び犯罪をすることを防ぎ、又はその非行をなくし、これらの者が善良な社会の一員として自立し、改善更生することを助けるとともに、恩赦の適切な運用を図るほか、犯罪予防の活動の促進等を行い、もって社会を保護し、個人及び公共の福祉を増進する」目的

---

(26) 例えば、「提言」は、「受刑者の人間性を尊重し、真の改善更生及び社会復帰を図るための改革」の必要性を謳いながら、矯正と保護とをつなぐ仮釈放についてはとりあげていない（斎藤司「仮釈放の現状と課題」刑事立法研究会『刑務所改革のゆくえ』（2005年）88頁）。

(27) 拙稿「更生保護施設の機能に関する一考察」山形大学法政論叢37＝38号（2007年）1頁以下も参照。

(28) なお、伝統的更生保護の実践に学び、対象者の持続的自律支援のための枠組み策定を提言するものとして、拙稿「更生保護の現代的意義」斎藤豊治先生古稀祝賀論文集（2012年）319頁。

を掲げ（第1条），次いで，「国は，前条の目的の実現に資する活動であって民間の団体又は個人により自発的に行われるものを促進し，これらの者と連携協力するとともに，更生保護に対する国民の理解を深め，かつ，その協力を得るように務めなければならない」と規定した。法律に国の責務が書き込まれている点に少なからぬ意義が見出されるが，なお，社会復帰を目指すうえで重要になる矯正と保護との関係即ち刑罰の執行と社会的援助との連携関係が保障されたとは言い難い。それは，（「提言」により指摘されたように）必ずしも現実の社会を想定した復帰に向けての処遇が，施設内において十全になされてこなかったこと，更生保護が，自ら就労しようとする意欲，能力のある者への支援に傾いていたことに加えて，犯罪を犯した者等が自律的な社会復帰を果たすために社会や国家が如何なる責務を負うかについての議論が十分でなかったことによると思われる。この点につき，社会的法治国家の理念から国が犯罪者の社会復帰についての責任を負うとするドイツ行刑法と比較してみよう。

Ⅳ 行刑と社会復帰，再社会化理念

　特定個人にはたらきかけて再犯予防をはかるという意味の社会復帰は，特別予防論と軌を一にする。刑罰の目的を社会復帰，再社会化に見出す思考の淵源は，ドイツのリストが唱えた特別予防論に遡ることができる。今日語られているのと同様の社会復帰をリスト自身が構想していたかどうかは定かではない。しかし，経験科学，実証主義的犯罪学の強い影響を受けたリストは，当時としては進歩的な視角から，刑罰の目的を法益保護のみならず，社会防衛にも見出す目的刑論を展開し，かかる目的合理性の範囲内でその存在が正当化されるとした。また，犯罪者を改善不能な者，改善可能でかつ改善すべき者，改善の必要まではない者に分類し，社会防衛手段としての刑罰は，改善更生の可能性，必要性のある者に対して加えられると主張した[29]。改善のための刑罰は，少なくとも1年以上の期間，施設内で真剣かつ持続的な懲戒を通じて科される。合目的的な刑罰を追求したリストは，行為者の性格，危険性に着目し，かかる個人的因子による犯罪原因の除

---

(29) *F. v. Liszt*, Der Zweckgedanke im Strafrecht (1882), in: Strafrechtliche Aufsätze und Vorträge, Bd. 1, 1905, S. 126-179.

去にこそ刑罰の存在意義があるとして，その他の社会的原因の除去は，主として社会政策によるべきであるとした。処遇の理念を改善に据え，犯罪を犯した行為者個人に焦点を合わせたリストによる特別予防的犯罪政策は，日本の刑事法学，行刑実務にも影響を与えた。しかし，正常な人とは異なった，特殊な「犯罪者」像を想定し，個人に起因する負因，犯罪的素因を取り除き，改善するという思想には一面的に過ぎるという問題があり，批判が向けられた。

その後，劣悪な監獄の環境やそれを支える特別権力関係論が批判の対象となり，フロイデンタールにより受刑者の法的地位，権利論が注目を浴びるようになるにつれて，社会復帰の主体としての受刑者の観点が顧慮され[30]，次いで，復帰先の社会がどのように彼らを受け入れるべきかが考慮の対象となった。再犯予防を強調するにしても，社会が受け入れなければ，行き場を失った犯罪者が再度犯罪を犯すリスクが高くなることが判明したのである。かかる視角から，司法大臣の任にあったラートブルッフは，刑事施設の生活環境をむしろ自由社会に近づけるように提言し，これが1927年の行刑法草案並びに戦後制定されたドイツ行刑法にも影響を及ぼした[31]。

かくして，ドイツにおいては，社会復帰，再社会化を行刑目的に掲げる立法が実現した。今日，社会復帰をまったく考慮しない刑事制裁制度は意味をなさないであろう。固より，社会復帰は刑事制度固有の概念ではないうえ，極めて多義的である。社会復帰目的の実現手段が必ずしも自由の剥奪によらなくてもよいなら，施設内処遇を手段とする刑罰を選択する必要はないが，他面，社会復帰目的を再犯予防に結びつければ，より長期間の拘束が許容されることにもなり得る。もっとも，社会復帰と拘禁とはしばしば緊張関係に立つ。無用の拘禁は，社会性の維持，促進を妨げるおそれがある。それ故刑罰賦課の文脈では，行為責任によるその正当化，限定が不可欠であることは言うまでもない。拘禁による被収容者の心身面にもたらされる弊害に加え，離職，家族との断絶やスティグマ等，社会生活

---

(30) 彼の主張として同時に強調すべきであるのは，自由刑が同時に身体刑や財産刑であってはならないという点である。自由刑の刑罰内容が自由剥奪にとどまるべしとする自由刑純化論につながる主張である。*B. Freudenthal*, Die Staatsrechtlichen Stellung des Gefangenen, Rektorrede an der Akademie für Sozial- und Handelswissenschaften zu Frankfurt a. M. 3．Nov. 1909. Zeitschrift für Strafvollzug, 1955, 157.

(31) Vgl. *R-P. Calliess, H. Müller-Dietz*, Strafvollzugsgesetz, 11.Aufl., 2008, S. 1．

を送るうえで拘禁が与える悪影響を考えると，拘禁自体を避けるべきことは当然の前提である。そう解するならば，社会復帰，再社会化の理念は，更生保護ないし社会内処遇の局面のみならず，刑罰執行即ち行刑の段階においても考慮されるべきものである。ここにおいて，社会復帰，再社会化は，行刑と更生保護とを連携させる一貫した指導理念と位置づけることができる[32]。特に，ドイツの立法過程の議論に学ぶべきことは，社会復帰理念を行刑，更生保護に関する国家の責務との関連でとりあげることである。円滑な社会復帰を図るために，拘禁の悪影響を出来る限り除去する責務が，刑罰を付加した国家にあると言えることは固より，真に社会復帰を果たすための社会の受け入れ態勢の整備の責務をも基礎づけ得るからである。その際さらに吟味すべきであるのは，社会の構造変動に対応できずに社会生活に困難を来し，若しくは社会から排除された者を再度包摂する理論的実践的枠組みの設定である。

　通常，社会復帰とは，その対象となる者が，刑事施設へ収容される以前に形成してきた関係を基盤とした，元の社会に戻ることを想定し，かつそれが望ましいとされる[33]。かつては，血縁や家族が社会の最小単位として，誰にも用意された復帰先と考えられてきた。今日，誰しもがそのような状況を有するとは言えない。家族等の帰住先がある場合に限って社会復帰が可能と解すべきではない。復帰先の社会があるのか，またどのようなものであるかは，各人の事情によるが，社会復帰の機会は，本来，財産や血縁家族の有無等の個人の置かれた状況や条件に左右されるべきものではない。固より，その社会は，犯罪を犯した者を身構えて受け入れる，監視のある権力的な環境であってはならない。刑事施設の中にも，一つの「社会」が形成されているとは言えるが，そこで自主・自律的な生活が営める保障はなく，極めて特殊な環境であることは明らかであり[34]，復帰目標であるとは到底言えない。

---

(32) 土井政和「社会復帰のための処遇」菊田幸一，海渡雄一『刑務所改革』(2007年) 69頁以下参照。

(33) 無論，その場所への復帰を本人が希望しない，或いは復帰すべきでない等の場合には，この限りでない。また，従来，十分な社会的関係を形成することができなかった場合にも，敢えて元の環境を選択する必要はない。

(34) Vgl. *M. Foucault*, Surveiller et punir, naissance de la prison, 1975, III, chapitre III. ミシェル・フーコー『監獄の誕生』(田村俶訳) (1977年) 198頁以下参照。

前述のように，社会的法治国家理念を憲法上の原則に据えたドイツでは，行刑法が社会復帰主体自身が再社会化に主体的に関わるべきことを規定に盛り込み，その援助の役割を行刑当局が果たすというスタンスをとっている。判例もまた，国家の援助的役割を説明する。表現の自由に関する重要なテーゼを打ち立てたことでも有名なレーバッハ判決（BVerGE 35, 202）は，社会的法治国家が，人権の享有主体たる受刑者が受刑後，再度「ふつうの自由な社会」に戻ることを要請する。確かに，レーバッハ判決は，再社会化理念と再犯防止とは矛盾しないと述べる。しかし，それは社会防衛を優先させるべきことを意味しない。刑事施設に収容されたことで，一層社会復帰が困難になった者に対して，福祉国家，社会的法治国家の文脈で，国家の社会復帰の援助要請が導出されるのである。レーバッハ判決を引用しつつ，2006年5月31日の連邦憲法裁判所判決（BVerGE 116, 69）が，国家が，特に重い基本権侵害を伴う自由刑を執行するときには，その刑罰の弊害を最小化する義務を負うべきであると述べたことには注目すべきである。ドイツの議論において，犯罪を犯した者が復帰する場は「ふつうの自由な社会」である。その社会へ復帰することを援助する国家の責務が既に明確である点を見逃すことはできない。これに対して，日本の更生保護法の規定では，国家は更生保護を援助する民間の個人や団体を促進，連携する役割にとどまっている点で相違がある。

　他方で，国家により社会復帰が強制的に行われることにも多大な問題がある。一つの人格として尊重されるべき個人は，社会との関わりについても自律的に決定できなければならないからである。だからこそ，日独いずれの法制度も各人の自覚に訴えた自律的社会復帰を目指しているのである。問題は，受刑者が社会復帰にどの程度協力すべきであるかである。かつて，ヴュルテンベルガーが，人が相互的コミュニケーションを通じて共同体に適合していく存在であるという認識を前提として，社会復帰のために対象者自身もまた積極的にかかわっていく義務があると論じたことを想起しよう[35]。円滑な社会復帰のためには，犯罪を犯した者が自覚的積極的に社会復帰に協力することが効果的である。ただし，それが押しつけであっては意味がない。ヴュルテンベルガーに倣い，社会化における相

---

(35) *T. Würtenberger*, Die Reform des deutschen Strafvollzugs im Geist des sozialen Rechtsstaates, FS für Germann, 1969, S.314. Siehe auch *ders.*, Kriminalpolitik im sozialen Rechtsstaat, 1970.

互作用に着目するならば,周囲との自由なコミュニケーションが可能な場,自律性こそが社会復帰にとって必要である。また,国家が刑罰を科するために対象者の社会復帰を困難にしたという経緯に照らし,さらに,刑事施設という場がそもそも権力が行使される場であることに鑑みれば,社会復帰への協力を義務化することは正当ではない。また実際上義務化によっては,真の自律的復帰は果たせないであろう。真に自律的復帰を目指すのであれば,行刑においても更生保護においても同意を原則とすることが望ましい[36]。無論,確信的に社会復帰を拒否し,自己の復帰に非協力な者も存在する。近年諸国が取り組んでいるテロ対策を始めとする諸施策は,こうした現実に対応するものであるが,それでもなお,ある者の社会復帰を完全に否定しさることはできない[37]。

日本の行刑のあり方を再吟味する場合にも,かかる視点は有用である。社会復帰の効果を上げるためには,被収容者の主体的な努力が必要である。国より,その努力をするよう働きかけたり,学習の機会を確保することは不可欠である。場合によっては,被収容者の自由を剥奪し,集中的に処遇を施す必要がある場合もある。しかし,その自律性を確保し,復帰に協力的な環境を整備するためには,できる限り施設拘禁を避けることが望ましい。さらに,社会内で処遇を行う場合であっても,それが権力的強制にわたる場合には,自律的な社会復帰を望めない。他方,施設内処遇の必要性が明らかな場合には,刑事施設に収容されている時期から社会復帰への一貫した援助を行えるような,矯正と保護との連携を整えることが必須であろう[38]。特に,従来,家族や地域等が中心的役割を果たしてきた,犯罪を犯した者の再社会化や社会復帰支援を,担い手を再考しつつ,今後如何に実現するかが課題である[39]。日本の刑事施設に諸外国出身の,或いは,社会変動の影響を被った者が多数収容される現在,この課題は,もはやドメスティック

---

(36) 刑事立法研究会社会内処遇班「更生保護基本法要綱試案」龍谷大学矯正・保護研究センター研究年報第5号(2008年)112頁以下参照。
(37) *K. Laubenthal*, Strafvollzug, 2011, S. 78
(38) 土井政和「犯罪者援助と社会復帰行刑(1),(2・完)」法制研究47巻(1984年)63頁以下,48巻35頁以下参照。
(39) この点については,刑事政策の領域のみならず社会福祉の領域においても近年注目されるソーシャル・インクルージョンの理念にも示唆を得られよう(日本犯罪社会学会『犯罪者の社会復帰とソーシャル・インクルージョン』(2009年)参照)。

な文脈で語られるべきものではなく，国際的基準を踏まえてグローバルに取り扱われるべきものといえよう。

Ⅴ　むすびにかえて

　犯罪者の社会復帰，再社会化に総論的な賛同が得られたとしても，個別的なその実施には，なお障害があり，再犯防止のための高いハードルが設定されることが少なくない。犯罪を犯した者をできる限り施設に収容せず，社会とのつながりを保持する社会内処遇の利点は，復帰先の社会にとっても受け入れが比較的スムーズであることが挙げられる。「ふつうの自由な社会」において，各人が自らの「居場所」と「役割」を得て周囲の者との相互的コミュニケーションを媒介に社会関係が形成される社会の中でこそ自律的な規範意識の覚醒や学習，内面化が果たされる。再犯防止には無論一定の強制が必要である場合もあろうが，それが専ら片面的な権力による強制に傾く場合には，自由な社会における自律的な犯罪抑止が結局期待できなくなることも肝に銘じておかなければならない。

国際的法規範によって吟味を受ける保安監置

ヴォルフガング・フリッシュ
金 澤 真 理（訳）

　刑法がいかにして危険な再犯者を扱うのが最も有意義かという問いは，どの国の刑法にとっても根本問題の一つである。それには，国によって様々な解答がある[1]。ある国々は，予防の諸利益をも刑罰において顧慮し，それ故刑罰が長期の，場合によっては終身の保安刑となることもあり得る。また，上のような一元モデルではなく二元モデルを選択する国々もある[2]。それらの国々にとっては，刑罰は不法と責任という尺度によって限界づけられているのである。責任刑により充足され得ない予防の要請は，ただ刑罰以外の方法で，いわゆる刑法の第二の途である――例えば保安監置のような――処分の方法で充足される。いずれのモデルをとるかは，とりわけ法文化に従って決定される。より実用的功利的に方向づけられた法文化は，予防の要求を刑罰概念にとりこもうとする傾向がある。その刑罰概念が観念論のような哲学の影響をより強く受けている国は，刑罰を「純粋に」保ち，明らかにそれを超える予防要求を処分の領域で充足しようと努める。これはドイツ刑法の立場でもある。いずれのモデルが優位かという問いは，当然，責任刑の範囲がある程度限定されている場合にのみ立てられるということにも触れておこう。即ち，危険な強盗や性犯罪者に対して既に30年ないし40年或いは終身

（1）刑事学及び刑事政策の観点も顧慮して，他の国の法秩序において当該問題がどのように答えられているかについて現状を概観した論集として，*H.G.Koch*（hg.），Wegsperren? Freiheitsentziehende Maßnahmen gegen gefährliche, strafrechtlich verantwortliche（Rückfall-)Täter, 2011.
（2）このような，制裁システムにかかる，一元モデルと二元モデルについて詳しくは，*Frisch*, Festschrift für Zoll, 2012, S. 943 ff. 二元モデルにおいて前提される刑罰と保安監置との概念的区別について最近では *Ziffer*, Festschrift für Frisch, 2013, S. 1077 ff. 保安監置の歴史について *Steinberg*, StV 2013, 227 ff.

に及ぶ刑罰が用意されている場合，モデルの選択にかかる問いはそもそも立てられない。

危険な再犯者の取扱いに関する両モデル――一元モデルと二元モデル――は，従来，欧州人権裁判所（EGMR）のような国際裁判所において同じように受け入れられてきた[3]。とはいえその間，二元的構成をとる刑法に基づく要請の，少なくとも一部と批判的に対峙し，当該要請を条約違反だと述べる諸判決が増えてもいる[4]。特にそれがあてはまるのが保安監置である。この制度は，欧州人権条約のようなグローバルな判断尺度の下で，ますます正当化の圧力にさらされている。そこでは，憲法及び法治国家原理と調和していると，つい最近も連邦憲法裁判所が判断した法規定すら，批判的に判断され，条約違反とされている。

I 批判の背景：効率的な犯罪対策の一環としての保安監置の強化

こうした展開の背景（及び契機）となるのは，概括的に「犯罪対策法」とでも言い得る，ドイツの立法者による過去20年にわたる一連の法律である。これら諸法律は，犯罪学的に証明し得る，一定の犯罪の変化に対応している。特定の現象形態の粗暴犯及び性犯罪行為者は，従来よりも凶悪化したし，また，少なからぬ犯罪者は，従来考えられていたよりも明らかにはっきりと，より長期にわたり危険であると判明した[5]。これに加えて，行為者が，犯罪行為を――組織犯罪の場合に少なからずそうであるように――職業とするが故に，生涯危険性を保つような現象形態の犯罪も新たに生じている[6]。

（3）刑の言渡しにより同時に保安の要件が充足されることが明らかであることから，欧州人権条約5条は，一元モデルの性格を示しているが，本文で述べたことは，二元モデルにも特に当てはまる。二元システムを認める判例として例えば EGMR v. 05. 11. 1981 Nr. 7215/75（X. vs. Great Britain）; v. 24. 2.1982 Nr. 7906/77（van Droogenbroeck vs. Belgium）; v. 25. 10. 1990 Nr. 11487/85（Koendjbiharie vs. Netherlands）; v. 21. 10. 2010 Nr. 24478/03（Grosskopf vs. Germany）．補充的に LR/*Gollwitzer*, 25. Aufl. 2005, MRK Art. 5 ; SK-StPO/*Paeffgen*, 4．Aufl. 2012, Art. 5 EMRK Rn. 17a を見よ。

（4）出発点となった判決は，EGMR v. 17. 12. 2009 Nr. 19359/04（Mücke vs. Germany）．これについて，より詳細には後述 II. 2．同所でさらに関連する欧州人権裁判所判決。

（5）これについて，より詳細な論証をする *Frisch*, Gedächtnisschrift für Schlüchter, 2002, S. 669（677 ff., 682 ff.）を見よ。

かかる犯罪の現象形態に効率的に立ち向かうことができるように，一方で一定の粗暴犯及び性犯罪の刑の上限，並びに組織犯罪の現象形態に典型的な犯罪諸類型の刑の上限が，顕著に引き上げられた。公式の立法理由書の文言に従えば，かかる重罰化により，この種の現象形態の犯罪者が「長期間社会生活から隔離される」ことが保障される[7]。また他方で，刑法の第二の途たる処分法，そのなかでも特に保安監置が明白に拡充された。その第一歩として，保安監置を命じる要件が緩和された。特に検挙され有罪判決を受けるのは初めてであるが，既に特定の現象形態の犯罪について繰り返し犯行を行った者に対しても保安監置を命じることが可能になった[8]。同時に60年代及び70年代の改革で導入された，初回の保安監置命令における10年の上限が廃止され，しかも，その時点で既に保安監置に付されていた行為者についても同様とされた[9]。――この点は議論のその後の展開にとって，きわめて重大な意義を持つことが，やがて否応なく判明する。その第二歩目に，有罪判決においてすでにその可能性があることが留保されていれば，危険性が一義的に明らかな場合，事後においても保安監置を命じる可能性が開かれた[10]。第三歩目は新たな法律であった。この法律により，裁判所による上記の留保がない場合でも，特定の状況が，事後的に初めて明らかになった顕著な危険性を証明するときに限り，保安監置命令が事後的に可能になった[11]。

（6）これについて，詳細かつ包括的なものとして *Kinzig*, Die rechtliche Bewältigung von Erscheinungsformen organisierter Kriminalität, 2004。さらに詳細な紹介は，*Frisch*, Art. „Sicherungsverwahrung", in: Lexikon des Rechts, 8 /1390, September 2004, S. 12 f.

（7）この意味で1992年7月15日の「不法な麻薬取引及び他の現象形態の組織犯罪対策に関する法律」の理由書，BT-Drucks. 12/989, S. 1, 21, 30. さらなる紹介は，*Frisch*, GA 2009, 385（396）.

（8）1998年1月26日の「性犯罪及びその他の危険な犯罪行為の対策に関する法律」により追加された現行刑法66条3項参照。BGBl. I, S. 160. 背景について，BT-Drucks. 13/7559, S. 1 f., 8, 9 及び BT-Drucks. 13/8586, S. 1 f., 7, 8.

（9）現行刑法67条d第3項1文及び1998年1月26日法（前注8を見よ）の2条3項により新しく規定された刑法施行法1条a第3文参照。遡及的加重については，*Kinzig*, StV 2000, 330 ff. 及び *Ullenbruch*, NStZ 1998, 326 ff. 参照。さらなる紹介は，*Frisch* (Fn. 6), S. 12 f.

（10）2002年8月21日の「保安監置の留保の導入に関する法律」（BGBl. I, S. 3344）により追加された現行刑法 66条 a 参照。これについて，*Finger*, Vorbehaltene und nachträgliche Sicherungsverwahrung, 2008.

第Ⅷ部　刑罰観の《社会的》・《国境横断的》変容？

重罰化，就中，2010年12月の保安監置に関する新規定によりわずかに部分的に弱められたに過ぎない保安監置の強化の奔流は，およそ単に甘受されて受け入れられるはずもなかった(12)。確かに通常裁判所は，部分的には限定を設けつつも(13)，即座に新法を適用した。学説においては，犯罪対策諸法及び保安監置の新規定に対して，これは憲法違反であるという批判を頂点として，激しい批判が浴びせられた(14)。特にこれらの批判にも勇気づけられて，この保安監置及びその加重の対象となった者が，通常の法的手段を尽くした後，科された処分ないしその延長が違憲ないし条約違反であることを判示してもらうために，連邦憲法裁判所に，また（その後）欧州人権裁判所（EGMR）に対しても，訴えを起こした。この者たちこそが，この水準における吟味において，当初まったく予想もしていなかった連邦憲法裁判所と欧州人権裁判所との間の論争を引き起こしたのである。

Ⅱ 裁判所における吟味の対象としての保安監置およびその強化

1　2004年2月5日連邦憲法裁判所判決：法改正の憲法適合性

連邦憲法裁判所は，2004年，憲法異議に基づく提訴を契機として，最初にこの問題に取り組んだ。この憲法異議においては，既に保安監置に付されている者に対する保安監置の上限の廃止が刑罰の遡及的加重の憲法的禁止に矛盾すると非難

---

(11) 2004年7月23日の「事後的保安監置の導入に関する法律」により追加された旧規定66条b（BGBl. I, S. 1838）参照（2010年12月22日法（BGBl. I, S. 2300）により変更された）。これについて *Bender*, Die nachträgliche Sicherungsverwahrung, 2007; *Brandt*, Sicherheit durch nachträgliche Sicherungsverwahrung, 2008; *Finger* (Fn. 10); *Flaig*, Die nachträgliche Sicherungsverwahrung, 2009. 規定の憲法適合性について（bestätigend）BVerfGK 9, 108 sowie BVerfG (K) NStZ 2010, 265.

(12) 2010年12月22日の「保安監置の新規定に関する法律」参照。BGBl. I, S. 2300 ff. これについて *Esser*, JA 2011, 727 (732 f.); *Kinzig*, NJW 2011, 177 (179 ff.); *ders.*, StraFo 2011, 429 (430 ff.); *Kreuzer*, StV 2011, 122 ff.

(13) 例えば，BGHSt 50, 121 (125), 275 (278) 並びに373 (378) 参照。さらに BGH NStZ-RR 2007, 301参照。

(14) *Ullenbruch*, NStZ 1998, 326 ff.; *Kinzig*, StV 2000, 330 ff.; *ders.*, NStZ 2004, 655 (660); *Finger* (Fn. 10), S. 225; *Paeffgen*, Festschrift für Amelung, 2009, S. 81 (100) 参照。さらなる論争の余地のある判断について，*Lackner/Kühl* StGB, 27. Aufl. 2011, § 66 b Rn. 1.

されたのみならず，上限が定められていない保安監置は，刑罰法規の明確性原則にも，また比例原則にも合致しないと非難された[15]。

連邦憲法裁判所は，この憲法異議を理由なしと解した。即ち，保安監置は，基本法の人権像に鑑みるならば，一般（Allgemeinheit）の保護のための予防的措置と理解でき，かような保安監置は基本法に矛盾しない[16]。個人及び共同体の，特に重要な財に対して危険を及ぼす者の自由を，これらの財の保護のために，当該危険性が存続する限りにおいて，奪うことは憲法的に「許されないわけではない」。また，終身の自由剥奪も，相応する危険性がある場合には，最初から排除されることはない。法律上時間的な上限を設定しない保安監置における施設収容は，自由剥奪が人間の尊厳に適する形で執行される限りで，刑罰にのみ妥当する明確性の要請[17]にも，また基本法1条1項に定められた人間の尊厳の保障にも反するものではない。このことは，保安監置に付された者に対し，十分な再社会化の措置により，再度自由な生活を送れるようにするチャンスが保障される場合には，あてはまる[18]。また，第三者の重大な保護利益が，自由への干渉を正当化し，また，とりわけ比例原則が維持されている限りで，無期限の保安監置は，基本法2条1項による自由権の本質的内容保障にも触れない[19]。従って，例えば「具体的かつ現在する手掛かり（konkrete und gegenwärtige Anhaltspunkte）」[20]により，潜在的被害者の身体或いは生命に対する行為者の危険性が明らかとなり，一般の安全に対する原則的な利益の観点から保安監置の継続が正当化される場合には，かりに10年を超える自由剥奪の場合を含めて，保安監置は認められる，と。

既に保安監置に付されている者に対する監置期限の廃止すら，連邦憲法裁判所のこの決定によれば基本法によって排除されない。決定は，言う。基本法103条2項の遡及禁止には反しない。規定の成立経緯並びにその規範目的に照らして，

---

(15) BVerfGE 109, 133（145 f.）参照。Urteil des 2. Senats v. 5. 2. 2004 = NJW 2004, 739 ff. m. krit. Bespr. von *Kinzig*, NJW 2004, 911（912 f.）. 批判的なものとして *Mushoff*, KritV 2004, 137 ff.; *Satzger*, Jura 2006, 746（752）; zust. aber *Passek*, GA 2005, 96（105 ff.）も。
(16) BVerfGE 109, 133（151 f.）参照。
(17) BVerfGE 109, 133（187 f.）参照。
(18) BVerfGE 109, 133（150, 156 f.）参照。
(19) BVerfGE 109, 133（156 f.）参照。
(20) 例えば BVerfGE 109, 133（161）。

同条項は，違法で有責な行為への否定的かつ応報的な反作用（missbilligende und vergeltende Reaktionen）と理解される刑罰の遡及的加重のみを禁止するのであり，純粋に予防目的を追求する保安監置のような処分は対象ではない[21]。保安監置に内在する自由への干渉の重大性及び執行方法の刑罰との類似性は，遡及禁止の適用範囲の決定にとって適切な基準とはならない[22]。即ち，基本法103条2項の規範目的は，ある行為に不法かつ有責な実質があると，遡及的に新たに評価を加えることから個人を守ることであり，継続する危険性故に，ある処分を延長する場合を問題とするのではない。この期間延長と抵触し得る一般的信頼保護要請（基本法20条3項と結びついた2条2項）ですら，実際にはこれを禁じていない[23]。というのは，その保護は，国民に対し，法的状態の持続性に対する期待が裏切られる場合の全てから守ることまで保障してはいないからである[24]。潜在的な被害者への差し迫った顕著な危険の回避のための変更は，衝突する諸利益の正当かつ容認できる調整の結果として甘受されなければならない，と[25]。

　以上が連邦憲法裁判所の2004年2月5日判決の中心となる言明であり，2004年，2006年及び2009年のさらなる決定により補強され，部分的に拡張された[26]。連邦憲法裁判所により憲法異議を理由なしと棄却された申立人は，そこであきらめず，まもなく欧州人権裁判所（EGMR）に訴えを提起した。即ち，欧州人権条約（EMRK）の5条及び7条違反を申し立てたのである。

---

(21) BVerfGE 109, 133 (167) 参照。BVerfGE 109, 190 (212); BVerfG NStZ 2010, 265 も見よ。
(22) BVerfGE 109, 133 (175 ff.).
(23) BVerfGE 109, 133 (180 ff.).
(24) BVerfGE 109, 133 (180 f. m.w.N.).
(25) BVerfGE 109, 133 (186 f.).
(26) 即ち，ラント犯罪者収容法は確かに立法権限が欠けているという理由で違憲ではあるとしながら（S. 190, 211-235），同時に多数意見が原理的実質的にその収容自体を承認した（BVerfGE 109, 190 [236]）連邦憲法裁判所2004年2月10日判決（BVerfGE 109, 190ff.）によって。BVerfG NJW 2006, 3483及び2009, 980の各判決は，これに基づき，─その後2004年に連邦法に導入された─事後的保安監置についても憲法適合性を確認した。BVerfG NStZ 2010, 265 f. mit krit. Anm. *Foth* は，比例原則と66条3項との調和可能性，及び同規定を「古い諸事例」に適用して支障がないことを裏付ける。これらの諸判決の議論の証明は，*Lackner/Kühl* (Fn. 12), §66b Rn. 1の箇所において。

2　欧州人権裁判所判決：保安監置の事後的延長及び事後的命令の条約違反性

　欧州人権裁判所は，――多くのドイツの観察者が驚いたことに――その訴えを容れた。裁判所は，ドイツの裁判所の決定に人権条約5条及び7条違反を見出したのである[27]。

　欧州人権裁判所は，欧州人権条約5条1項違反は，次の点にあるとする。即ち，同条項は，申立人が有罪宣告を受けた時点で有効であった10年の保安監置の期限経過後も科される自由剥奪についての如何なる根拠も提示しない[28]。同人を自由刑及び保安監置に処する宣告を行った判決は，その判決が下された時点で妥当していた法状態によれば，確かに自由刑の執行及びそれに付加される10年を限度とする自由剥奪（保安監置）を正当化した。しかし，その時点を超えた自由の剥奪は，もはやかかる判決に依拠できない。それ故欧州人権条約5条1項2文aによりカバーすることができず[29]，同5条1項の他の法的事由にも該当しないので[30]，同条約によれば違法な自由剥奪と看做される，と。実際上，欧州人権裁判所の見解によれば，責任能力ある者に対して，自由剥奪期間を事後的に法律によって延長すること自体が，条約に適した自由剥奪のための十分な法的根拠を生み出す適切な手段ではない，ということになる。立法により可能とされた自由剥奪は，欧州人権条約5条1項の如何なる拘禁事由にも包摂されないからというのである[31]。

---

[27]　Das Urteil des EGMR v. 17. 12. 2009 Nr. 19359/04（Mücke vs. Germany）参照。NJW 2010, 2495 m. Anm. *Eschelbach* aaO. und Bespr. v. *Kinzig*, NStZ 2010, 233 und *Laue*, JR 2010, 198. これにつき（正当にも）批判的なのは *Freund*, GA 2010, 193（206 f.）; *Volkmann*, JZ 2011, 335（841）; *Hörnle*, Festschrift für Rissing-van Saan, 2011, S. 239（242 ff.）; *Landau*, NJW 2011, 537（538 f.）. 判決は，この間，Entscheidungen v. 13. 1. 2011（nämlich Nr. 20008/07［Mautes vs. Germany］; 27360/04 und 42225/05［Schummer vs. Germany］; 6587/04［Haidn vs. Germany］）und v. 14. 4. 2011（Nr. 30060/04［Jendrowiak vs. Germany］）の諸判決が確認された。関連する欧州人権裁判所判例については，*Esser/Gaede/Tsambikakis*, NStZ 2012, 554 ff. も参照。

[28]　EGMR Nr. 19359/04（Mücke vs. Germany）Rn. 96-105＝NJW 2010, 2495（2496 f.）参照。

[29]　これに批判的なものとして *Hörnle*, Festschrift für Rissing-van Saan, S. 239（246 ff.）.

[30]　これについて 欧州人権条約5条1項2文cが保安監置の位置づけに関する十分な根拠を何ら含んでいないと述べる（NJW 2010, 2495 部分的にのみ掲載）欧州人権裁判所判決 Nr. 19359/04（Mücke vs. Germany）Rn. 102-104参照。「保安監置の留保」に関して同様に BVerfGE 131, 268（305 m.w.N.）＝NJW 2012, 3357 ff.（Rn. 113 ff.）

欧州人権裁判所は，その後の判決でも，これにまったく類似する諸理由から，事後的な保安監置命令を，欧州人権条約5条違反ゆえに条約違反であると判断した[32]。

次いで，条約7条[33]に関する同裁判所の論証はさらに根本的である。それは，結局のところ二元的制度を特徴づける刑罰と処分との分離を問題としている。即ち，保安監置は，刑罰と同様に犯行後に科されるだけではない。刑罰と同様に自由剥奪を伴い，ほとんど刑罰と同様に執行されるのであるから，その執行における相違は最小限にとどまる。刑罰と処分とは，目的自体，完全には区別できない。処分のみならず刑罰もまたさらなる犯行を抑止せねばならない。他方，保安監置も，特に「その期限の定めがない分，対象となる者が犯した犯行に対する追加的刑罰として」十分理解される。それは，欧州人権裁判所によれば「一義的に威嚇の要素」を「含んで」おり，「一番峻烈だとまでは言えないにせよ，ドイツ刑法典が科し得る最も峻烈なもの（処分）の一つではある」[34]，と。以上のことから欧州人権裁判所は，結論的に，ドイツ刑法上の保安監置は，欧州人権条約7条1項の意味における刑罰と解すべきだとし，従って，従前妥当していた期限の上限（裁判所が命じる更なる執行と共に）を撤廃し，遡及的に自由剥奪を延長するのは，同条約7条1項2文に違反する刑の延長（加重）である，と述べた。

欧州人権裁判所の決定は，確かに第一に保安監置の事後的延長の許容性の問題を取り扱うもので，法廷は，そもそも二元的制度が犯罪に対する反応として実情に即した適切な制度かどうかについて判断したのではなかった。しかし，ドイツ刑法におけるような刑罰と処分との間の区別が果たして実情に即して適切かどうかについての，ある種の疑念が決定の行間からは読みとれる。それ故，この間，保安監置を違憲とする，一連の新たな憲法異議——特に事後的延長や事後的保安

---

(31) 「精神病者」の場合は措く。Art. 5 Abs. 1 lit. e und EGMR Nr. 19359/04 (Mücke vs. Germany) Rn. 104; dies aufnehmend BVerfG NJW 2011, 1931 (1942, Rn. 143) 参照。

(32) Das Urteil des EGMR v. 13. 1. 2011 Nr. 6857/04 (Haidn vs. Germany), abgedruckt in NJW 2011, 3423 (insbes. 3424 f., Rn. 83-96) (これについては，*Kotz*, ZAP, Fach 22, 557ff.) und v. 7.6.2012, Nr. 61827/09 (K. vs. Germany, Rn. 79-88) 参照。補充的に SK-StPO/*Paeffgen*, 4. Aufl. 2010, Art. 5 EMRK Rn. 17-18を見よ。

(33) EGMR Nr. 19359/04 (Mücke vs. Germany) Rn. 106 ff., insbes. 127 ff. (= NJW 2010, 2495 [2498 f.]) 参照。

(34) EGMR Nr. 19359/04 (Mücke vs. Germany) Rn. 130 und 132 (= NJW 2010, 2495 [2499]) 参照。

監置のような特定の保安監置のあり方について——を受けた連邦憲法裁判所がどのような判断を下すか，皆固唾を呑んで見守ったのも無理はない。

3　2011年5月4日連邦憲法裁判所判決：保安監置の正当化可能性を厳しく限定した場合における二元的制度の確認

　結論を先取りすると，連邦憲法裁判所は，正面衝突を避けようとした。即ち，欧州人権裁判所による二元的制度批判には考慮を払いつつも，二元的制度自体は保持しようと試みたのである[35]。

　この目的のために，まず，連邦憲法裁判所は，連邦裁判所判決にとっての欧州人権裁判所の判断の意義に注意を促した[36]。即ち，欧州人権裁判所の判断は，既判力のある連邦憲法裁判所の諸判決があるにも拘らず，さらに判断を行い，しかも従前の判例の内容から自由であるという新たな（法的）状況を作り出したが，それだけではない。憲法をも含む国内法に対して国際法に親和的な解釈をすべしという要請には，欧州人権裁判所の判断を通じて形成された欧州人権条約の評価を，憲法の解釈及び具体化に際して考慮することがこれに叶う，と。ただしここで連邦憲法裁判所は，欧州人権裁判所の判断の中に，二元的制度からそもそも訣別すべき根拠を見出してはいない。実行された犯罪行為に対する応報的反作用たる刑罰と，（同一の行為者による）将来の犯行の抑止のみに資する保安監置のような処分は，目的及び正当化において相互に区別されるとしているのであるから[37]。

---

(35) BVerfG, Urteil des 2. Senats v. 4. 5.2011, BVerfGE 128, 326 ff. = NJW 2011, 1931参照。これについて，*Eisenberg*の評釈コメント, StV 2011, 480; *Kreuzer/Bartsch*, StV 2011, 472; *Streng*, JZ 2011, 827 und *Wolf*, Rpfleger 2011, 413 sowie *Dessecker*（註釈）論文, ZIS 2011, 706; *Esser*, JA 2011, 727; *Grabenwarter* EuGRZ 2012, 507; *Hörnle*, NStZ 2011, 488; *Kinzig*, StraFo 2011, 429; *Landau*, NStZ 2011, 537; *Mosbacher*, HRRS 2011, 229; *Nußstein*, StV 2011, 633; *Payandeh/Sauer*, Jura 2012, 289; *Peglau*, NJW 2011, 1924; *Radtke*, GA 2011, 636; *Renzikowski*, Ad legendum 2011, 401; *Schöch*, GA 2012, 14; *Volkmann*, JZ 2011, 835; *Zabel*, JR 2011, 467 を見よ。

(36) BVerfGE 128, 326（364 f., 366-372）= NJW 2011, 1931（1934-1936, Rn. 82, 86-94）参照。BVerfGE 131, 268（295f.）=NJW 2012, 3357ff.（Rn. 90f.）も見よ。基本法の解釈に関する欧州人権裁判所の判例の意義については，*Voßkuhle*, Festschrift für Frisch, 2013, S. 1359（1362ff.）；さらに *Grabenwarter*, EuGRZ 2012, 507（509ff.）も見よ。

(37) BVerfGE 128, 326（376 f. und passim）= NJW 2011, 1931（1937 f., Rn. 104-106 und passim）参照。同じく BVerfGE 131, 268（290f.）=NJW 2012, 3357ff.（Rn. 80）。

第Ⅷ部　刑罰観の《社会的》・《国境横断的》変容？

勿論連邦憲法裁判所の見解においても，刑罰と保安監置とが別個の目的に資するもので別個の考慮により正当化されるというだけで，(憲法的)正当化にとって十分と解されているわけではない。刑罰と保安監置とは，自由剥奪の目的及び正当化にかかるこうした相違のほかにも，実質的な観点から，即ち，とりわけ現実の執行の観点から，区別されなければならない。刑罰と保安監置との間には──既にBVerfGE 109巻に見出される概念を利用した連邦憲法裁判所の言い方によれば──大きな「懸隔ないし分離 (Abstand)」がなければならない(38)。そのためには，保安監置処分を受けた者の自由に対する介入は最小限にとどめるべきことが要請される。比例原則の保持のためには，保安監置に処された行為者を出来る限り早く自由に解放することを可能にする，治療の提供を保障する最善の環境がなにより不可欠でもある(39)。それがすべて執行及び行刑当局の裁量に委ねられているだけでは足りず，立法者による規律密度の高い正確な規定により，憲法適合的に保障されなければならない，と(40)。簡潔に言うと，連邦憲法裁判所は，確かに二元制を維持し，それにより基本的には保安監置も堅持したが，同時に，欧州人権裁判所による，刑罰と保安監置との区別の可能性に対する疑念に対しては，断固として要求され，かつ多面的な状況に応じて展開された，「懸隔の要請 (Abstandsgebot)」によって顧慮しようと試みたのである。現在の保安監置の法規定によっては十分にこの要請を顧慮し得ないという理由で，連邦憲法裁判所は，保安監置決定の時点での法規定は，比例原則に違反するが故に違憲であると判示した。

　連邦憲法裁判所は，処分の遡及効果ないし事後的な保安監置命令若しくは加重といった問題群については場合分けをしながら論じている(41)。同裁判所によれば，確かに基本法103条2項の「罪刑法定原則」は，処分の遡及をそもそも排除するわけではない。というのは，この原則は，応報，非難としての制裁を前提として

---

(38) BVerfGE 128, 326 (374 ff., 378 ff.) = NJW 2011, 1931 (1937 ff., Rn. 100 ff., 111 ff.); best. von BVerfGE 131, 268 (289f.) =NJW 2012, 3357ff. (Rn. 76f.) in seiner Entscheidung zur Frage der Verfassungsmäßigkeit der „vorbehaltenen Sicherungsverwahrung". 懸隔において重要なのは，単なる区分でなく「優遇」であることについて，BVerfG (3. Kammer des 2. Senats) NStZ-RR 2013, 26f. = StV 2013, 221 (222f.) 参照。

(39) BVerfGE 128, 326 (378 ff.) = NJW 2011, 1931 (1938 f., Rn. 111 ff.) 参照。

(40) BVerfGE 128, 326 (376 ff., insbes. 378 ff. und 383 ff., 388) = NJW 2011, 1931 (1938, insbes., Rn. 110 ff., und 1940 f., Rn. 121 ff., 130) 参照。

(41) BVerfGE 128, 326 (388 ff.) = NJW 2011, 1931 (1941 ff., Rn. 131 ff.) 参照。

おり、それ故保安監置のような純然たる予防的措置への適用を予定していないからである[42]。その際、連邦憲法裁判所は、欧州人権条約（例えば7条1項2文）及び基本法（例えば103条2項）のような一見同一方向を目指した規定も無条件に内容を同じくするものとして解釈する必要がないことに、はっきりと注意を促した[43]。ただし、基本法20条3項と結びついた2条2項による一般的信頼保護の考慮という枠組において、連邦憲法裁判所は、いま一度、既に否定したことをもう一度持ち出した[44]。即ち、極めて重大な犯行の危険があり、かつ懸隔の要請が遵守されている場合であっても、予防的処分の遡及的命令若しくは加重に対しては信頼保護が優先する、というのである。これに対する例外は、——欧州人権条約5条1項2文e項による自由への介入権限に依拠して——精神障害者による行為の危険が問題になっている場合にのみ認められる、とされる[45]。

　欧州人権裁判所を一方に、連邦憲法裁判所の二つの判決を他方にする論争については、このくらいにしておこう。連邦憲法裁判所判決は、欧州人権裁判所とのはっきりとした衝突を避けながらも二元的制度のいくつかの観点を維持しようと、実に苦心をしたのであった。本稿の枠組でその問題のすべてを拾い上げることはできない。私は刑法的視点から特に重要と思われるいくつかの点にしぼってコメントを付すにとどめねばならない。

---

(42) BVerfGE 128, 326（392 ff.）= NJW 2011, 1931（1942, Rn. 141 ff.）参照。

(43) BVerfGE 128, 326（370 ff. und 392 ff.）= NJW 2011, 1931（1936, Rn. 91 ff., und 1942, Rn. 142）参照。

(44) 連邦憲法裁判所が、人権裁判所の定式化した諸要請を、基本法103条2項の枠組においてではなく、法治国家における信頼保護要請の論点で扱ったことの論拠については、*Voßkuhle*, Festschrift für Frisch, S. 1359（1366 f.）.

(45) 精神障害の概念についての詳述を伴って、個別に判示する BVerfGE 128, 326（393 ff., 399 f.）= NJW 2011, 1931（1942 f., Rn. 143 ff., 1944, Rn. 156）；さらなる詳述は、BVerGE 129, 37（47 f.）=NJW 2011, 2711（Rn. 21, 23）und BVerfGE（3. Kammer des 2. Senats）, StV 2012, 25 f. 参照。これについて詳細は、*Mosbacher*, HRRS 2011, 229（234 ff.）. 判決に批判的なものとして、*Kreuzer/Bartsch*, StV 2011, 472（473）；*Zabel*, JR 2011, 467（471）. 精神障害の記述につき批判的なのは、*Krehl*, StV 2012, 27（29 f.）；*Satzger*, StV 2013, 243（248）. 全体につき、詳細は *Schöch*, GA 2012, 14（23 ff.）を見よ。補充的に *Frisch*, Festschrift für Würtenberger, S. 959（971 f., 976 ff.）も見よ。

第Ⅷ部　刑罰観の《社会的》・《国境横断的》変容？

　いくつかの判決，就中2011年5月4日連邦憲法裁判所判決の評価

1　二元的制度の確認について：この制度の利点

　欧州人権裁判所の判決における，ドイツの刑罰と保安監置のような処分との区別にそもそも意味があるのかどうか，またそれが実質的に公正かどうかに対して，それとなく向けられた疑いにも拘らず，連邦憲法裁判所が二元制を堅持したことは，特に強く同意するに値する。行為に対する応報としての，あるいは責任に相応する刑罰のみが――法秩序の妥当を維持する手段として――正当化され得るわけではない。予防のための処分もまた，危険な者の自由と，その危険な者による行為に脅かされる者の自由及び法益との間の衝突に，実情に即した正当な解を提示できる場合には[46]，正当化され得る。このことは，その甘受を潜在的被害者に期待することができず，かつ，その惹起者たる危険な者の自由に干渉することによってしか衝突を避けられないような，重大な侵害の危険がある場合にも，言える[47]。

　固より，二元性を擁護しようとする連邦憲法裁判所の試みは，同裁判所が，優越的利益の思考を拠り所として，処分だけを個別に正当化することに限定せず，その論証に比較法的考慮をも持ち込んでいたとしたら，より広く説得性をもち得ただろう。実際，予防的措置は二元的制度でのみ用いられるのではない。処分という制度をもたない国々も――通常の刑罰の単なる加重という方法によって――予防を講じており，従ってそのような刑の加重を正当化する必要があることには変わりがない。そして最後に，予防は，重い応報刑ないし（行状）責任刑によってカバーされているために，予防についてもはや語る必要がない場合にも用いられている[48]。予防の実現にかかるこのようなバリエーションのすべてと比較して，二元的制度は，刑法に触れた者の諸自由を最善に保護する解決を形成し[49]，かく

---

(46) 或いは，危険な者の行為により脅かされている者たちの，国家に対する基本権関係に即して言えば：「多極的な基本権関係」を実情に即して「整序」できるならば（BVerfGE 128, 326 [371]；*Voßkuhle*, Festschrift für Frisch, S. 1359 [1368 f.]）。

(47) 正当化の試みの詳細については，すでに *Frisch*, ZStW 102 (1990), 343 (364 ff.); *ders.*, GA 2009, 385 (393 f.); *ders.*, Festschrift für Puppe, 2011, S. 425 (434 ff.) 参照。また *Streng*, JZ 2011, 827 (828); *ders.* StV 2013, 236 (insbes. 237 f.) も見よ。

して，侵害にかかる比例原則の観点でも優先されるべきである。素描するならば：

二元モデルは，大多数の犯罪行為に狙いを定めて，即ち，周知の如くお灸を据えるだけで足りるような犯罪者の行為そのものに狙いを定めて，比較的穏当な──より正確に言うと不法及び行為者の責任に相応し(50)，規範妥当の保持のために必要な程度の──刑罰によって，対応すればよい。この見方は，数十年にわたり欧州の一連の諸国において刑罰の顕著な軽減を導いてきたし，同時にこれによって，葛藤から生じた機会犯罪（Konflikts- und Gelegenheitskriminalität）を明らかに増加させることもなかった(51)。不用意に，若しくは（かかる刑罰を要する）危険な犯罪者のわずかな群だけを念頭に置いて，全体として重い刑罰を堅持する（しかもさらに悪いことには，重い責任があるからという理由でこれを正当化する）刑法ならそこへ至ってしまうであろう，多くの不要な自由の剥奪（若しくは他の不当に重い刑）の数々は，以上のような方策を取ることによって回避されている。

そしてまた，数的にははるかに小さな，何度も犯行を繰り返す累犯者群に対しても，二元的制度には，自由を保障する傾向がある。（行為）責任刑により充足されない予防の要請は，裁判による量刑確定の枠組においては，場合によっては長期間に及ぶ保安刑を科す命令へと機械的に至るわけではない(52)。予防の要請はむしろ，正当な処分にかかる命令を発動させるための，法的に定められた要請の程度に，当該予防の要請が達している場合にのみ意味をもつ。そのような程度に達するには，犯された，若しくは差し迫った犯行が極めて重大であることだけでなく(53)，特殊な手続法的，方法的要件を満たすだけの予測もなければならない(54)。一般的量刑とは異なり，これらすべてのことは上級裁判所の集中的なコントロー

---

(48) 典型的なのは，（フランス，イタリア，及びスペインのような）一連のロマンス語圏の諸国，特に再犯に対する最近の加重処罰立法後（それについては *Frisch*, GA 2009, 385 [397] 参照）。このテーマについては，*Asada*, Festschrift für Frisch, S. 1107 ff. も見よ。

(49) 賛同するものとして *Freund*, GA 2010, 193（208）; *Radtke*, GA 2011, 636（640）; *Ziffer*, Festschrift für Frisch, S. 1077（1090 f.）.

(50) これについて，詳細は *Frisch*, GA 2009, 385（391 f., 394 f.）参照。

(51) その論証と説明を行うのが *Frisch*, GA 2009, 383（394 f., 398 f.）.

(52) 多くの一元制をとる国々ではそうである。勿論一元制をとる国でも長期の，特に終身の保安刑を科す可能性を特定の犯罪に限定している場合もある。イングランド，ウェールズについて，*Wischmeyer*, ZStW 118（2006），773 ff.（792 ff.）

ルに服するものである[55]。場合によっては慎重を期すために，予防刑が多めに科されることとの関係で自由を保障するために，処分の執行及び継続は，服役終了後，（定期的な）コントロールによって，処分の執行及び継続の必要が立証され得るという場合に限って実施されるという手段がとられている[56]。

以上のような制度比較は，二元的制度が刑法的視角から優れた制度であることを示しているだけではない。憲法における比例原則の要請も，このモデルの優位性を支持する。連邦憲法裁判所が欧州人権裁判所との対話において，同裁判所に対してもこの点を明らかにしていたらよかったのだが[57]。そうすれば，この制度とは明らかにあまりなじみのない，欧州人権裁判所の多くの裁判官の疑念を払拭し，二元的制度に対するある程度の理解をもたらしたかもしれないからである。

2 執行を正当化の問題へ関連づけることの適切性と，いわゆる懸隔（分離）要請（Abstandsgebot）

さらに連邦憲法裁判所に対して賛同に値するのは，執行を加味して保安監置を正当化していることである。保安監置は，その執行も行為者の自由に対する干渉が最小限であることを保障するよう整備されている場合にのみ正当化され得る。それには，――連邦憲法裁判所が正当にも強調するように[58]――様々な社会治療の提供が行われるだけでは，保安監置に付された者が可及的速やかに自由な世界へ解放されることができるための方策としては足りない。というのは，保安監

---

(53) 例えば刑法66条 a 第 1 項ないし 3 項の要件及び BVerfGE 128, 326（399, 406）= NJW 2011, 1931（1946, Rn. 172）; s. auch BVerfGE 129, 37（47）= NJW 2011, 2711（Rn. 21）を参照。

(54) 手続面では，刑事訴訟法80条 a, 246条 a 参照。方法的要件のために，例えば die Mindestanforderungen für Prognosegutachten einer interdisziplinären Arbeitsgruppe von Richtern am BGH, Bundesanwälten, forensischen Psychiatern und Psychologen, abgedruckt in NStZ 2006, 537 ff. 参照。さらに *Mosbacher*, HRRS 2011, 229（231 ff.）。また，予測鑑定書の品質保証について，*Alex/Feltes/Kudlacek*, StV 2013, 259 ff.

(55) 特に処分の法的前提が充足されない場合，もしくは事実認定及び予測における瑕疵がある場合に，しばしば破棄判決をもたらす上告の領域で。

(56) これについて特に刑法67条 c 第 1 項，67条 e 第 1 項。

(57) かような対話について，das BVerfG selbst, etwa BVerfGE 128, 326（369）; *Voßkuhle*, Festschrift für Frisch, S. 1359（1367, 1370 f.）参照。

(58) 上述 II. 3. bei Fn. 35 f. 参照。

置に付された者は，社会的法治国家理念に鑑みてまさに行刑の対象たる受刑者と同様の提供を要求する権利を当然に持っているからである。そのほかにも自由の剥奪が，保安のため不可欠の程度に限られていなければならないし，保安の任務を害しない限り優遇措置を否定してはならない。

ここまでは連邦憲法裁判所に賛意を表しなければならないが，連邦憲法裁判所が以上の考察にいわゆる「懸隔の要請」という王冠をかぶせている(59)——即ち保安監置の執行と刑罰の執行との間に明らかな懸隔を要請する——ことは，行き過ぎである。同裁判所は，ここで欧州人権裁判所によっては見出されなかった刑罰と処分との相違を，一つの頑丈な要請によって固定化しようと，まったく過剰に試みたように見える。不幸にもこの保安監置及び刑罰の執行面での明らかな懸隔の要請は，保安監置の正当化条件のハードルをさらに高める方向で働いた。それによって連邦憲法裁の判断は二重の観点で疑わしくなっている。

連邦憲法裁判所は，保安監置及び刑罰の執行面での懸隔の要請は，実質的にはまずまったく充足されないことを看過しているが，そればかりではない(60)。というのは，社会治療の提供を必要とする受刑者もまた，それを求める請求権をもっ

---

(59) BVerfG NJW 2011, 1931（1937 ff., Rn. 100 ff., 111 ff.）参照。この要請を歓迎するものとして，例えば，*Drenkhahn/Morgenstern*, ZStW 124 (2012), 132 (192 ff., 201); *Satzger*, StV 2013, 243 (248). 必要性に懐疑的なものとして *Grabenwarter*, EuGRZ 2012, 507 (511).

(60) *Streng*, JZ 2011, 828 (831); *Kreuzer/Bartsch*, StV 2011, 472 (479); *Radtke*, GA 2011, 636 (644 f.); *Renzikowski*, Ad legendum 2011, S. 401 (404, 405)。他方 *Zabel*, JR 2011, 467 (469 f.); *Drenkhahn/Morgenstern*, ZStW 124 (2012), 132 (192 ff., 201) も懸隔の要請の充足可能性に対して疑念を示す。この間2012年4月12日に成立した「保安監置法における懸隔の要請の連邦法化に関する法律（BGBl. I S. 2425）。これについて——部分的に——批判的な *Peglau*, JR 2012, 249; *Lesting/Feest*, StV 2013, 278; *Pöllähne*, StV 2013, 249 は，疑念を払拭するのに，ほとんど十分とは言えない。逆に法文を読めば，保安監置の執行と（社会治療が必要な場合）自由刑の（要請される！）執行との間の明らかな相違を見出すことは困難である。従来の保安監置の実務に懸隔の要請を導入する困難性について，*Beck*, HRRS 2013, 9 ff. を見よ。保安監置問題（及び刑法的制裁システムの二元性のアポリア）の解決として懸隔を要請することにそもそも批判的なのは，*Höffler/Kaspar*, ZStW 124 (2012), 87 ff. (insbes. 110 ff., 115 ff.); *Lesting/Feest*, StV 2013, 278 (280 f.). この問題について包括的な業績として，*J. Müller/Nedopil* らの編集にかかる著作集 „Sicherungsverwahrung—Wissenschaftliche Basis und Positionsbestimmung—Was folgt aus dem Urteil des BVerfG v. 04. 05. 2011 ?", 2012.

ているからである(61)。そして，今日の刑罰理解によれば，保安監置と同様に刑罰も，その本質はただ自由の剥奪に尽きるのであり，不要な負担及び苦痛の負荷とは無関係である。保安監置に付された者に対する，受刑者には否定され得るようないくつかの優遇措置がなお残っているかもしれない。しかし，特別の保安要請の観点からする，別種の展開への逆方向の制限に鑑みると，保安監置においてのみ可能な上記の優遇措置が刑罰及び保安監置の執行の面での明白な懸隔をもたらし得ると言うのは，いささか非現実的に見える。

この点を度外視しても，保安監置の正当化条件のために，保安監置及び刑罰は，執行の面で明白に分離されるというのは，論理的誤りである。保安監置の正当化は，実際，専ら予防的な処分の執行に付される要件もそこから生じるような，緊急避難類似の利益衝突状況を，実情に即して解消するための諸原則に従う(62)。自由刑の執行との間の懸隔をもたせねばならないということは，この推論においては出てこない(63)。それは，保安監置（及びその執行）の正当化条件を求める問いが，規範を確証する制裁としての自由刑を（もはや）知らず（或いはそれを放棄している）(64)，かつ，自由を剥奪する干渉を特に危険な行為者による重大な行為の阻止に制限するような刑法においても回答可能でなければならないことから導かれる。

3 遡及効の問題における司法判断の収斂，および遡及効の禁止の適切な基礎づけと限定

論争の入口で提示した保安監置の期間を事後的に（即ち既に行われた行為に対す

---

(61) これについて，9条1項と結びついた行刑法2条2項2文を見よ。さらに基本法2条2項及び同20条3項の社会国家原則から明らかな再社会化を要求する行刑については，BVerfG 45, 187 (239); 98, 169 (200); BVerfG (K) NStZ 2003, 109 (110) 参照。
(62) 上述 Fn. 43参照。最近のものとして，*Streng*, StV 2013, 236 (237 f.).
(63) 保安監置の執行を社会治療の形態で行うように決定する必然性は，刑罰執行との「懸隔の要請」から生じるのではなく，可能な限り短い自由剥奪を科し，かくして最良の方法で社会治療を提供するためのすべての選択肢を使うよう強制する，自由に対する最小限の干渉のみが許容されていることから導かれる。
(64) これは幾分ユートピア的に聞こえるかもしれない。しかし，実際に執行される自由刑は，今日刑罰の全領域から見ると完全な例外となっている。これについて，さらなる論証は *Frisch*, GA 2009, 385 (394 f.); *ders.*, Festschrift für Jung, 2007, S. 189 (196 ff.) 参照。

る効果を伴って）法律に基づいて延長すること（若しくはその条件の事後的軽減と結びつけた，延長命令）が許されるかという問いが残っている。この点において連邦憲法裁判所と欧州人権裁判所との間の議論は歩み寄るに至る。連邦憲法裁判所もまたこの遡及効果を今や原則的に――即ち精神病患者は別として――許されないと判断したのである。連邦憲法裁判所は，――欧州人権裁判所とは異なり――ただ刑罰の遡及的加重の禁止（基本法103条 2 項）に依拠させるのではなく，同法20条 3 項と結び付けられた 2 条にも依拠させている。

　実際，遡及的な処分の命令若しくは加重の禁止は，保安監置にも妥当しなければならない(65)。刑罰が保安の利益をも満足させる一元的制度の場合，刑罰の特別予防的要素を延長するために犯罪行為後の刑罰威嚇の拡大を要求し，それによって行為時点にはなかった刑罰を科する，などということを考えつく者はおよそ誰もいないであろう。勿論，その場合，刑罰の遡及的加重の禁止に対する違反が認められよう。この点では，行為に向けられた制裁を，（行為）責任に向けられた部分と（行為者の）危険性に向けられた部分とに分解し，かつそれぞれの分離された部分に対して独立の制裁（刑罰および処分）を行うという仕組が採用されている場合でも，何ら変わらない。このように二元的区分が採られた場合においても問題となるのは「一つの行為に対する反応（Reaktion）」，即ち行為の処理（Aufarbeitung）である――ただしそれぞれに異なった観点からする処理ではある。即ち，責任の程度による規範妥当の確証の観点と，行為において明らかに示された危険性への反作用の観点である(66)。遡及禁止原則の根拠（Ratio）も危険性除去に向けられた反作用の算入を要求する。即ち，行為者は，応報的若しくは規範確証的

---

(65) しかも，連邦憲法裁判所が考えるように，基本法20条 3 項と結びついた 2 条 2 項について初めて問題となるのでなく，基本法103条 2 項の有意味な，一元的制度をも考慮に入れた解釈についても言える。さらなる論証をするものとして，例えば，*Kinzig*, NJW 2001, 1455 (1456 f.); *Laubenthal*, ZStW 116 (2004), 703 (724); *Streng*, JZ 2011, 827 (831).

(66) 刑法上の処分，特に保安監置において，常に行為において明らかに示された危険性のみ（及び明らかに――たとえ将来試みられるものであっても――行為への反作用的効果）が問題となることについて，例えば，BVerfGE 109, 133 (174); OLG Brandenburg, v. 6. 1. 2005—2 Ws 229/04, teilweise abgedruckt in StraFo 2008, 208 ff.; OLG Karlsruhe, NStZ-RR 2002, 54; LK-StGB/*Schöch*, Vor § 61 Rn. 68, § 62 Rn. 20; SK-StGB/*Sinn*, § 21 Rr. 2 ; *Müller-Christmann*, JuS 1990, 801 (802) 参照。

381

で，かつ非難を意味する制裁に関して，当該行為について予定されている刑罰より重い帰結が事後的に引き出されたりしないと信ずることができなければならない。そればかりでなく，犯罪者は，その行為の処理が，その危険性の観点から，行為者の自由を奪うことで果たされる場合においても，同様の信頼を期待できなければならない。刑罰と処分との概念的区分は，この根拠の下では，有効な反論の根拠ではない。逆に，区分の基本指針は，今まさに適切だとされた方向性を示す。即ち，行為の処理の二つの形式の区分は，長期刑によって容易に呼び起こされる，余りに過大な非難がもたらす外観を回避し，純粋に予防の観点で正当化される自由の剥奪を，特に自由保障的観点に配慮して構築しようとする[67]。しかし，この区分は，一元的制度であれば享受できるような保障を行為者から奪うことを意味してはいない（そのために用いられるべきでもないはずだ）。以上のすべては，保安監置の事後的延長についてのみならず，条件を緩和することで可能になる保安監置の事後的な命令についても同じようにあてはまる。

　刑罰に対して要求される遡及禁止の根拠は，予防的自由剥奪の場合において，行為に対して法律上定められた効果の観点による行為の処理ではなく，その行為者の精神的状況ゆえに，従って第三者にとってこの行為者が危険と考えられるため，所定の帰結を導かねばならない場合においてのみ，もはやその有効性が無くなる[68]。このアプローチを，2010年の治療収容法[69]は，遡及禁止違反故に保安監置から解放されなければならない者をさらに拘禁することができるようにするために選択した。ただし，このアプローチが完全責任能力を問える者にも維持されるか，また完全責任能力を有する者について，従前の行為を顧慮せずに，危険性を基礎づける精神状態が説得的に認定され得るかは[70]，未だ答えられていない

---

(67) 上述Ⅲ.1参照。

(68) その理念型として，無論第三者に対する危険性以外に，通常，自傷の場合も対象者を拘禁する精神障害者を収容する（ラント）法。刑法63条，64条による収容の場合にも，条文に該当する人の精神状態の観点で実際に処分が問題となるか，また場合によってはどの程度そうかという問いは，ここでは描く。

(69) 2010年12月22日の治療収用法（BGBl. I S. 2300, 2305）及び CDU/CSU, FDP 会派による法案理由書 BT-Drucks. 17/3403, S. 19 f., 53 f. 並びに補充的に BVerfGE 128, 326（406 f. m.w.N. und dem Versuch einer Zuordnung zu Art. 5 Abs. 1 S. 2 Buchst. e EMRK）参照。同法及び治療収用法そのものに批判的なのは，*Satzger*, StV 2013, 243（248）; *Ullenbruch*, StV 2013, 268 ff.

問題である。

相反する判断のいくつかの背景——審査基準の性質の相違

最後にここで、簡単にではあれ、触れておきたい点が残っている。即ち、そもそも連邦憲法裁判所と欧州人権裁判所との間で保安監置の特定の規定について、突然このように相反する判断が下されたことの背後には何があるのかということである。ドイツの議論においても見られるように、特定の問題についての別々の見方というに過ぎないのか？——ドイツでも保安監置の領域でまさしく遡及禁止が妥当するかどうかが長年論争されてきた。あるいは問題はさらに深刻なのか？——実のところ、遡及的加重の禁止を巡る論争を超えて、もっと深刻な問題が論ぜられているのである。

より根底にある問題は、（遡及禁止に対してのみならず）欧州人権条約5条1項違反が肯定される限りで、既に保安監置の事後的加重についての欧州人権裁判所の決定の行間に窺知される[71]。しかし、何よりこの問題は、事後的保安監置に対する裁判所の立場表明にこそ表面化する。連邦憲法裁判所は、事後的保安監置の憲法適合性を多くの決定において肯定してきた[72]。これに対して、2011年、欧州人権裁判所は繰り返し事後的保安監置の条約違反性を認定した[73]。二つの裁判所がこのように異なる判断を下したことは、それぞれの裁判所の見解や制度についての前提的理解の相違だけに関わるのではない。そこにはまたそれを手がかりに両裁判所が自由剥奪を吟味するところの、その尺度についての相違があるのだ。素描しよう：

自由剥奪の憲法適合性を基本法に照らして吟味する場合に重要であるのは、自

---

(70)「状態」が、ただ単に犯行、及び犯行に示された危険性についての根拠とされるにとどまるべきだとすれば、犯行の危険性に対する反作用効果であるかのように偽装して処分が延長される場合のみならず、ある状態に関する処分の当否が実際に争われるときには、不明確であるように思われる——ただし、本稿の限られた範囲ではもはや立ち入って論じることはできない。

(71) EGMR Nr. 19359/04 (Mücke vs. Germany), Rn. 96-105＝NJW 2010, 2495 (2496 f.) 参照。これについて批判的なのは *Hörnle*, Festschrift für Rissing-van Saan, 2011, S. 239 (246 ff.).

由剥奪は優越する諸利益によって正当化されているかどうか，またかかる自由剥奪が比例原則の要請に適っているかどうかである。かかる考察の枠組においては，利益衝突をいわば分別ある調和によって解決することは難なくなし得る(74)。そうすると，ある刑罰の有罪判決後，しばらくたって初めて行為者の危険性が明らかになる場合，そのような行為者に対しては，さらに事後的な保安監置命令（少なくともこの命令が判決において留保されている場合には）を予定することは，まったく実情に即しているし，それどころか望ましくさえある(75)。この可能性を開くことは，その可能性がなければ簡単に実行されてしまいかねない以下のことを避けるためにも，意味があると思われる。即ち，後になるともはや不可能な，疑問のある事例における保安監置命令を，慎重を期して先に（かつ常に）判決で定めておくこと。すなわち，ここで問題になっているのは，相反する自由権（または基本権の担い手）の双方の保護及び自由のあいだの最善の妥協の達成なのである。

これに対して，欧州人権条約は，同条約5条1項の自由剥奪の条約の適否判断について，許容される自由剥奪について比較的硬直した，排他的な行為類型を呈示している。このカタログによれば，危険な者がその者が犯した行為を理由とし

---

(72) 実質的には既に das Urteil v. 10. 2. 2004（BVerfGE 109, 190 ff.）において。同判決では，連邦憲法裁判所は，ラント法たる犯罪者収用法を確かに立法権限がないことを理由に違憲と判示したが（S. 190, 211-235），同時に多数意見は，原理的実質的に収容自体を承認した（BVerfGE 109, 190 [236]）。BVerfG NJW 2006, 3483 und 2009, 980 は，これに基づき，――その後連邦法で追加された――事後的保安監置の憲法適合性を確認した。BVerfG NStZ 2010, 265 f. mit krit. Anm. *Foth* は，比例原則と66条3項との調和可能性，及び同規定を「古い諸事例」に適用して支障がないことを裏付ける。これらの諸判決の議論の論証は，*Lackner/Kühl*（Fn. 12），§66 b Rn. 1．

(73) Das Urteil des EGMR v. 13. 1. 2011（Haidn vs. Germany），NJW 2011, 3423（insbes. 3424 f., Rn. 83-96）; das Urteil vom 14. 4. 2011, Nr. 30060/04（Jendrowiak vs. Germany）; das Urteil v. 7. 6. 2012 Nr. 61827/09（K. vs. Germany, Rn. 79-88）参照。

(74) 連邦憲法裁判所は，この点で「多極的基本権の関係」と言う。ここで「多」とは，ある基本権享受者にとっての自由が，同時に他者にとってはそれを「よりわずか」にすることを意味する。Das Urteil des BVerfG v. 4. 5. 2011, BVerfGE 128, 326（371）= NJW 2011, 1931（Ls. 2 c und Nr. 93）参照。

(75) BVerfGE 109, 190（236）参照。多数意見と少数意見との間で論争となった（S. 244 ff.），十分な権限なく許容されたラント法律に持続的効果を持たせる命令は，ここでは問題とならない。判決で留保された事後的に科された保安監置処分の憲法適合性について，BVerfGE 131, 268 = NJW 2012, 3357.

て有罪判決を受けた場合には、責任のみならず、その危険性（の継続期間）をも考慮して（5条1項2文a）、長期の自由剥奪を科することも確かに可能である。事後的に初めて全貌が明らかになる危険性は、しかし（事後に）限られた程度でしか考慮され得ない。欧州人権条約5条1項によれば、精神病、アルコール若しくは麻薬依存者あるいは浮浪者が対象となる場合にはこれが可能であるが[76]、その差し迫った行為を阻止するために危険な責任能力ある粗暴犯若しくは性犯罪者の自由を剥奪するという規定は、同条約にはない。こうした措置のために、あるいはいささかの無理をすれば引き出せるかもしれない制限根拠があり得たかもしれなかったが[77]、この根拠は、欧州人権裁判所の確定した判決によって、正当化根拠を喪失させるような仕方で（狭く）解釈されてしまった[78]。

以上素描したいくつかの傾向は、どこに問題があるのかを示している。緊張関係にあるのは、実質的な、理性に基づいた解決に対して開かれた国内憲法と、国際的な条約である。後者は確かに精神病者、依存者及び浮浪者ですらその収容を許すが、場合によっては極めて危険な、責任能力ある性犯罪者及び粗暴犯罪者に対する自由剥奪を、第三者の身体生命に対する危険を回避するためであっても許容しない。あるいは別の表現をすれば、この間確認された共通の価値システム、実情に即した考量及び裁判所のコントロールによる保護に信頼を置いてきた国内法は、部分的にその加盟国と――ある部分では不当とまでは言えないが――不信感をもって対峙し、可能な自由制限根拠の定式化及びそれを限界づけるカズイスティクにより人権の保護を保障しようとしてきたグローバルな条約とは、もはや

---

(76) ここで――特に例外的に許容される保安監置の延長の観点で――関連するのが BVerfGE 128, 326（393 ff., 396 ff., 399 f., 406 f.）= NJW 2011, 1931（1942 ff., Rn. 137, 143 ff.）．ただし、EGMR v. 13. 1. 2011 Nr. 6587/04（Haidn vs. Germany）, NJW 2011, 3223（3425 Rn. 91 ff.）も参照。

(77) 即ち、5条1項2文cは、「ある者が犯罪を犯すことを阻止するために必要だと認める根拠ある契機故に」自由剥奪を許容する。処分法についての介入根拠の一つの可能な意味において、例えば、*Freund*, GA 2010, 193（204 ff., insbes. 207）．

(78) 即ち、専ら特定の具体的に間近に迫った行為に関して。（例えば、EGMR v. 17. 12. 2009, Nr. 19359/04［Mücke vs. Germany］= NJW 2010, 2495［2496, Rn. 89］und EGMR v. 13. 1. 2011, Nr. 6587/04［Haidn vs. Germany］= NJW 2011, 3423［3425 Rn. 90］）；また補充的に BVerfG v. 4. 5. 2011 BVerfGE 128, 326（395 f.）= NJW 2011, 1931［1943, Rn. 150］）及び BVerfG v. 20. 6. 2012, BVerfGE 131, 268（305）= NJW 2012, 3357 ff.（Rn. 113）も見よ。

異なる結論に至る。その際，その概念性において19世紀後期を彷彿とさせるこのカズイスティクが(79)，本質的にロマンス語圏およびコモン・ローの法領域の法観念に刻印を受けていることが，問題を益々先鋭的方向へと赴かせている(80)。ここにドイツ法圏の特定の，例えば責任能力ある者への措置のような法制度を，条約と調和させることが困難であることの本質的原因がある。そのように見ると，グローバルな法は，有意味な国内法の発展を阻害し，特定の利益をあまり等閑視しないようにするために，却って一層誤った解決策（たとえば長期にわたる保安刑や，慎重を期する目的で判決において措置命令も［頻繁に］下してしまうなど）を選ぶよう強制してしまいかねない。吟味されるべき個々の制度のみならず，その制度の基礎として横たわる基準の一部をも，ときには吟味しなければならないのではないだろうか！

付記：本稿で紹介された欧州人権裁判所判決を受け，ドイツでは，2012年12月5日に保安監置に関する新法が成立し，2013年6月1日に施行された(81)。

---

(79) これにつき，また概念的犯罪学的比較について，*P.F.Aschrott*（Hrsg.), Der Vorentwurf zu einem Deutschen Strafgesetzbuch und die Armenpflege, 1911; *Stooss*（Bearb.), Vorentwurf zu einem Schweizerischen Strafgesetzbuch, 1896参照。

(80) Preparatory Work on Article 5 of the Convention（CDH [56] 10, 8. August 1956, Strasbourg）insbes. S. 7 ff. 参照。

(81) 判決後の改正動向については，飯島暢「例外的な自由の剥奪としての保安監置？」関西大学法学研究所『研究叢書』第50冊（2014年）109頁以下参照。

〈執筆者・翻訳者紹介〉

松戸　浩（まつど・ひろし）	立教大学大学院法務研究科教授
野田昌吾（のだ・しょうご）	大阪市立大学大学院法学研究科教授
守矢健一（もりや・けんいち）	大阪市立大学大学院法学研究科教授
高橋英治（たかはし・えいじ）	大阪市立大学大学院法学研究科教授
藤井徳展（ふじい・なるのぶ）	大阪市立大学大学院法学研究科准教授
髙田昌宏（たかだ・まさひろ）	大阪市立大学大学院法学研究科教授
松本博之（まつもと・ひろゆき）	大阪市立大学名誉教授・フライブルク大学名誉博士
根本　到（ねもと・いたる）	大阪市立大学大学院法学研究科教授
金澤真理（かなざわ・まり）	大阪市立大学大学院法学研究科教授

トーマス・ヴュルテンベルガー（Thomas Würtenberger）	フライブルク大学法学部教授
シリャ・フェネキィ（Silja Vöneky）	フライブルク大学法学部教授
ウーヴェ・ブラウロク（Uwe Blaurock）	フライブルク大学法学部教授
ハンノ・メルクト（Hanno Merkt）	フライブルク大学法学部教授
ロルフ・シュテュルナー（Rolf Stürner）	フライブルク大学法学部教授・大阪市立大学名誉博士
ディーター・ライポルド（Dieter Leipold）	フライブルク大学法学部教授・大阪市立大学名誉博士
アレクサンダー・ブルンス（Alexander Bruns）	フライブルク大学法学部教授
ゼバスティアーン・クレバー（Sebastian Krebber）	フライブルク大学法学部教授
ヴォルフガング・フリッシュ（Wolfgang Frisch）	フライブルク大学法学部教授

〈編　者〉

髙田昌宏（たかだ・まさひろ）
　大阪市立大学大学院法学研究科教授

野田昌吾（のだ・しょうご）
　大阪市立大学大学院法学研究科教授

守矢健一（もりや・けんいち）
　大阪市立大学大学院法学研究科教授

総合叢書
17

グローバル化と社会国家原則
――日独シンポジウム――

2015（平成27）年5月30日　第1版第1刷発行

編　者	髙　田　昌　宏
	野　田　昌　吾
	守　矢　健　一
発行者	今　井　　貴
発行所	株式会社　信山社

〒113-0033 東京都文京区本郷6-2-9-102
Tel 03-3818-1019　Fax 03-3818-0344
info@shinzansha.co.jp
笠間才木支店編集部 〒309-1611 茨城県笠間市笠間515-3
Tel 0296-71-9081　Fax 0296-71-9082
笠間来栖支店編集部 〒309-1625 茨城県笠間市来栖2345-1
Tel 0296-71-0215　Fax 0296-72-5410
出版契約No. 2015-5467-9-01010　Printed in Japan

Ⓒ髙田昌宏・野田昌吾・守矢健一, 2015　印刷・製本／亜細亜印刷・渋谷文泉閣
ISBN978-4-7972-5467-9 C3332 ¥12,000E 分類322.920-a013
5467-0101 : p408 012-060-020（禁無断複写）

JCOPY　〈(社)出版者著作権管理機構　委託出版物〉
本書の無断複写は著作権法上での例外を除き禁じられています。複写される場合は、
そのつど事前に、(社)出版者著作権管理機構（電話 03-3513-6969, FAX03-3513-6979,
e-mail:info@copy.or.jp）の許諾を得てください。

大阪市立大学法学部とフライブルク大学法学部による共同シンポの記録

石部雅亮・松本博之 編
法の実現と手続

石部雅亮・松本博之・児玉寛 編
法の国際化への道

松本博之・西谷敏 編
現代社会と自己決定権

松本博之・西谷敏・佐藤岩夫 編
環境保護と法

松本博之・西谷敏・守矢健一 編
インターネット・情報社会と法

松本博之・西谷敏・守矢健一 編
団体・組織と法

松本博之・野田昌吾・守矢健一 編
法発展における法ドグマーティクの意義

信山社